As Identidades do BRASIL 3

De Carvalho a Ribeiro

José Carlos Reis

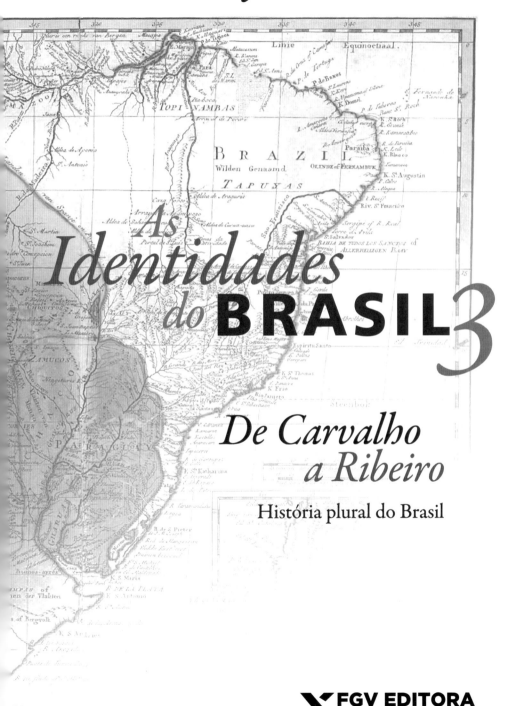

As Identidades do BRASIL 3

De Carvalho a Ribeiro

História plural do Brasil

FGV EDITORA

Copyright © 2017 José Carlos Reis

Direitos desta edição reservados à
EDITORA FGV
Rua Jornalista Orlando Dantas, 37
22231-010 | Rio de Janeiro, RJ | Brasil
Tels.: 0800-021-7777 | 21-3799-4427
Fax: 21-3799-4430
editora@fgv.br | pedidoseditora@fgv.br
www.fgv.br/editora

Impresso no Brasil | *Printed in Brazil*

Todos os direitos reservados. A reprodução não autorizada desta publicação, no todo ou em parte, constitui violação do copyright (Lei nº 9.610/98).

Os conceitos emitidos neste livro são de inteira responsabilidade do autor.

1ª edição: 2017

Preparação de originais: Sandra Frank
Projeto gráfico de miolo e diagramação: Estúdio 513
Revisão tipográfica: Aleidis Beltran | Daniel Seidl de Moura
Capa: Aspecto Design

Ficha catalográfica elaborada pela
Biblioteca Mario Henrique Simonsen

Reis, José Carlos
  As identidades do Brasil 3: de Carvalho a Ribeiro: história plural do Brasil / José Carlos Reis. — Rio de Janeiro : FGV Editora, 2017.
  376 p.

  Inclui bibliografia.
  ISBN: 978-85-225-1905-7

  1. Brasil — Historiografia. 2. Brasil — História. 3. Características nacionais brasileiras. I. Fundação Getulio Vargas. II. Título.

CDD — 907.2

Sumário

Da "história geral do Brasil" à "história plural do Brasil"   7

Realistas

A visão fluminense do Brasil: o "tempo saquarema"
e a obra histórico-política de José Murilo de Carvalho   23

A visão paulista do Brasil: o "tempo bandeirante"
e a obra histórico-sociológica de Fernando Henrique Cardoso   77

Utópicos

A visão gaúcha do Brasil: o "tempo farroupilha"
e a obra histórico-política de Raymundo Faoro   133

A visão pernambucana do Brasil: o "tempo confederador"
e a obra histórica de Evaldo Cabral de Mello   191

A visão paraense do Brasil: o "tempo amazônida-igaraúna"
e a obra histórico-ecológica de Raimundo Moraes   245

A visão mineira do Brasil: o "tempo inconfidente"
e a obra histórico-antropológica de Darcy Ribeiro   295

Referências   357

Da "história geral do Brasil" à "história plural do Brasil"

> *O meu pai era paulista*
> *Meu avô, pernambucano*
> *O meu bisavô, mineiro*
> *Meu tataravô, baiano*
>
> Chico Buarque, "Paratodos", 1993

O objeto deste livro é a (re)escrita da história do Brasil, a construção e a reconstrução dos discursos sobre a história brasileira durante o século XX. É um estudo reflexivo, uma história intelectual, uma avaliação crítica da produção histórico--sociológico-antropológica sobre o Brasil. Vou diferenciar um "ponto de vista geral" de um "ponto de vista plural" e defender a necessidade de os cidadãos brasileiros começarem a ver a história brasileira diferentemente. O ponto de vista da "história geral" tem sua matriz na "história universal" escrita pelos europeus para legitimarem suas invasões e conquista do planeta. Os franceses, ingleses e alemães escrevem a história dos outros povos de tal maneira que eles se sintam resgatados, salvos da barbárie, do caos primitivo, do paganismo, com a chegada deles, os brancos cristãos europeus. O que os indígenas da América, os negros da África, os orientais pensam da sua própria história não importa, pois, ao entrarem em contato com os europeus, suas histórias ganharam um centro e passaram a ser decididas e dirigidas por protagonistas externos. Os norte-americanos deram continuidade a essa perspectiva histórica centralizadora, etnocêntrica, civilizadora, branqueadora, e, em suas obras de ficção, esse ponto de vista é estendido ao universo, aos planetas. O grupo da *enterprise* (empresa, companhia), dirigido pelo capitão James Tiberius Kirk, é um grupo de "exploradores", de "conquistadores", de "descobridores", uma reedição das grandes navegações dos séculos XV e XVI.

O objetivo é a homogeneização do universo, que deve ser submetido a um único governo, dominado por uma única cultura, habitado por um homem (os ETs serão humanizados!), enquadrado em um único padrão estético, lógico e ético. Os que não se adaptarem e não se integrarem a essa "história geral" não terão direito à sua experiência singular e à narração de sua história; serão esquecidos, excluídos, exterminados.

Após a Independência, o Brasil precisava entrar nesse "concerto das nações ocidentais", vencedoras; precisava inventar uma identidade reconhecível por elas; precisava adotar um ponto de vista geral integrador à grande história universal. Coube a Francisco Adolfo de Varnhagen, inspirado em um alemão, Carl Philipp von Martius, "inventar" essa "história geral do Brasil", que se disseminou em compêndios que diziam narrar a "verdadeira história do Brasil". Era uma visão centrada no Rio de Janeiro, na monarquia, que reivindicava a condição de "história nacional", de narrativa única, geral, verdadeira, do Brasil. Esse ponto de vista geral fechou as possibilidades de interpretações diferentes da experiência brasileira, os fatos eram sempre os mesmos; os protagonistas, sempre os mesmos; os grandes eventos eram os ligados ao Estado; as datas eram incontornáveis, indiscutíveis; o enredo, sempre o mesmo; o sentido, único e incontestável. Predominava uma única "ordem do tempo", que a população devia aprender, memorizar e repetir. Havia um "abuso da memória", no sentido de que se deviam lembrar sempre as vivências brasileiras de uma única forma e em uma única perspectiva. O ponto de vista dessa história geral era etnocêntrico, branco, elitista; era a generalização do olhar de um grupo e de uma região, o ponto de vista de uma parte que se tomava como centro do todo. Essa história geral expressava um projeto político de conquista e colonização de uma região, que se considerava superior às outras. Desde a Independência, a Corte fluminense se representava como o núcleo branco, cristão e ocidental do Brasil, que tinha a missão heroica de "salvar o país", levando ao interior bárbaro, com violência, se fosse necessário, os valores da civilização ocidental.

Este livro visa problematizar essa noção de "história geral do Brasil" e propor uma "história plural do Brasil", não etnocêntrica, em que as diversas regiões do país contam diferentemente a história brasileira, mantêm relações diferentes com o passado e propõem projetos diferentes para o futuro. Com esse ponto de vista plural, sustento que não deve haver uma narração única e ideal da experiência brasileira, porque as regiões brasileiras viveram ou repercutiram diferentemente essa experiência. Há "experiências brasileiras", no plural, há "tempos brasileiros", múltiplos, que geram "narrações plurais" do Brasil. Para explorar essa multiplicidade de histórias brasileiras, selecionei seis clássicos do pensamento histórico brasileiro, que, embora tenham também ambições gerais, expressam o ponto de vista de vários estados da Federação. Por um lado, esta pesquisa quer romper com o ponto de vista da "história geral" como perspectiva única e ideal; por outro, mantém-se ligada a "histórias gerais", mas, agora, múltiplas, várias, regionais, produzidas a partir de pontos diversos do território, gerando uma percepção prismática da vida brasileira.

Essa "história plural do Brasil" que proponho, posicionando-se entre a história regional e a história geral, irá explorar as visões fluminense, paulista, gaúcha, pernambucana, paraense e mineira do Brasil, mostrando como esses estados narram o passado brasileiro, a experiência geral brasileira, como se situam nela, como avaliam seus impasses e o que fariam para resolver as dificuldades brasileiras no futuro. Cada região avalia diferentemente o percurso da história brasileira, situando-se de forma central nela, e propõe seu próprio caminho para a solução dos impasses. Ao sugerir essa "história plural do Brasil", esta pesquisa quer substituir o olhar centralizador, etnocêntrico, autoritário, unificador, branqueador e homogeneizador por um novo olhar, descentralizador, heterogeneizador, federativo, republicano, democrático, revelando as diversas faces da história do Brasil, as diversas avaliações e projetos de construção da nação. Não estou propondo a desintegração do país, fomentando separatismos, mas indicando uma direção de "unificação e diferenciação", uma dialética de todo/partes, em que as partes se sintam o todo e o todo integre as partes. Posso dizer, metaforicamente, que substituirei o olhar predador da onça ou do leão pelo olhar sofisticado, sutil, múltiplo, facetado desses insetos que têm um "olhar composto" (omatídios), olhos que cobrem quase toda a sua cabeça e lhes dão uma visão detalhada ao seu redor. Seus olhos, quase esferas completas, formados de pequenos olhinhos, são considerados os melhores olhos existentes, pois conseguem enxergar em todos os ângulos possíveis. Graças a essa capacidade excepcional de "visões", a libélula e a abelha conseguem detectar padrões de movimento e rapidamente reagir a eles. Inspirado nesse olhar da natureza, este livro visa construir "visões do Brasil", uma percepção poliédrica da realidade brasileira, que pode ampliar o conhecimento do passado e levar ao encontro de soluções democráticas. Esses insetos são "construtores", conseguem construir laços de sociabilidade, ao contrário de leões e onças, animais que andam solitários ou em pequenos grupos, que só têm tanto prestígio por serem a referência de reis e elites, que não são minhas referências. Minha pretensão é conduzir o pensamento histórico brasileiro a uma "consulta oftalmológica" ou ao "consultório psicanalítico", para sair de lá com novos óculos ou com uma nova linguagem, que expresse uma visão e representação ao mesmo tempo mais aberta e mais integrada de si.

Formularei os seguintes problemas: pode-se narrar a experiência brasileira sempre da mesma forma e com o mesmo conteúdo? A história brasileira possui uma verdade imutável e absoluta, tal como aparecia na história geral fluminense do século XIX? Quais as formas, os estilos, os modos de escrever a história brasileira? Como os principais estados escrevem sobre a sua experiência brasileira? Quais os riscos de uma história geral e quais as vantagens de uma história plural? Qual é o lugar e a contribuição dos autores selecionados à historiografia brasileira do século XX? Qual é a concepção de "tempo histórico brasileiro" desses historiadores? Quais são os conceitos de "identidade/alteridade", "evento", "sociedade", "ação", "luta", "projeto social", "justiça social", "utopia", enfim, qual é o conceito de "história" desses historiadores e cientistas sociais? Quais são os "sentidos históricos" possíveis da nação brasileira? Como a sociedade brasileira recebeu e se apropriou ou pode ainda receber e se apropriar dessas obras?

Minha hipótese mais geral: uma abordagem plural da vida brasileira é uma necessidade urgente, tanto do ponto de vista científico, se queremos ampliar e refinar o conhecimento do nosso passado, quanto do ponto de vista político, se queremos ampliar o exercício da cidadania, se queremos construir uma identidade brasileira consciente das suas diferenças republicanas e democráticas. Precisamos nos opor a visões centralizadoras e autoritárias, geralmente ensinadas no ensino fundamental e divulgadas pela mídia, para ter uma atitude realmente crítica em relação ao passado brasileiro e abrir nosso horizonte de expectativa para uma experiência comum de liberdade e democracia. Vou procurar demonstrar minha hipótese com o estudo e a análise de grandes intérpretes do Brasil, que mantêm entre si uma relação ao mesmo tempo de enfrentamento, de divergência radical e de complementaridade, de fecunda interlocução, pois os olhares divergentes trazem sempre novas informações e constroem outras soluções para o Brasil. Vou construir uma nova narrativa do Brasil, procurando "fazer aparecer" a pluralidade dos "tempos brasileiros": o *tempo saquarema* (fluminense), o *tempo bandeirante* (paulista), o *tempo farroupilha* (gaúcho), o *tempo confederador* (pernambucano), o *tempo amazônida/ igaraúna* (paraense) e o *tempo inconfidente* (mineiro). Esses "tempos brasileiros" aparecem em "narrativas do Brasil" muito diferentes, e conhecê-los significa ampliar, aprofundar, intensificar nosso conhecimento das identidades do Brasil.

Para reconstruir a visão fluminense do Brasil, analisarei o livro de José Murilo de Carvalho *A construção da ordem: a elite política imperial; Teatro de sombras: a política imperial* (2012), obra polêmica, vista como um elogio ao Império e a Pedro II, o conquistador do Brasil, enfatizando a construção do Estado e ignorando a construção da nação, que expressa o "tempo saquarema". Para reconstruir a visão paulista do Brasil, analisarei a obra de Fernando Henrique Cardoso *Empresário industrial e desenvolvimento econômico do Brasil* (1964), o importante sociólogo-historiador paulista que se tornou, depois, presidente da República, que suponho expressar com forte atualidade o "tempo bandeirante" em seu esforço de conquista e domínio das outras regiões do Brasil. Para avaliar a visão gaúcha do Brasil, analisarei a obra do jurista-historiador Raymundo Faoro *Os donos do poder: formação do patronato político brasileiro* (1975 [1958]), que, para mim, atualiza o "tempo farroupilha" ao questionar o Estado brasileiro desde as origens — obra extremamente importante, original, sempre citada e analisada por historiadores e cientistas sociais, uma referência incontornável do pensamento histórico brasileiro. Para reconstruir a visão pernambucana do Brasil, analisarei a obra de Evaldo Cabral de Mello *Rubro veio: o imaginário da Restauração pernambucana* (1986), que suponho representar o "tempo confederador" pernambucano, em alusão à Confederação do Equador, de 1824, que sempre resistiu às lideranças fluminense e paulista, procurando restaurar a centralidade e o prestígio de Recife/Olinda na história brasileira. Para avaliar a visão paraense do Brasil, analisarei a obra de Raimundo Moraes *Na planície amazônica* (1926), que, para mim, representa o "tempo amazônida/igaraúna" da região Amazônica, que sofre com o abandono e desinteresse do governo central e pede para ser reconhecida e integrada ao conjunto da nação brasileira. Para enfatizar a visão mineira do Brasil, analisarei a obra de Darcy Ribeiro *O povo brasileiro: a formação e o sentido do Brasil* (1995), que revela o "tempo inconfidente", que questiona os poderes hegemônicos de São Paulo e Rio de Janeiro, aliando-se a gaúchos, pernambucanos e paraenses, para fazer avançar o projeto republicano em "um movimento de unificação e diferenciação", levando o Brasil a se tornar uma nação ao mesmo tempo unida e descentralizada, uma verdadeira "federação", justa e democrática.

Os próprios títulos de algumas dessas obras sintetizam o tema e a problemática da pesquisa: "a formação e os sentidos do Brasil", "o desenvolvimento brasileiro", "as regiões brasileiras", "as paisagens brasileiras", "os grandes eventos brasileiros", "os sujeitos da história brasileira". Esses temas foram narrados de forma muito própria pelas diversas regiões do Brasil que, suponho, esses autores representam. Em cada uma das obras selecionadas, e em seu conjunto, abordarei os seguintes problemas: como cada região brasileira interpreta o Brasil? Como a historiografia regional representou o Brasil ao longo do século XX? Como cada região brasileira articula, na historiografia, o "espaço da experiência" e o "horizonte de expectativa" dos brasileiros? Que experiências brasileiras são resgatadas e centralizam essas representações regionais e com vista a quais futuros? Como cada um desses autores reconstruiu o passado brasileiro e como cada um deles perscrutou o futuro do Brasil? O exame das fontes, a escolha dos conceitos, das teorias, dos temas de pesquisa, a organização da argumentação estão sempre articulados a uma experiência presente da história, que propõe uma determinada redescoberta do passado e uma determinada tendência em relação ao futuro. José Murilo de Carvalho, Fernando Henrique Cardoso, Raymundo Faoro, Evaldo Cabral de Mello, Raimundo Moraes e Darcy Ribeiro, em seu presente, articularam o passado do Brasil ao seu futuro de uma forma determinada; eles produziram "interpretações do Brasil". A análise interna de cada uma dessas configurações do tempo brasileiro, e sua comparação, poderá revelar um conhecimento mais aprofundado das identidades brasileiras.

Eu dividi o livro em duas partes: na primeira estão os "realistas"; na segunda, os "utópicos". Os "realistas" são os representantes dos "tempos saquarema e bandeirante", José Murilo de Carvalho e Fernando Henrique Cardoso, que preferem aceitar a história brasileira tal qual foi e é, e procuram achar caminhos e soluções dentro das margens estreitas impostas pela inserção subordinada e dependente do Brasil ao mercado mundial e ao mundo político ocidental. Eles dizem que são "realistas", que não escolheram esse caminho nem o desejam, que é uma imposição da história, e consideram mais produtivo olhá-la com esse sentimento de *amor fati*. De fato, eles não escolheram essa situação e seus valores, mas acabam legitimando-os ao preferirem que a história brasileira tenha se inserido assim no "processo civilizador ocidental" e ao procurarem (re)construir a ordem nos limites desse mundo imposto de fora para dentro sem nenhuma expressão ou gesto de desconforto e protesto. Não é à toa que representam Rio de Janeiro e São Paulo, os estados que continuaram a ação dos "descobridores", promovendo a conquista, a colonização, o branqueamento e a disseminação das relações e do espírito capitalista. São esses os estados que se sentem no direito de escrever a "história geral do Brasil", representam-se como "locomotivas da nação", como os responsáveis pela construção da interpretação "nacional".

Os "utópicos" são os representantes dos "tempos farroupilha, confederador, amazônida/igaraúna e inconfidente", Raymundo Faoro, Evaldo Cabral de Mello, Raimundo Moraes e Darcy Ribeiro, que são profundamente insatisfeitos com o rumo que a história brasileira tomou, desde o início, e desejam a ruptura em forma de revoluções ou reformas. Cada um à sua maneira julga a história brasileira feita pelos grupos internos dominantes extremamente violenta em relação às populações subordinadas e covardemente submissa às forças internacionais, que têm interesse em congelar a sociedade brasileira no subdesenvolvimento. A desigualdade social abissal os incomoda profundamente, e denunciam a "história geral do Brasil" que a esconde e legitima. Suas interpretações do Brasil querem se encarnar em novos protagonistas, que expressem "novas vozes", que derrubem a realidade brasileira tal como está "estruturada", ou melhor, na linguagem deles, "congelada", "sufocada" "(re)oprimida", "subordinada", "dependente". Sua utopia é que o Brasil se torne uma nação soberana, autônoma, federativa, democrática, alfabetizada, educada, tecnologicamente avançada; que supere a desigualdade social, o racismo, o machismo e demais preconceitos tradicionais. Eu me identifico com esses utópicos, mas não deixo de considerar os argumentos realistas, pois, de fato, existe um forte "trabalho da história", que coloca um problema difícil: quais poderiam ser os protagonistas da utopia e quais seriam as ações necessárias para realizar esses projetos? Não havendo sujeitos transformadores da realidade, as utopias continuarão utópicas e o pragmatismo realista, infelizmente, acaba vencendo e tornando-se até uma "escolha sábia" (*sagesse*).

As justificativas teórico-metodológicas do projeto *As identidades do Brasil*

Os três livros que integram o projeto não são estudos de história no sentido estrito, apoiados em fontes primárias depositadas em arquivos públicos e outros, mas um estudo de teoria-metodologia, de epistemologia da história, de história da historiografia. Limito-me a uma exegese de textos, à análise das obras que escolhi como as mais representativas da "historiografia brasileira" em um sentido amplo, incluindo historiadores, sociólogos, antropólogos e cientistas políticos, pretendendo fazer uma história do pensamento histórico brasileiro ou uma história da "consciência histórica" brasileira. Os três volumes — *As identidades do Brasil 1, de Varnhagen a FHC*; *As identidades do Brasil 2, de Calmon a Bomfim: a favor do Brasil, direita ou esquerda?*; *As identidades do Brasil 3, de Carvalho a Ribeiro: história plural do Brasil* — têm como referência teórico-metodológica as obras *Tempo e narrativa* (3 v., 1994 [1983-1985]), de Paul Ricoeur, *Futuro passado: contribuição à semântica dos tempos históricos* (2006 [1990]), de Reinhart Koselleck, e *Regimes de historicidade: presentismo e experiência do tempo* (2013), de François Hartog. O espírito dessa pesquisa pode ser formulado da mesma forma como Hartog (2013) explicou seu *Regimes de historicidade*: "Eu procuro refletir sobre a história fazendo história. Historiador da história, entendida como uma forma de história intelectual, interrogo-me sobre as temporalidades que estruturam e ordenam esses fenômenos históricos contemporâneos". Collingwood (1981), em *A ideia de história*, também esclarece essa atitude cognitiva, quando se refere à maneira como o filósofo aborda o trabalho dos historiadores. Para ele, "a filosofia é reflexiva, não pensa somente o objeto, mas o próprio pensamento daquele objeto. A filosofia é pensamento de 'segundo grau', pensamento do pensamento. O filósofo não se interessa pelo passado em si mesmo, mas pelo passado conhecido pelo historiador. A filosofia da história está conectada à lógica, à ética, à teoria da ação, à teoria do conhecimento, e é um saber específico. Essa atitude meta-histórica pode ser assumida pelo próprio historiador, que se torna 'filósofo' da sua especialidade". Farei uma "filosofia da história", nesse sentido collingwoodiano, mas, no fundo, não escapei do sentido hegeliano: pensar e fundamentar um projeto político para o Brasil (Ricoeur, 1994; Hartog, 2013; Collingwood, 1981; Koselleck, 2006).

Inspirado em Ricoeur, vou adotar uma "atitude hermenêutica". O conceito fundamental que sustenta esses estudos é o de "compreensão narrativa", uma atitude crítico-reflexiva, que procura reunir em uma totalidade os diversos aspectos de uma obra, de um assunto, procurando ver no texto a "revelação" de um sentido maior, que o transcende. É como se o sentido não estivesse nas palavras realmente escritas, que são apenas os vestígios, os sinais, de um sentido maior, que se percebe além delas. O objetivo da pesquisa não é enfatizar a fragmentação presente em uma obra, autor ou tema, mas, sem desconsiderar as fissuras e incompletudes, reuni-las em um "todo complexo". O objetivo final deste estudo reflexivo sobre a historiografia brasileira será oferecer coordenadas espaço-temporais que orientem os sujeitos/leitores brasileiros em sua ação, assegurando-lhes a sensação de autolocalização. A atitude compreensiva de Ricoeur (1994) quer integrar de modo complexo a vivência fragmentada, tornar reconhecível o que é estranho, atribuir sentido à dispersão.

Seguindo essa perspectiva de "refletir sobre a história fazendo história", "historiador da história", "história intelectual", "interrogar-se sobre as temporalidades", "hermenêutica do sentido histórico", "compreensão narrativa", "pensamento de segundo grau", proponho um estudo crítico-interpretativo das histórias do Brasil produzidas por seus melhores intérpretes. Enfim, minha perspectiva teórica é composta pela hermenêutica ricoeuriana, pela história da história hartoguiana, pela reflexão sobre a temporalidade koselleckiana, pelo pensamento de segundo grau collingwoodiano, e, conectada a essa perspectiva teórica, minha metodologia será "um fazer" de leituras, exegeses, interpretações, buscando uma avaliação crítica e reflexiva dos autores/obras selecionados. Portanto, este livro se integra à pesquisa de longa duração (desde os anos 1990) que tenho feito sobre os intérpretes do Brasil, sobre os autores mais importantes e suas obras que mais repercutiram na universidade e na sociedade brasileiras, à qual dei o título geral de *As identidades do Brasil*. Contudo, apesar de os dois primeiros volumes terem tido uma relativa boa recepção pelo público — o que me deixou envaidecido e feliz —, sou frequentemente interpelado por colegas historiadores, de forma um pouco agressiva, acerca do sentido desses meus estudos sobre os grandes intérpretes do Brasil: "O que você quis fazer? Apenas uma síntese das obras mais importantes? Qual é a relevância de uma síntese? Não seria melhor deixar o leitor ler diretamente os clássicos? Para que colocar em suas mãos compêndios com resumos nem sempre fiéis ao conteúdo de obras tão importantes? Qual é a legitimidade dos seus volumes sobre as *identidades do Brasil*, como você os justificaria?". Esse interrogatório me deixa, confesso, um pouco angustiado, constrangido, preocupado com a qualidade e a relevância desses livros e, sobretudo, com a responsabilidade que tenho diante de meus leitores. Por isso, embora cada volume tenha suas justificativas nas introduções, procurei criar argumentos complementares que tornem esses meus estudos não só legítimos como insubstituíveis e indispensáveis à universidade e à sociedade brasileiras. Talvez seja ingenuidade minha, mas acredito que sejam da maior importância pelas seguintes razões:

1) *São uma história do pensamento histórico brasileiro.* Esses livros mostram as ideias que predominaram nas diversas épocas da história do Brasil, os autores e obras mais representativos, as teses que mais repercutiram sobre a sociedade, sobre os grupos mais organizados, as universidades, os sindicatos, os partidos políticos e o Estado. Ao fazer a análise e a comparação dessas obras fundamentais do pensamento histórico brasileiro, estou repensando o Brasil, ressignificando seu passado e rearticulando-o aos seus futuros possíveis, abrindo os horizontes do pensamento e da ação.

2) *São uma história da filosofia no Brasil.* Penso que os reais "filósofos brasileiros", aqueles que realmente pensaram a realidade do país com o objetivo de transformá-la, são esses sociólogos, antropólogos, juristas, historiadores. Eu não me limito aos historiadores; abordo todos aqueles que tiveram uma "ideia de Brasil", que ofereceram uma "interpretação do Brasil", ao mesmo tempo apoiando-se na documentação e indo muito além dela.

3) *São uma história do imaginário político brasileiro.* O pensamento se articula às fantasias e utopias de uma época; esses autores expressam os anseios, sonhos e desejos de várias épocas. É impressionante a facilidade e a rapidez com que esses sonhos e fantasias se diluem e são substituídos por outros, que vêm à tona com o mesmo vigor dos anteriores. É importante observar sua sucessão, para não se deixar iludir com o "último sonho", que também passará.

4) *São uma história dos intelectuais brasileiros.* Além do pensamento original de cada autor, faço um perfil biográfico, procurando situar o autor em sua época, mostrando seus ajustes e desajustes, seus enfrentamentos, glórias e infortúnios.

Selecionei os autores mais importantes, que repercutiram mais, enfim, o nosso "panteão intelectual", procurando vê-los em suas relações institucionais, em sua recepção ou rejeição pelos seus pares e pela sociedade.

5) *São uma reflexão teórico-metodológica sobre a historiografia brasileira, uma história da historiografia brasileira.* Esses livros mostram os conceitos com os quais o Brasil já foi pensado, os valores, os tipos de escrita, os modos como foi articulada a temporalidade histórica brasileira. Minha pesquisa se justificaria por ser um estudo crítico-reflexivo indispensável ao amadurecimento da pesquisa histórica sobre o Brasil. Esses estudos se diferenciam ao compararem as interpretações do Brasil, revelando os paradigmas, as "formas" da historiografia brasileira.

6) *São uma reflexão original sobre a especificidade do tempo histórico brasileiro.* O "tempo histórico" é tratado por muitos autores como um "enigma". Como seria, regionalmente, esse "enigma" brasileiro? O que significa "tempo saquarema", "tempo bandeirante", "tempo inconfidente", "tempo farroupilha", "tempo confederador", "tempo amazônida/igaraúna"? Qual é a concepção de "tempo histórico brasileiro" desses autores? Como esses autores explicitam o "enigma da historicidade" brasileira? Qual é o "sentido da história" brasileira nessas obras? Cada autor articulou de forma ao mesmo tempo criativa e baseada na realidade os "campos da experiência" e os "horizontes de expectativa" brasileiros.

7) *São uma síntese múltipla, um poliedro de leituras do Brasil.* O conceito mais denso de "síntese" a mostra como muito superior à de um mero "resumo". Cada grande interpretação é uma "síntese", no sentido mais estrito e denso: é um "olhar", uma "visão". Eu faço uma "síntese de sínteses", um "quadro único múltiplo", uma "visão de visões", o que acaba se constituindo em uma nova interpretação, em uma síntese original do Brasil. Minha síntese tem um interesse secundário pelos autores — seu foco é o Brasil —, quer mostrar os discursos que elaboraram diferentemente sua imagem/identidade. Minha tese é a de que o Brasil são muitos, vários, que cada intérprete o viu apenas em uma de suas faces. E ao colocá-los juntos, em diálogo, construo minha própria síntese, minha própria interpretação, urdo uma "intriga virtual", que gera um olhar único múltiplo, uma "verdade poliédrica" do Brasil.

8) *Cada volume é um "livro", uma configuração narrativa estruturada e com princípio, meio e fim; não deveriam ser lidos como uma coletânea.* Os leitores, claro, podem ler esses livros como quiserem, mas os que leem os capítulos fragmenta-

damente perdem essa noção do todo, veem os capítulos como meros resumos das obras/autores e não os veem como um "livro", como um todo, como uma "síntese", que pretende ser uma intepretação nova e original do Brasil.

9) *São uma homenagem aos grandes intelectuais brasileiros*, que são tão importantes que dizer que merecem ser lembrados, relidos, repetidos, discutidos, falados, trazidos à tona e à luz no presente, é pouco. Nós, brasileiros, precisamos aprender permanentemente com eles, nós é que precisamos merecê-los. Eu gostaria de ser um deles, de oferecer uma importante reinterpretação do Brasil, para servir criticamente aos brasileiros como guia, direção, sentido, em plena globalização. Não podendo fazê-lo, infelizmente, pois isso exige um talento muito acima do que tenho, com muito respeito e admiração, mesmo na divergência mais radical, refaço o caminho já feito, repenso os pensamentos já pensados, retomo os grandes autores num esforço de, lendo todos e pondo-os juntos, compreender e dar sentido e direção ao Brasil.

10) *São importantes para o ensino da história do Brasil, para a educação do cidadão brasileiro.* Essas ideias não devem circular apenas entre os leitores capazes de fazer uma leitura direta desses autores, que muitas vezes não são de fácil compreensão. Essas ideias não podem ser um privilégio da universidade e não devem se circunscrever às faculdades de ciências humanas. Elas devem se tornar um patrimônio cultural de todo cidadão brasileiro. Eu atuo como um "tradutor", que leva suas mensagens aos estudantes brasileiros, antecipando seu acesso à roda dos grandes intérpretes do Brasil. E espero muito desses estudantes que puderam ter esse acesso mais cedo, na adolescência, porque alguns deles, os mais talentosos, depois de também lerem os originais, poderão construir novas interpretações que abrirão o horizonte de expectativa do Brasil.

11) *São releituras/ressignificações de obras clássicas.* Talvez o maior objetivo deste trabalho seja a releitura, a reinterpretação do pensamento histórico de autores brasileiros fundamentais, que marcaram os séculos XIX e XX, sua repercussão e recuperação, para mantê-los vivos e presentes. Meu grande objetivo será "reatualizar", "reviver", reconstruindo-as criticamente, as grandes obras de história do Brasil. O que desejo produzir é uma reflexão profunda sobre a "operação historiográfica" que permita aos historiadores compreender de modo mais aprofundado o que fazem quando fazem história do Brasil, para, então, fazê-la melhor.

12) *São livros de um "intérprete" no sentido de "declamador, cantor".* Ricoeur valoriza a narrativa porque ela gera um tempo narrado, reconhecido, humanizado. Quando um indivíduo narra a própria vida no divã de um psicanalista, ele não encontra fatos novos, que ele desconheça; narra o que já sabe. Que conhecimento é esse em que a repetição do que já se sabe oferece um novo saber ou um acréscimo de saber? Por que o analisando, ao narrar os fatos da sua vida, que ele já está careca de saber e sofrer, chega a um conhecimento maior de si mesmo? Por que alguém tem vontade de cantar uma canção composta por outro ou de declamar um mesmo poema muitas vezes? Por que ouvir ou cantar a mesma canção mil vezes? Qual é o sentido dessa repetição, o que oferece essa aparente tautologia? Ricoeur não vê essas repetições como uma tautologia vazia, inútil, estéril. A palavra tem o poder de recriar o mundo. A cada vez que o indivíduo repete essas aparentemente "mesmas palavras" ou narra esses "fatos já conhecidos", ele se vê sacudido pela emoção da catarse produzida pelo reconhecimento de si. A cada vez que ele canta ou declama, a canção e o poema tornam-se novos, originais, e o emocionam progressivamente. Cada indivíduo que canta e declama reescreve/recompõe/ressignifica a canção/poema, embora as palavras sejam as mesmas. Nesses livros, repito as palavras desses autores, mas meu arranjo, meu estilo, minha escrita, meu modo de vê-los, o sentido que lhes atribuo tornam-me coautor, cointérprete do Brasil. Eles compuseram as "canções brasileiras"; eu sou seu intérprete, sou seu cantor! Esses livros são como CDs, em que, como um cantor, regravei antigos sucessos da historiografia brasileira. E, cantando-os, promovo esse conhecimento a mais, esse estranho conhecimento obtido com a simples repetição do mesmo texto, que Ricoeur define como "o milagre do reconhecimento", que torna seus ouvintes/coro sujeitos capazes de transformar seu mundo.

Espero que esses argumentos possam "fazê-los ver" a importância, relevância e urgência desses estudos. Caso considerem ainda minha argumentação confusa, que esses argumentos são falaciosos e tautológicos, insuficientes, sugiro, então, gentilmente, que evitem ler os meus livros, dos quais me orgulho, para os quais desejo leitores ao mesmo tempo críticos e generosos.

Este livro — *As identidades do Brasil 3, de Carvalho a Ribeiro: história plural do Brasil* — é resultado de um projeto de pós-doutorado desenvolvido no Instituto Histórico da Universidade Federal do Rio de Janeiro (UFRJ), com liberação integral pela Câmara Departamental de História da Universidade Federal de Minas Gerais (UFMG), no período de março de 2014 a fevereiro de 2015, sob a supervisão da professora doutora Marieta de Moraes Ferreira, com bolsa CNPq (PDS), aos quais, pessoas e instituições, agradeço imensamente. Antes de se tornar um projeto de pós-doutorado, foi oferecido, entre 2011 e 2013, como disciplinas optativas no Curso de Graduação em História e no Programa de Pós-Graduação em História da Faculdade de Filosofia e Ciências Humanas da UFMG. Agradeço aos meus alunos os excelentes seminários e debates que fizeram sobre esses autores. Lembro-me especialmente das contribuições dos(as) seguintes alunos(as): Getúlio Mendes Duarte, Marcelo Coelho Fonseca, Fabíula Sevilha, Carolina Othero, Breno Mendes, Marco Girardi, Samuel Braga, Walderez Ramalho, Danilo Marques, David Lopes Gomes, Iuri Simonini e Welington Diniz. Espero que não se envergonhem desse livro e desejo a todos sucesso em suas carreiras acadêmicas.

Finalmente, uma palavra de amizade inter-regional. Sei que este livro aborda um tema delicado, o das identidades regionais, e poderei ferir a suscetibilidade de cariocas, paulistas, gaúchos, pernambucanos, paraenses, mineiros, que talvez não se reconheçam nos quadros em que os pintei ou talvez se sintam até ofendidos por tons mais exagerados. Digo-lhes que não há como evitar alguns constrangimentos, que a pesquisa sobre essas "almas regionais nacionais" é mesmo melindrosa, e é por isso que é extremamente interessante. Não pretendi fixá-los em uma identidade congelada; longe de mim reduzi-los a estereótipos, embora esses também sejam inevitáveis. Meu conceito de "identidade", e por isso o plural do título, "identidades", não é o da manutenção de um "indivíduo/sociedade históricos" em uma dimensão atemporal, eterna. "Identidade" não é um congelamento, uma ossificação, uma reificação, um emparedamento. Ao contrário, o problema da identidade aparece de forma fecunda, produtiva, quando o "indivíduo/sociedade" começa a se inquietar e a duvidar de seu passado, do que tem sido, quando diz: "Quanto mais vivo assim, quando mais penso sobre o que já vivi e sou, mais insatisfeito, mais inquieto, mais desesperado me sinto, e com uma vontade imensa de deixar de ser o que sempre fui e de me tornar outro". É dessa tensão sou/não quero ser assim que surge o problema da identidade individual e social, que se confunde com o problema da tensão agônica das dimensões passado/presente/futuro, com o "enigma da historicidade".

Realistas

A visão fluminense do Brasil: o "tempo saquarema" e a obra histórico-política de José Murilo de Carvalho

A visão fluminense do Brasil: o "tempo saquarema"

O Rio de Janeiro, em 1808, transformou-se em capital de um grande Império atlântico, por causa do que se denominou a "inversão brasileira", a substituição de Lisboa pelo Rio de Janeiro como capital do Império português. Desde 1808, o Rio de Janeiro foi o centro político da monarquia, foi a "nova Lisboa", a região fluminense passou a comandar não só o país como todo o Império, o que incomodava aos portugueses e às demais regiões, sobretudo ao Nordeste, que chamavam os fluminenses de os "branquinhos do reino". Segundo Mattos (1994), quando a família real se instalou, a população chegou a 100 mil habitantes, chegaram burocratas, comerciantes, militares, capitalistas, nobres, diplomatas. Nessa época, o Rio de Janeiro tinha ruas estreitas, escuras e sujas, não havia remoção de lixo, sistema de esgotos, higiene pública. O problema do abastecimento da cidade foi resolvido com a abertura dos portos e com remessas pelas "capitanias do interior" de gado em pé, porcos, galinhas, queijos, cereais. O fim do monopólio do comércio pelos portugueses tornou febril a atividade comercial, a cidade ampliou suas funções administrativas e mercantis, a fundação do Banco do Brasil criou um embrionário sistema monetário. A capital do Império era o centro do comércio e das finanças e era, sobretudo, a Corte. A cidade se "enobreceu" aos olhos das demais províncias, que imaginavam circulando pelas ruas da capital autoridades, senadores, políticos, nobres europeus e até o próprio imperador e família. Era uma cidade nobre e cosmopolita (Mattos, 1994; Monteiro, 1990).

A população fluminense se representava como "mais próxima" do imperador, foi ensinada a desejar a "civilização", queria enobrecer-se, branquear-se, enriquecer-se. O Rio de Janeiro se representava como uma ilha de nobreza, uma cidade quase europeia, branca e culta, em um oceano de plebeus, mestiços e analfabetos. Segundo Ramos (1966), a população fluminense tinha preocupações estéticas, elaborava sua presença pública com roupas importadas, com um comportamento comedido, com etiqueta à mesa, com cuidados no modo de falar. Os fluminenses procuravam a visibilidade, mostravam-se em público, cultivavam sua rede de sociabilidade, ostentavam suas relações com barões e viscondes. Ramos (1966) descreve a sociedade carioca, nessa época, como uma "sociedade ficcional": jogo de aparências, apadrinhamentos, favores, submissões, imposições, todos eram barões ou amigos deles. Era teatral no bom e no mau sentido. No sentido bom, era uma sociedade ritualizada, simbolizada, mediatizada pela linguagem e pela imagem; no sentido mau, era ilusão, falsidade, uma relação invertida com a realidade. Era uma sociedade eurocêntrica, uma cultura em que predominavam obras e autores estrangeiros, em que prevalecia o sonho de riqueza, refinamento, civilização. A França era a referência, o Rio de Janeiro se considerava a Paris tropical, os cariocas desejavam se expressar em francês e se arriscavam! Essa pomposa e flatulenta "nobreza fluminense" cultivava um bovarismo *à outrance*, representava-se como uma minoria superior, uma "elite"; encastelava-se no alto e olhava o país, os "bárbaros sertanejos", de cima, aos seus pés. Machado de Assis, em seus belos romances, mostra no nível micro, bem de perto e com *zooms*, os valores e rituais dessa sociedade carioca bovarista, o conselheiro Aires, por exemplo, é uma miniatura do "sábio imperador" (Mattos, 1994; Monteiro, 1990; Ramos, 1966; Chalhoub, 2003).

A historiografia fluminense de ontem e de hoje expressa e legitima essa "cultura e sentimento saquarema". Os historiadores do Rio de Janeiro sustentam, orgulhosamente, que foi no Rio de Janeiro que, entre 1822 e 1860, foi concebida a ideia de "nação brasileira". Foi ali que, desde José Bonifácio de Andrada, as escolhas e decisões sobre a "construção da ordem nacional brasileira" foram feitas; ali foi pensado e implementado o projeto de nação brasileira. Ali, ocorreram os quatro grandes eventos histórico-políticos da primeira metade do século XIX: a chegada da família real, a Independência, a Abdicação e a Maioridade, dos quais a população carioca participou ocupando as ruas, insuflada por uma imprensa intensa. Sua periodização da construção da ordem nacional pós-Independência tem apenas três fases: de 1822 a 1831, o Primeiro Reinado; de 1831 a 1837, o período regencial, que teve a hegemonia dos liberais moderados; de 1835-37 a 1860, o período do Regresso conservador, seguido da conciliação, com a hegemonia absoluta da elite fluminense "saquarema". A historiografia fluminense sustenta que, de 1831 a 1837, sob o governo liberal, a Regência mostrou-se incapaz de construir a nova ordem nacional, e justifica a "necessidade", a partir de 1835-37, do movimento do Regresso, sob a liderança fluminense do Partido Conservador. A historiografia fluminense, que se considera responsável pela escrita da "história geral do Brasil", atribui a esse movimento o mérito da "construção da ordem", que impediu a fragmentação do território e a ruptura da unidade política. Os fluminenses mais exaltados consideram esse movimento o criador da nação brasileira, que não teria sobrevivido se tivesse se mantido sob o governo liberal. Ou seja, se o Brasil tem a estrutura que tem hoje, se manteve a unidade territorial e política que tem hoje, se a nação brasileira sobreviveu às dificuldades de seu nascimento, os brasileiros devem agradecer à província do Rio de Janeiro, mais especificamente, ao grupo denominado "Saquarema", a elite do Partido Conservador. Mattos (1994) definiu esse período da história nacional, entre 1835 e 1860, como "tempo saquarema", em sua importante obra *Tempo saquarema: a formação do Estado imperial*. O Regresso conservador foi a reação do Rio de Janeiro aos projetos liberais e republicanos das províncias que contestavam o poder central, uma reação que, para a historiografia fluminense, "salvou o Brasil". Os dirigentes saquaremas foram a força político-social que construiu o Estado imperial, sem o qual o país teria sido esquartejado (Mattos, 1994).

Diz-se que esse nome foi dado à liderança do Partido Conservador fluminense porque seus líderes — a chamada "trindade saquarema", constituída por Paulino José Soares de Sousa (o visconde do Uruguai), José Rodrigues Torres (o barão de Itaboraí) e Eusébio de Queirós Coutinho Matoso Câmara — tinham propriedades e se reuniam nesse município fluminense para decidir sobre a construção da ordem nacional. Há quem diga que o nome se deve à resistência de conservadores aos desmandos de uma autoridade liberal, em 1845, em Saquarema, no território fluminense. Essa "elite fluminense" imprimiu o tom e definiu o conteúdo do Estado imperial a partir de 1840. Esses homens eram a oligarquia do Partido Conservador, chamados também pejorativamente de a "patrulha", o "consistório", a "igrejinha", os "mais próximos", a "facção áulica". Para Mattos (1994), é preciso distinguir saquaremas e conservadores de todo o Império, "o que é uma diferença e uma hierarquia". Os saquaremas eram a "flor da sociedade", cultivavam um sentimento aristocrático, eram mesmo os "branquinhos" ou "branquelos" do Rio de Janeiro. Eles se representavam assim: no centro, o imperador; depois, eles, os "mais próximos" do imperador, os brancos, os cultos e civilizados; abaixo, nas regiões, na periferia, nos cafundós, nos grotões, os "mais distantes do imperador", os bárbaros, a escória da população. Para eles, o litoral é civilizado, pois está mais próximo da Europa e do Rio de Janeiro; no sertão, moram os ferozes, os sem-moral, os sem-religião, os sem-instrução, os bárbaros, dos quais, por um lado, queriam distância, e, por outro, o "seu" Estado devia conquistar, conectar ao centro e civilizar. Eram homens privilegiados, que tinham propriedade e liberdade, eram os "cidadãos", a boa sociedade, branca, o mundo do governo, que mantinha uma relação de força com o "outro Brasil". Era preciso fazer triunfar a lei, a "humanidade", sobre a barbárie e, para isso, a repressão era legítima, mesmo sangrenta. Os dirigentes saquaremas constituíam a alta burocracia imperial, eram senadores, magistrados, ministros, conselheiros de Estado, bispos e negociantes, proprietários rurais. Essa "elite fluminense" definiu os parâmetros da ação das autoridades brasileiras, em todos os níveis, que significavam a adesão aos princípios ocidentais de "ordem e civilização" (Mattos, 1994).

Para Martins (2006), a construção do Estado imperial se deu ligada à constituição de uma classe senhorial formada por famílias poderosas que a Coroa privilegiava, distribuindo-lhes títulos em troca de reconhecimento e apoio. A mulher era um poderoso capital para a acumulação de poder no Estado. Quanto mais o Estado se centralizava, mais eram as mesmas famílias no poder, que formavam a Corte, a "elite no poder". Ao longo do Segundo Reinado, o Conselho de Estado e o Senado foram as mais sólidas instituições, davam sustentação ao Poder Moderador, traduziam o pensamento do governo e representavam os interesses da elite no governo.

O Conselho de Estado era o núcleo das relações de sociabilidade e parentesco dos dirigentes. Segundo Martins (2006), o poder do indivíduo correspondia não apenas ao seu *status*, mas ainda à sua capacidade de oferecer e distribuir benefícios. As práticas clientelísticas e as redes de sociabilidade exerceram um papel fundamental no processo de centralização. Antes de homens públicos, eram representantes dos interesses e negócios de famílias e grupos. A noção de "rede" complementa o sentido do termo "elite", que significava redes de alianças e interesses. As estreitas relações entre os membros da elite vinculavam-se a laços matrimoniais e a redes de parentesco e compadrio. As festas, em belos salões iluminados, reuniam a "rede". Eram os Carneiro Leão, os Nogueira da Gama, os Lima e Silva, os Cavalcanti, os Albuquerque, os Campos Vergueiro, os Clemente Pinto, os Soares de Sousa, os Rodrigues Torres, os Silva Ferraz, os Sousa Queirós, os Pimenta Bueno, os Nabuco de Araújo, os Assis Figueiredo, os Vasconcelos. Uma teia de relações, todos viscondes, condes, marqueses, barões, conselheiros, sogros, genros, noras, sogras, tios, sobrinhos, netos. Os conservadores viviam faustosamente, como nobres, as casas ornamentadas; a hierarquia colocava cada personagem em seu lugar. Eles, lá no alto (Martins, 2006).

Para Mattos (1994), o "tempo saquarema" representou o esforço do Império para se integrar à comunidade das nações civilizadas. É a versão fluminense da história que dominou a historiografia por longo tempo, que desqualificava o tempo da Regência como republicano, anárquico, semelhante ao tempo da América hispânica. Para Hamilton de Mattos Monteiro (1990), historiador fluminense, deve-se destacar que "a manutenção da unidade brasileira, sempre comparada com a divisão da América espanhola, deve ser creditada ao gênio organizatório e financeiro dos Andrada, que, apoiados pelos grupos dominantes do sudeste, conseguiram impor, militarmente, a união em torno do Rio de Janeiro". A direção intelectual e moral saquarema foi um regresso a essa orientação primeira dos Andrada, a ênfase no nacional, quando sobrevivia ainda a situação colonial das diferenças regionais. Não havia ainda uma unidade brasileira, e os líderes fluminenses a si atribuíram o objetivo de construí-la. O projeto do Regresso era o do restabelecimento da autoridade central, a defesa da integridade do Estado imperial por acordos com os que se rebelavam. A ascensão dos barões do café exigia um Estado centralizado e oligárquico, apoiado no carisma da monarquia e na força militar. Os homens do

Regresso eram os homens da ordem, pacificaram o país com as tropas do Exército e da Guarda Nacional. Destacou-se o general Luiz Alves de Lima e Silva, o duque de Caxias, que, enquanto viveu, serviu à monarquia e controlou o Exército. De 1840 a 1860, diz-se que houve alternância entre liberais e conservadores no poder, mas, para Mattos (1994) e Monteiro (1990), talvez não. Os liberais estiveram no poder a partir de 1844 e não puderam mudar o programa saquarema, que haviam combatido com armas na mão, em 1842.

Em 1840, segundo Mattos, embora a província fluminense fosse o centro da nação, o Rio de Janeiro, que já tinha 140 mil habitantes, era uma cidade feia, ruas estreitas, escuras e imundas. Escravos carregavam pipas de bosta até o mar à noite, havia epidemias frequentes, a vida era insegura. As favelas-senzalas já estavam presentes. Contudo, imagino eu, a maravilhosa paisagem devia ser ainda mais cheia de graça, os morros cobertos de vegetação, árvores enormes, ar puro, as praias virgens, de ondas altas, águas azuis e límpidas, praias iluminadas e vastas de areia limpa. Aliás, como seria a hierarquia das praias, quais seriam as dos brancos e quais seriam as dos pretos? A "nobreza branca" e seus imitadores não admitiriam dividir a "sua" praia com escravos e muito menos com negros. A hierarquia saquarema devia aparecer ainda mais rígida nos domingos ensolarados. Como seria o vestuário de banho, como se exibiriam as "garotas de Copacabana"? Tudo isso demonstra a revolução na memória realizada pela fotografia e pelo cinema, e acentua o valor excepcional dos quadros de Debret. No Rio de Janeiro, o Brasil se olhava no espelho da Europa, mas era uma pequena parte da população que se via refletida, e mesmo assim com objeções do espelho, que coçava o nariz. Essa minoria fluminense se envergonhava dos outros 90% que não apareciam no espelho, e tratava esse "outro Brasil" com desprezo e violência. E lamentava que o "nosso país" tivesse "essa população"! A obsessão saquarema com a "homogeneidade" da "sua nação" levou a políticas de branqueamento, com a importação de europeus no final do século XIX. Afinal, o "padrão estético saquarema" era estrangeiro: o imperador Pedro II — um homem de 1,90 m, branco, de olhos azuis — e a imperatriz (Mattos, 1994).

Vista do Rio de Janeiro, a identidade do Brasil foi construída para ser semelhante à de uma nação europeia, que só a Coroa poderia viabilizar. A construção da identidade nacional era feita de olho na Europa: queriam erigir um Império soberano como as nações europeias, reclamavam um lugar na civilização ocidental como nação grande e poderosa. A Corte já era como um "exterior europeu" interno, que deveria levar a civilização ao "interior/sertão", integrando as regiões ao centro/Corte. O Brasil queria e devia se aproximar do modelo das nações europeias, o Império queria se instalar no centro do mundo civilizado e, sob a direção saquarema, eles se exaltavam, "o Império do Brasil se consolidara, eles tinham conseguido construir a estabilidade política, extinguiram o tráfico [de escravos], regularizaram as comunicações por vapor com a Europa, construíram vias férreas, fizeram melhoramentos urbanos, a lavoura cafeeira crescia" (Mattos, 1994).

A Coroa era a ordem e o progresso. Algumas obras saquaremas foram escritas para legitimar o poder do imperador: Varnhagen (IHBG), *História geral do Brasil* (1853-54); Justiniano José da Rocha, *Ação, reação, transação: duas palavras sobre a atualidade política do Brasil* (1856); José Antônio Bueno, *Direito público e análise da história do Império* (1857); Brás Florentino de Sousa, *Do Poder Moderador* (1864); Paulino José Soares de Sousa, *Ensaio sobre o direito administrativo* (1862). Essa última pode ser considerada a teoria política do Estado imperial, o visconde do Uruguai é visto como o pensador do tempo saquarema e o principal construtor do Estado imperial (Mattos, 1994; Carvalho, 2002).

O visconde do Uruguai e a centralização político-administrativa

Paulino José de Sousa Soares, o visconde do Uruguai, um dos chefes do Regresso conservador, um dos construtores do Estado imperial, empenhou-se na defesa da ordem e da civilização. Ele tinha o Estado como vocação e o que mais temia era a revolução social. Soares recebeu o título de visconde do Uruguai em 1854, o imperador reconheceu seus serviços nas questões platinas e na consolidação do Império. Sob a sua direção e da trindade, o Império atingiu seu apogeu no período de transação ou conciliação (1850-60). A trindade, Honório Carneiro Leão e Bernardo Pereira de Vasconcelos eram o "círculo dos mais próximos", todos saídos de Coimbra. Eram os brasileiros ilustres, que ostentavam marcas de distinção, tinham o monopólio do discurso, aperfeiçoado nas academias de direito, tribunais, Câmara, Senado e salões. Para Uruguai, só a ordem leva à prosperidade; a vontade/razão nacional deve prevalecer. A ordem era a condição para a liberdade, a autoridade era garantidora da liberdade. Devia prevalecer uma relação assimétrica entre o Executivo, o Legislativo e as províncias. Aqui, o "rei reina, governa e administra", há uma hierarquia entre os poderes. Paulino José de Sousa Soares, entre 1855 e 1856, esteve na Europa e entrou em contato com a vida política e intelectual francesa, e afirma ter vivido uma "grande revolução" de ideias. Depois da viagem, diz ter repensado o Brasil e escreveu o famoso *Ensaio sobre o direito administrativo* (1862), que, para Carvalho, é a melhor tentativa de pensar o Brasil imperial do ponto de vista conservador. Uruguai se considerava discípulo de Bernardo Pereira de Vasconcelos e juntos elaboraram as três medidas do Regresso: a Lei de Interpretação do Ato Adicional, em 1840; a reforma do Código de Processo Penal, em 1841; e a lei que restaurou o Conselho de Estado, também em 1841 (Carvalho, 2002).

A luta contra as províncias rebeladas foi sustentada por ele e pela trindade; Caxias comandava as tropas. Ele justificava as ações repressivas do governo com a Constituição e pedia legislação mais forte para sufocar a anarquia e a desordem nas províncias. Para ele, as revoltas liberais e republicanas eram contra a civilização, vinham de doutrinas abstratas sobre a liberdade, que não levavam em conta a realidade brasileira. Sua ação combatia a desordem civil, a anarquia, a impunidade. O alvo eram os setores populares, considerados semibárbaros, e as elites liberais regionais. Era preciso "salvar o país" do espírito revolucionário e da anarquia, e o remédio era o fortalecimento do Poder Executivo pela restrição do poder das assembleias provinciais, que o Ato Adicional beneficiara. No *Ensaio sobre o direito administrativo*, Uruguai expôs, *a posteriori*, os princípios que haviam norteado o grupo do Regresso na construção da ordem imperial. Segundo ele, o modelo que os inspirava era o do Império romano, sua vigorosa centralização e organização, base da grandeza do Império, que desapareceu nas profundezas da anarquia da Idade Média. O que produziu as misérias da sociedade feudal foi estar o poder de administrar e governar repartido entre mil mãos. A ausência de qualquer centralização governamental impediu que as nações da Europa marchassem, com energia, para algum fim. A Itália ainda vivia em dolorosas convulsões, lutava para reunir as frações ao redor de um centro. A Alemanha também. Portanto, a centralização era o mais poderoso instrumento de civilização. A realeza teve de sustentar lutas para chegar à unidade e à centralização do poder absoluto, talvez tirânico, mas preferível ao poder também absoluto e tirânico de muitos tiranetes. O poder tirânico que está perto é mais insuportável do que o que está longe (Uruguai, 1960).

O que ele propunha era um retorno à noção romana de "Império". O Brasil não poderia decair na situação europeia medieval; precisava aprender com a história da Europa, para não sofrer com tantas lutas, dores e experiências traumáticas. Ele defendia a centralização para evitar a fragmentação, que traria a barbárie. A centralização é a unidade do poder que consolida a unidade da nação. É ela que leva às extremidades do corpo social a ação que dá vida ao corpo. Ela é "como um coração que bombeia o sangue até as extremidades". Para Uruguai (1960), a centralização é essencial, não pode deixar de existir quando se trata de interesses comuns e de gerar uma sociedade. É o laço que a une. Só ela evita a anarquia e a dissolução da sociedade. Ela tem muitas vantagens: (1) liga o Norte e o Sul do Império, liga suas dessemelhanças em climas, territórios, espírito, interesses, comércios, produtos, sociedades; (2) produz um cadastro, uniformiza pesos, medidas, a moeda, administra as Forças Armadas, constrói estradas, ferrovias; (3) resolve questões entre províncias, municípios, entre os interesses da agricultura e do comércio, resolve assuntos internacionais; (4) impede que governadores locais tomem decisões ruinosas, como contrair empréstimos; (5) uniformiza impostos e sua arrecadação, uniformiza códigos, jurisdições, garante a livre circulação, a igualdade perante a lei. Enfim, sem a centralização não haveria Império. Ela permite a fiscalização e a tutela das autoridades provinciais e municipais. O Brasil era extensíssimo, pouco povoado, separado por distâncias imensas, os núcleos espalhados e isolados, os meios de comunicação precários. Por isso, a centralização era o caminho: "Ela é um princípio da vida orgânica. Toda criatura viva tem um centro de ação e de vida. O coração concentra em si toda força e vida. Ele restitui sem cessar o que recebeu a todos os membros do corpo, aos quais dá vida, beleza, caráter, inteligência e força" (Uruguai, 1960).

Contudo, no Brasil, ele admitia, a centralização administrativa talvez fosse excessiva, absolutista, fortalecendo além do necessário o Poder Executivo e pondo os cidadãos na dependência imediata do poder central. Um governo bem organizado não deve administrar tudo diretamente. Há muitos assuntos em que a ação do interesse local é mais ativa, mais eficaz, mais econômica do que a do governo. O cidadão passa a esperar tudo do governo, até o impossível, enfraquecendo o poder, tornando sua ação mais complicada e onerosa. Todos cruzam os braços e se voltam para ele, todos o acusam. O centro não pode ver e providenciar tudo. Para mim, foi por isso que Uruguai escreveu o ensaio: para propor uma administração descentralizada somente na medida em que fortalecesse a centralização política. O governo central ganharia em força se administrasse melhor o imenso território, o que exigia uma descentralização comedida e eficaz. Sua defesa da centralização política pedia uma racionalização da administração, que devia incluir algum nível de descentralização. Para ele, os municípios deveriam ter alguma autonomia, deveriam se ocupar da administração local, sem serem muito tolhidos pela administração provincial, que devia ser limitada. Para Uruguai, nossas instituições podiam melhorar. Se a centralização administrativa era em alguma medida excessiva, medidas especiais poderiam torná-la mais efetiva. Mas, que ninguém se iluda, ele não fazia nenhuma concessão aos liberais: a descentralização que propunha era apenas "administrativa", e só era aceitável se potencializasse ao máximo a centralização política no Poder Moderador (Uruguai, 1960; Carvalho, 2002).

Outro importante saquarema foi Francisco Adolfo de Varnhagen, o historiador que criou o paradigma da "história geral do Brasil", a história do Brasil narrada do ponto de vista do Rio de Janeiro. Segundo ele, o "historiador geral" deveria enfatizar a unidade brasileira, a centralidade do imperador. O historiador deveria viajar pelo Brasil para ter uma visão global e aconselhar a administração. Ele deveria evitar as antipatias recíprocas das províncias, lutar contra a fragmentação. O historiador deveria fazer o elogio do Brasil, dos heróis portugueses, para que seus descendentes pudessem avançar com confiança. Era proibido falar de tensões, contradições, exclusões, conflitos, rebeliões. Isso seria a guerra civil, que abortaria o Brasil nação. O Brasil queria dar continuidade à ação colonizadora dos portugueses, pois a ruptura era só política e nem tanto. Os portugueses são os representantes da Europa, das Luzes, do progresso, da razão, da civilização, do cristianismo, da lei, do rei, todos valores que o Brasil precisava seguir para se integrar à grande história ocidental. O Brasil não queria ser indígena, negro, republicano, latino-americano, não católico. Este lado não português deveria ser reprimido. O Brasil queria ser outro Portugal: uma grande nação imperial, uma potência mundial. Tudo que ameaçasse esse futuro recebia severa avaliação. Era preciso reconhecer que foi a Casa de Bragança que construiu o Brasil íntegro, uno e independente (Varnhagen, 1962; Reis, 2007).

Os saquaremas se diziam os "intérpretes realistas" da sociedade brasileira, pois achavam que realizavam o que o país queria: o restabelecimento da ordem. A sociedade desejava que o Estado imperial fosse seu protetor, provedor e salvador. Era preciso assegurar o progresso dentro da ordem. A direção saquarema optou pela Conciliação para manter a estabilidade do sistema, o equilíbrio entre liberdade e autoridade. A Coroa devia garantir a ordem pública, escravocrata e latifundiária, e os proprietários apoiariam a monarquia colaborando com a construção da ordem nacional. Mas o imperador se apresentava como suprapartidário, não se subordinava à grande propriedade, e era preciso que todos beijassem sua mão. O sentido do movimento do Regresso era restaurar a Constituição de 1824 para resistir às inovações liberais que hostilizavam o passado monárquico. Por amor à abstração, não se podia pôr em risco instituições apoiadas pelo costume, pela tradição. O Estado monárquico evoluiria e se autorreformaria de modo maduro e com base na experiência, e não por princípios abstratos. As reformas seriam feitas quando fossem do interesse real do país. O Estado devia ter papel ativo, devia reunir as maiores inteligências e luzes, que saberiam conduzir a sociedade de forma esclarecida. A elite intelectual conduzia o Estado ao lado do imperador, o defensor perpétuo do Brasil. Os saquaremas eram "estadocentristas", o imperador era o salvador público e precisava de plenos poderes. Esse "realismo conservador" considerava indispensável suspender as garantias quando houvesse perigos. Para defender a liberdade, era preciso empregar todos os meios contra o espírito revolucionário, que mata a liberdade, esta que só pode existir na ordem. O Partido Conservador frisava o atraso do povo e o particularismo dos potentados regionais, defendia uma administração imparcial, proba e pacificadora, minimizava o papel da Câmara, que devia se limitar a um papel secundário. O Poder Moderador não podia ser um homem de partidos, só visava à prosperidade e à grandeza do país. Era o tutor da nação, construindo-a pela difusão das Luzes (Lynch, 2010; Ferreira, 1999, 2009; Carvalho, 2002).

Enfim, o projeto saquarema, que tentei reconstituir usando sem aspas o próprio discurso do visconde e da sua historiografia, foi o da construção do Estado imperial, centralizado, sediado no Rio de Janeiro, fundado na escravidão, repressor das rebeliões liberais e populares provinciais. Para esse projeto conservador, a população brasileira carecia de instrução, de moral e hábitos de disciplina e trabalho, e os poderosos regionais eram movidos por interesses particulares, reforçando a desordem e o arbítrio. Por isso, era necessária a centralização, para a manutenção da ordem pública e a proteção da segurança individual. Às vozes mesquinhas das localidades era preciso sobrepor a voz da razão nacional, atenta às necessidades públicas. Era preciso estender a ordem ao interior do país e acabar com a barbárie dos sertões. O Brasil não tinha uma tradição de autogoverno e de educação cívica; esse era o legado da colonização feita por particulares. A autonomia política e administrativa das localidades com a participação ativa dos cidadãos era uma realidade nas sociedades anglo-saxãs. Essa capacidade de autogoverno não existia no Brasil e não podia ser criada por lei, porque é fruto dos costumes, da educação. O Brasil tem um "caráter nacional" indisciplinado, particularista, arbitrário, que justificava o Estado centralizado. A reforma liberal descentralizadora tentara adaptar instituições dos EUA em um país sem precondições para suportá-las. A administração não poderia ser eleita, mas hierárquica, porque, aqui, o hábito da impunidade é arraigado. O Código de Processo Penal, por exemplo, na Regência, dava muito poder aos juízes de paz, eleitos, que se tornaram arbitrários e contra os direitos individuais. O mundo da política no Brasil era desvirtuado e perigoso, sujeito às paixões e aos interesses mesquinhos das localidades. O interesse público não predominava. Uruguai valorizava a administração neutra e eficaz contra a política das facções. Entre a liberdade civil e a liberdade política, o visconde preferia preservar a primeira. A liberdade política era um privilégio do Estado, do Poder Moderador, o tutor/garantidor das liberdades civis (Ferreira, 2009, 1999, 2010).

A obra de José Murilo de Carvalho é neossaquarema?

Essa matriz saquarema autoritária do pensamento histórico-social-político brasileiro teria se restringido ao Império? Estaríamos já distantes e livres da monarquia, do Poder Moderador, do visconde do Uruguai, do tempo saquarema fluminense, que teriam se mantido na "ordem do tempo" do século XIX? Não, infelizmente, esse é o "pensamento reserva" das elites, que o restauram e modernizam sempre que seu poder entra em agonia. Ele foi restaurado em 1937 e em 1964, e está bem acondicionado no congelador da memória, pronto para ser descongelado e imposto ao povo brasileiro. Esse pensamento autoritário foi repensado por famosos intelectuais assessores de regimes autoritários, como Oliveira Vianna e Golbery do Couto e Silva. Será que eu poderia colocar a obra de José Murilo de Carvalho no mesmo grupo desses "assessores autoritários"? Penso que não e sim. Sim, porque pretendo demonstrar que Carvalho é um simpatizante do Estado imperial, que acredita ter sido o melhor período da história brasileira, o que o torna um "neossaquarema", um representante do pensamento conservador. Não, porque é um intelectual engajado na luta pela conquista da "cidadania plena", que, para ele, não seria incompatível com a monarquia. Não é assessor de algum regime autoritário. Seu pensamento histórico-político é ambíguo, oscilando entre a monarquia e a república. Essa ambiguidade caracteriza quase toda a historiografia fluminense de ontem e de hoje, que é neossaquarema, e Carvalho foi escolhido, aqui, para representar esse pensamento histórico-político fluminense. Sua obra ainda não foi comentada seriamente, quase não há resenhas críticas, mas há críticos que o consideram um "descobridor do Brasil", um neovarnhageniano e neouruguaiano, um monarquista. Neste livro, Carvalho irá representar, com nuances, a continuidade do pensamento do "tempo saquarema", e utilizarei para demonstrar isso excertos das suas obras, especialmente de *A construção da ordem; Teatro de sombras*. Eu o escolhi como o intérprete do Brasil mais reconhecido, mais competente, mais importante, que atualiza essa interpretação fluminense do Brasil.

Em sua tese de doutorado, que teve o título *A construção da ordem*, Carvalho foi acusado de "elitismo" por ter se preocupado com a fundação do Estado e não com a formação da nação. Ele mesmo conta que Ruth Cardoso teria dito, em estilo bem paulista: "Imagina, quem vai ler esse livro elitista?". Em entrevista a Moraes e Rego (2002), Carvalho é interrogado diretamente: "Você é monarquista?". Carvalho "parece" ter defendido a monarquia, ao lado de outros intelectuais importantes do Rio de Janeiro, no plebiscito de 1993. Ele evitou responder à questão, que parece aborrecê-lo, pois, para ele, já seria um assunto encerrado. Mas, de fato, no artigo "Esse debate é real", publicado no *Jornal do Brasil*, em 1991, e republicado em *Pontos e bordados* (1998a), Carvalho fez uma crítica radical da República como alguém que a vê do ponto de vista saquarema. Entre outras ideias antirrepublicanas, Carvalho argumenta que o principal êxito dos republicanos não foi a implementação da República, mas a desmoralização do Império e de d. Pedro II. A campanha antimonárquica tirava proveito da total liberdade de expressão e imprensa do Império. A imprensa desmoralizava o conde D'Eu, a princesa era chamada de beata, ignorante, despreparada para o governo. D. Pedro II era chamado de Pedro Banana, Pedro Caju, o "sábio" que cochilava nas reuniões do IHGB. A monarquia era desqualificada, como regime inadequado aos tempos modernos; os positivistas a atacavam, pois achavam que era a República que faria a transição para o estado positivo, dominado por industriais e cientistas. A imagem da monarquia como regime de privilégio, opressão, atraso, enraizou-se nas camadas intelectualizadas da população, que queriam o progresso. Para ele, hoje, falar em monarquia significa ser recebido com um sorriso sardônico, como se fosse "coisa de reacionários" (Carvalho, 1998b).

Carvalho o diz explicitamente: "Eu não defendo a Monarquia". Mas seus argumentos são antirrepublicanos e pró-monarquistas, pois, para ele, "a figura real sempre permitiu a representação simbólica da nação mais eficaz do que qualquer Presidente da República" (Carvalho, 1998b). Segundo ele, o presidente eleito é membro de partido, de facção, não representa o país. A representação simbólica da nação pelo rei confere um grau de estabilidade ao sistema político que não pode ser desprezado em países marcados pela instabilidade crônica. A monarquia não imobiliza; pelo contrário, permite o conflito, a luta de partidos e facções, classes, por garantir a estabilidade da representação nacional. Para Carvalho (1998b), a sociedade brasileira é injusta ao extremo, autoritária, dividida, desigual; o conflito campeia de alto a baixo. A República sempre teve dificuldades com o equilíbrio dos poderes, ele prossegue. Abolido o Poder Moderador, seus poderes se deslocaram para o presidente, que se tornou um déspota, os poderes Legislativo e Judiciário foram amesquinhados. Para ele, a República gerou um despotismo pior que o do Poder Moderador. O presidencialismo é alérgico a divisões e conflitos, a coincidência, na mesma pessoa, da chefia do governo e da chefia do Estado leva à concentração exagerada de poder e a golpes de Estado. E pergunta, persuasivo: "Por que países mais estáveis e maduros não se livraram do regime monárquico?".

Carvalho afirma que está propondo não a monarquia, mas a construção de instituições que permitam a experiência do conflito político amplo e irrestrito (Carvalho, 1998a).

Carvalho (1998b), o "crítico da República", se não é monarquista, olhou de forma muito condescendente para a nossa experiência monárquica e a reavaliou de forma positiva: "A Monarquia conferia um grau de estabilidade que não pode ser desprezado em países marcados pela instabilidade crônica". E por ter olhado com bons olhos para a nossa experiência monárquica, seu nome ficou associado a ela, o que parece ter criado problemas em sua vida acadêmica e política. Ele procurou esclarecer a sua posição em um artigo no Caderno Mais!, da *Folha de S.Paulo*, "A força do estigma" (Carvalho, 1998b). "Estigma" é como define o que se tornou sua vinculação à causa monarquista. Ele afirma que pretendeu, quando escreveu o artigo "Esse debate é real", que tanto repercutiu, propor uma discussão sobre a República, que não conseguiu resolver nosso problema mais grave: a desigualdade social. Argumentou que "a engenharia institucional da Monarquia, que separa o Chefe do Estado do Chefe do Governo poderia dar ao sistema a estabilidade que precisa para suportar a liberação de conflitos, que podia efetivamente encontrar soluções para a desigualdade". Carvalho (1988b) inspirava-se nas soluções encontradas por Bélgica, Holanda, Japão, Inglaterra. Mas o debate não foi aceito nesses termos e ele foi "tachado" de monarquista. Ele disse que as reações mais agressivas vieram de São Paulo: ironias, gozações, acusações de reacionarismo e restauracionismo. Ele sofreu constrangimentos na universidade, tornou-se marcado como um historiador reacionário, oficial. Apesar de nunca mais ter voltado ao tema, de ter considerado a sua participação no debate encerrada, o estigma permaneceu (Carvalho, 1998b).

Afinal, Carvalho seria um monarquista neossaquarema ou um republicano radical? Para mim, essa não é uma questão irrelevante, porque a resposta a ela define todo o sentido de sua interpretação do Brasil. Não desejo nem reforçar nem criar estigmas, apenas reconstruir e refletir, respeitosamente, sobre sua interpretação do Brasil, que se tornou referência para os historiadores contemporâneos. Confesso que sua reputação de monarquista, obtida sobretudo com sua tese de doutorado, que tem o título revelador *A construção da ordem*, me levou a vê-lo dessa forma. Depois, ao conhecer suas obras sobre a República e artigos diversos, percebi que há realmente uma forte simpatia dele pela monarquia e pelo personagem d. Pedro II, ou melhor, que ele não é tão crítico da monarquia como é crítico da República. Carvalho é contundente com o regime pós-1889 e excessivamente brando com o Império da escravidão. Se não é um defensor aberto da monarquia, a acusação de ambiguidade não é vazia e, quando é posto ao lado de monarquistas, não é apenas pela "força do estigma". Aliás, o conceito de "dialética da ambiguidade", já utilizado por Guerreiro Ramos, é central em sua interpretação do Brasil e talvez seja definidor de seu pensamento histórico. Para mim, por um lado essa ambiguidade é politicamente perigosa, mas por outro é valiosa do ponto de vista cognitivo, pois permitiu a Carvalho olhar para o Império sem os preconceitos, sem a antipatia republicana, que tem impedido aos historiadores de vê-lo e analisá-lo de forma competente. Carvalho transita do Império à República e vice-versa, alternando os olhares e, por isso, sua interpretação é arguta, lúcida, vê um e outro. Ele não é um ideólogo do Estado autoritário, como foram os saquaremas visconde do Uruguai, Varnhagen e Oliveira Vianna. Ele é um historiador-cientista político que analisa, compara, reconstrói, faz ver uma situação e outra de forma viva e competente. O olhar republicano tem impedido a percepção e avaliação do Império pelos historiadores, porque pressupõe uma aproximação desarmada, compreensiva, das experiências daquela época. Carvalho aproxima-se de Pedro II e "compreende" seu tempo a ponto de parecer um "homem do Império". Mas é também capaz de se distanciar e desfazer toda a pintura. Ele é como aquela mulher buarquiana diante de Pedro II: tem um olho que arregala sua pepita e outro que se agita e vai desmanchar toda a pintura. É na soma do seu olhar de historiador-cientista político que vamos ter uma visão inteira do Brasil, do Império à República, da República ao Império.

Contudo, Carvalho, mineiro, poderia representar o pensamento histórico-político fluminense? Embora não seja carioca, Carvalho me parece o historiador que melhor analisou a visão fluminense do Brasil, tão bem que se pode vê-lo mesmo como um neossaquarema, ressentido, desolado, revoltado, com a decadência que a República impôs ao Rio de Janeiro. Não conheço nenhum historiador fluminense atual que tenha feito uma síntese da história brasileira tão crítica da República, e com um sabor tão neossaquarema, como ele. Na verdade, todos os historiadores fluminenses são, explícita ou disfarçadamente, neossaquaremas,

mas nenhum elaborou essa posição; apenas a praticam implícita e acriticamente. Dois livros poderiam estar no lugar da obra de Carvalho, aqui: o de Ilmar Rohloff de Mattos, *Tempo saquarema: a formação do Estado imperial*, de 1985, e o livro organizado por Maria Yedda Linhares, *História geral do Brasil* (1990), que reúne um importante grupo fluminense. Mas Rohloff não passou desse excelente livro, não construiu uma obra maior, e o livro de Linhares, que é também competente, é mais uma "história geral", um compêndio para o ensino de história do Brasil, que apenas atualiza a *História geral do Brasil*, de Varnhagen, a história do Brasil vista do ponto de vista do Rio de Janeiro, sem perceber que a República pôs em xeque essa interpretação. Por isso, escolhi a obra de Carvalho, que é um dos historiadores mais reconhecidos nacionalmente. Embora oriundo de uma "província do interior", foi bem acolhido pela comunidade acadêmica fluminense, é professor titular aposentado e emérito do Instituto Histórico da UFRJ, mas talvez encontre resistências por ser um rival, por expressar bem, e até melhor, o ponto de vista do Rio de Janeiro sobre a República. Minha hipótese será essa: Carvalho tem um pensamento histórico ambíguo: por um lado, é um crítico contundente da República, mas, por outro, trata de forma complacente o Império, sugerindo até uma nostálgica cumplicidade. Sua obra é de síntese, uma visão global do Brasil dos últimos três séculos, lúcida, crítica, bem informada, tão bem escrita que o levou à Academia Brasileira de Letras, embora não seja sempre esse o critério que tem conduzido a essa prestigiosa instituição.

O estado do Rio de Janeiro, de certa forma, ainda se sente como o centro da história brasileira por se considerar a província que liderou a construção do Estado nacional. Respira-se um ar de Corte, aristocrático, quando se fala do Rio de Janeiro, e os cariocas emanam essa representação de si. Mas há décadas o Rio de Janeiro perdeu essa centralidade e é Carvalho quem, em três de suas obras sobre a República — *Os bestializados: o Rio de Janeiro e a República que não foi* (1987), *A formação das almas* (1990) e *A cidadania no Brasil: o longo caminho* (2013) —, narra iradamente esse deslocamento da cidade-Corte. Vou procurar ir além do rumor, do estigma, do sorriso sardônico, utilizando essas três obras para reconstruir, brevemente, e usando seus próprios termos, sua visão que julgo "neossaquarema" do regime republicano. Em *Os bestializados*, Carvalho sustenta que foi a República que retirou o Rio de Janeiro do centro da história do Brasil e, para ele, isso foi desastroso para a "civilização brasileira". Ele é realmente um crítico, e virulento, do período republicano, e narra a história republicana como um saquarema assistindo à derrubada do seu Império. Desolado! Carvalho fala como um saquarema em crise, descreve o advento da República como o fracasso do projeto do Estado centralizado e o declínio da centralidade da cidade do Rio de Janeiro e do poder fluminense. Vê esse processo como uma desagregação do território, do Estado, dos valores senhoriais. Para ele, se ainda tivesse sido uma "tomada da Bastilha", pelo menos, teria sido a tomada do poder pelo povo civilizado da capital. Mas não. Foi como se os sertões, os bárbaros, o "outro Brasil", tivesse tomado de assalto a Corte, o núcleo branco, europeu, civilizado (Carvalho, 1987).

A República produziu a inversão e a decadência do sentido ideal da história brasileira: o processo civilizador ocidental. A Corte foi impedida de continuar sua missão civilizadora, pois foi assaltada pelos bárbaros. Uruguai descreveria a República como a queda do Império romano, que trouxe as trevas feudais! Para Carvalho, a República significou a ascensão de São Paulo, do espírito bandeirante, dos valores burgueses, do capitalismo desacompanhado da ética. Se o imperador era amado pelo povo, o novo regime, sem esse amor, nasceu com esse pecado original: não tinha a presença e a adesão do povo. Em 1889, o Rio de Janeiro era a maior cidade do país, com mais de 500 mil habitantes, era a capital política e administrativa desde a Independência, era o centro da vida do país, mas tornou-se a cidade mais insatisfeita e turbulenta da primeira década republicana. O Rio de Janeiro sentiu em grau mais intenso as mudanças impostas pelo golpe. Embora a Proclamação tenha ocorrido na capital, pois era a arena em que os destinos nacionais eram decididos, a cidade foi marginalizada. Na primeira década da República, o Rio foi deslocado por São Paulo, o novo centro comercial e industrial. Em *Os bestializados* (1987), Carvalho manifesta uma imensa insatisfação ao descrever essas mudanças, ao examinar suas consequências para a vida dos fluminenses. Para ele, se tivesse havido uma "tomada da Batilha" pelo povo carioca, poderia ter havido uma relação positiva entre república, Rio de Janeiro e participação popular, e o Rio seria, então, o berço da cidadania moderna no Brasil. Mas foi uma "invasão dos bárbaros", a República excluiu o povo carioca do poder, consolidou-se como uma vitória da ideologia liberal darwinista dos cafeicultores paulistas, que reforçou o poder oligárquico (Carvalho, 1987).

Para ele, a cidade do Rio foi posta em plano secundário, a República neutralizou politicamente a cidade, reprimiu a mobilização popular. O fluminense não entendeu a República e mantinha com o novo poder uma relação irônica e cínica. O povo fluminense era monarquista, idolatrava d. Pedro II, o "imperador de olhos azuis", e "não entendeu" o golpe, que veio justamente quando a monarquia atingia seu ponto mais alto de popularidade após a Abolição. Quando se diz que o povo assistiu "bestializado" à Proclamação da República, isso não significa apenas que não foi protagonista, mas também que não a entendeu, não viu sentido na derrubada da monarquia. Isso significa, para Carvalho, que o novo regime dito republicano começou mal. A República não foi a salvação, tal como se apresentava, pois os males do país se aprofundaram. Entre 1890 e 1891, o novo regime foi, na verdade, o regime paulista dos banqueiros. Os fluminenses reagiram não respeitando as leis da República. O tribofe, a trapaça, estava presente em todos os domínios do comportamento do fluminense, que se tornou bilontra: malandro, espertalhão, velhaco, jogador, tribofeiro. A lei era desmoralizada pelo deboche, pela irreverência, pela malícia. O povo sabia que o formal não era sério. A República não era para valer, porque não criou caminhos de participação. Para ele, hoje, ainda, a cidade do Rio de Janeiro, a república e a cidadania continuam dissociadas. Carvalho desafia o povo fluminense: não seria a hora de o Rio de Janeiro passar a agir de forma mais agressiva em defesa dos seus interesses e "tomar a Bastilha" republicana? (Carvalho, 1987).

Em *A formação das almas* (1990), Carvalho prossegue com sua desconstrução da República como um neossaquarema enfurecido. Qual era o projeto de nação dos republicanos? Havia um projeto republicano bem estruturado, consistente? Havia homens com um plano de ação, com uma ideologia, com um projeto de nação? Não. Os republicanos estavam divididos e não se entendiam. O retrato que Carvalho faz da Proclamação da República é devastador, digno de um visconde do Uruguai. Para ele, a República chegou ao poder sem nada: sem programa, sem heróis, sem hino, sem bandeira, sem lenço e sem documento! No 15 de novembro, as tropas insurretas não tinham bandeira para desfilar nem hino para cantar. A República não possuía suficiente densidade popular para refazer o imaginário nacional. O grosso da população era-lhe alheio e até hostil. O esforço de recriar o imaginário caiu no vazio, quando não houve resistência ou se prestou ao ridículo.

Foi difícil a popularização do novo regime, que não gerava entusiasmos. Foi preciso muita propaganda, apelando para Tiradentes-Cristo, símbolos monárquicos e valores franceses. Talvez Comte, o filósofo do *Apelo aos conservadores*, tenha sido o grande herói republicano. Para os republicanos positivistas e militares, Comte era o caminho para o Brasil, pois substituiu a utopia católica pela utopia leiga da Idade Positiva, em que prevaleceriam os valores de altruísmo, solidariedade, família, pátria, humanidade, ciência, progresso, ordem. Tiradentes, o herói republicano, é tão obscuro que serve à direita, à esquerda e ao centro. Tiradentes é um herói ambíguo: Cristo e herói cívico, mártir e libertador, civil e militar, símbolo da pátria e subversivo. Nem imagem fixa tem! Contudo, pode-se lembrar Carvalho de que, se talvez Tiradentes possa servir à direita, à esquerda e ao centro, não pode servir aos monarquistas, dos quais foi vítima (Carvalho, 1990).

Em *A cidadania no Brasil: o longo caminho* (2013), Carvalho prossegue seu ataque radical à República. Para ele, ela significou um fortalecimento das lealdades provinciais em detrimento da lealdade nacional, adotou o federalismo, reforçando os governos estaduais. A fragmentação territorial e política, temida na Regência, quase ocorreu! Ele insiste no seu bordão: "O novo regime não foi uma conquista popular e o Imperador era popular", logo o Império era mais democrático. Os movimentos populares da Primeira República foram antirrepublicanos e restauradores: Canudos, Contestado, a Revolta da Vacina. Até 1930, não havia povo organizado politicamente nem sentimento nacional consolidado. A participação política nacional era limitada a pequenos grupos, o povo carioca tinha com o governo uma relação de distância, de suspeita, quando não de antagonismo. Aos grandes acontecimentos nacionais políticos, ele assistiu não como bestializado, mas como curioso, desconfiado, divertido. O desprestígio dos políticos republicanos entre o povo fluminense era enorme. O povo só agia contra o arbítrio das autoridades, contra o Estado, uma "cidadania em negativo". Pode-se imaginar que a República tenha conseguido sua legitimidade popular com a Constituição de 1988, que seria a "Constituição cidadã"? Para ele, isso é uma ingenuidade! Voltamos a eleger prefeitos, governadores, presidentes, há mais liberdade, participação, a manifestação de pensamento é livre, a ação política e sindical é livre. Há participação, o voto nunca foi tão difundido. Mas as coisas não caminharam em outras áreas. Há ainda problemas centrais em nossa sociedade: violência urbana, desemprego, analfabetismo, educação de má qualidade, oferta inadequada de serviços de saúde e saneamento, desigualdades econômico-sociais que se agravaram. Por isso, o sistema democrático perde a confiança dos cidadãos. O exercício da liberdade, o voto, não gera automaticamente a conquista de outros direitos, como a segurança e o emprego. A liberdade e a participação não levam automaticamente à solução dos problemas sociais (Carvalho, 2013).

Carvalho monarquista

A reunião de fragmentos de *Os bestializados*, *A formação das almas* e *A cidadania no Brasil* (acima) revela que Carvalho é mesmo um "crítico da República", contundente, aplaudido e reconhecido pelos próprios republicanos, os mais jacobinos, que desejariam a implantação de uma "outra República", popular, democrática, voltada para a solução dos problemas estruturais econômico-sociais, criadora de instituições representativas dos diversos grupos sociais, capaz de viver os conflitos e de buscar soluções sem que tenha sua estabilidade ameaçada. Contudo, se perguntarmos sobre a referência de suas críticas, nos surpreenderemos com a resposta: é o Estado Imperial, "quando a moralidade pública foi a mais alta do Brasil independente"! Carvalho critica a República tendo como referência o saquaremismo do período imperial, admira as elites que construíram o Estado imperial, lamentando que o projeto fluminense tenha sido interrompido pelo golpe militar republicano. Depois do Império, que era civilista, instalou-se a ditadura militar e a política dos governadores paulista-mineira, que era coronelista. As oligarquias estaduais se impuseram à União, um federalismo sem referência central impôs o arbítrio dos mais fortes, a corrupção nas finanças públicas, os poderes sem representatividade, a marginalização do povo em relação às decisões; o capitalismo paulista selvagem corroeu os valores imperiais. Ele sugere que o Brasil governado pelo Poder Moderador era muito mais democrático do que o Brasil governado por presidentes eleitos.

Carvalho até admite que, tanto na República quanto no Império, o povo não tinha lugar no sistema político. Contudo, condescendente com o Império, acredita que a cidadania política, medida pela participação eleitoral, foi relativamente mais alta de 1824 a 1881, pois votavam 13% da população livre. Uma lei de 1881 privou o analfabeto do direito de voto, que a República manteve. De 1881 a 1930 foram 50 anos de governo sem povo. Só em 1945 a participação voltou ao nível anterior a 1881. A partir daí, a participação eleitoral cresceu, sobretudo entre 1970 e 1986. Os brasileiros se tornaram cidadãos políticos em plena ditadura militar! A esperteza dos militares: mantiveram o voto suprimindo a liberdade (de organização de partidos, de fazer oposição, de expressão). Milhões votavam, mas não eram cidadãos ativos; o voto não valia em termos de representação. O voto era instrumento de trocas clientelísticas. Contudo, pergunto eu, não foi assim também antes de 1881? A "esperteza militar" repetia a "esperteza saquarema": manutenção do voto e supressão da liberdade. A ditadura militar anticomunista e a conciliação saquarema antiliberal foram regimes centralizadores, conservadores, comprometidos com a modernização pelo alto, que é feita repressivamente, com a exclusão do povo do espaço público. A condescendência de Carvalho com o regime da conciliação saquarema é surpreendente em um historiador-cientista político tão crítico, que expressou muitas vezes o desejo de ver no Brasil a construção de uma "cidadania plena" (Couto, 2000).

Para expor seu lado monarquista, abordemos sua biografia de Pedro II, em que a simpatia pelo imperador beira o beija-mão. Ele não trata de Pedro II, o Poder Moderador, mas do homem, Pedro de Alcântara, aliás, Pedro de Alcântara João Carlos Leopoldo Salvador Bibiano Francisco Xavier de Paula Leocádio Miguel Gabriel Rafael Gonzaga, nascido no Rio de Janeiro, em 1825, que descreve como um homem simples, humilde, frágil, um "grandalhão ingênuo". Uma biografia, todos sabem, é uma construção, uma composição do biógrafo, com forte contribuição/ transferência dos valores desse ao biografado. Carvalho, que teve forte formação franciscana na adolescência, que correu, provavelmente, o risco de se tornar padre, estaria falando da representação do que gostaria de ser ou do que se diz de um "homem bom" em Piedade de Minas, ou de Pedro de Alcântara? Em sua "ilusão biográfica", em certos momentos, Pedro de Alcântara dá pena, apesar de Carvalho estar fazendo seu panegírico, mostrando-o como um admirável *naïf*, para defendê-lo dos crimes que os republicanos atribuem ao Poder Moderador. Não, afirma Carvalho, não era um tirano, um déspota, um ditador, um absolutista, um militarista. Era o contrário do que os republicanos diziam. Pedro II governou o Brasil de julho de 1840 a 15 de novembro de 1889, assumiu o poder com menos de 15 anos e foi deposto e exilado com 65 anos. Nenhum outro chefe de Estado marcou tão profundamente o país, e não só é uma ingratidão esquecê-lo como nefasto para o conhecimento da história brasileira. Pedro II foi um Habsburgo perdido nos trópicos: 1,90 m, louro, de olhos azuis, barba espessa, um europeu cercado por uma pequena elite branca e um mar de negros e mestiços. O leitor o imagina como um Gulliver em Lilliput! (Carvalho, 2010).

Pedro de Alcântara tornou-se o órfão da nação, recebeu uma educação rígida, religiosa, disciplinada, para se tornar um "chefe de Estado perfeito", que significava, para seus tutores, um homem sem paixões, escravo da lei e do dever, uma espécie de funcionário público nº 1. Tornou-se amante das ciências e das artes e letras, um rei intelectual; não era um homem de ação, militarista e guerreiro, mas um monarca sábio, humano, justo, honesto, pacifista, tolerante, constitucional. Não era impulsivo e violento como o pai. Nasceu para as letras e ciências, amava os livros e cercava-se de cientistas e padres, porque profundamente erudito e católico. Estudava línguas: grego, latim, sânscrito, árabe, tupi-guarani, hebraico; falava francês, espanhol, italiano. Carvalho vai mais longe, longe demais, em sua avaliação piedosa de Pedro II: ele teria governado o Brasil com os valores de um republicano! Talvez tenha razão; de perto ninguém é normal, nem o Poder Moderador. Mas, na descrição amigável de Carvalho, o Poder Moderador se transforma em um homem banal, confuso, inseguro, um grandalhão estabanado. Carvalho o descreve como um infeliz em um trono dourado: órfão, carola, epilético, diabético e republicano! Casou-se com Tereza Cristina Bourbon, princesa das Duas Sicílias, que ele achou, inicialmente, feia e manca, mas, depois, magnânimo, a aceitou. Contudo, ele amava mesmo era a uma senhora casada e mãe, baiana, filha de senhor de engenho, que foi instrutora dos seus filhos, a condessa de Barral. Pelo menos amou!, respira aliviado o leitor. A imprensa era impiedosa com ele, ridicularizava sua mania de sábio, Isabel era chamada de beata ignorante, e até propuseram o fuzilamento do genro estrangeiro. E ele, paciente, tolerava, para grande impaciência de Carvalho (2010).

Carvalho descreve Pedro de Alcântara como um homem tão simples, tão frágil, tão humilde, tão sábio, tão bom, que o leitor se irrita com a trágica experiência que ele viria ter a seguir: o golpe republicano. Carvalho leva o leitor a se indignar e a gritar: "Que maldade, que injustiça!". Quanto a Pedro II, com a permanente pose de "o magnânimo", o recebeu como viveu: abúlico e fatalista. Teve de partir de madrugada como um "negro fugido", ordem de Deodoro, que temia a reação dos monarquistas. Logo depois, em 1891, morreu em Paris, de pneumonia, em um hotel modesto, assistido pelos melhores médicos franceses. Poucos meses antes, perdera a ex-imperatriz. A missa de corpo presente foi na igreja Madeleine, com muitos representantes brasileiros e europeus, mas a República não se fez representar. Ele não foi enterrado no Brasil, e sim em Portugal, a terra natal de sua dinastia. Emocionado, o leitor tende a se tornar imediatamente antirrepublicano, a ver o imperador como um não compreendido, um injustiçado, como um novo mártir da história brasileira. Mas a vida política é dura, as escolhas precisam ser feitas, as decisões devem se tornar ações. D. Pedro II poderia ter feito a escolha de resistir e de tomar decisões/ações nesse sentido. Por que não o fez? Se o golpe foi feito assim, com os grupos republicanos divididos, tão sem plano e sem apoio popular, quem sabe não teria revertido a situação? (Carvalho, 2010).

Carvalho parece realmente um seguidor de Pedro de Alcântara. Mas pelo retrato que ele descreveu, visando envolver e comover o leitor e fazê-lo lamentar o golpe republicano, o leitor arguto não se deixa levar. Ele dirá apenas: "Pobre Pedro II! Era republicano e tinha de ser imperador, reinar, governar e administrar como um verdadeiro Poder Moderador. Que bom, então, que os republicanos retiraram esse fardo de seus ombros e implantaram o regime que ele intimamente desejava e não podia proclamar". O pensamento ambíguo de Carvalho, entre a monarquia e a república, aparece com clareza: ele admira Pedro de Alcântara porque ele governou com valores republicanos! Será que Carvalho realmente entendeu o poder de d. Pedro II como Poder Moderador e chefe do Poder Executivo? Não tinha nada de republicano, pergunte-se a Manoel Bomfim. Aliás, Manoel Bomfim também compartilhava os valores cristãos de d. Pedro II e o considerava um homem bom, mas abúlico e fatalista demais para um chefe de Estado. Para Bomfim (1996), o Brasil precisava mesmo era de um bom estadista no poder e de uma "boa república".

Em *Pontos e bordados*, Carvalho, monarquista, se aproxima agora de José Bonifácio de Andrada e Silva, o "Patriarca da Independência", o primeiro tutor de Pedro II, e compartilha com ele a defesa da razão nacional. Para José Bonifácio, era preciso criar uma "nação homogênea", sem o que nunca seríamos livres, respeitáveis e felizes. Dizia o mineralogista que era preciso amalgamar nossos diversos metais para evitar o esfacelamento do país. Para Carvalho, José Bonifácio era um "conservador esclarecido", porque sustentava que, com a manutenção do tráfico e da escravidão, não seria possível a união nacional, pois teríamos um inimigo interno ameaçando a nação. A escravidão era como "um cancro que roía as entranhas do Brasil", o veneno que inviabilizava a nacionalidade. A escravidão era incompatível com o cristianismo, um pecado, e incompatível com as Luzes, contra o direito à liberdade e ao progresso. José Bonifácio antecipava Pedro II, que conduziu a Abolição contra a vontade do Conselho de Estado e dos proprietários, que julgaram seu gesto uma "loucura, um suicídio dinástico". Carvalho (1998a) conclui, monarquista: "Esses republicanos diziam que a Abolição era filantropia europeia, que a escravidão era um pacto social, uma instituição de todos os povos, que sempre progrediram pela conquista e pela escravidão. Sem a escravidão africana, as Américas seriam um vasto deserto. A moral e o direito são relativos às circunstâncias e, enquanto cumprem a sua missão civilizadora, merecem respeito: ainda não era a hora da Abolição. Os europeus não podiam nos criticar, pois foram escravistas e usufruíam da nossa escravidão. A pobreza do proletário europeu era pior do que a dos nossos escravos, o escravo brasileiro era mais feliz do que o operário inglês". E termina, acusando: "Esses eram os republicanos, foram esses escravistas os autores do Golpe de 1889".

Será que Carvalho lamenta não poder mais receber um título de nobreza? Será que lamenta não poder mais ser um "conselheiro de Estado"? Pois seria, se a monarquia tivesse sido escolhida naquele plebiscito. Ele se dirige ao Império da escravidão com um espírito doce e terno, temendo lançar o coração de Pedro II. Para a República, ele se coloca como um "cidadão ativo", agressivo; para o Império, como um "súdito" puro e manso do imperador, aquele que amava o Brasil, identificado e idolatrado pelo povo, sobretudo fluminense, que defendia medidas contra interesses egoístas, que foi modernizador/civilizador, que fez um projeto de Estado contra a fragmentação regional; o grande estadista que "construiu a ordem", que não pode ser reduzida e vista apenas como a defesa da propriedade de terras e escravos, pois foi uma ordem civilizada, cristã, que levou o país à integração ao Ocidente. Na verdade, o Império dos fazendeiros, a violência dos coronéis, a opressão dos caudilhos locais, que maltratavam o povo a curta distância, começaram na República; Pedro II já tinha falecido, só, longe de sua casa, do Rio de Janeiro, injustamente exilado. Seu pensamento ambíguo é mais forte em sua obra *A construção da ordem; Teatro de sombras*, que selecionei para aprofundar esse meu ponto de vista sobre seu o pensamento histórico-político neossaquarema. Sua tese de doutorado, vejo-a como uma obra de duas faces: a primeira constrói, a segunda desconstrói a ordem imperial. Se lemos somente a primeira parte, Carvalho é monarquista; se lemos também a segunda, talvez não. Mas, se lemos suas outras obras sobre a República, ele volta a ser monarquista. Seu pensamento histórico-político parece contraditório, ambíguo, oscilante, e talvez seja melhor assim: Carvalho não é um conservador puro e duro.

A obra *A construção da ordem: a elite política imperial; Teatro de sombras: a política imperial* (3. ed., 2012)

Carvalho e o "elogio crítico/decepcionado" do Brasil saquarema

Em sua tese de doutorado, defendida na Universidade de Stanford, em 1975, publicada na íntegra muito posteriormente, com o título *A construção da ordem: elite política imperial; Teatro de sombras: a política imperial*, Carvalho (2012) sustenta que há um fato da história latino-americana do século XIX cuja importância nem sempre é reconhecida: a grande diferença entre a libertação das colônias espanhola e portuguesa. Há uma diferença política considerável. O Brasil optou pela unidade política, construiu um governo estável, civil, pacífico, evitando mudanças violentas; a colônia espanhola se fragmentou e sofreu a anarquia imposta pelas lideranças caudilhescas. O tema da pesquisa de Carvalho é o da singularidade da história brasileira no contexto latino-americano no século XIX: só o Brasil optou pela monarquia, só o Brasil manteve a unidade territorial, só o Brasil conseguiu construir um governo "estável", "pacífico", "civil". Ele formulou as seguintes questões: Por que a história brasileira seguiu um rumo tão diferente do da história latino-americana? Como explicar a singularidade do caminho que o Brasil trilhou no século XIX? Por que o Brasil fez a escolha da monarquia e da unidade territorial? E, sobretudo, esse caminho foi imposto de fora para dentro ou foi uma escolha feita por sujeitos internos, brasileiros? Enfim, quem fez essas opções, qual foi o protagonista dessa primeira história brasileira independente? Carvalho não se satisfaz com as explicações oferecidas por historiadores e cientistas sociais até então e, depois de lembrá-las e avaliá-las, apresentará sua própria hipótese.

Para ele, as explicações dadas até hoje para os caminhos tão diferentes tomados pelas colônias espanhola e portuguesa são insatisfatórias porque muito parciais ou muito deterministas. Há explicações administrativas, que sustentam que houve maior centralização da administração portuguesa no período colonial, que teria se mantido no Brasil independente. Ele contesta essa centralização administrativa, que era aparente, pois havia conflitos entre vice-reis e donatários, a colônia esteve dividida em dois estados, do Maranhão e do Brasil, entre 1624 e 1775. O Brasil não tinha centro comum, pois as capitanias se ignoravam ou se hostilizavam. Há explicações históricas: foi a chegada da Corte, em 1808, que fez a diferença, que tornou possível a solução monárquica e a estabilidade do governo. Para ele, embora tenha sido um fato importante, a presença da Corte não garantiu nem a solução monárquica nem a unidade territorial. Há explicações econômicas: na América portuguesa, o declínio da mineração foi tardio e a mineração teve tempo de proporcionar maior integração. De fato, para ele, a mineração criou laços entre as capitanias, mas declinou já no século XVIII. O Brasil não era um arquipélago econômico, havia fluxos de mercadorias e linhas de comunicação, mas não abrangiam toda a colônia. Não havia vínculos econômicos entre o Rio de Janeiro e Pernambuco ou entre Maranhão e São Paulo, por exemplo. Há explicações sociais: foi a escravidão que impôs a centralização, porque assim se evitava o abolicionismo nas províncias, assim se evitava a revolta escrava. A elite tinha medo do "haitianismo". Para Carvalho, embora seja um argumento plausível, a preocupação com a preservação da escravidão é posterior à aspiração de manter unida a ex-colônia, que é anterior à chegada da Corte. José Bonifácio era defensor da unidade monárquica e inimigo da escravidão. Ele não buscava a unidade para preservar a escravidão.

Sem desconsiderar a relevância dessas explicações, pois são relevantes e continuam sendo explicações, Carvalho sente falta de um aspecto que elas deixaram de lado, e, no entanto, fundamental: o lado político interno, as forças internas que foram capazes de construir o Estado nacional. Sua pergunta é crucial: quem foi o sujeito dessa primeira história brasileira? E oferece outra e original hipótese, uma proposição de cientista político-historiador: foi uma decisão, uma opção política, entre outras alternativas, feita por uma "elite política brasileira", que já era capaz de decidir sobre o presente-futuro do país. Essa elite tinha um sonho comum: construir um grande império! Portanto, a trajetória peculiar da colônia portuguesa se deu pela diferença na composição das elites políticas brasileira e latino-americanas. Para Carvalho, houve mais "unidade ideológica", mais "homogeneidade ideológica" da elite política brasileira, que não excluía divergências, mas foram equilibradas pelo Poder Moderador. Foi a elite política brasileira que optou pela manutenção da unidade territorial, pela monarquia, por um governo estável e civil. A liderança dessa elite imperial era a elite fluminense, o grupo conservador "saquarema". Na primeira parte do livro, ele mostrará a formação dessa "elite homogênea", que decidia com significativa autonomia; na segunda parte, mostrará as forças sociais que a limitavam e trincavam a sua homogeneidade.

A hipótese completa de Carvalho pode ser formulada assim: "O percurso singular da Colônia brasileira se explica pela presença de uma elite homogênea, que tinha certa autonomia em suas decisões, mas que não chegava à autonomia de um estamento, pois era limitada pelas pressões das classes proprietárias liberais e rebeliões populares". Para Carvalho, o Estado não estava tão acima das classes, mas tinha alguma autonomia; os interesses agrários limitavam as ações dessa elite, mas não se impunham de forma absoluta. Ele definirá essa tensão permanente entre Estado-elite e sociedade civil, inspirado em Guerreiro Ramos, como uma "dialética da ambiguidade", noção que considero pouco rigorosa, imprecisa, porque se for uma relação dialética, não é ambígua, e se for ambígua, não é dialética. Com essa noção, ele quer se diferenciar daqueles intérpretes que sustentam que a elite brasileira representava o poder dos proprietários rurais, e o Estado era um simples executor de seus interesses (marxistas) e dos que afirmam que a elite e a burocracia eram um estamento que controlava o Estado, o árbitro da nação e proprietário da soberania nacional (Raymundo Faoro). Para Carvalho, uns e outros estão equivocados. Ele sustenta que o que existiu foi uma "tensão", uma "bipolarização", um "ajuste/desajuste", "uma aliança/enfrentamento" entre o Estado imperial e as classes sociais. Para mim, essa tensão pode ser descrita como uma "oposição" e não como uma "contradição dialética", o que torna vaga e imprecisa sua noção de "dialética da ambiguidade". Ele talvez quisesse criar uma síntese dialética das teses marxista e faoriana, superando-as em uma teoria superior, mas apenas as superpôs, produzindo um "pensamento misto", ambíguo, composto, em que elas ao mesmo tempo se complementam e se contestam. Pode-se esperar de um "pensamento misto", ambíguo, composto, uma hipótese que tenha o rigor e a força de uma "explicação"? (Silva, V., 1990; Silva, W., 1998).

Primeira parte. A construção da ordem: a elite política imperial

Na primeira parte do livro, ele dará ênfase ao Estado e à elite imperial, que considera a "construtora da ordem". Este é um momento faoriano do seu pensamento, pois tem-se a impressão de que essa elite instalada na burocracia estatal foi a criadora da ordem imperial com uma autonomia quase absoluta. Ele faz um elogio discreto dessa elite brasileira, por sua capacidade de impor-negociar uma ordem que impediu a fragmentação do território e a anarquia política. Carvalho não se sente obrigado a se desculpar por falar em "elites" políticas, uma palavra usada de forma constrangida pelos cientistas sociais dos anos 1960-80, época em que as ciências sociais eram dominadas pelas interpretações marxistas, pois temiam ser considerados "elitistas", "intelectuais orgânicos das classes dominantes". O próprio título da obra, *A construção da ordem*, soa autoritário, elitista, altamente conservador, mas Carvalho parece não temer a pecha de "monarquista" e "elitista", de "neoconstrutor da ordem", da qual teve de se defender inúmeras vezes. Inspirando-se em Gaetano Mosca e Vilfredo Paretto, para ele, o estudo das elites é relevante em sociedades de capitalismo atrasado, ex-colônias e em sociedades revolucionárias socialistas. Quando trata das "elites", ele não se refere a grandes homens e grandes feitos, mas a grupos especiais que se distinguem das massas e de outros grupos por sua posição "dirigente", "organizadora", "coordenadora". Um grupo teve de assumir as tarefas de organizar e pensar o Estado independente, assim como uma universidade, uma associação, uma empresa, qualquer instituição precisa de um grupo que a pense e construa. Ao atribuir influência à atuação política da elite, ele quer evitar o determinismo de fatores não políticos, sobretudo econômicos, para os rumos que a história toma. Para ele, a história depende de escolhas, opções, decisões feitas pelos homens, que têm sempre algum grau de liberdade, mesmo se as margens e os limites forem estreitos. As decisões são tomadas por grupos minoritários, e a própria resistência ao "elitismo" é o reconhecimento de que as elites decidem. Para ele, não se pode ignorá-las, pois a história é feita por elas tanto aqui quanto na ex-União Soviética ou Cuba.

Portanto, metade da hipótese que Carvalho sustenta sobre o caminho do Brasil pós-Independência é esta: foi uma elite política brasileira, sob a liderança fluminense, que optou pela solução monárquica, pela manutenção da unidade, pela construção de um governo civil estável. Essa elite, recrutada entre os setores sociais dominantes, pôde fazer isso porque tinha uma "homogeneidade ideológica e de treinamento". Essa homogeneidade ideológica, fornecida pela educação, ocupação e carreira política, era mais importante do que a homogeneidade oriunda de sua origem social. Era uma elite desenraizada da sociedade, sua homogeneidade era de ideias, valores, projeto político. Para demonstrar sua hipótese, suas fontes, as mais desprezadas pela historiografia de então — seja por serem consideradas das classes dominantes, para os marxistas, ou individualistas, biográficas, irrelevantes, para os *Annales* —, são as atas do Conselho de Estado e da Câmara, biografias de ministros, obras com listas de deputados, galerias de homens ilustres, vultos do Império, dicionários biográficos, os generais do Império, arquivo nobiliárquico brasileiro, baianos notáveis, o clero mineiro, os gaúchos, panteão fluminense, pernambucanos eminentes. São as fontes que revelam os percursos e trajetórias das elites, que a historiografia econômico-social sempre descartou e, também por isso, sua tese é original, uma importante contribuição à análise da trajetória histórica brasileira. Apesar dessas fontes sobre os indivíduos de destaque, biografias de "vultos", a análise de Carvalho não significa um retorno à história política tradicional. Ele faz uma história das elites, mas ao estilo da melhor ciência política norte-americana, com elaboração quantitativa das fontes, com análise das instituições e das forças políticas, sem cair no elogio leviano de líderes de partidos ou do próprio d. Pedro II.

O estado do Rio de Janeiro e a capital do Império, onde estavam o imperador e a Corte, foi a sede e o cérebro do Brasil imperial. Carvalho se dedica, então, na primeira parte desse livro composto, a construir a identidade dessa "elite saquarema" e, em um primeiro momento, parece fazer o elogio da ação dessa elite, parece compartilhar seus ideais e valores políticos. Parece estar feliz por o Brasil não ter trilhado o caminho da América Latina de caudilhismo e anarquia e ter tido homens capazes de fazer uma escolha diferente. A "construção da ordem" parece ter sido feita por homens geniais, originais, como José Bonifácio de Andrada, o visconde do Uruguai, Bernardo Pereira de Vasconcelos e outros, que salvaram o país da "desordem", da ruína, liderados pelo imperador d. Pedro II, o protagonista, o "grande homem" da história brasileira. Com entusiasmo, ele sustenta que na primeira metade do século XIX e, sobretudo, na segunda metade o Brasil já tinha um grupo de homens superiores que decidia com relativa liberdade, capaz de conceber um projeto nacional. Se o Brasil não era mais uma colônia, era principalmente por isto: já possuía homens capazes de pensar com relativa autonomia, capazes de escolher e decidir entre futuros possíveis. Ele se dedica ao estudo da formação e composição dessa elite: sua educação, suas ocupações e carreiras políticas, seus postos e distribuição na burocracia, suas origens sociais, sua divisão entre os partidos políticos. Ele se dedica a examinar a formação dessa elite brasileira, como se manteve no poder ao longo do século XIX e como e por que — infelizmente, pois lamenta a "latino-americanização da história brasileira, com cheiro de pólvora e gritos de generais" — o perdeu no final, com o golpe republicano.

Para Carvalho, a estrutura do Império era simples. As decisões eram tomadas pelo imperador e pelas pessoas que estavam no Executivo e no Legislativo, conselheiros de Estado, ministros, senadores, deputados. Havia sociedades de classe, como a Sociedade Auxiliadora da Indústria Nacional (Sain), por exemplo, que tinha posições progressistas, mas era uma sociedade literária. Importante foi também a Associação Comercial, criada em 1820, com participação na direção do Banco do Brasil e influência na política monetária. Os comerciantes e financistas eram decisivos, pois o Estado vivia de empréstimos urgentes. A imprensa era livre e tinha grande influência nas decisões. A Igreja era influente, era parte da burocracia estatal, mas não participava das grandes decisões. Para Carvalho, o governo imperial foi profundamente civil, a elite era antimilitar e anticlerical, valores que parece admirar, esquecendo a repressão militar das rebeliões liberais e populares. A burocracia das províncias — o segundo escalão, presidentes, diretores, chefes de seção — tinha uma influência regional, mas alguns chegavam ao Congresso e a ministérios. Os presidentes de província pertenciam à elite nacional, alguns funcionários ascenderam à administração nacional. O topo da burocracia se identificava com a elite como foi definida antes, uma minoria de homens (1% da população!) capazes de pensar com relativa autonomia, capazes de escolher e decidir entre futuros possíveis: conselheiros, ministros, senadores, deputados. Os senadores eram escolhidos pelo imperador em listas tríplices; era um cargo vitalício e alguns ficaram no cargo por mais de 30 anos. Eram 50 senadores no início e 60 no final do Império. Os deputados gerais formavam o grupo mais numeroso e menos poderoso, embora poderoso. Eram 100 e 150, no início e fim do Império. O mandato era de quatro anos, mas havia frequentes dissoluções da Câmara. Havia 12 conselheiros de Estado ordinários e 12 extraordinários, nomeados pelo imperador. Os membros do Conselho de Estado, que também eram vitalícios, eram o "cérebro da monarquia".

O Império teve uma duração total de 67 anos, que Carvalho e a historiografia saquarema dividem em cinco fases: *Primeiro Reinado (1822-1831)*: enfrentamento entre a elite próxima a d. Pedro I e surgimento de novos líderes brasileiros; *Regência (1831-1840)*: a nova geração brasileira chegava ao poder dividida em liberais e conservadores, com hegemonia dos liberais; *consolidação (1840-1851)*: Regresso conservador, fim das lutas entre liberais e conservadores, conciliação, fim do tráfico; *apogeu (1853-1871)*: período conservador-reformista que esvaziou o Partido Liberal; *declínio e queda (1871-1889)*: desapareceram os principais líderes conservadores formados nas lutas da Regência, a nova geração de conservadores não soube manter o país unido. Carvalho valoriza muito a "homogeneidade ideológica" da elite e a considera a "diferença brasileira" na América. Para ele, essa "homogeneidade" não era social, mas um compartilhar de valores e projetos entre homens de origens sociais/regionais distintas, que permitia a convergência, o consenso nas decisões do governo. Ele se estende sobre os diversos fatores que a tornaram possível. Para mim, a noção de "homogeneidade" é politicamente ambígua: por um lado, positivamente, significa consenso, ausência de conflito, coesão, convergência de posições, que acarreta agilidade e eficácia na ação; por outro, negativamente, significa ausência de debates e discussões, de dissidências, fechamento do grupo que decide em si mesmo, o que acarreta autoritarismo e violência na ação. Carvalho avalia positivamente essa "homogeneidade ideológica", pois foi ela que possibilitou a existência do Brasil tal como ele é hoje. Ele enumera e analisa os elementos que viabilizaram essa unidade da elite.

O primeiro poderoso elemento unificador ideológico da elite imperial foi a educação superior. Em geral, conselheiros, senadores, deputados, ministros tinham formação superior. Era a marca distintiva da elite, uma ilha de letrados num oceano de analfabetos. Era quase toda ela de formação jurídica, Coimbra era o centro. Os estudantes se conheciam lá, vindos de várias províncias e, aqui, na volta, se uniam em um grupo coeso. Os brasileiros estudavam em três instituições: Universidade de Coimbra, Real Academia da Marinha, Colégio dos Nobres. O separatismo de províncias e regiões pôde ser evitado por essa formação comum e pelos laços de amizade durante o período escolar. Esse "corporativismo estudantil", esse "coleguismo", deixa de ser uma ingenuidade juvenil quando se percebe que é na universidade que os grupos se politizam e se formam, é das universidades que saem os quadros gestores do Estado. O governo português não permitiu o ensino superior na colônia e os brasileiros tinham de ir estudar lá. Mas, com a chegada da Corte, em 1808, foram criados cursos superiores no Brasil: dois de direito, em São Paulo e em Recife/Olinda; uma escola de farmácia, em Ouro Preto (1839); uma escola de minas, em Ouro Preto (1876); duas escolas de medicina, no Rio de Janeiro e em Salvador. Os formados em Coimbra dominaram até 1853; a partir de então, prevaleceram os formados no Brasil. A geração formada nas universidades brasileiras já mandava na época da conciliação, o domínio dos bacharéis era esmagador, embora houvesse alguns formados em ciências exatas. Na década de 1870, a vida intelectual mudou com a chegada de novas ideias, o positivismo, o evolucionismo e a homogeneidade da elite política foi minada.

O segundo fator da unidade da elite foi a circulação dos administradores por vários postos e regiões. A elite era treinada circulando pelo país e por postos no Judiciário, Executivo, Legislativo. A circulação geográfica era essencial para a carreira de magistrados, militares, presidentes de província. Vários políticos nacionais foram nomeados presidentes de província para ganharem mais experiência/treinamento. O político que não tinha família com poder para colocá-lo diretamente na Câmara começava pela magistratura. Todos os juízes eram nomeados pelo ministro da Justiça, uma transferência podia ser uma promoção ou não. Se conseguisse se eleger para a Câmara, abandonava a magistratura. O candidato a político era levado a conhecer outras províncias além da sua. Ele já tinha saído de casa para estudar direito em São Paulo ou Recife/Olinda. Tinha sido também nomeado presidente de província, pois quem quisesse presidir uma grande província tinha de passar pelas menores. Os políticos militares tinham uma circulação própria da carreira militar. A ampla circulação geográfica da liderança tinha um efeito unificador poderoso. O mais difícil era entrar na carreira política, mas, com título superior, sobretudo em direito, vários caminhos podiam ser tomados. Era preciso ter o apoio familiar, de amigos, o patronado de líderes. Uma vez na Câmara, já se estava no círculo da elite. Dentro do clube, havia grande mobilidade, acumulação de cargos. Era uma igrejinha. Durante os 67 anos, os mesmos ocuparam as funções, passando de cargo em cargo, um "elitismo" controlava o poder muito mais por motivos de ascensão e prestígio social do que por interesse em conhecer, analisar, planejar e resolver os problemas do país.

O terceiro fator que contribuiu para a unidade da elite foi o treinamento profissional. A elite se confundia com a burocracia, cujos cargos e funções eram ocupados pela população com educação superior, advogados, juízes, procuradores, padres, médicos, cirurgiões, professores, homens de letras, oficiais militares, jornalistas, altos funcionários, capitalistas e proprietários. O Estado era o maior empregador dos letrados, os escritores eram funcionários públicos. O grupo mais próximo do Estado eram os profissionais liberais: advogados, médicos, engenheiros, professores do ensino superior, jornalistas. Vários eram funcionários públicos, quase todos eram professores. Era a elite intelectual, a inteligência, funcionários pagos pelo Estado. Os deputados eram padres e bacharéis, os ministros eram funcionários públicos, advogados, militares, professores, magistrados, jornalistas, médicos, engenheiros, fazendeiros, comerciantes. A alta burocracia letrada era tão autônoma que traía sua origem social agindo contra os interesses rurais dos próprios pais. Para Carvalho, nenhum país teve uma elite tão homogênea em termos de socialização e treinamento como o Brasil.

Contudo, aos poucos, a tese de Carvalho sobre o Império vai se nuançando, se flexibilizando, até passar para o lado da oposição à ordem. Tem-se a impressão de que sua tese vai desmoronando pouco a pouco e, numa leitura rápida, parece que vai ficando quase insustentável. Se sua hipótese explicativa da trajetória peculiar da colônia portuguesa era "a diferença na composição das elites políticas brasileiras e latino-americanas, havendo mais 'unidade ideológica', mais 'homogeneidade ideológica' da elite política brasileira, equilibrada pelo Poder Moderador, que optou pela manutenção da unidade territorial, pela Monarquia, por um governo estável e civil", agora, na transição da primeira parte da obra à segunda, ele já duvida da existência dessa homogeneidade ideológica da elite brasileira. Além de a elite imperial não ter sido tão homogênea, além de não ter sido tão civil, houve grande instabilidade dos governos, os ministérios duravam em média um ano e meio. Ou seja, a elogiada "estabilidade" do Império era aparente, pois havia graves conflitos intraelites. Os ministérios conservadores duravam mais, foram os suportes do Estado. O Partido Conservador era uma coalizão de burocratas e donos da terra sob a liderança fluminense; o Partido Liberal era uma coalizão de profissionais liberais e donos de terras. Os conservadores eram hegemônicos no Rio de Janeiro, na Bahia, em Pernambuco. Os liberais dominavam no resto do país, especialmente em Minas Gerais, em São Paulo, no Rio Grande do Sul. Os partidos republicanos de São Paulo e Minas (PRP e o PRM) reuniam os dissidentes do Partido Conservador e liberais mais radicais, unidos aos militares, mas sempre em tensão.

Carvalho conclui a primeira parte do livro dando-se conta de que não havia "homogeneidade ideológica" da elite; a socialização e treinamento foram insuficientes. Havia divisão entre magistrados, clero e militares; os fazendeiros se dividiam entre os dois partidos; os partidos se distinguiam em termos de composição e ideologia, representavam fissuras das elites que levavam o sistema a se reajustar. Entre as províncias havia também fortes dissidências, o Rio Grande do Sul, a Bahia, o Pará e Pernambuco quase se separaram. A conclusão parece destruir a hipótese que deveria ser sustentada, pois não havia elite homogênea, mas conflitos sociais e regionais cada vez mais fortes, a elite brasileira era dividida em interesses provinciais e de classe, e, por isso, o Império brasileiro durou apenas 67 anos, e o chinês, 1.300. O problema a ser explicado não o foi e retorna: afinal, foi por que mesmo que o Brasil tomou uma direção política diferente da colônia espanhola? Parece não ter sido pela homogeneidade da elite brasileira! Mas Carvalho não se dá por vencido. Para ele, apesar de tudo, a elite teve homogeneidade ideológica suficiente para construir a ordem, pelo menos no início e por algum tempo. Ele encontra uma saída para a manutenção de sua tese sobre a ordem imperial: a relação entre o Estado e a sociedade era uma "dialética da ambiguidade". A afirmação da homogeneidade da elite era apenas a metade de sua hipótese.

A outra metade da hipótese de Carvalho será demonstrada na segunda parte do livro: não cabe falar de um Estado dominando a nação, isolado, como o fez Faoro. O Estado não podia sustentar-se sem a agricultura de exportação, sem as "classes dominantes", diriam os marxistas e, agora, Carvalho também o diz. Nessa segunda parte, ele sustenta que a elite tinha de compactuar com os proprietários para construir a ordem e, ao fazê-lo, comprometia sua homogeneidade. E quando resistia à pressão das classes proprietárias, se enfraquecia, e surgia no horizonte o fantasma da República, que, finalmente, chegou em 15 de novembro de 1889. Na segunda parte do livro, Carvalho mostrará as pressões exercidas pelas classes sobre esse Estado-elite, analisará o outro lado da tensão, da oposição, da "ambiguidade", da ordem imperial. A elite construiu a ordem imperial com muita dificuldade e, sem o Poder Moderador, que foi por ela restaurado apressadamente, dificilmente o Brasil teria se mantido tal como é hoje. A Regência já era uma ordem republicana que teria levado o Brasil à fragmentação se não fosse a reação da elite que antecipou a presença do imperador. A tensão da ordem imperial, vista agora do lado das classes, chegará ao paroxismo com a República, que destruirá a aliança entre a elite e o Poder Moderador. Para Carvalho, o Brasil se latino-americanizava em termos de elite política, "a vida política sentia o cheiro de pólvora" e Carvalho, desolado, lamenta essa "decadência" da singularidade histórica brasileira.

Segunda parte. Teatro de sombras: a política imperial

Na segunda parte, Carvalho vai demonstrar a outra metade de sua hipótese: a elite-Estado não tinha a autonomia de um estamento, pois era limitada pelas pressões das classes proprietárias e rebeliões populares. O Estado tinha alguma autonomia, mas não estava tão acima das classes, os interesses agrários limitavam as ações dessa elite. Na "dialética da ambiguidade", ou melhor, na "tensão/oposição" permanente entre Estado-elite e sociedade civil, agora ele apresentará as dificuldades impostas pela sociedade à ação da elite-Estado.

A primeira dificuldade para a "construção da ordem" foram as rebeliões populares e insurreições liberais provinciais, de 1831 a 1848. A maior dificuldade foram as numerosas rebeliões, mas Carvalho não se estende sobre essa "maior dificuldade";

A visão fluminense do Brasil

apenas as cita e data, como se não fossem a "maior dificuldade". Por que será? Talvez seja porque o Império se livrou rapidamente delas e se consolidou com a imposição da sua "ordem" sobre essas "desordens" ou "ordens alternativas", processo repressivo que Carvalho denominou "acumulação primitiva do poder". Apenas para não passarem em branco, ele menciona as rebeliões imperiais que, segundo ele, podem ser divididas em dois grupos: da Abdicação a 1835 (um ano após a morte de d. Pedro I e a promulgação do Ato Adicional); de 1835 a 1848. Carvalho enumera as rebeliões de cada período. Primeiro período: (1) seis rebeliões, 1831-32, na Corte; (2) Setembrizada, 1831, Recife; (3) Novembrada, 1831, Recife; (4) Abrilada, 1832, Pernambuco; (5) Pinto Madeira, 1831-32, Ceará; (6) Cabanos, 1832-35, Pernambuco/Alagoas; (7) crise federalista, 1832-33, Salvador; (8) Sedição de Ouro Preto; (9) Carneirada, 1832-35, Recife; (10) Revolta dos Malês, 1835, Salvador. Segundo período: (1) Cabanagem, 1835-40, Pará; (2) Farroupilha 1835-45, Rio Grande do Sul; (3) Sabinada, 1837-38, Salvador; (4) Balaiada, 1838-41, Maranhão; (5) Revolução Liberal, 1842, São Paulo, Minas Gerais, Rio de Janeiro; (6) Praieira, 1848-49, Pernambuco.

A primeira onda de revoltas foi expressão da inquietação popular nas capitais, que teve como protagonista a tropa e o povo. No Rio de Janeiro, a agitação foi intensa. Houve rebelião de escravos, sobretudo, muçulmanos, como a Revolta dos Malês. Houve grande medo e grande repressão. Temia-se a participação de escravos em revoltas; a Revolta dos Malês foi a única, mas foi suficiente para fortalecer os que defendiam o fim do tráfico. O maior perigo era a população urbana livre, inquieta com o alto custo de vida, incomodada com o monopólio do comércio pelos portugueses. A segunda onda de revoltas teve caráter diverso. O conflito foi para a área rural, envolvendo pequenos proprietários, camponeses, índios e escravos. A mais trágica foi a Cabanagem, no Pará. Belém foi tomada pelos rebeldes, índios, pretos e mestiços, em luta de casa em casa. Foi proclamada a independência do Pará em meio à maior carnificina da história do Brasil, com 30 mil mortos! Segundo Carvalho, o Pará mais parecia um pedaço da América espanhola. A Sabinada também proclamou a independência da Bahia, e a Farroupilha lutou pela independência do Rio Grande do Sul, proclamando a República de Piratini. A Farroupilha, apesar do nome, "Farrapos", foi uma guerra de estancieiros e charqueadores; não era uma guerra de pobres, mas de brancos. A Revolução Liberal de 1842 também foi uma guerra de brancos.

A segunda dificuldade foi a resistência dos proprietários, entre 1850 e 1889. Carvalho revela que o processo de legitimação da Coroa perante as forças dominantes do país foi difícil e complexo. A construção e a manutenção da ordem imperial tiveram de enfrentar não apenas a resistência de pobres, mestiços e negros, mas também de grandes proprietários. Após 1850, a "maior dificuldade" já tinha sido superada; o grande desafio era a conciliação com as classes proprietárias dissidentes, os liberais. Não havia consenso nas camadas dominantes sobre o melhor Estado, o trono ainda não possuía alicerces, no Brasil. Mas, para os brancos, sem o trono seria pior, o Brasil se fragmentaria, seus interesses ficariam sem defesa. Por um lado, era preciso criar apoio social ao trono, por outro, o trono não podia ser tão autônomo e soberano. A relação entre o trono e grandes proprietários e comerciantes, o pacto entre o imperador e os barões não era sólido. O Regresso foi o lento convencimento dos proprietários de que a monarquia lhes convinha. Ele foi feito por burocratas e políticos ligados à grande cafeicultura fluminense, que ameaçavam: "Já imaginaram se os revoltosos liberais tomarem o poder?". Nessa segunda parte, Carvalho irá acompanhar o relacionamento da Coroa e da elite política com os proprietários rurais, procurando explicitar o que chamou de "dialética da ambiguidade". O pacto foi definido em 1850, mas permaneceu tenso até o final, e talvez não tenha sido superada a fase da "acumulação primitiva do poder". A elite política mediava a relação entre os proprietários e o imperador, mas agora Carvalho não a vê tão homogênea como na primeira parte, como se agora sua maior proximidade com os proprietários fizesse com que sua origem social se sobrepusesse à ideologia nacional. Ele dará ênfase às falhas em seu treinamento e socialização, aos conflitos intraelites e dessas com o imperador. Ele selecionou alguns temas para avaliar a relação tensa entre a Coroa e os proprietários de terras e escravos: a distribuição de títulos de nobreza, a política fiscal, a política da Abolição, a política de terras, a legislação eleitoral.

Para evitar resistências, d. Pedro II procurou cooptar os proprietários distribuindo títulos de nobreza, desde duque, o mais alto, a barão, o mais baixo, passando por marquês, conde e visconde. Os barões eram muitos, havia poucos duques, talvez apenas um, o duque de Caxias, um militar, um sinal de que o governo imperial não foi tão civilista assim. As rebeliões citadas foram reprimidas pelos militares; depois de 1850, houve conflitos platinos e, em 1865, veio a Guerra do

Paraguai. O único duque, um militar, foi o segundo esteio da ordem, após o imperador. O primeiro tema em que a tensão/oposição das relações entre o Estado e a sociedade tornam-se mais visíveis é a montagem do orçamento do governo, em que apareciam as lutas entre o Legislativo, que aprovava o orçamento, e o Executivo, que podia obter ou ficar sem os meios de governar. Aqui, aparece um forte conflito intraelite: a burocracia, que lança impostos, *versus* grupos sociais que devem pagar e resistem. O exame do orçamento permitiu a Carvalho ver de quem o governo extraía recursos e a quem beneficiava, permitiu ver a tensão entre a receita e as despesas do governo. O exame do orçamento revelou o jogo de forças do Império, que era sempre deficitário, sobretudo após a Guerra do Paraguai. Todo ministério dizia lutar pelo equilíbrio orçamentário, mas o déficit crescia com as despesas com revoltas, guerras externas, secas e epidemias. O governo extraía a receita principalmente do setor de exportação, atingindo os mais poderosos da agricultura. Os mais favorecidos eram os produtores para o mercado interno, que não pagavam impostos sobre exportação, nem sobre a terra, nem sobre a renda. Pagavam mais impostos as atividades do próprio Estado ("incesto fiscal"), como as estradas de ferro do governo. O governo era obrigado a fazer empréstimos internos e externos, e a dívida, em 1889, era imensa. A Guerra do Paraguai e a indenização da Independência foram caríssimas.

O segundo tema em que as tensões entre o Estado e as elites aparecem é a política da Abolição, pois a escravidão era o esteio da grande lavoura. Aqui, ficou clara a fortíssima oposição entre o polo burocrático-elite e o polo socioeconômico do poder. A luta contra o tráfico começou em 1807, com a pressão inglesa. O Brasil nasceu sob essa pressão: a Independência só seria reconhecida pela Inglaterra com o fim do tráfico. Mas não era possível ficar sem a escravidão, isso era consenso entre os liberais e conservadores. Nem os rebeldes de 1817 eram abolicionistas. Nem as revoltas escravas o eram! Em 1831, o governo impôs uma lei antitráfico, que era só "para inglês ver". A pressão inglesa aumentou, gerando revolta. Navios brasileiros foram apreendidos, houve incidentes de rua contra a Inglaterra. O Brasil foi o destinatário dos investimentos ingleses na América Latina até 1880, principalmente nas estradas de ferro, e tinha-se o sentimento de que "devíamos tudo à Inglaterra". Aliás, a expressão "para inglês ver", tão viva ainda hoje, expressa a condição ainda neocolonial do Brasil: era preciso agir de modo a atender, a não incomodar, a não irritar, a não contrariar as forças inglesas. É uma expressão que revela subserviência e cinismo, submissão e enfrentamento, medo e coragem, diante de um invasor iminente. Em 1845, a Inglaterra votou o Aberdeen Act, a soberania nacional ficou ameaçada, os ingleses invadiram portos brasileiros e afundaram navios. Em 1850, o governo brasileiro cedeu à pressão inglesa, proibiu e passou a colaborar na repressão ao vil comércio. A Inglaterra tratava com desprezo os políticos brasileiros, e os ingleses diziam que "a coragem não é uma virtude brasileira". Talvez seja, mas não é "para inglês ver". Os liberais defendiam a Inglaterra, diziam que sua pressão significava "progresso e civilização", mas, na verdade, o interesse inglês era a expansão do mercado para seus produtos industrializados, que os escravos, sem salários, não poderiam consumir.

Contudo, a escravidão continuou, com o tráfico interno e o contrabando. Em 1871, a Lei do Ventre Livre veio do próprio d. Pedro II e caiu como uma bomba no mundo agrário, que a considerou um "suicídio dinástico". D. Pedro ficou mal com os conservadores ao aceitar a pressão externa, de "filantropos", e a interna, de abolicionistas, que exigiam a liberdade para o negro. O próprio Parlamento resistiu à lei, os grandes proprietários do Sul resistiram mais do que os do Norte. O Norte não resistiu, o Sul se sentiu estrangulado por "uma lei imposta à revelia da nação, uma ordem que veio do alto, um ato de cesarismo" (Carvalho, 2012). O medo da revolta dos escravos semilivres contra os proprietários aumentou. A população escrava declinava desde 1850, deslocando-se do Norte para o Sul. Em 1885, veio a Lei dos Sexagenários ou Lei Saraiva-Cotegipe, a campanha pela Abolição cresceu. O Partido Republicano, dissidentes conservadores, os militares, que não perseguiam mais escravos fugitivos, eram abolicionistas. Enfim, em 1888, veio a Abolição. A mobilização popular foi intensa, apoiando a regente, que se colocara na vanguarda dos abolicionistas e preparava o Terceiro Reinado. Quem fez a Abolição foi o Poder Moderador, apoiado pelo movimento popular. Os proprietários exportadores eram contra, os partidos eram contra e o próprio governo era contra. Isso confirma a primeira metade da hipótese de Carvalho: o Estado imperial não era dominado pelos senhores de terra, o Poder Moderador tinha autonomia. Mas desde 1871 os barões passaram a pressionar mais o imperador e sua elite, e o governo começou a cair. As sucessivas medidas abolicionistas levaram à República. A Abolição detonou o que restava da suposta "homogeneidade ideológica" da elite, pois, agora, sua origem social falava tão mais alto que ela decidiu romper com o Poder Moderador e "desconstruir a ordem imperial" (Carvalho, 2012).

O terceiro tema que revela essa "desconstrução da ordem" é a política de terras, em que a tensão entre o Estado e os grandes proprietários chegou ao paroxismo. A terra era vendida e era preciso medi-la, registrá-la, para a cobrança de tributos. Mas ninguém declarava a posse da terra para não pagar tributos e a lei ficou letra morta. O governo não conseguiu implementar a lei contrária aos interesses dos agricultores. O quarto tema revela o meio mais forte utilizado pela elite-Estado para controlar a oposição da sociedade: a legislação eleitoral. Era o governo que fazia as eleições. Seu conceito de cidadania restringia a participação nas eleições impondo o voto censitário, excluindo analfabetos, mulheres, assalariados. E argumentavam que estavam defendendo a "qualidade" do voto e a "lisura" das eleições! "Analfabetos e mulheres eram corruptíveis, não entendiam o voto", afirmavam os verdadeiros corruptos, os candidatos. Somente as minorias tinham direito à representação, isto é, entre 1850 e 1870, os conservadores, sobretudo os saquaremas, tiveram o domínio completo do governo. Os liberais não podiam ficar fora do poder, pois haveria crise, e os conservadores tiveram de abrir espaço para os liberais. A exclusão dos analfabetos, mulheres e assalariados criava um governo representativo sem povo. O sistema eleitoral do Império foi denunciado pelo "discurso de sorites", de Nabuco de Araújo, em 1868: "O Poder Moderador chama a quem quiser para o Ministério, este faz as eleições, esta eleição faz a maioria. Eis o sistema representativo do nosso país" (Carvalho, 2012). Era um círculo vicioso político, o Poder Moderador controlava as eleições, para regular os conflitos. Qual era a importância dos partidos nesse sistema? Tinham alguma importância? Para Carvalho, pró-monarquista, apesar desse sistema eleitoral corrupto, "a mediação do Imperador garantia a competição partidária e difundia o valor das regras da competição democrática. Na República, sem o Poder Moderador, foi o fim dos partidos nacionais e a implantação de partidos únicos nos estados. A ideia de partido mudou: agora, significava divisão, facção, perigo, ameaça ao governo. O Presidente teve de funcionar como Poder Moderador na República. A República foi antipartido, o Império foi pró-partido. A República tornou-se ditadura política".

Nessa obra, pode-se afirmar que José Murilo de Carvalho teria sido mesmo um intérprete neossaquarema da história brasileira? Penso que sim, mas um "neossaquarema autocrítico" ou "decepcionado", porque conclui sua obra de forma cética quanto à eficácia da elite brasileira em construir a ordem imperial, que no início destacou como o grande trunfo do Brasil no contexto latino-americano. Para ele, seu protagonismo foi, por um lado, heroico, dadas as circunstâncias históricas da emancipação política, mas, por outro, foi um fracasso, um fiasco, porque a população brasileira esteve refém de um simulacro de governo, de um governo fantasma, que não governava. Para ele, o Estado imperial fazia um jogo político de representação teatral, de fingimento, de faz de conta; a realidade do sistema era a ficção, o Parlamento era espectro, sombra de outra sombra, pois não havia país constituinte nem constituído. Se d. Pedro II não representasse sua comédia, a realidade destruiria o Império. O imperador fingiu governar um povo livre por 50 anos, o sistema imperial era um jogo de aparências, de falsa realidade. O governo era a sombra da escravidão, os políticos eram a sombra do Poder Moderador. A política imperial era um "combate nas sombras". As ideias e valores da elite mantinham uma relação tensa de ajuste e desajuste com a realidade social: "Uma sociedade escravocrata governada por instituições liberais e representativas, uma sociedade agrária e analfabeta dirigida por uma elite cosmopolita voltada para o modelo europeu de civilização. A Constituição dava a representação da nação ao mesmo tempo ao Imperador e ao Parlamento. Era uma ambiguidade de ideias e instituições, uma ficção de regime constitucional, de representação, de Partidos, de liberalismo político, de civilização" (Carvalho, 2012).

Para Carvalho, no Império a política era teatro de sombras, porque os atores perdiam a noção do papel de cada um. Os proprietários sustentavam a monarquia, mas sentiam-se marginalizados, excluídos pela Coroa. Os políticos não sabiam se representavam a nação ou se satisfaziam ao imperador. A elite acreditava em um sistema representativo que não estava na Constituição. O imperador era fruto de um pacto político inicial, mas tornou-se centro; o poder derivado tornou-se absoluto. Os conservadores eram muito realistas e os liberais muito utópicos. O mais difícil era distinguir ficção e realidade. Mas o que salvava o país: "O Imperador era popular, a ficção monárquica parecia a própria democracia" (Carvalho, 2012). Que gênero de teatro era o Império? Para Carvalho, era comédia, no sentido de conflito com reconciliação final, em clima festivo. Uma comédia romântica, o imperador era o herói que vencia o mal. O Império terminou com um baile na "ilha Fiscal" (que nome de ilha oportuno!), um mês antes da República. A festa reuniu todos os membros do Império: imperador, Corte, conservadores, liberais e até chefes militares. O povo, na praça, era animado por uma banda da polícia em farda de gala. O teatro republicano começou dias depois, com uma parada militar liderada por um general também herói romântico. Mas tornou-se uma farsa, no sentido em que o romantismo se separa da comédia. E, ainda mais cético, Carvalho parece se interrogar: o que seria pior, o teatro de sombras do Império, a paz dos cemitérios da conciliação, os 50 anos de solidão do Poder Moderador ou o cheiro de pólvora e o barulho risca-faca dos coronéis da República?

Na segunda parte da obra, que aborda a "desconstrução da ordem", Carvalho, decepcionado, procura compreender o fracasso da elite brasileira. Por que os construtores do Estado imperial fracassaram? Todos os seus argumentos para explicar as dificuldades da elite para construir a ordem imperial são importantes, pertinentes, revelando a argúcia realista de seu pensamento. Para ele, a elite agia limitada por margens muito estreitas, por dentro e por fora. Ela tinha poucos recursos internos, não tinha uma tradição de pensamento histórico-político, não havia uma reflexão aprofundada sobre a identidade/singularidade brasileira; aliás, nem cursos superiores havia na colônia. E poucos eram os recursos externos, não havia histórias semelhantes de outros países para tomar como referência, e a elite era fortemente pressionada pelos interesses europeus, restando-lhe apenas inspirar-se no sucesso dos países vencedores, as nações civilizadas europeias, de cujas realidades a do Brasil estava muito distante. Os conselheiros de Estado, o "cérebro da nação", buscavam modelos externos para enquadrar neles a realidade brasileira, tentavam construir quase do nada uma organização que costurasse um imenso arquipélago. Para Carvalho, a adoção de ideias e instituições alheias não é alienação, desconhecimento da realidade, mas uma estratégia de mudança social e de construção nacional por sociedades derivadas do mundo europeu. É uma estratégia de articulação ao mundo de origem ou de referência. A lei tem um papel pedagógico, as ideias não estão fora/no lugar. Inspirando-se em Guerreiro Ramos, para Carvalho há aspectos dinâmicos na relação entre o pensamento nacional e o pensamento ocidental.

Enfim, a tese de Carvalho se sustenta? Se na primeira parte da obra ele se manteve em uma atitude de "admiração descritiva" da elite, na segunda manterá uma relação mais crítica com a ordem construída: a elite era realmente homogênea?

A ordem criada era realmente sólida? A ordem criada interessava à nação? As escolhas feitas pela elite eram as únicas possíveis ou as melhores? Foi bom para o Brasil manter sua unidade territorial e política? O custo não foi muito alto e inaceitável? O Poder Moderador fez bem ao Brasil? As respostas a essas questões revelam "ambiguidade" em seu pensamento sobre o Brasil. Por um lado, Carvalho valoriza o protagonismo da elite saquarema, aplaude a capacidade mediadora do Poder Moderador, que evitou conflitos sanguinários entre brasileiros e impediu o desvio latino-americano, manteve a unidade territorial e a centralização política, mas, por outro lado, lamenta a violência que foi desencadeada contra os dissidentes, contesta a pouca representatividade do Parlamento e, no final, ele mesmo grita contra o elitismo imperial, considerando-o o grande mal do caminho que a história brasileira tomou. É como se a segunda parte descontruísse a primeira ou como se ele realizasse o movimento dialético do pensamento que retorna e avalia o percurso feito. É como se a primeira abordagem, a primeira marcha do pensamento, tivesse sido cega e ingênua, mas agora, fazendo o caminho reflexivo de volta, ele se pergunta se terá valido a pena essa singular história feita pela "tão original elite brasileira".

Conclusão: o "tempo saquarema" deve inspirar rejeição ou nostalgia?

Os saquaremas foram chamados de "inimigos da liberdade do Brasil", de "defensores do absolutismo", de "adversários da democracia", mas Mattos (1994) parece abrandar a imagem desse período de dominação, coerção e opressão. Para ele, não foi só isso; os saquaremas também exerceram uma "direção intelectual e moral" (Gramsci). Mas qual foi essa "direção intelectual e moral" saquarema para o Brasil? Foi uma "direção intelectual e moral" positiva para a sociedade brasileira? A ordem que construíram era a única alternativa que se apresentava naquele momento? O Estado imperial pensado, construído e imposto pelo grupo fluminense abriu ou fechou o horizonte de expectativa da sociedade brasileira? O "outro Brasil" deve mesmo agradecer à província do Rio de Janeiro o projeto de nação que foi implementado pela liderança saquarema ou lamentar profundamente? Foi bom para o Brasil manter-se unido à custa da violenta repressão fluminense? Deve-se comemorar, regozijar, com o legado do Rio de Janeiro às outras regiões? Afinal, a tarefa do Estado imperial foi fazer uma revolução conservadora, reprimindo as divergências e revoltas, impondo os interesses regionais fluminenses como se fossem o "interesse nacional". O pensamento histórico-político do "tempo saquarema", do qual Uruguai foi o melhor representante, é uma ideologia conservadora, autoritária, estadólatra, que impediu o florescimento da pluralidade das regiões e da sociedade brasileira. Mas, como todo regime autoritário, a trindade se justificava brandindo a ameaça: se não fôssemos nós, seria a fragmentação, seria o futuro-América hispânica, seria a dissolução da nação, seria o fim do Brasil. Não seríamos a grande nação que somos hoje, teríamos ficado pelo caminho e com muito mais violência e sangue do que foi necessário para unificar o país. O projeto liberal era equivocado, o Ato Adicional gerou a guerra civil (Mattos, 1994, 2005; Lynch, 2010).

Devemos aceitar esse argumento/chantagem fluminense da "salvação da pátria" e nos reconciliar com nossos pretensos "salvadores"? Podemos apoiar aqueles que sustentam que as soluções democráticas são incompatíveis com o caráter nacional brasileiro? Devemos aceitar que a democracia não é o regime político ideal e que é a história que define qual seria o regime ideal e que, em algumas épocas, o regime ideal pode ser o autoritário? Esse é o ponto de vista dos construtores do Estado imperial, que se vangloriavam de fazerem uma "análise realista" da sociedade brasileira e, por isso, diziam, foram eficientes. Seu "pensamento realista" teria tornado possível a única ação eficiente naquela circunstância. Lembrando o *Ensaio sobre o direito administrativo*, de Uruguai, essa "análise realista" consistia no seguinte: a sociedade brasileira estava ainda na menoridade devido aos males da colonização centrífuga, não tinha a tradição do autogoverno, vivia esfacelada, dispersa, entregue às paixões particulares, dominada por facções e caudilhos brutais, perdida em seu imenso território. Só havia um caminho que a protegesse e a salvasse: a organização de um Estado tutelar, autônomo, incumbido de fundar a ordem nacional de cima para baixo e promover reformas efetivas e seguras, para levar ao progresso nacional. A Coroa seria a única defensora do bem comum num oceano de facciosismos e paixões. Era preciso expandir a capilaridade do Estado a partir da Corte para operar reformas civilizadoras. Era "realista" reconhecer o estado atrasado, primitivo, da nossa civilização, aceitar nossa inferioridade, para construir um poderoso Estado que a tutelasse, que zelasse por seus interesses, que preservasse seu patrimônio. A nação não poderia ser abandonada a si mesma, o poder devia ser centralizado e hierarquizado. O chefe do Poder Executivo era o imperador, e todos os outros "cidadãos" eram súditos (Uruguai, 1960; Mattos, 1994; Lynch, 2010; Ferreira, 2009).

Essa tradição conservadora brasileira se defende dos ataques liberais dizendo-se comprometida com a "autoridade do Estado" e não com o "Estado autoritário". Não era "autoritária"; só mantinha a ordem para garantir a liberdade. Segundo Lynch (2010), ela foi denominada de diversas formas: "verdadeiro liberalismo"(!) (Uruguai); "idealismo prático" (Joaquim Nabuco); "idealismo orgânico" (Oliveira Vianna); "pragmatismo crítico" (Guerreiro Ramos); "autoritarismo instrumental" (Wanderlei Guilherme dos Santos); "ideologia de Estado" (Bolívar Lamounier); "iberismo" (Luiz Werneck Viana) ou simplesmente "saquaremismo". Ela foi produzida pela elite coimbrã, em nome da Coroa, valorizando o governo geral, a ordem e a autoridade, a subordinação do interesse provincial a uma política unitária. Os saquaremas eram antifederalistas, defendiam um despotismo ilustrado, uma modernização pelo alto; defendiam o Poder Moderador. Esse pensamento saquarema não ficou restrito ao Império, mas foi responsável por uma forma de pensar o Brasil que deixou raízes profundas na tradição do pensamento político e social brasileiro. Ele reapareceu nos anos 1920, nas obras de Alberto Torres e Oliveira Vianna, que também queriam a reforma política e social pelo alto contra os poderes oligárquicos e coronelistas. Uruguai é a matriz do pensamento conservador brasileiro, que se estendeu pela República, sustentou o Estado Novo, chegou até os pensadores da ditadura, em 1964, e se mantém latente, uma reserva para o futuro. Suas teses tornaram-se referência para uma vertente do pensamento que tem Oliveira Vianna como sua maior expressão. Para todos esses saquaremas e neossaquaremas, "civilizar" era generalizar o princípio da ordem, garantir os direitos individuais e restringir os direitos políticos, impor a razão nacional às vozes locais. Todos eles viam a população brasileira como heterogênea, fracamente integrada, sem educação no autogoverno, dominada pelo arbítrio privado (Ferreira, 2009; Lynch, 2010).

Não havia nada que pudesse mudar esse quadro no curto prazo; só uma mudança lenta e gradual dirigida por um Estado pedagogo, que geraria uma mudança nos costumes que apoiaria uma mudança nas leis. As instituições não podem ser abstratas, mas em correspondência com as condições objetivas do povo. Os conservadores criticavam a importação de ideias e instituições estrangeiras em desacordo com a configuração social e cultural do Brasil. Seus adversários, os liberais, eram vistos como "formalistas" ou "idealistas utópicos", enquanto seu pensamento era "realista" e, por isso, eficaz. Segundo Ferreira (2010), para Oliveira Vianna somos assim por causa do caráter "feudal" da nossa sociedade colonial. O clã rural é nossa célula básica. A política econômica e povoadora da metrópole, feita pelo poder privado, está na origem da tendência centrífuga da nossa organização social. A população rural se agrupava em torno de chefes territoriais, verdadeiros senhores feudais, indiferentes ao poder público. O domínio rural era fechado em si mesmo, autossuficiente. Após a Independência, tivemos os clãs eleitorais como efeito dos clãs rurais. Este era o "país real": o predomínio do poder privado sobre o público, o caudilhismo, a ausência de consciência cívica, a vitória do particularismo sobre a nação. Só há solidariedade de clã, impedindo a formação de uma consciência provincial e nacional. As reformas da Regência foram desastrosas, geraram arbitrariedades locais, dispersão, anarquia, violência sobre os direitos civis da população. Havia disparidade entre o "país real" e o "país legal", entre direito-lei e direito-costume (Ferreira, 2010).

De acordo com Ferreira (2010), para superar nossos males de origem, Vianna avalia que as constituições democráticas não são recomendáveis, porque perpetuam o "país real". O Estado é a solução: ele promove a integração nacional, forma a nação, supera a distância entre os países real e legal. O "país real" deve ser o parâmetro para a ação transformadora do Estado, um Estado soberano, centralizado, unitário, capaz de impor-se e realizar sua missão nacional. Contudo, se Uruguai era otimista, Oliveira Vianna era cético: o espírito de clã está muito entranhado no povo, em seus costumes, na cultura. O Estado pode muito, mas não pode tudo. Ele só pode reduzir a influência do espírito de clã impondo a lei adequada aos nossos costumes. A precedência dos costumes sobre as leis pode ser considerada um traço do pensamento conservador, que tem uma concepção do tempo em que o presente é mais resultado do passado do que ponto de partida para o futuro. A nação é concebida como uma comunidade formada por gerações passadas, presentes, futuras, marcadas por uma história, língua e costumes comuns. O homem não é um ente abstrato, portador de direitos universais, mas situado em uma sociedade particular, em circunstâncias concretas. Não há lei aplicável a todas as sociedades. Contra o "idealismo utópico" liberal, que pretendia resolver problemas nacionais pela importação de leis e instituições, o "idealismo orgânico" saquarema queria encontrar soluções para os problemas nacionais a partir da nossa experiência, queria se ajustar realisticamente às nossas particularidades. Para Ferreira (2010), Vianna via no "idealismo utópico" liberal uma debilidade intelectual/psicológica de nossas elites, que são letrados com sentimento de inferioridade e preferem seguir critérios europeus. Mas os "idealistas utópicos" liberais se equivocavam: instituições importadas não dão certo aqui e podem ter um resultado oposto ao da origem.

Em relação a essa tradição conservadora brasileira, os intérpretes se dividem. Para Wanderlei Guilherme dos Santos (apud Ricupero, 2010), "Uruguai tinha acuidade quando afirmava que a eficácia das instituições dependia da ordem social e política. É preciso adaptar as instituições para conservá-las ou transformá-las". Uruguai era, de fato, realista, contra o "fetichismo institucional" dos liberais. Para Ricupero (2010), "essa atitude conservadora sugere que haveria apenas uma forma, a correta, a deles, de apreender a realidade. O realismo dos conservadores vincula-se à aceitação da ordem social então existente, em que havia escravidão, que era aceita como um costume, uma experiência consolidada. Mas os liberais também não a contestaram, não conseguiram enfrentar o problema, embora o liberalismo tenha entrado em choque com a realidade brasileira e pressionado pela sua transformação. Foi um poderoso estímulo à Abolição". Ainda para esse autor, as referências intelectuais importadas têm sido um dos mais poderosos impulsos para a mudança no país. Mas Ricupero (2010) surpreende ao afirmar que "a defesa da centralização e a hostilidade ao poder dos proprietários rurais não têm afinidade com posições conservadoras clássicas, pois essas são nostálgicas do passado. Essa linhagem política se afastaria do conservadorismo clássico, que está relacionado com a percepção de que o passado foi melhor e deve ser continuado. Os conservadores não querem perder o vínculo com o passado, o presente vem de lá, eles têm uma noção espacial da história: não há sucessão, mas coexistência". Os conservadores se opõem à revolução como ruptura deliberada, associada a princípios universais e racionais abstratos, têm uma posição defensiva em relação ao progresso. Para Ricupero (2010), Uruguai e Oliveira Vianna seriam ambíguos em relação ao passado: valorizam, idealizam a colonização inicial feita pelo Estado absolutista e por nobres, mas depois foi o domínio do centrifuguismo dos latifúndios que a família real começou a reunir, a centralizar.

Ricupero (2010) surpreende porque parece não julgar a posição saquarema "conservadora clássica", porque eles veem o passado centrifuguista como um problema, um obstáculo para a construção do Estado imperial. O autor parece sugerir que o pensamento saquarema não era conservador, pois não queria preservar o passado, queria fazer uma ruptura com o centrifuguismo colonial. Teriam sido, então, os saquaremas, um grupo revolucionário, utópico?! A construção do Estado imperial foi uma "revolução"? Para mim, havia um passado colonial não problemático para eles, o absolutismo monárquico, e era esse passado que queriam recuperar e conservar. Aliás, o nome do movimento saquarema é "Regresso conservador". Eles redefiniram "revolução", que passava a significar restauração: 1822-1840 foram uma restauração da ordem monárquica. Para eles, "revolução" não é ruptura, mas coroamento do movimento de constituição da sociedade. O passado é que explica o presente, que é continuidade, permanência da obra colonizadora da família real. Mattos (2005) também considera esse grupo "construtor", mais do que simplesmente herdeiro. Ele sustenta que "a construção do Império foi um processo histórico original, inédito, uma ruptura com a tradição portuguesa. Os herdeiros reinterpretaram o passado para a construção da nova nação, houve uma recriação da herança e uma dinâmica social inédita". Mattos manifesta admiração pela capacidade de iniciativa e criação de leis e instituições originais, que representariam uma inovação em relação à tradição portuguesa. Os conservadores teriam criado um "Estado novo", no sentido de original, próprio, brasileiro, uma ruptura pelo menos parcial com o modelo absolutista português, o que, para mim, só aumentaria a responsabilidade do grupo fluminense em relação às escolhas que fez e que definiram os rumos do país (Mattos, 2005; Ricupero, 2010).

Mattos, que é também um ilustre representante da historiografia neossaquarema, sustenta que o Império teria feito uma "expansão para dentro" e não uma "interiorização da metrópole", conforme Maria Odila Dias (1972). Como "expansão para dentro", para Mattos (apud Ricupero, 2011) o Império significou um sistema político criado sobre vasto território, que reunia um conjunto heterogêneo de etnias e culturas pela conquista militar. O poder é centralizado para transferir riquezas das diferentes localidades para o centro que representa o todo, impondo princípios políticos e culturais, sem desfazer o mosaico de povos que agrega. O Império conquistou o país, dirigiu-se para dentro, para o interior, para os sertões, a partir do Rio de Janeiro. Ele não deu continuidade à ação portuguesa, era uma ação original, nova, que partia de um centro brasileiro para as demais regiões.

Para Mattos (2005), os construtores do Estado imperial não aplicaram fórmulas herdadas, princípios acabados, "houve descontinuidade e originalidade em relação à ação colonizadora portuguesa". Enfim, para o autor "o projeto saquarema foi um novo começo, foi a fundação da nação". Para Dias, não. Houve continuidade do modelo de dominação portuguesa, houve uma "interiorização da metrópole". O Rio de Janeiro agia como uma "nova Lisboa", os saquaremas foram apenas herdeiros dos princípios e práticas dos portugueses e não criaram nada de novo. O expansionismo para dentro foi como uma ocupação estrangeira, dando continuidade à conquista e à colonização, inclusive com violências e taxações abusivas que concentravam o poder político e a riqueza nacional no Rio de Janeiro. O imperador e a Corte continuavam sendo o imperador e a Corte estrangeiros. Se a referência eram as nações europeias, se o espelho era a sociedade branca e católica, o que havia de "originalmente brasileiro" no projeto saquarema? A obsessão com a "homogeneidade da nação" significava exclusão da maioria heterogênea e a continuidade do processo civilizador, ou seja, o branqueamento, a ocidentalização dos sertões (Mattos, 2005; Oliveira, 2005; Dias, 1972).

Raymundo Faoro é um crítico radical dessa tradição conservadora saquarema, que denomina "patrimonialismo neolusitano". Para ele, o pensamento-ação saquarema sufocou o florescimento do liberalismo e a ação dos liberais no Brasil. Eles não criaram nada de novo, apenas mantiveram o Estado patrimonialista português. Aqui, o liberalismo não se realizou como pensamento político, como um logos que direciona a práxis. Se houvesse um liberalismo aqui, haveria um pensamento político brasileiro. Mas não houve. Houve o saquaremismo, que, embora queira ser um pensamento brasileiro, adaptado às condições e circunstâncias brasileiras, era, na verdade, defensor do modelo do estamento burocrático, que é estrangeiro. Bolívar Lamounier (apud Ricupero, 2007) também é crítico contundente desse "autoritarismo instrumental" saquarema, "que não passaria de um objetivismo tecnocrático, como se os técnico-intelectuais no Estado fossem uma elite especial, altruísta, objetiva, que só queria 'o bem' do país. São pensadores autoritários, o seu objetivismo é pretensamente realista, acreditam que um único modelo político deveria corresponder à realidade. É uma 'ideologia de Estado', que considera a sociedade amorfa e deveria ser transformada pelo Estado e não por si mesma. Esse pensamento autoritário queria harmonizar, conciliar, as relações sociais, ao contrário do liberalismo que acentua o papel produtivo, construtor, dos conflitos político-sociais".

Guerreiro Ramos é ambíguo em sua avaliação do projeto saquarema. Por um lado, considera-o um projeto conservador, antiliberal, elitista, autoritário; por outro, reconhece alguma "sabedoria" (*sagesse*) no pensamento político pragmático do visconde do Uruguai. Os saquaremas eram "idealistas orgânicos", pragmáticos, antiformalistas. Segundo Ramos (1966), o formalismo é a "discrepância entre os comportamentos concretos e as normas prescritas". É a ênfase na norma que gera comportamentos discrepantes. Os liberais enfatizavam a força da norma importada para criar um comportamento adequado, mas só conseguiriam obter o comportamento discrepante. Para Ramos, Uruguai compreendeu os inconvenientes do formalismo, pois quis dotar a nação de instituições que permitissem ao governo o máximo de realismo em sua ação sobre o meio social. Uruguai era centralizador não porque preferisse ideias e doutrinas, mas por motivos pragmáticos que as circunstâncias impunham. Ele preferia a centralização por ser uma "atitude realista", queria reduzir ao mínimo o "formalismo", isto é, a imposição de normas e instituições abstratas e artificiais, que gerariam comportamentos discrepantes. Para Uruguai, a nacionalidade deve ser formada de cima para baixo, artificialmente, da inteligência para os sentimentos, é obra política. O formalismo, a transplantação, é inevitável, mas podem-se escolher e adaptar instituições estrangeiras. Pode-se recorrer à experiência de outros povos de forma subsidiária e não paradigmática. Não podemos ser passivos na transplantação, mas ativos na escolha e adequação. Podemos aprender com alemães e americanos a ser brasileiros (Ramos, 1966).

Embora reconheça o perigo e tema os poderes locais, posiciono-me ao lado dos críticos do saquaremismo acima: Raymundo Faoro, Bolívar Lamounier e, sobretudo, Maria Odila Dias. Quanto ao nosso autor, José Murilo de Carvalho, ele se aproximaria da tese da "orientação intelectual e moral", de Mattos, e da ambiguidade "autoritarismo/sabedoria realista", de Guerreiro Ramos, do saquaremismo. Carvalho é tão brando em sua avaliação política do pensamento saquarema que talvez se possa considerá-lo mesmo um neossaquarema. Segundo Ferreira (1999), para Carvalho "as leis centralizadoras não 'esmagaram' o poder local, como dizem os liberais. O governo tornou-se administrador dos conflitos locais, trazendo para a esfera pública o processo das lutas privadas. Os chefes locais se aliaram ao governo central, não foram destruídos, o seu poder local era reconhecido pelo governo quando das eleições. A estrutura centralizada do sistema político e administrativo escondia o enorme poder dos chefes locais que mantiveram alto grau de liberdade. A ordem central era imposta através dos poderes locais". Carvalho, segundo Ferreira (1999), define o tempo saquarema como um "tempo de aliança", mais do que uma ordem imposta de cima para baixo. Carvalho parece concordar com Ramos: foi um tempo de *sagesse* realista. Em 1844, o Partido Liberal, no poder, poderia ter questionado a centralização, mas a manteve, porque a reconheceu como favorável ao seu governo. O saquaremismo atendeu às reivindicações dos opositores de Feijó, os proprietários de terras e donos de escravos, que exigiam a ordem, a paz social, garantias jurídicas. O Regresso foi o consenso desses setores quanto à necessidade do Estado forte e centralizado. Graças a esse "tempo de aliança", o Brasil sobreviveu às crises da Regência e permaneceu íntegro. As oligarquias regionais conservadoras tinham um interesse comum, a manutenção da ordem escravista, e reivindicaram e apoiaram o poder centralizado, que tinha capacidade militar e diplomática de manter o tráfico, de enfrentar a pressão inglesa. Portanto, o "tempo saquarema" significou, para Carvalho, uma aliança entre o "novo Estado", as novas oligarquias do vale do Paraíba e as velhas oligarquias do Nordeste, com as firmas exportadoras e os traficantes. O Estado imperial não era mero executor dos interesses dos proprietários, tinha relativa autonomia, mas não se impunha de cima para baixo (Ferreira, 1999).

Penso que talvez Carvalho tenha aceitado de forma precipitada, pelo menos em um primeiro momento, o discurso da elite sobre a "construção da ordem", que não foi nem pacífica, nem estável, nem civil, mas "homogeneizadora", no sentido de centralizadora, autoritária, violenta, conquistadora e desrespeitosa da heterogeneidade da nação. Teria sido realmente positiva a manutenção da unidade territorial e nacional, considerando que o Poder Moderador limitou excessivamente as iniciativas políticas dos partidos, grupos sociais e regionais? Se o Brasil é tão desigual socialmente, se é "pacífico-inerte", racista, elitista, autoritário, arcaico, iletrado e faminto, é por obra fluminense e saquarema. Que "orientação moral" foi essa? O continente americano seguiu três caminhos após a emancipação das colônias: o da colônia espanhola, que decidiu viver seus conflitos até a desintegração; o da colônia inglesa, que decidiu enfrentá-los, com o risco de desintegração, mas conseguiu superá-los e tornar-se mais unida do que nunca e uma potência e liderança mundial; e o da colônia portuguesa, que se impediu de viver seus conflitos, que nem se desintegrou nem os superou, tornando-se uma "ordem pacífica, estável, civil", ou seja, a ordem silenciada dos cemitérios, tendo como coveiro o conciliador d. Pedro II. Para mim, se Carvalho comparasse a trajetória singular da história brasileira com a da colônia inglesa, e não com a espanhola, em vez de vantagens e elogios, veria uma perda irreparável: a da capacidade de viver intensamente os conflitos internos e superá-los pela construção de uma ordem federativa, democrática, plenamente cidadã e livre (McFarlane, 2006).

O atual estado do Rio de Janeiro ainda tem nostalgia desse tempo saquarema. Após a ascensão de São Paulo, com seu "tempo bandeirante", na República, a oligarquia fluminense invoca o passado, o período em que sua província era hegemônica na condução política do país. Há um desejo de reconquista do espaço fluminense no cenário nacional, perdido com a monarquia. A "velha província" é lembrada como uma idade de ouro, um tempo mítico e idealizado. O Império é lembrado como um paraíso perdido de riquezas materiais e morais, que deve ser recuperado. Os líderes cariocas desejam restaurar o opulento esplendor da província do Império, berço de todos os ensinamentos morais e materiais do Segundo Reinado. De acordo com Fernandes (2012), na década de 1920 a educação era o instrumento nesse projeto de restauração do lugar do estado do Rio de Janeiro no cenário nacional. A educação devia fazer recordar um estado que foi a principal força política do país e queria voltar a sê-lo. Álbuns foram publicados para realçar a cultura fluminense, monumentos, estátuas de vultos fluminenses foram espalhadas pela cidade. Era preciso abalar o prestígio de São Paulo e Minas da Primeira República. A Independência foi realizada na província do Rio de Janeiro, foram os fluminenses que construíram o Brasil. A grandeza do Brasil se confunde com a grandeza fluminense. A província foi um celeiro de intelectuais que defenderam as posições e opiniões que repercutiram na cultura nacional no século XIX: o imperador Pedro II, o duque de Caxias, o marquês de Maricá, o visconde de Itaboraí, o visconde do Uruguai, Machado de Assis. Era preciso voltar a ter o brilho de outrora, a mesma eficiência no jogo federal. O esplendor do Império foi gerado pela base econômica e pelos pensadores da "nobre província", o grupo saquarema (Nascimento, 2012; Gomes, 1999).

A visão paulista do Brasil: o "tempo bandeirante" e a obra histórico-sociológica de Fernando Henrique Cardoso

A visão paulista do Brasil: o "tempo bandeirante"

Ao longo do século XIX, com a expansão do café, a província de São Paulo tornou-se a mais promissora, a mais progressista do país. Contudo, sua pujança econômica não correspondia à sua expressão política, o que causava ressentimentos na elite política paulista. A província se sentia prejudicada pela centralização do Estado imperial, pelos privilégios do Rio de Janeiro, e as forças políticas paulistas se dividiram entre grupos radicais, que defendiam a independência da província, e o Partido Republicano (PRP), que lutava pelo federalismo. São Paulo exigia mais autonomia para fazer coincidir sua força política com sua força econômica. Em 1887, houve uma campanha separatista na imprensa que alegava que São Paulo era autossuficiente economicamente, seria o alicerce da Federação, mas pouco receberia em troca, e, portanto, seria melhor a separação. A ruptura traria mais vantagens do que a Federação, e os fazendeiros do oeste, insatisfeitos com a Abolição, encabeçavam a ideia. Os líderes foram Alberto Sales, Rafael Pestana e Martim Francisco, que falavam em "pátria paulista", justificavam o separatismo argumentando que a colonização paulista foi feita por colonos brancos, gente limpa, que não se confundiu com os naturais da terra. O elemento africano foi por muito tempo insignificante e Sales repudiava a igualdade jurídica estabelecida a partir de 1888, porque o paulista, superior física e psicologicamente, não poderia ser igualado a negros e mestiços. Mas o separatismo paulista parou aí, teve papel insignificante em 1932, quando quem lutava por São Paulo lutava pelo Brasil (Souza, 2013).

Após a Proclamação da República, a ascensão da economia paulista foi vertiginosa, com a combinação da exportação do café e a industrialização. São Paulo tornou-se o polo dinâmico da economia brasileira e conseguiu se impor politicamente e controlar o Estado republicano. Contudo, embora fosse forte sua presença no jogo político nacional, sua hegemonia era difícil e polêmica, pois tinha a oposição de outros estados. Para convencê-los de seu direito à liderança política nacional, São Paulo procurou construir sua identidade criando uma imagem poderosa, conquistadora, sem a qual a nação brasileira não poderia ter se tornado realidade. A ascensão econômica e política de São Paulo também despertou nos outros estados o interesse pela história e pelos costumes paulistas, uma região vista como secundária na dinâmica política do país desde o período colonial. Na construção dessa identidade paulista, que lhe daria o direito de reivindicar a centralidade da história brasileira, no mito de origem em que São Paulo aparece como o construtor da nação, o grande personagem é o bandeirante. Dizia o mito que "a terra paulista teria sido povoada, nos séculos XVI e XVII, por uma 'raça de gigantes'". São Paulo argumentava: "Nós, os paulistas, conquistamos o território brasileiro. Os fluminenses saquaremas, 'os mais próximos' da Coroa, os mais brancos, se orgulham de terem mantido unido e íntegro o território brasileiro, mas qual território? Quem conquistou esse território? Fomos nós, os paulistas, os sertanejos, os mamelucos e, felizmente, 'os mais distantes' da Coroa, que ampliamos os limites da pátria, conquistamos esse território".

De fato, desde o início da colonização São Paulo ampliara o território da colônia, forjando a unidade do país. Foram realmente os paulistas que encontraram o ouro e levaram a "civilização" aos mais distantes rincões do Brasil. Os paulistas eram independentes da metrópole, Piratininga era quase uma República. E se São Paulo havia ascendido economicamente de forma tão vertiginosa, era por causa de sua história e de sua gente, que herdou do bandeirante ousadia e vitalidade. Era o passado bandeirante, portanto, que legitimava a reivindicação de hegemonia de São Paulo. Todo paulista tornou-se um bandeirante, todo paulista tinha de parecer um conquistador. Segundo Viana Moog, "todo escritor paulista é Bandeirante,

Monteiro Lobato é o melhor exemplo. O movimento modernista, em geral, e Mario de Andrade, em particular, outro exemplo" (Moog, 1943; Abud, 2004).

Nos anos 1920, os ideólogos da identidade paulista quiseram tornar São Paulo o fundamento da identidade nacional, o símbolo do Brasil, o líder da República. Surgiu o estereótipo do caráter paulista: sério, trabalhador, materialista e empreendedor. Teimosos, os paulistas bandeirantes afrontaram o sertão, o sol, a chuva, os rios, o clima, não conheciam dificuldades. Como os bandeirantes, os paulistas são audaciosos, aventureiros, empreendedores, autônomos, práticos, progressistas, indiferentes ao poder central. Pouco se lhes dava a Corte e o prestígio da nobreza; desde o início almejaram a autonomia federativa. Euclides da Cunha descreveu o paulista como autônomo, aventureiro, rebelde, livre, domador da terra, insurreto, que, longe do mar e da metrópole, investia nos sertões desconhecidos. São Paulo seria o guardião da nacionalidade e das tradições brasileiras, ao contrário do Rio de Janeiro, que era branco e europeizado. O ideal de nobreza não seduzia São Paulo, que não sofria da doença bovarista carioca, era um "mundo brasileiro autêntico" em marcha para ser uma potência industrial. Nos anos 1920-30, essa mitologia bandeirante era o fundamento da "paulistanidade" e o Brasil tornou-se o "outro". O bandeirismo era justificado porque retirara o indígena da estupidez e da inércia, e os paulistas podiam administrá-los em seu benefício por tê-los salvado do paganismo e trazido para o seio da Igreja. Se o índio não aceitava ser redimido, a violência era necessária e justa. Diziam os ideólogos da paulistanidade que "o índio era o inimigo que devia se tornar mão de obra, pois era uma canalha bárbara, que infestava a terra, cometendo mortes e roubos contra os portugueses". A distante Coroa manteve uma atitude ambígua em relação à ação bandeirante: limitava, cerceava e, ao mesmo tempo, a estimulava e reconhecia, quando lhe rendia lucros (Souza, 2013).

Enfim, dizia o mito, o bandeirante foi o verdadeiro fundador da civilização brasileira, o construtor da nacionalidade, pela expansão territorial que promoveu. Os paulistas foram os continuadores das conquistas dos portugueses, os "neodescobridores do Brasil". São Paulo tomou como referência o vencedor, o português, um punhado de homens perdidos na terra hostil, que agia com coragem, firmeza, fé, heroísmo. Se cometeram crimes, estes foram necessários ao sucesso de seu empreendimento ambicioso. São Paulo se identificava com o vencedor, ousado e sempre em movimento, enquanto o "outro Brasil", acomodado e inerte, louvava o vencido, o índio, achando que os índios é que, resistentes, bravos, generosos, modestos eram a base de nosso caráter nacional. Os fazendeiros do café e os industriais dos séculos XIX e XX eram vistos como os "novos bandeirantes", que faziam com o arado, a enxada e as fábricas a mesma obra gigantesca que foi feita com o bacamarte e a espada. Enfim, é a bandeira que singulariza São Paulo, que era uma gente isolada, autossuficiente, sem as peias do poder metropolitano, sobrevivendo com autonomia e rebeldia. Os paulistas não suportam opressão, desconhecem o medo, não são covardes, sua história é um episódio à parte da história do Brasil. Na Primeira República, os historiadores clássicos do bandeirante foram retirados do esquecimento: frei Gaspar da Madre de Deus, Pedro Taques de Almeida Paes Leme, historiadores que se empenharam em enaltecer a gente de São Paulo, nos séculos XVII e XVIII, em plena época do bandeirismo. Na década de 1920, três historiadores dos bandeirantes se destacaram: Alfredo Ellis Jr., Afonso de Taunay, Alcântara Machado. Segundo Abud (2004), são três intelectuais da elite paulista que se dedicaram à história do bandeirante para fazer a propaganda do estado de São Paulo junto ao "outro Brasil", para reivindicar reconhecimento à sua hegemonia nacional. Alfredo Ellis Jr. sustentava a superioridade racial do paulista, a excelente mestiçagem de brancos e índias, com alta taxa de fertilidade. Para Taunay, o paulista do século XVII é o grande desbravador dos sertões brasileiros; a ele deve-se a unidade territorial do país e a descoberta das riquezas que deram a Portugal um grande tesouro. Ele reconstituiu as rotas seguidas pelas grandes bandeiras, deu aos capítulos os nomes dos chefes mais importantes. Ele destaca seu destemor em face dos perigos do sertão. Nos três, o paulista é apresentado como "racialmente superior, responsável, circunspecto, respeitador da palavra dada, desbravador, povoador e condutor do progresso" (Abud, 2004).

Esses discursos que glorificam a imagem do bandeirante querem disputar com os discursos da "carioquidade" a centralidade na história brasileira. Para Abud (2004), esses historiadores criaram a imagem do bandeirante, veiculada pelos meios de comunicação e pelo ensino, para a construção da memória paulista. O bandeirante tornava São Paulo central na história do Brasil, muito mais do que os Bragança, muito mais do que os fluminenses; era o estado da integração nacional. Foi São Paulo que construiu a Independência, José Bonifácio de Andrada e Silva era paulista, o Grito da Independência foi às margens do Ipiranga, um rio paulista.

É o estado que representa o progresso, o civilizador do Brasil, o descobridor e criador de suas riquezas. Enfim, foi no planalto de Piratininga que se forjou o mapa do Brasil, foi dali que saíram os desbravadores, que levaram a civilização aos sertões, vencendo obstáculos, descobrindo riquezas. Já na Primeira República, a cidade de São Paulo era uma metrópole moderna, a cidade que não podia parar, a que mais crescia na América Latina. Seu modelo era Chicago, onde as fornalhas nunca se apagavam; o trabalho era permanente por toda parte. Na segunda metade do século XX, a tendência historiográfica capistraniana, antivarnhageniana, que valorizava a expansão pelo sertão, a conquista do "Brasil profundo", será enaltecida, reinterpretada pelos historiadores paulistas, que valorizarão a conquista do interior. Os paulistas serão representados como "sertanejos fortes", como os descritos por Euclides da Cunha. Os paulistas, nos anos 1920-30, reconstruíram a história brasileira colocando-se em seu centro, como os construtores da unidade nacional: "Nós, os paulistas, conquistamos o 'Brasil profundo'". E fizeram campanhas na imprensa e no ensino, usaram a historiografia para resgatarem seu "passado glorioso". As obras que se destacaram nessa construção da identidade paulista foram: Afonso d'Escragnole Taunay, *História geral das bandeiras paulistas*, 11 volumes (1924-50); Paulo Prado, *Paulística* (1925); Alfredo Ellis Jr., *Raça de gigantes* (1926); Alcântara Machado, *Vida e morte do bandeirante* (1929); Cassiano Ricardo, *Marcha para o Oeste* (1940) (Abud, 2004; Costa, 2002; Moog, 1943, Oliveira, 1993).

Vou expor brevemente as teses de Ellis Jr. e Afonso Taunay como defensores radicais do bandeirismo, e as posições de Alcântara Machado e Vianna Moog para expressar os argumentos críticos ao bandeirismo. Alfredo Ellis Jr., em sua obra *Populações paulistas*, escrita em parceria com Fernando de Azevedo (1934), afirma dedicar-se às coisas de São Paulo: "Todo o meu esforço tem sido buscar esclarecer o grupo social paulista em sua trajetória evolutiva, desde o Planalto de Piratininga. Esse meu esforço é a 'carne da minha carne'. Na impossibilidade de fazer por São Paulo o que almejo, quero trabalhar por ele o mais que posso". Ellis Jr. representa a vertente mais conservadora no estudo do tema, buscando explicações de caráter racial para uma suposta superioridade paulista no conjunto da nação brasileira. Segundo ele, a população paulista dos séculos XVI a XIX já era perfeitamente conhecida graças aos trabalhos monumentais de Pedro Taques de Almeida Paes Leme. *Nobiliarquia paulistana histórica e genealógica* revelou aos paulistas a origem da sua gente e os prodígios das bandeiras. O planalto paulista era uma "região desocupada" quando se iniciou a colonização ibérica, formando a primeira camada da população de São Paulo. O europeu foi aos poucos substituindo o índio. Ellis Jr., quando fala da "pureza racial" paulista, hesita entre a pureza branca e a eugênica mistura entre o branco e a índia. Por um lado, para ele, o paulista é superior porque é branco desde a origem e diminui a presença do elemento indígena, "que não tinha marca de grande importância". Para Ellis Jr. (1934), "o português é o único povo europeu que conseguiu fundar uma civilização nos trópicos, o único que se comportou bem em ambientes geográficos hostis". Por outro lado, "São Paulo é superior porque a mistura racial euro-indígena é saudável, prolífica, limpa. Felizmente, quando os negros chegaram no século XIX, a matriz da raça paulista já estava formada e não foi 'infectada' por sangue negro. Depois, veio a colonização estrangeira, que trouxe uma modificação racial branqueadora profunda, italianos, magiares, eslavos, alemães, cruzou com a população preexistente ibérica, restaurando a pureza original" (Ellis Jr. e Azevedo, 1934).

Afonso d'Escragnole Taunay escreveu a *História geral das bandeiras paulistas*, 11 extensos volumes, publicados ao longo de 27 anos (1924-50). A história de São Paulo, capitania, província, estado, foi o tema mais persistente de Taunay. Ele nem era paulista, nasceu em Santa Catarina, em 1876, mas identificou-se com o projeto de hegemonia paulista na federação republicana e fez dela uma causa para sua militância intelectual. Ele era um militante do projeto paulista, estudou as bandeiras para sustentar as reivindicações hegemônicas do estado. O Instituto Histórico e Geográfico de São Paulo (IHGSP) e Taunay desenvolveram pesquisas genealógicas para a recuperação de uma pretensa época heroica, com acentuado conteúdo racista. Sublinhou-se o fato de que a escravidão africana estivera ausente no passado colonial e que o povoamento da região se fizera com portugueses e índias, gerando uma raça prolífica, caracterizada pela bravura, espírito de aventura e altivez. Segundo Costa (2002), para Taunay, São Paulo nunca coube dentro de suas fronteiras, os paulistas eram impelidos por uma força misteriosa e foram capazes de desenhar uma fronteira natural do Amazonas ao Prata. Enfim, para Taunay "o Brasil deve muito aos paulistas que, enfrentando a resistência indígena e a insalubridade do meio, deu-lhe sua dimensão continental". Se, para Varnhagen, embora sorocabano, a "invenção do território brasileiro" foi obra da Coroa, assim como a consolidação e a manutenção da unidade territorial do Brasil independente foi obra da monarquia, para Taunay, embora catarinense, os construtores do território brasileiro foram os paulistas, e o fizeram, inclusive, contra a vontade da metrópole. Os paulistas realizaram uma saga, uma epopeia, uma exploração territorial que empurrou a fronteira política muito além do Tratado de Tordesilhas. Não fosse o valor desses caçadores de homens e o sul do Brasil, os sertões de Mato Grosso e Goiás, a Amazônia seriam espanhóis. O paulista caçou e escravizou o indígena para usá-lo em suas lavouras ou para vendê-lo em regiões que não podiam comprar a mão de obra africana, mais cara. Para tanto, enfrentou ordens metropolitanas, os jesuítas e os espanhóis (Costa, 2002).

Ainda segundo Costa (2002), para Taunay a precoce fabricação da nação é obra dos colonos e não da administração colonial. Ele ressalta a superioridade do Sul sobre o Norte como verdadeira matriz nacional. O Sul tinha uma colonização mais livre, embora menos opulenta que a do Norte. No Sul, desenvolveram-se os elementos da nação futura; o Norte, sujeito a uma administração corrupta, dependente da introdução de negros e de uma cultura exótica, pagava a opulência com uma vida menos estável, uma população menos homogênea. Nos fins do século XVI, a região de São Paulo apresentava os rudimentos de uma nação independente, ao passo que no Norte só havia "fazendas de Portugal". Pela ótica de Taunay, a epopeia paulista não perde o brilho por ter se desenvolvido em um meio inóspito, pobre e austero; ganha significado até mais valioso. Ele incorpora as posições de Oliveira Vianna, que sustenta que há elementos de origem germânica nas populações do norte de Portugal, de onde teriam vindo os primeiros colonizadores paulistas. Essa ascendência trouxe o espírito de aventura, a busca incansável de novos horizontes, que se perdeu com a sedentarização quando chegaram gerações de morenos, oriundos das classes populares. Assim como Ellis Jr., Taunay oscila entre as duas versões da superioridade racial paulista: a que enfatiza a origem germânica e a que valoriza a miscigenação euro-americana. Depois, optou pelo tipo mameluco, mescla obtida, segundo ele, nem sempre pela violência, pois havia forte atração erótica entre portugueses e índias, que queriam ter filhos da raça superior. Portanto, foi a história de São Paulo, a conquista do sertão que construiu a futura nação. Depois, ao longo da Primeira República, a economia paulista conectou-se aos estados contíguos — Paraná, Mato Grosso, Goiás, Minas Gerais — em uma expansão que fazia uma intensa apropriação de terras devolutas. Os fazendeiros do café seguiram o exemplo dos bandeirantes, inclusive nos métodos, quase sempre à margem de procedimentos legais. Os fazendeiros eram precedidos por bugreiros e grileiros, fazendo avançar assim a fronteira agrícola de São Paulo. Taunay não oculta o caráter violento da conquista e da escravidão do indígena e polemiza com os historiadores que condenaram o bandeirismo por motivos humanitários. Ele defende os bandeirantes e fazendeiros apontando para a hipocrisia dos europeus, que também foram conquistadores violentos, que cometeram atrocidades em todos os continentes. Segundo ele, os paulistas cometeram violências, "mas quem não as cometeu? Que nação dita civilizada?" (Costa, 2002). Pergunto eu: esse seria um bom argumento?

Segundo Taunay (apud Costa, 2002), "os paulistas estiveram presentes em todos os momentos fundamentais da formação da nacionalidade: na expulsão dos franceses, no auxílio aos pernambucanos contra os holandeses, na derrota de Palmares, no aniquilamento das revoltas indígenas, no processo de Independência, nas Guerras Platinas, na Guerra do Paraguai". Para ele, em São Paulo a influência indígena aperfeiçoou a raça europeia em sua adaptação ao ambiente. A escravidão indígena foi integradora, ajudou a forjar a raça e a nação. A negra foi fragmentadora, pôs em risco a possibilidade da nação. Para ele, Palmares foi a mais terrível ameaça ao projeto europeu no trópico e o governo colonial fez bem em destruir essa ameaça, que seria o fim da raça dominadora. E Taunay exulta: "Foi o feito de um paulista, Domingos Jorge Velho: homem de ferro, personalidade mais eminente das Bandeiras". Velho agiu em vasta área: Alagoas, Pernambuco, Paraíba, Rio Grande do Sul, Bahia, Ceará, Piauí, organizando expedições para conquistar o gentio bravo tapuia e civilizando os sertões, uma empresa que exigia crueldade. Para Taunay (apud Costa, 2002), "Velho representou o maior índice de energia da sua grei euro-americana. Ele agiu como um verdadeiro Descobridor, como os antepassados agiram nos oceanos. Ele deu prosseguimento à conquista portuguesa, era um soldado da conquista lusa, um devassador da selva". A obra de Taunay quis forjar um "destino manifesto" a São Paulo, e conseguiu, pois sua lenda, no sentido positivo, permanece viva e orientadora das ações paulistas (Costa, 2002).

Alfredo Ellis Jr. e Taunay narraram o bandeirismo como saga e epopeia, ao contrário de José de Alcântara Machado, que procurou despir o bandeirante de sua roupagem épica, apontando para a extrema pobreza paulista colonial. Alcântara Machado publicou *Vida e morte do bandeirante* em 1929. "Sou paulista há 400 anos", afirmava, e dedica o livro "às famílias paulistas e aos antepassados, desde Antônio de Oliveira, chegado a São Vicente em 1532". Diferentemente de Ellis Jr. e Afonso de Taunay, Machado (2006) abordou o passado paulista não como a aventura de uma "raça de gigantes", preferiu analisar o cotidiano e a intimidade da elite paulista. Alguns, e eu também, consideram *Vida e morte do bandeirante* um dos melhores livros sobre a história colonial. Para outros, como Katia Abud (2004), "Machado era um representante da elite intelectual paulista dos anos 1920 e fez o livro em defesa do regionalismo elitista". Para Abud (2004), Machado exalta a elite paulista e defende a implantação do poder de São Paulo na Federação e, para isso, teria apenas atualizado a epopeia bandeirante, reescrevendo-a como epopeia burguesa: "Não é amor a São Paulo, mas manipulação da história de São Paulo para ampliar o seu lugar na federação, propaganda da elite paulista. Ele fez uso político da história de São Paulo, propaganda regional". Mas pode-se perguntar a Abud: qual obra de história não se vincula a algum projeto político? E que interesse teria uma historiografia isenta, objetivista, neutra? Para Mello e Souza (2002b), pelo contrário, "o seu intuito não foi louvar as elites, mas compreender a história de São Paulo para melhor compreender o Brasil".

Em *Vida e morte do bandeirante*, Machado exprime uma concepção da história originalíssima, inovadora, que revela uma extrema sensibilidade histórica. Ele quer saber onde moravam seus antepassados, a maneira como se alimentavam e se vestiam, de que tiravam os meios de subsistência, a concepção que tinham do destino humano. Ele deseja frequentá-los na intimidade e situá-los no cenário em que se moveram, para compreender suas atitudes. Machado (2006) foi inovador na escolha das fontes: os inventários coloniais, que, segundo ele, "revelam o coração do testador, as suas últimas vontades, a sua relação com o além, descarregam ali a sua consciência, jurando sobre os Evangelhos". Eis sua grande questão: como era a vida paulista dos séculos XVI e XVII? Machado descreve a modesta vila de Piratininga, na capitania de São Vicente: lugarejo humilde, 1.500 almas, 150 fogos. Para Machado, Oliveira Vianna estava errado; não era uma vida nobre de um salão de Versalhes engastada na bruteza da floresta virgem, homens riquíssimos e finos de maneiras, opulentos e cultos, vivendo com elegância e fausto. Em São Paulo, a prosperidade era impossível com tanta incerteza e com os ataques dos aborígenes. Foi preciso fazê-los recuar e submetê-los para tomar-lhes a terra e tirar dela sustento e cabedais. Era quase nulo o capital com que os paulistas começaram a vida. Ele até "entra", imaginariamente, em um lar paulista, "como um ladrão, aproveitando a ausência de um pai de família, que partiu em busca de índios e metais preciosos, e da mulher e filhos, que saíram também" (Machado, 2006), para compartilhar sua intimidade. O que aguçava sua curiosidade era o ambiente em que viveu a aristocracia da colônia. Mas, uma vez dentro da casa paulista, decepciona-se: "Que desconforto e pouquidade!". Eram salas imensas com poucos móveis, as paredes brancas e nuas, não havia pratos, talheres, pentes, escovas, copos, tesouras. Podia-se achar um colchão, um travesseiro, duas redes, um espelho, dois caldeirões, um castiçal, uma frigideira, dois ralos, um frasco de vidro, uma cadeira de espaldar. Eram casas sem muito conforto, com pouco mobiliário, sem luxo, mesmo entre os mais ricos. Quanto à alimentação dos paulistas, a base era a canjica, ensinada pelo índio, o angu de fubá ou de farinha de milho ou mandioca. Dispensavam o sal, que era raro. Talheres, para quê? Comia-se com os dedos. Os convivas começavam com o talher, mas o abandonavam no meio do jantar. Mas será que lavavam as mãos antes e depois? Machado (2006) garante que sim e, segundo ele, até em Lisboa e Paris era assim.

Segundo Machado (2006), a alma coletiva paulista estava voltada para o sertão. Não podiam viver sem ele; ali estava a riqueza que desejavam: índios, terras, minas. E ameaças terríveis, reais e imaginárias: onças, peçonhas, febres, desertos, saci, boitatá, curupira, demônios. O sertão exigia tanta audácia e espírito de aventura quanto o oceano. O marinheiro e o sertanista tinham muitas afinidades: "O sertão e o oceano causam sentimentos de assombro, infinito, eternidade, vertigem, fome de liberdade. O corpo que os enfrenta se modifica, torna-se elástico, robusto. Homens do mar e do sertão têm o mesmo temperamento, são simples e brutais. O sertão e o mar os matam quase sempre". O bandeirante, segundo Machado, vivia e morria no sertão. As crianças sonhavam com o sertão, seus ídolos eram os bandeirantes, queriam ser traficantes de índios ou mineradores. De vez em quando aquele mundo se alvoroçava, quando alguém ia ou voltava do sertão. Quando iam, a cidade se despovoava. Havia os que só entravam com o dinheiro e esperavam as riquezas que os bandeirantes traziam, os lucros eram divididos pela metade. Era um investimento arriscado, porque o paulista ia longe, chegava até o Peru. Ficava anos longe e até não voltava mais. O bandeirante levava no corpo sua roupa: chapéu, carapuça, lenço ou pano de cabeça, meias, sapatos de vaca, ceroulas, camisas de algodão, roupeta, calções. Levava a rede de dormir, travesseiro, cobertor, toalhas, tachos, cuias, facões, colheres, cabaças de sal e farinha de guerra, anzóis, machados, enxós, foices, bateias, redes de pescar, espingarda, escopeta, bacamarte, arco e flecha, espadas, adagas, pistolas. O alimento era colhido nos rios, árvores: caça, mel, pinhão, palmito, roças abandonadas pelos índios. Comia cobras, sapos, lagartos, formigas fritas e passavam fome e sede em lugares desertos. Havia bocetas com pedras-ume, navalhas e pedras de afiar, tinteiros. O que garantia sua vitória era a pólvora e a bala. Usava armaduras: capacete, escudo, gibões de algodão, acolchoados, que protegiam contra flechas e, armado assim, perdia-se no desconhecido. Levava ainda correntes longas e colares de pescoço, para trazer os índios escravizados (Machado, 2006).

De acordo com o autor, esses homens "eram chamados de 'Bandeirantes' porque levantavam uma bandeira à guisa de declaração de guerra. Mas os documentos não usam esse termo, mas *entrada, jornada, viagem, campanha, descobrimento, frota*. A entrada recebia o nome do organizador ou do local do destino. Quando o empreendimento era oficial, o termo usado era 'guerra'" (Machado, 2006). Os que participavam eram chamados de "soldados desse arraial, homens, gente, companhia". O grupo tinha sempre uma organização militar: chefe, capitão, lugar--tenente, grosso da tropa, índios mansos. Quando a expedição era maior, tinha alferes-mor, escrivão, capelão. O objetivo da "guerra" era o "descimento" do silvícola. Havia também a bandeira de colonização, era o latifúndio que se multiplicava por cissiparidade. O capitão da tropa era um ditador: dirigia, julgava, assegurava a disciplina, tinha o direito de vida e morte sobre os companheiros. Os julgamentos eram sumários naquele ambiente carregado de incertezas. Para Mello e Souza (2002b), "Machado lançou um olhar semelhante ao dos pintores holandeses do século XVII sobre a capitania de São Paulo, um olhar microscópico, atento às revelações do aparentemente insignificante". Machado não trata de forma grandiloquente da epopeia paulista, não há heróis em São Paulo. Ele fala de homens frágeis, mesquinhos, triviais. Seu livro derrubou as teses de Oliveira Vianna, Pedro Taques e Frei Gaspar da Madre de Deus: São Paulo não era rica e nobre; era a capitania mais afastada do poder colonial. Segundo Mello e Souza (2002a), ele viu a expansão paulista como um novo capítulo da expansão portuguesa, agora interiorizada no coração da América, "porque o Brasil verdadeiro é o sertão, que foi conquistado pelos paulistas".

Vianna Moog (1978) questiona o heroísmo e até lamenta a força imaginária da figura do bandeirante que, ao contrário da do senhor de engenho pernambucano, representa a esperança de riqueza rápida. Para ele, o progresso de São Paulo não deve nada aos bandeirantes, que só deixaram fazendas abandonadas. Como São Paulo poderia ter sido o celeiro do Brasil se a cidade vivia despovoada de homens, ocupados na busca das riquezas do sertão? Para Moog, os bandeirantes, em sua ânsia de riqueza e poder, já eram o grande instrumento do capitalismo moderno. Nada os detinha, nem desfiladeiros, precipícios, fome e sede, fadigas, guerras, ciladas, terras desconhecidas. Os bandeirantes iam do Tietê a Santa Cruz de la Sierra, da serra do Mar à cordilheira dos Andes. Um Fernão Dias Paes Leme, um Antônio Raposo Tavares, um Borba Gato foram gigantes em sua obstinação, pois enfrentaram fadigas, privações, perigos, em viagens intermináveis, foram "monstros de energia". Foi a não descoberta imediata das minas que levou os bandeirantes a dilatar o território. O Brasil ganhou sua unidade territorial por ter demorado dois séculos à procura frustrada do ouro. Quando o ouro foi encontrado em Minas, no século XVIII, à flor da terra, no rio das Velhas, foi a hora solar dos bandeirantes. No Brasil, ninguém nunca escreveu um poema para elogiar o senhor de engenho, mas muitos elogiaram o bandeirante. É como se a atividade rural e sedentária não estimulasse os sonhos. Moog (1978) avalia que "o tipo ideal do 'conquistador' dominou o Brasil por três séculos, a imagem do bandeirante foi vitoriosa. As ideias de conquista e riqueza extrativa fácil foram estimuladas. O Bandeirante prevaleceu na história do Brasil, é uma imagem idealizada, todos querem riqueza rápida e extrativa. Aventura". Mas Moog (1978) não aprecia essa idealização do bandeirante, que foi e é ainda desastrosa para o Brasil. Para ele, a historiografia paulista afirma que o São Paulo moderno, do café e das indústrias, é obra do espírito bandeirante, "mas não é verdade. O paulista empresta ao Bandeirante atributos que ele nunca teve. O Bandeirante é a imagem promovida a símbolo de São Paulo e é a imagem que o Brasil mais preza e cultua. É uma imaginação masculina, predatória e extrativista, que festeja e estimula os aventureiros". Moog (1978) abomina essa vitória do aventureiro sobre o pioneiro sedentário e trabalhador. Para ele, o estilo predatório tomou conta da nossa vida econômica, a atividade política é uma caça aos cargos, ao tesouro. De acordo com a autor, "temos de fazer uma reforma intelectual e moral profunda. Não podemos esperar mais de chefes de Bandeira providenciais. Os EUA chegaram à vanguarda das nações porque foi obra do Pioneiro, o Brasil tem um futuro incerto porque foi e ainda é obra de aventureiros, de Bandeirantes predadores".

Enfim, a "paulistanidade" é um discurso mitológico que constrói o paulista como um "homem superior" aos outros brasileiros. E, sobretudo, em relação aos fluminenses, rivais diretos pela hegemonia nacional, cuja visão da história do Brasil contestam, pois querem se apresentar como os verdadeiros construtores da nação sem terem conquistado seu território. O paulista se representa como superior aos fluminenses e a outros brasileiros em vários sentidos: etnicamente, economicamente e historicamente. Etnicamente superiores, porque se representam como racialmente puros, seja como brancos, seja como euro-indígenas, pois até o século XIX não foram "infectados" nem por sangue negro nem por sangue judeu, e temem a mistura com os demais brasileiros, principalmente nordestinos, que comprometeria tal superioridade. O paulista é superior em termos econômicos, São Paulo é autossuficiente e carrega em seus ombros o fardo da pobreza do "outro Brasil". É superior historicamente, porque sua trajetória é impressionante, uma verdadeira epopeia, em oposição à inércia histórica dos brasileiros. Na construção da identidade paulista, a alteridade é o "outro Brasil", centralizado no Rio de Janeiro: mulato, pobre, inerte, doente, sanguessugado pelos branquelos e nobres cariocas, sem nenhuma perspectiva favorável no futuro. Talvez Monteiro Lobato tenha criado o personagem Jeca Tatu para personificar o não paulista: "Nós, os paulistas-bandeirantes, eles, os brasileiros-Jeca Tatu". Ou seja, está criada a perigosa situação tipicamente ocidental cristã da necessidade de "salvação do outro". Os paulistas-superiores se dão a missão de salvar o país! Mas e se o país não quiser seguir o caminho, a verdade e a vida paulistas, São Paulo terá o direito e o dever de impor seus valores? O "outro Brasil" resiste à hegemonia paulista. Para os cariocas, os paulistas são mesmo uns "bandeirantes", caboclos sertanejos, homens rudes e violentos, inferiores culturalmente, individualistas, que agiam e agem contra a ordem pública. Os outros brasileiros temem a identidade paulista, que é vista como símbolo da exploração capitalista; a hegemonia paulista lhes dá medo, pois representaria a exploração capitalista desenfreada e absoluta (Souza, 2013).

Ou seria o caminho paulista o da sociedade liberal e democrática? Os discursos da paulistanidade idealizam um passado democrático, elite e povo irmanados teriam criado um regime de *self government* em São Paulo. A igualdade econômica, na pobreza, teria gerado a igualdade social. São Paulo não participou do Pacto Colonial porque não era exportador e, por isso, foi muito influenciado pelo *modus vivendi* indígena. Os náufragos, desterrados, rebeldes, aventureiros que chegavam, em contato com o indígena, teriam vivido ali uma vida livre e proveitosa. A bandeira era acessível a todos, havia um comando seguro e a solidariedade dos que obedeciam. Por ser pobre, a sociedade paulista era democrática. Contudo, a mitologia bandeirante é ambígua e permite uma interpretação oposta. Para os críticos da paulistanidade, os bandeirantes eram "conquistadores" e genocidas, a bandeira era aristocrática, hierarquizada, sob comando branco. O isolamento gerou um paulista bronco, duro e cruel. O bandeirismo paulista talvez represente, como afirmou Handelman (apud Souza, 2013) em sua *História do Brasil*, "a maior mancha negra da história brasileira". Os mais céticos em relação à hegemonia paulista sustentam que quem representaria o projeto paulista para o Brasil seria Domingos Jorge Velho, o devastador de aldeias e destruidor de quilombos, um capitão do mato que imporia ao "outro Brasil" o fardo do trabalho duro e contínuo, com extração de mais-valia absoluta. Monteiro (1992) formula uma questão que angustia a elite paulista: "Seria o paulista *not tupi*, descendente de bárbaros e antropófagos tapuias?". O bandeirante foi um vilão ou herói? É difícil distinguir, pois um e outro têm as mesmas características: transgressão, força, coragem, impetuosidade, excesso de energia. Essas características podem gerar ações consideradas corajosas, audaciosas ou apenas criminosas, violentas, brutais, cruéis. Enfim, quem é o paulista? Para descobrir um pouco mais, vou acrescentar outro autor à lista dos intérpretes paulistas do Brasil: Fernando Henrique Cardoso, o ilustre sociólogo da USP dos anos 1960-70. Minha hipótese é que nenhum outro autor expressou de forma tão lúcida a identidade de São Paulo e seu projeto para o Brasil. Ao contrário dos intérpretes citados, Cardoso olha para o futuro, desenha o horizonte de expectativa paulista, elabora a identidade que São Paulo deseja ter (Monteiro, 1992; Souza, 2013).

A obra de Fernando Henrique Cardoso é neobandeirante?

Cardoso: "Minha cabeça é muito paulista, não sei quanto isso vale para o resto do país" (Toledo, 1998).

Fernando Henrique Cardoso — *Fernando Henrique*, para os amigos e aliados, *FHC* para a imprensa e o povo, e *Cardoso* aqui, para dar um tom mais acadêmico à minha análise, o que não quer dizer "neutro" — é, talvez, o brasileiro mais importante da segunda metade do século XX. É o brasileiro "mais importante" como acadêmico e como sujeito político porque, diante da sua obra acadêmica e política, nenhum brasileiro fica indiferente, apático, mudo. Seu nome pronunciado provoca emoções radicais, de apreço ou rejeição. A indiferença é impossível diante de suas teses sobre o Brasil e a América Latina, sobre a globalização, e diante de suas escolhas e decisões como presidente da República, de 1995 a 2002. Aqueles que o atacam com veemência, apenas reconhecem o alcance e a relevância de suas análises e propostas. E foi essa importância que me fez voltar à sua obra sociológica neste livro sobre as interpretações regionais do Brasil. Eu o escolhi como intérprete paulista do Brasil, como o formulador mais lúcido e efetivo daquilo que São Paulo quer ser, trazendo consigo, em seu caminho, o resto do país. Não conheço nenhum outro intérprete do Brasil, na atualidade, que expresse com tanta clareza e que tenha tentado com tanta profundidade construir e implementar o ponto de vista paulista, que denominei "tempo bandeirante". O tempo bandeirante foi definido anteriormente como audacioso, empreendedor, agressivo, invasor, expansionista, uma continuidade para dentro da "ação descobridora" dos portugueses, uma conquista dos sertões, do "Brasil profundo". Vimos que esse "tempo bandeirante" é ambíguo e pode gerar dois tipos sociais opostos: o herói e o vilão, o civilizador e o exterminador, o libertador e o escravizador, o empreendedor e o destruidor do meio ambiente. Talvez as reações apaixonadas diante das teses e ações de Cardoso tenham relação com essa ambiguidade do "tempo bandeirante".

Cardoso, embora nascido no Rio de Janeiro, como Taunay, que era catarinense, incorporou o espírito conquistador do bandeirante paulista a ponto de tornar-se modelo. Suas trajetórias acadêmica e política são impressionantes, pela rapidez e pela altura que atingiram. Como sociólogo e cientista político, foi realmente, nas décadas de 1950-60, o "príncipe" da Faculdade de Filosofia, Letras e Ciências

Humanas da Universidade de São Paulo. Ele fez toda a carreira universitária, de aluno de graduação a catedrático, como um corredor dos 100 metros rasos. Como político, galgou os degraus como um experiente escalador, chegou rapidamente ao topo do Estado sem suar nem se cansar. Na universidade e na política, sua habilidade foi ingressar nas melhores bandeiras, dirigidas pelos melhores líderes, e uma vez dentro, foi se distinguindo e ganhando a liderança com o apoio dos próprios líderes. Cardoso é uma personalidade magnética, bandeirante, ele tende a uma atividade intensa, mas efêmera; logo que atinge o topo, esgota-se, e tem de ir embora ou se retira voluntariamente. Na universidade, atingido o topo, foi cassado em 1968, pelo AI-5 da ditadura, mas prosseguiu como diretor de um centro de pesquisas, o Cebrap, onde até ampliou seu prestígio como sociólogo-cientista político; era citado pelo nome completo, "Fernando Henrique Cardoso", redondo, pomposo, sinal de imenso prestígio. Mas, após 1978, mudou de lavra, engajou-se na política, e, quem diria!, tornou-se um estranho para a universidade, uma *persona non grata* no ambiente acadêmico, que se sentiu traído por sua política educacional. Todos se precipitaram para pedir a aposentadoria, temendo que seus direitos fossem "cassados" pelo novo presidente eleito. As universidades federais se esvaziaram de seus maiores talentos, parecia um "AI-5 branco". Na política, atingido o topo, despertou tantas paixões radicais que preferiu afastar-se, tornou-se um "espectador engajado", uma eminência parda, um presidente honorário de seu partido, o PSDB (Garcia Jr., 2004; Lehman, 1986; Castro, 2010).

Minha hipótese é que Cardoso representou o retorno de São Paulo ao poder, após uma trajetória turbulenta na República. Desde 1889, os paulistas reivindicavam a hegemonia nacional, que obtiveram, dificilmente, na Primeira República, com o apoio de Minas Gerais. Mas, nos anos 1930, o liberalismo de São Paulo foi derrotado pela aliança dos outros estados, liderados por Minas Gerais e Rio Grande do Sul. De 1930 em diante, embora em vertiginoso crescimento econômico, São Paulo esteve à margem do poder nacional. Foi somente em 1994 que a vitória de Cardoso levou São Paulo à liderança nacional, superando as derrotas de 1930 e 1932, e recolocando e atualizando a palavra de ordem liberal paulista anterior a 1930: redução do peso do Estado, diminuição de regulações formais em favor de uma movimentação mais autônoma dos agentes sociais e econômicos, enfim, a destruição das instituições varguistas. Cardoso anunciou uma nova articulação entre a sociedade e o Estado e uma nova inserção internacional do país. O projeto paulista para o Brasil é republicano, federativo, descentralizador, liberal, modernizador, ocidentalizante. O paulista é um bandeirante-capitalista, enquanto os outros estados ainda precisam e contam com a União e temem a competitividade paulista. O governo Cardoso se propôs essa tarefa: levar ao Brasil o modelo de estruturação social e econômica desenvolvido em São Paulo; sua proposta foi a "sampaulização do Brasil". Na era Vargas, a burguesia paulista aceitou uma posição secundária em troca da proteção à indústria, pois tinha um pé no atraso e outro no moderno, o que não impediu o desenvolvimento do estado. São Paulo tornou-se o epicentro da modernização vinda de baixo, realizada por novos personagens emergentes, que alteraram a vida nacional: a classe operária, a burguesia industrial e os intelectuais paulistas, entre eles, e o mais importante, Fernando Henrique Cardoso (Barboza Filho, 1995; Amaral, 1995).

Para Rubem Barboza Filho, em *Os paulistas no poder* (1995), durante a era Vargas o grande beneficiário do deslocamento de São Paulo pela aliança entre mineiros e gaúchos foi o Rio de Janeiro, que, marginalizado na Primeira República, voltou a ser o centro do poder e da cultura. Oliveira Vianna substituiu o visconde do Uruguai na legitimação da centralização e do branqueamento da população. O Rio sempre representou o caminho centralizador, modernizador-conservador, e os intelectuais cariocas sempre refletiram sobre a nação como um todo, tinham uma vocação pública. Para os cariocas, o Estado é o protagonista da história brasileira, os desafios econômico-sociais devem ser enfrentados pela esfera política, que é central. Mas os intelectuais cariocas, sobretudo nos anos 1930, não eram exclusivamente cariocas. Era para o Rio que se dirigiam intelectuais mineiros, nordestinos, gaúchos; o Rio era o ponto de encontro da intelectualidade nacional, todos em busca de um emprego no Estado. Para Barboza Filho (1995), o percurso da intelectualidade paulista é diferente, seu ambiente é a periferia do Estado e a administração de uma sociedade recortada por problemas e dilemas do mundo econômico moderno. Seu discurso não é o da burocracia pública ou da militância política apaixonada, mas o de uma universidade marcada pela exigência de racionalidade, precisão e disciplina, comuns às sociedades industriais. O horizonte de reflexão dos intelectuais paulistas é a própria sociedade paulista e sua experiência concreta de organização. Seu cosmopolitismo é diferente daquele dos cariocas, fruto do enraizamento de valores que podem ser encontrados nas sociedades mais desenvolvidas e já presentes em São Paulo. O pensamento paulista aproxima São Paulo do Ocidente, é "antropofágico" em relação ao mundo ocidental. O projeto paulista é o de reformar o país aprofundando sua ocidentalização, caminho que só um Washington Luís redivivo (vingativo?), poderia propor ao país (Barboza Filho, 1995; Amaral, 1995).

Segundo Barboza Filho (1995), o mundo acadêmico de São Paulo gerou um modo paulista de ver o Brasil, que a burguesia paulista não conseguia formular. Para Sérgio Buarque de Holanda, outro grande intérprete do Brasil do ponto de vista de São Paulo, a universalização do mundo industrial e urbano seria a solução para o atraso econômico e o autoritarismo. Holanda (1936) depositava nas cidades e na indústria, no que chamava de "americanismo" contra o nosso iberismo, a esperança de redenção do país. Os intelectuais paulistas, cientes da modernidade de São Paulo, procuram oferecer seu mundo como referência para o país. A sociologia paulista explica o "outro Brasil" por meio da teoria do "populismo". O "outro Brasil" é o atraso, o tradicional, o iberismo. A democracia que propõem os intelectuais paulistas, presentes na imprensa nacionalizada, é a ruptura com o organicismo e a centralidade do Estado. Esses intelectuais propõem que a sociedade brasileira se torne uma sociedade aberta, edificada sobre contratos entre agentes sociais livres de tutela e capazes de criar uma ordem social autojustificada e autorregulada, dispensando o Estado. É uma aproximação do modelo americano por meio da desconstitucionalização e da desregulamentação da vida econômico-social. "Desconstitucionalizar" é desestatizar o jogo dos interesses concretos estimulando processos autônomos de contrato, sobretudo no mundo do trabalho. Desse ambiente intelectual surgiram o PT e o PSDB, dois partidos que se uniram contra a era Vargas e, apesar de se oporem, têm mais em comum do que querem reconhecer. O discurso dos paulistas evidencia a crença de que eles têm uma missão reformista da vida nacional, o que os torna arrogantes aos olhos do resto do país, que não entende seu discurso estranho à nossa tradição estatista. Os mapas das eleições presidenciais de 2010 e 2014, quase idênticos, deixam clara a diferença entre o "mundo paulista", que inclui o Sul e o Centro-Oeste, e o "outro Brasil", liderado pelo petismo, que inclui o Norte, o Nordeste e ainda Minas Gerais e o Rio de Janeiro. Resta saber se o espírito bandeirante aprendeu a "arte da política" ou ainda se mantém invasor, conquistador, descobridor, usando a bala e a pólvora contra os descontentes e resistentes ao *way of life* paulista. Hoje, a "bala e a pólvora" são as campanhas na imprensa contra o "Brasil nordestino". Mas a questão é: o que os paulistas teriam a dizer e a oferecer a esse "outro Brasil", que, aliás, não é só nordestino, incluindo Minas e Rio de Janeiro? (Barboza Filho, 1995).

Daremos ênfase ao lado heroico, civilizador, empreendedor, do bandeirante Cardoso, que é um "bandeirante moderno", que conquista pelo diálogo, procurando (con)vencer pela obtenção da adesão do outro, explicando, justificando, abraçando-acuando, mediante argumentos. Sua estratégia militar de conquista, que é ingressar nas melhores bandeiras e hipnotizar os melhores líderes para ascender, é o que ele propõe que o Brasil e a América Latina façam, que o imitem. Como praticante de um "realismo sociológico", ele procura analisar o que está acontecendo, reconhecer os grupos que estão vencendo, extrair do próprio jogo suas regras e jogar o jogo com o objetivo de vencer, apropriando-se do controle e comando das regras. Sua forma de luta não tem um espírito anti/contra; pelo contrário, aceita a realidade, porque "é a realidade, não é invenção", e sua ação visa vencer por dentro, sem enfrentamentos dramáticos, estruturais, fazendo-se reconhecer pelos outros jogadores como um bom jogador-interlocutor, confiável, para produzir mudanças pontuais, por "curto-circuito", que não mudam tudo, mas mudam muito. Com essa estratégia, ele "conquista", no sentido amistoso, os possíveis adversários, que se tornam seus aliados, "amigos", e o catapultam para posições de comando, em que ele imagina que poderá fazer mudanças substantivas. Pôde fazê-las? Seus "aliados", que são muito mais fortes e instrumentalizam seu magnetismo para evitar riscos e desgastes, permitiram mudanças significativas? Será que eu mesmo, ao retornar à sua obra, ao lhe dar ouvidos, não estarei sendo vítima dos seus poderes magnéticos hipnóticos? Talvez (Weffort, 1995; Rodrigues, 2009; Leoni, 1997).

Cardoso, o bandeirante: as conquistas da USP e do Estado brasileiro

Fernando Henrique Cardoso nasceu no Rio de Janeiro, em 1931, e mudou-se para São Paulo ainda criança, onde teve toda a sua formação pessoal e acadêmica. Mas tornou-se crítico de sua formação acadêmica na Universidade de São Paulo. Segundo ele, nos anos 1950, a sociologia da USP, liderada por Florestan Fernandes, era pouco ligada aos problemas políticos do país. Florestan cuidava de problemas teóricos, do povo, do cotidiano, folclore, índios, com uma linguagem acadêmica, menos apaixonada, com descrições menos valorativas dos processos, o que tornava o curso de sociologia decepcionante. Cardoso, em entrevista a Afrânio Garcia Jr. (2004), afirma ter entrado lá porque queria mudar o mundo com o socialismo, que não sabia o que era, "mas encontrou índios, metodologia, um curso esquizofrênico, cortado do mundo. Durkheim era chato. Florestan não estava interessado no dia a dia da política brasileira". Marx entrou na universidade com sua geração, não com a de Florestan. O grupo de Cardoso, o famoso "Grupo do Capital", o estudou não na universidade, mas em casa: ele, Fernando Novais, Paul Singer, José Artur Giannoti, Ruth Cardoso, Otávio Ianni, Roberto Schwarz, Michael Löwy e outros. Foi com sua geração, que produziu uma ciência social de alto nível, que o marxismo tornou-se a teoria de referência da USP. Cardoso é bastante crítico da formação que teve na USP e das orientações de Florestan, o que era previsível: os alunos e orientandos são sempre parricidas, mesmo quando elogiosos e gentis. O cidadão Florestan Fernandes foi também crítico do presidente Cardoso, mas, quanto ao professor/orientador, provavelmente abraçaria o aluno/orientando e desejar-lhe-ia ainda mais sucesso. As principais obras do sociólogo Fernando Henrique Cardoso são: *Cor e mobilidade social em Florianópolis* (1955); *Capitalismo e escravidão no Brasil meridional: o negro na sociedade escravista do Rio Grande do Sul* (1962); *Empresário industrial e desenvolvimento econômico* (1964); *Dependência & desenvolvimento na América Latina* (1970); *O modelo político brasileiro* (1972); *Autoritarismo e democratização* (1975); além de numerosos artigos nos *Cadernos/Estudos Cebrap* (Garcia Jr., 2004).

Vou explorar algumas teses e conceitos de Cardoso, com o objetivo de desenhar seu perfil intelectual e político. Para mim, o traço mais marcante de seu perfil é que, desde as primeiras obras, ele se opôs ao ponto de vista das esquerdas lideradas pelo PCB, que era muito forte nas décadas de 1960-70. Desde *Empresário industrial e desenvolvimento econômico*, sua tese de livre-docência, defendida em 1963 e publicada em 1964, à beira do golpe, seu objeto de pesquisa era a classe empresarial brasileira, seu papel no desenvolvimento e na política do país. Por isso escolhi esse livro para fazer uma "leitura" do pensamento paulista de Cardoso, para mostrar sua interpretação paulista do Brasil ainda na fase de "mina", de "olho--d'água", que deu origem a uma caudalosa corrente de ideias e ações. Esse livro é a "nascente" do seu pensamento/ação que teve tanta importância e repercussão. O período era dominado pelas teorias da Internacional Comunista sobre o papel da burguesia nacional no processo de desenvolvimento. Sob a influência estalinista, as esquerdas acreditavam que facções das classes empresariais poderiam adotar posições nacionalistas e aliar-se aos trabalhadores sob a liderança do PCB. O momento era de plena ebulição janguista, a Guerra Fria "esquentava" o continente americano com as repercussões da Revolução Cubana. A originalidade de Cardoso é que desde essa obra ele já era um "crítico elegante" das esquerdas. Esse livro entrava no intenso debate político da época dentro da esquerda universitária, mas com posições muito heterodoxas, distantes da orientação comunista. A análise de Cardoso (1964) é heterodoxa: "Não encontrei a 'burguesia nacional' em minhas pesquisas, ela conspirava contra Jango". Ele já mostrava a que veio, um intérprete do Brasil original, corajoso, capaz de desafiar um pensamento de esquerda único, autoritário. O pensamento de esquerda era do PCB e do Iseb; ambos defendiam uma revolução nacionalista. Junto com Caio Prado, foi o primeiro intelectual a contestar as teses do PCB: "O que Lênin defendia para a Rússia não valia para o Brasil" (Toledo, 1998; Leoni, 1997).

Para mim, sua tese é realmente de "livre" docência, porque Cardoso não temeu ficar isolado, buscou a independência intelectual, pensando fora dos esquemas da esquerda, o que não era fácil. Ele passou a se interessar pelo papel da burguesia brasileira no desenvolvimento nacional, interessou-se pela formação da sociedade de classes no Brasil, pela estrutura da empresa industrial em São Paulo, pela mentalidade de empresários brasileiros, enquanto os outros sociólogos trabalhavam com o movimento operário e pensavam a revolução brasileira. Seu ponto de vista sobre o desenvolvimento econômico era diferente, expressava o ponto de vista de uma burguesia desvinculada das esperanças revolucionárias das esquerdas, e que jamais aceitariam ser lideradas pelo PCB! Não havia "burguesia nacional". Quando publicou sua tese, as Forças Armadas derrubavam o governo João Goulart, e, embora não tivesse militância política (era amigo do Darcy Ribeiro, só), Cardoso preferiu exilar-se no Chile. Ele afirma que "o tema da democracia lhe foi imposto na carne pelo golpe de 1964 e o exílio. O exílio foi muito violento, incompreensível. Ser arrancado do seu país é muito forte, violento". Mas, se ele fosse preso, seu melhor atestado de "inocência", além de ser filho e neto de generais, seria o seu novo livro *Empresário brasileiro e o desenvolvimento econômico*, pois os militares veriam que ele não tinha nada a ver nem com Jango nem com o PCB, e talvez fosse não um aliado político, mas um possível interlocutor econômico. Mas Cardoso fez bem em exilar-se no Chile. Primeiro, porque até explicar e os militares entenderem, um duro caminho teria de ser percorrido. Depois, porque, no Chile, ele desabrochou para a América Latina e o mundo, e para o próprio Brasil, como um grande intelectual. No Chile, ele se internacionalizou, tornou-se um sociólogo vinculado à ONU, lecionou sociologia do desenvolvimento na Universidade do Chile. Escreveu, em parceria com o chileno Enzo Faletto, o livro que o consagrou na América Latina e no mundo, *Dependência & desenvolvimento na América Latina* (1970), que apenas desenvolveu sua ideia original exposta em *Empresário nacional e desenvolvimento econômico*. O ensaio colocava no centro do debate sociológico e ideológico o tema das vias e possibilidades concretas de desenvolvimento latino-americano (Rodrigues, 2009; Garcia, 2004).

Com esse livro, o bandeirante Cardoso subiu os Andes e conquistou a América Latina. Ele e Falleto estiveram na moda, foram traduzidos em dezenas de idiomas, o tema da dependência ganhou espaço nos discursos acadêmicos e políticos. O livro *Dependência & desenvolvimento* é um dos mais citados no campo dos estudos sobre a América Latina. Tratava-se de um ensaio cuja mensagem, segundo Touraine (1997), era: "Os países da América Latina não foram vítimas passivas das forças globais e sim participantes ativos, cujas escolhas de estratégias de desenvolvimento foram cruciais para seu sucesso ou fracasso. O desenvolvimento é possível dentro da estrutura que hoje chamamos de globalização". A "teoria da dependência" foi bem acolhida como um produto intelectual maduro latino-americano, uma surpreendente teoria das ciências sociais vinda do Terceiro Mundo. A "elegância" de Cardoso estava em não atacar os intelectuais da esquerda; dava valor às suas obras, embora discordasse. Em 1967, ele aceitou o convite de Alain Touraine e passou um ano lecionando na Universidade de Nanterre. Em 1968, voltou ao Brasil, reencontrou a Faculdade de Filosofia, Letras e Ciências Humanas, venceu a disputa com Paula Beiguelman para titular da cátedra de política, uma disputa que dividiu os professores da FFLCH. Ele venceu a disputa, mas não ficou com a vaga, porque tanto ele quanto Beiguelman foram cassados pelo AI-5. Afastado da universidade, o que era um "prêmio", um troféu de "herói combatente da ditadura", Cardoso, no auge do seu prestígio acadêmico, continuou a publicar livros importantes, que as universidades federais brasileiras aguardavam com ansiedade e discutiam como se fossem a verdade em si e para si da triste realidade brasileira e latino-americana. Dessa vez, Cardoso preferiu ficar no Brasil e criou, com o seu grupo, o Centro Brasileiro de Pesquisa (Cebrap), com o apoio da Fundação Ford. Fora da universidade, o centro de pesquisas passou a fazer história e ciência política brasileira, pesquisas concretas sobre os problemas da ditadura e da democracia no Brasil. O Cebrap publicava os *Cadernos Cebrap*, que os alunos das ciências sociais do Brasil inteiro estudavam com devoção, como se nesses textos pudessem decifrar a verdade do Brasil. Cardoso e seu grupo criaram uma linguagem própria, um "sociologuês", uma linguagem rebuscada, que os professores e alunos se esforçavam para praticar e imitar, e os que conseguiam fazê-lo eram reconhecidos como cientistas sociais "sofisticados", capazes de fazer uma verdadeira "análise científica" da sociedade (Touraine, 1997; Garcia Jr., 2004; Goertzel, 2010; Rodrigues, 2009).

Em 1972, publicou *O modelo político brasileiro*, que focaliza o "caso brasileiro", e sua diferença com as interpretações da esquerda se aprofundaram. Em 1975, publicou *Autoritarismo e democratização*, onde prossegue sua análise do modelo político brasileiro, formulando os conceitos centrais de sua teoria política do regime autoritário brasileiro, que despertou ira nas esquerdas. Ele analisou as características do autoritarismo militar brasileiro, o tipo de desenvolvimento que as Forças Armadas patrocinavam e as opções para a oposição ao regime. Ele definiu o sistema político como um tipo de "autoritarismo militar burocrático", que se articularia com o modelo de desenvolvimento dependente-associado, para o qual se orientariam as frações dominantes do empresariado brasileiro. Não via chances de êxito nas propostas dos setores nacionalistas e populistas, uma frente de setores da burguesia nacional progressista, classes médias assalariadas, intelectualidade de esquerda e classe operária. Excluía também saídas do tipo guerrilheiro. Para ele, a única alternativa viável era a luta pela abertura democrática sob o capitalismo dependente. Os temas tratados no livro são "o desenvolvimento capitalista, mas dependente; dependente, mas associado; baseado no dinamismo da empresa, mas estatal; de uma tendência ascensional, mas beirando o ciclo descendente". Para ele, o que interessava saber eram os "conteúdos do autoritarismo" e "os estilos de acumulação", para determinar a natureza dos conflitos que davam contorno à economia e à sociedade. Segundo Cardoso (1975), a pergunta a ser feita era: "Quem tira quanto, de quantos e de que maneira? Quando respondemos a essa questão, sabemos como se dá a acumulação. Mas é um enigma difícil de ser resolvido, as respostas possíveis são várias. Uns são apologetas do capitalismo, outros são catastróficos". Cardoso não queria fazer uma análise nem apologética nem catastrofista; seu "esforço realista" era o de fazer uma "análise científica" da realidade brasileira.

Sua "análise científica" buscava conhecer as forças sociais subjacentes ao estilo de desenvolvimento dependente-associado. Seus conceitos eram os de "desenvolvimento dependente-associado", "burguesia de Estado", "regime autoritário", "democratização substantiva". Por "desenvolvimento", ele "ressaltava que existia acumulação e expansão na economia capitalista real. O catastrofismo insistia no crescimento da miséria, mas era ingenuidade. Havia no Brasil um processo de expansão capitalista, o que não significava uma melhoria geral e igualitária do nível de vida" (Cardoso, 1975). Por "dependente-associado", queria dizer que não se pode pensar o ciclo da acumulação como um sistema fechado no mercado nacional. O qualificativo "associado", que, para seus críticos, edulcorava a "dependência", indicava que existia espaço para que as economias locais e estatais também se expandissem. O setor de bens de produção e o setor financeiro se abriam para o exterior. O conceito de "burguesia de Estado" lhe parecia o mais discutível, porque dirão que existe contradição formal entre burguesia (apropriação privada) e Estado (controle público). Mas o controle das estatais não era público e a acumulação que realizavam se fazia por critérios de mercado — o lucro da empresa e não o interesse da nação/povo. Cardoso definia o regime militar como "autoritário", mas não como "fascista". Para ele, o fascismo corresponde a uma época determinada em que a dominação burguesa reforçava o papel do Estado, que mobilizava massas, se sustentava por partido único e buscava mercados externos. Havia líderes ativistas radicais de classe média, era uma ideologia expansionista e nacional popular. Nossa situação era singular: era um regime autoritário, desmobilizador, tecnoburocrático. Para ele, "no regime fascista, havia denúncias do vizinho, do colega de trabalho, a oposição era impossível, o Estado regulamentava a escola, o trabalho, a Igreja, o lazer" (Cardoso, 1975). O autoritarismo brasileiro não funcionava assim, havia opositores na imprensa, universidade, sindicatos, igrejas. Não era totalitarismo, porque não era unipartidário. Era um autoritarismo de cúpula, elitista; as lutas pelo poder se davam nas camadas dominantes. Havia a "possibilidade de oposição". Cardoso sugeria que o sistema político fosse focalizado em termos de "anéis de poder". Esses anéis, interligando setores da sociedade e do Estado, conteriam duas estruturas fundamentais: a grande burocracia pública, Forças Armadas incluídas, e a grande empresa privada, que estaria inserida num contexto supranacional. Passou a se preocupar com as vias legais para o retorno à democracia, que teve seu interesse aumentado em 1974, quando o MDB, presidido por Ulisses Guimarães, obteve estrondosa vitória nas eleições (Cardoso, 1975; Leoni, 1997).

Cardoso foi duramente atacado pela esquerda por ser tão brando com a ditadura. Segundo ele, o regime autoritário contribuiu para a modernização da economia, criou uma classe média forte e ampliou a classe operária. Para ele, o país não estava estagnado; o golpe de 1964 tinha facilitado a evolução capitalista e produzido efeitos transformadores na estrutura social brasileira. Essa sua avaliação branda da ditadura foi considerada um apoio aos militares e Cardoso acusado de "desvio ideológico para a direita". Mas o que ele desejava era mudar o Brasil por dentro, transformando as estruturas existentes, pela via parlamentar. Entrou para o MDB, o único partido de oposição. Ele criticava o nacional-estatismo da esquerda em nome da democracia, pois era concentrador de poder econômico e político. Para ele, o pensamento de esquerda era mais estatal, desenvolvimentista, do que democrático. O Estado era o senhor absoluto. Para mim, talvez o conceito que melhor sustente as análises de Cardoso seja o de "mudança por curto-circuito": "Qualquer perturbação em qualquer nível da estrutura pode levar a mudanças significativas, sem que haja forças socialmente organizadas ou respondam a tensões econômicas estruturais: Maio de 68, o sindicato Solidariedade polonês, o Diretas Já, o Plano Real. A mudança pode vir de forma não planejada, inesperadamente" (Cardoso apud Leoni, 1997; Sorj e Fausto, 2010).

Enfim, o neobandeirante Cardoso conquistou a USP, as universidades brasileiras e latino-americanas e ocidentais. Pode-se definir sua obra como criadora de um "paradigma" sociológico? Pode-se afirmar que ele é um criador de teoria social, uma referência maior do pensamento social brasileiro e latino-americano? Seria marxista?! Se não é marxista, teve forte inspiração em Marx, foi um leitor competente d'*O capital*. Marx não defende a revolução social n'*O capital*; apenas analisa de forma "realista" o modo de produção capitalista. Em sua tese de doutorado, *Capitalismo e escravidão no Brasil meridional*, Cardoso expõe com clareza seu método sociológico, o "método dialético". Afirma usar o método de Marx d'*O capital*. Ele explica: "A análise dialética não se confunde com a crítica da sociedade a partir de valores previamente assumidos nem se reduz a uma técnica de desmascaramento ideológico. A interpretação dialética procura determinar em uma totalidade os processos sociais reais, o objetivo é reproduzir o real concreto. O conceito aparece como resultado de um processo de conhecimento complexo. O ponto de partida imediato, o real, transfigura-se na análise dialética numa série de mediações pelas quais as determinações imediatas e simples (parciais, abstratas) alcançam inteligibilidade ao circunscrever-se em constelações globais (concretas). Para Marx, o concreto é a síntese de muitas determinações, a unidade do diverso. A interpretação totalizadora na dialética é capaz de reter as contradições do real e de desvendar as relações essenciais que aparecem, de imediato, mistificadas. A interpretação dialética opera com relações que se manifestam em dois planos. Existem motivos, fins e condições sociais que os agentes sociais se representam. Porém a explicação científica deve passar da análise desse plano para a descoberta de conexões do processo social empírico. As relações essenciais não estão no nível da consciência social ou aparecem deformadas. Na construção das totalidades sociais é necessário elucidar as conexões recíprocas que os mantêm como uma unidade entre polos opostos, diversos, mas integrados" (Cardoso, 1977). Este é seu processo cognitivo das realidades brasileira, latino-americana e da globalização: a apreensão da realidade social como uma totalidade concreta em todas as suas contradições e mediações.

Ruth Cardoso, em relação ao "Grupo do Capital", afirmou que "é preciso desmistificar isso. O nosso seminário era simples, um pequeno grupo de estudos, para as nossas teses de doutorado. Era aos sábados, fora da universidade. Era tudo teórico, acadêmico, era um grupo de amigos, ninguém ia fazer a revolução" (Sorj e Fausto, 2010). Contudo, foi um grupo importante porque repercutiu fortemente na produção acadêmica e, politicamente, superou o esquematismo do PCB com uma leitura heterodoxa de Marx, no original, e não em cartilhas da URSS. O sociólogo Cardoso inspirou-se muito em Marx quando analisava a realidade brasileira e latino-americana, mas não fazia uma "leitura revolucionária" de Marx. Ele fez uma síntese de Weber, dos "fins pretendidos pelos sujeitos da ação social", e Marx, "a estrutura econômico-social-ideológica impõe constrições, direção e limites a essas ações subjetivamente pretendidas". Cardoso admite que teve influência de Marx e da dialética, mas "nunca me identifiquei com a filosofia da história marxista. A parte mais débil do marxismo é a política. Não compreende o jogo do poder e idealiza o proletariado como sujeito social privilegiado. Nunca acreditei em uma marcha inexorável para um *telos*. Sempre fui menos religioso, menos determinista, mais probabilista, com uma visão menos encadeada da história. A história sempre surpreende. Quando você espera o inevitável, acontece o inesperado. Não há nem o inevitável nem o predestinado na história" (Cardoso, 1977; Sorj e Fausto, 2010). Para ele, "a história é uma 'invenção dos homens', mas em condições determinadas" (Cardoso, 1977; Sorj e Fausto, 2010).

Em 1994, o neobandeirante Cardoso conquistou o Estado brasileiro, eleito presidente da República pelo PSDB. Pode um cientista tornar-se político? Não são duas vocações diferentes e inconciliáveis? Para Weber, são duas esferas diferentes. Mas Cardoso conseguiu passar de sociólogo a político usando a própria sociologia como argumento. Para Lafer (2010), ele era reconhecido como o perito capaz de discutir a mundialização dos mercados e combater a miséria. O sociólogo Cardoso conhece como poucos o processo capitalista de globalização, a ocidentalização do planeta, que, no Brasil, foi o primeiro a descrever. Do ponto de vista de Lafer, a trajetória de Cardoso é um caso singularíssimo na história do Brasil: o de um intelectual de forte reconhecimento na universidade que se tornou o político mais influente, de 1995 a 2002. Lafer sustenta que a crítica do poder foi a função principal do intelectual na modernidade, o exercício intelectual da liberdade visava denunciar os abusos de poder. Os intelectuais preferem ser independentes da política, autônomos, para expressar seu inconformismo radical baseado em valores universais. Cardoso conseguiu superar essa incompatibilidade do intelectual com o poder. Ele começou sua carreira política a partir de 1978, e também foi longe, alto e rápido. Tomou uma direção diferente dos seus colegas da USP, não foi fundador do PT, afastou-se dos sindicatos e da universidade, assumindo uma posição de centro-direita. Em 1986, foi eleito senador; em 1992-93, ministro da Fazenda de Itamar Franco; em 1994-98, presidente eleito e, depois, reeleito. A produção intelectual tomou outra direção: *Entrevista a Roberto Pompeu de Toledo* (1998); *A arte da política: a história que vivi* (2006); *The acidental president of Brazil: a memoir* (2006), que foi editado apenas nos EUA; *Cartas a um jovem político* (2006). Embora já distante da fase sociológica, Cardoso se definia ainda como basicamente um intelectual, e a política, como uma atividade transitória. Ele afirmava sentir-se mais professor e intelectual do que político, na acepção habitual de "político": Getúlio Vargas, JK, Tancredo Neves (Lafer, 2010; Toledo, 1998; Lehman, 1986; Rodrigues, 2009).

A ação política do presidente apoiou-se muito em sua produção sociológica, levando em direção à inserção internacional do Brasil, às possibilidades de mudança na globalização, às relações entre o externo e o interno, à interligação dos mercados. Para Cardoso, o isolamento nacionalista é uma ameaça; "é preciso internacionalizar para não ser internacionalizado. Não podemos ser vítimas da globalização, precisamos ter uma política para a globalização. O Brasil precisa assegurar um lugar na mesa de negociações, os países fortes não podem impor a sua ordem". Segundo Lafer, Cardoso tentou assegurar uma credibilidade internacional: estabilidade da moeda, responsabilidade fiscal, redes de proteção social, direitos humanos e preservação do meio ambiente. E sempre explicando a todos sua ação, uma razão temperada pela paciência. Cardoso sustenta que seu governo nunca foi "neoliberal": "Somos neossocialistas, neossociais". Ele nega que conhecesse o Consenso de Washington antes de estar na presidência, afirma que o neoliberalismo é alheio ao seu horizonte intelectual e político. Para Touraine (1997), "Cardoso venceu porque estava intelectualmente certo e porque soube convencer um meio político em recomposição, aberto. Ele venceu pela correção de suas análises e pela continuidade de suas posições. A sua eleição recompensou uma inteligência privilegiada e foi esta inteligência que fez do político um estadista. Ele fez a análise certa: era preciso abrir a economia brasileira e lutar contra a exclusão e a desigualdade social nessa economia aberta de mercado. O Plano Real libertou as camadas populares do peso da inflação". Mas, prossegue Touraine (1997) em sua defesa de Cardoso, "o Presidente é prisioneiro de um sistema político em que os Partidos são fracos e os grupos de interesse são fortes. O navio que ele comanda tem uma maquinaria insuficiente, de fraco rendimento. De que adianta ser um exímio piloto? No Brasil, é preciso fazer uma profunda reforma do Estado". Para concluir esse perfil intelectual-político de Cardoso: ele criticava a esquerda, mas se dizia de esquerda. Seria um homem de esquerda? Leoni o define como um moderado, isto é, alguém que tem uma sensibilidade de esquerda, uma direita da esquerda, uma esquerda que consegue se fazer ouvir e respeitar pela direita. Enfim, é um homem de diálogo e de "compromisso". Pode-se defini-lo como representante de uma esquerda "comprometida" com a direita? (Touraine, 1997; Leoni, 1997; Lafer, 2010; Rodrigues, 2009; Weffort, 1995).

A obra *Empresário industrial e desenvolvimento econômico* (1964)

O tipo ideal da "ação racional capitalista" nas sociedades desenvolvidas

Para Cardoso, em sua tese de livre-docência defendida na USP em 1963, o sistema capitalista havia mudado muito, na Europa e nos EUA. Segundo ele, Sombart, Weber, Schumpeter e Marx compreenderam bem o papel do empreendedor econômico no período clássico, mas, nos anos 1950-60, a teoria sociológica não oferecia análises conclusivas sobre a ação empresarial em dois momentos cruciais do desenvolvimento econômico ocidental: no "capitalismo monopolista" das áreas altamente desenvolvidas e no "capitalismo marginal" das regiões subdesenvolvidas. Os resultados dos estudos teóricos sobre a "nova sociedade de massas" e o papel dos dirigentes econômicos só podiam ser aceitos com reservas. À cisão entre propriedade e controle administrativo, à reorganização do mercado mundial, os autores atribuíam efeitos exagerados, falsos. Cardoso se refere aos sociólogos daquela época, Aron, Dahrendorf, Berle, Rostow, Drucker, Meyers, Dunlop, Kerr, que construíram teorias sobre a sociedade "neocapitalista" ou "pós-capitalista" ou "capitalismo da última fase", anunciando que a expectativa de morte do capitalismo como sistema baseado na apropriação dos meios de produção pela classe burguesa, não se realizaria e a substituíam por conjecturas sobre as novas "sociedades industriais". Cardoso fará uma análise própria do desenvolvimento capitalista desse período — sem desprezar as análises daqueles sociólogos que critica —, que surpreende por seu rigor, lucidez, argúcia e que, apesar de muitos dados e fatos novos, permanece ainda atual.

Para ele, na denominada "nova sociedade de massas", na "sociedade industrial de massas", os aspectos político-sociais ganharam preeminência; a estrutura de poder, na fábrica e na sociedade, organizava-se mais em função da "autoridade" do que da "propriedade". Os sujeitos da ação racional capitalista não eram mais o proprietário, mas o *manager, top executive, head of organization*, que eram a encarnação visível mais importante do controle da empresa. As elites gerenciais exerciam o controle, o mecanismo da autoridade era mais complexo do que no período do capitalismo concorrencial. A burocratização das empresas, a racionalização crescente da civilização industrial, redefiniu as técnicas de comando e controle das organizações econômicas. A função empresarial foi redefinida. Para Schumpeter, o empreendedor da época clássica queria ampliar sua propriedade privada, construir um reino privado, tinha vontade de conquistar, de criar. Para Schumpeter, "empreendedor" era aquele que tinha capacidade de inovação, privilégio de uma minoria especial. Era um tipo especial de pessoa, inovador, líder, capaz de submeter os outros a seus desígnios. Era um demiurgo, sua ação era a mola do desenvolvimento. O sistema capitalista não andava sozinho, era movido por homens concretos, que se determinavam por si próprios sem se deixarem dominar pela história. Ele era paixão, aspiração, esforço, propósito. Contudo, na época das grandes "sociedades anônimas", essa definição do empreendedor tornou-se insuficiente. O empreendedor não era mais um gênio criativo; enquadrava-se em relações sociais necessárias, em uma organização global da produção. Ele era uma "função empresarial", tornou-se um "homem de empresa". Não se limitava à inovação inicial, devia cuidar da continuidade da organização para garantir o êxito. O sucesso do empreendedor se ligava à continuidade efetiva de um novo produto ou de uma nova técnica produtiva, pois o objetivo era assegurar uma posição melhor no mercado. Mas, apesar dessa redefinição do empreendedor, na passagem da etapa inventiva à etapa da planificação o objetivo do sistema capitalista continuou o mesmo: a produção do lucro.

Para Cardoso, as esferas da sociedade não são separadas; o político, o econômico, o social estão conectados em uma estrutura multidimensional. A estrutura está sempre em mudança, o todo muda nas partes. A decisão depende mais da análise técnica, das chances de investimento, do que do talento de indivíduos. A empresa, não o empreendedor, tornou-se o sujeito do processo econômico. As "empresas gigantes" constituíam o capitalismo monopolístico, dirigidas pelo "homem de empresa", que também era um líder político, porque a economia era cada vez mais política: pressão na empresa, alianças nas assembleias de acionistas e entre grupos econômicos, pressões sobre o Estado, persuasão, jogo de influências. Nos EUA, o administrador não era mais aquele *self-made man*, o *boy* que ascendeu. Agora, os administradores eram urbanos, brancos, protestantes, filhos de classe média superior, tiveram educação formal superior, tiveram êxito em empreendimentos próprios, foram diretores ou advogados de sucesso. Mas, e esta parece ser a convicção primeira, a premissa maior de seu raciocínio, que o aproxima dos teóricos que critica, é "essas mudanças não levaram ao pós-capitalismo". O capitalismo não vai desaparecer por si mesmo, não irá se autossuprimir espontaneamente pelo desenvolvimento das forças produtivas. Na nova sociedade de massas e no capitalismo monopolístico, não houve socialização do capital, a propriedade não se dispersou em muitas mãos. Os proprietários limitavam as decisões dos gerentes, e a tendência à concentração da propriedade se mantinha, e mais forte. O objetivo da economia capitalista monopolista continuava o mesmo do da primeira fase: acumulação e lucro, apropriação privada dos meios de produção, exploração do trabalho, salário e renda. Continuava a dominação de classes. As práticas monopolistas não destroem o capitalismo, mas são adequadas a ele, e supor que a sociedade capitalista irá se negar tecnicamente, sem lutas políticas, é inaceitável. A ação dos empreendedores e a consciência que têm de seu papel não é uma "consciência do crepúsculo". Eles são o dia, a própria vida do sistema.

Apesar de usar uma linguagem marxista, Cardoso inicia o livro estabelecendo weberianamente os critérios de "ação racional" realizada pelos empreendedores nas sociedades do capitalismo desenvolvido: "Predomina uma lógica de 'administração científica', não é o próprio proprietário que administra diretamente, mas especialistas, técnicos, baseados em gráficos, tabelas, informações objetivas da conjuntura econômica, a decisão não é estritamente econômica, mas também política e social, as empresas são altamente burocratizadas e racionalizadas, sem qualquer excesso de funcionários e despesas, utilizam tecnologias as mais atualizadas na administração e produção, a ação é planejada, seus custos e consequências mensurados.

A análise técnica da conjuntura econômica-política-social procura descobrir as 'possibilidades objetivas', as chances de intervenção eficiente, para obtenção dos maiores lucros". No capitalismo monopolista, o empresário schumpeteriano não tinha mais lugar, pois decidia conduzido por critérios "irracionais". O novo "homem de empresa", limitado fortemente pelo capital financeiro, agia orientando-se por critérios estritamente racionais, sabendo que suas decisões não eram nem sobre nem *a posteriori*, mas a própria vida do sistema. Não podiam falhar e afiavam o mais finamente a navalha racional com que cortavam/destrinchavam a conjuntura econômica para retirar dela lucros fartos, para reinvestir ainda mais racionalmente, para obter lucros ainda mais abundantes. É essa a lógica do sistema capitalista: o objetivo é sempre o lucro, e este se obtém com a ação racional dos dirigentes, os novos administradores econômico-político-sociais.

Mas Cardoso apenas constrói esse modelo de ação racional capitalista para usá-lo como instrumento para conhecer seu desvio ou diferença, sua não realização plena nas sociedades subdesenvolvidas e, particularmente, no Brasil. Seu objetivo é pensar e oferecer alternativas ao "capitalismo marginal" das regiões subdesenvolvidas. Ele propõe uma pesquisa ampla, que faria o "inventário das diferenças" do desenvolvimento econômico, como Paul Veyne propõe que a história deva weberianamente proceder. Para ele, cada região do planeta e cada país se integrava ao capitalismo desenvolvido de forma particular, com uma racionalidade singular. A referência de todas elas era a ação plenamente racional das sociedades desenvolvidas, em que a história do empreendedor coincide com a história do capitalismo. Foi com sua ética e racionalidade que obtiveram o sucesso econômico, político e social. Sua forma de agir, o modo eficiente como articulam meios e fins, seus valores e virtudes laico-cristãos deviam ser a referência, o modelo dos agentes econômicos das sociedades subdesenvolvidas, mesmo que saibam que jamais a alcançarão, pois deverão criar/inventar seu próprio modo/caminho de integração ao mundo já criado/inventado pelos empreendedores das sociedades desenvolvidas. Cardoso não quer impor essa racionalidade-modelo às sociedades subdesenvolvidas; ela tem um valor heurístico e, através dela, quer reconstruir a temporalidade histórica singular, original, da sociedade brasileira em busca do desenvolvimento econômico.

Ele concebe o capitalismo internacional como um "todo coerente", e cada região/país oferece sua contribuição para seu funcionamento/sentido. Sua ideia fundamental é que houve mudanças na forma de realização do lucro e da gestão das empresas no capitalismo contemporâneo, mas elas não comprometeram a continuidade do modo capitalista de produção, que até se fortaleceu, afastando toda expectativa de extinção espontânea. A expectativa de mudanças na natureza do sistema era generalizada, sobretudo na América Latina e no Brasil, em particular, onde se tinha como horizonte de expectativa o "fim do capitalismo". Os teóricos latino-americanos esperavam que essas mudanças levassem ao paroxismo a contradição entre o capital e o trabalho e, consequentemente, ao fim espontâneo, ao esgotamento, por dentro, do sistema capitalista de produção. Contudo, para Cardoso — e também, segundo ele, para Marx —, esse capitalismo da época das "sociedades anônimas" continuava capitalismo; não houve superação do antagonismo entre o caráter da riqueza como riqueza social e como riqueza privada, que tomou apenas uma nova forma. Em sua convicção de que o capitalismo muda para se manter, que se transforma para se aperfeiçoar, Cardoso estaria mais próximo da defesa fukuyamiana do "fim da história". Em vez de se fragilizar e se socializar, o sistema se generaliza e se globaliza, incluindo em sua expansão as regiões mais recônditas do planeta e submetendo todos os povos que resistem à sua força e sobretudo à sua lógica. Hoje, em 2015, já conhecemos o futuro dessa argumentação de 1963-64: a URSS se desintegrou, Cuba não é mais o exemplo-medo, a China, que é ainda comunista, se revela seduzida pela riqueza gerada por essa forma de organização da produção social. Na agitação política de 1963-64, em plena FFLCH/USP, era difícil, e até perigoso, para um intelectual "de esquerda" sustentar essa interpretação do Brasil e da América Latina. Cardoso sustentou sua tese diante de Florestan Fernandes e Caio Prado Jr., as grandes referências do pensamento marxista brasileiro e, curiosamente, foi aprovado!

*"Desvio/diferença" do tipo ideal de ação racional capitalista
nas sociedades subdesenvolvidas*

Para Cardoso, nas economias subdesenvolvidas o problema posto aos empreendedores era como poderiam modificar sua situação de subdesenvolvimento. Eles poderiam agir com o mesmo padrão de racionalidade dos "administradores científicos" das sociedades desenvolvidas? A solução para o subdesenvolvimento seria a mera transplantação ou imitação das formas, técnicas, abordagens, comportamento dos agentes capitalistas das sociedades desenvolvidas? Para ele, os empreendedores das sociedades subdesenvolvidas não agiam nem como os das economias centrais na etapa atual nem como os da etapa anterior, do capitalismo concorrencial. O crescimento industrial na periferia realizava-se em uma época em que o mercado internacional era dominado pela ação dos monopólios e grandes companhias, a produção era dominada pela ciência e tecnologia e, por isso, os empreendedores das economias subdesenvolvidas exigiam uma definição própria, que era exatamente o objetivo da sua pesquisa empírica, feita por meio de questionários e entrevistas com empreendedores de cinco cidades brasileiras: São Paulo, Blumenau, Belo Horizonte, Salvador e Recife. Sua pesquisa visava determinar as características específicas do comportamento social, da mentalidade industrial existente no Brasil, do padrão de "racionalidade" de sua ação. Ele queria compreender o processo de formação da camada empresarial no Brasil e como se deu a industrialização brasileira. Para ele, o Brasil participava de um capitalismo internacional, que se alterou nos anos 1960 com a formação de blocos regionais e pela integração dos antigos países coloniais ao mercado. Já está aqui, em sua tese de livre-docência, em germe, a proposta que defenderá, com Enzo Faletto, em seu futuro livro *Dependência & desenvolvimento na América Latina* (1970), que tanto impacto teve.

Seu esforço será explicar o processo de formação da ordem industrial capitalista no Brasil, visto do ponto de vista da camada empresarial. Para ele, a ação empresarial era tanto resultado de uma estrutura determinada do mercado e da sociedade quanto criadora desse mercado e dessa sociedade. A ação empresarial era tanto estruturada quanto estruturante da sociedade e do mercado. Não houve transplantação mecanicista de soluções das sociedades pós-industrializadas. Os *managers* das grandes empresas internacionais, no Brasil, redefiniam seu comportamento para terem êxito, eram obrigados a usar técnicas irracionais. A perspectiva de Cardoso é "histórico-sociológica", vai discutir as condições (estrutura) e forças sociais (sujeitos) que impulsionaram o desenvolvimento industrial, antecipando a perspectiva da teoria da história mais recente, pós-1989, representada por Pierre Bourdieu e Roger Chartier. Ele formulou com muita clareza a problemática de sua pesquisa, que é de extrema fecundidade: quais as forças sociais do desenvolvimento econômico? Como se imprimiu continuidade a esse processo? Quais as características da camada empresarial brasileira? Como é sua mentalidade? Que imagem têm de si e como se representam? Quais as ideologias dos empresários, que alternativas de futuro orientam a sua ação?

Para Cardoso, a interpretação do desenvolvimento industrial capitalista de um país subdesenvolvido não podia ser abstrata, e ele se revelou um intérprete do Brasil original, pois se apropriava dos clássicos da sociologia, da economia, da ciência política, da história — Marx, Weber, Schumpeter e outros — para produzir uma síntese inovadora que permitia pensar a América Latina e o Brasil. O jovem Cardoso, ele tinha apenas 32 anos, já era um pensador autônomo, um criador de pontos de vista e perspectivas, um intelectual brasileiro raro, que não recitava apenas os clássicos europeus, mas partia deles para ir mais longe e para dentro.

Para ele, a fim de compreender o desenvolvimento econômico não se podem omitir as condições sociais e políticas, pois o desenvolvimento não é estritamente econômico, mas um processo político-social. A explicação de mudanças estruturais não pode ser feita com modelos abstratos de desenvolvimento nem pela transferência do esquema do capitalismo originário. No Brasil, o movimento social que gerou o desenvolvimento transcendeu o projeto de expansão da burguesia nacional, ainda em formação, que não foi a classe-mola do desenvolvimento. Houve dois momentos: primeiro, as pressões desenvolvimentistas surgiram fora do setor privado da economia como uma aspiração política de emancipação econômica; segundo, a burguesia industrial, associada a grupos estrangeiros, tentou dirigir o processo do desenvolvimento em benefício do setor privado. As condições peculiares da burguesia nacional, ligada ao capitalismo internacional e bloqueada pela estrutura de dominação tradicional local, tornou o processo de desenvolvimento pontilhado de estrangulamentos, e sua dominação política incompleta e contraditória. Cardoso quer evitar construir uma análise abstrata; insiste que pretende realizar uma "análise concreta" do desenvolvimento. Em vez de construir modelos de desenvolvimento, a "análise concreta" deve determinar as "estruturas histórico-sociais reais" que explicam o subdesenvolvimento e o desenvolvimento bem como a dinâmica de um tipo de estrutura a outra. A análise concreta aborda a estrutura e as estratégias de ação, que são estruturadas e estruturantes. Os movimentos sociais do desenvolvimento exprimem uma "situação objetiva" e imprimem a marca de seus interesses e propósitos. "Estrutura" e "estratégia" interpenetram-se. A análise concreta, científica, a análise histórico-sociológica, procura o nexo entre padrões estruturais e tipos de estratégia. A explicação da dinâmica social determina as "possibilidades estruturais", "objetivas", e os movimentos sociais com suas ideologias, motivações, estratégias, propósitos. A concretização de um tipo de desenvolvimento dependerá sempre da direção que os movimentos sociais assumirem. Socialismo ou capitalismo não são resultados necessários de uma situação dada; são construídos, são "invenção histórica" de movimentos sociais concretos.

Cardoso (1964) discute a possibilidade do rumo capitalista para o Brasil, que considera desejável, por lhe parecer o caminho mais "racional", já testado e bem-sucedido, mas não vê nenhuma inexorabilidade no processo histórico, que é decidido pelos sujeitos sociais em luta. As perguntas que orientam sua pesquisa são: "Como se deflagrou a industrialização no Brasil? Como se deu a transição da pré-indústria à indústria no caso brasileiro? Como se deu o desenvolvimento industrial no Brasil? Que tipo de sociedade industrial foi criada? Como, em uma sociedade subdesenvolvida, agrária, exportadora, poderiam surgir aspirações, motivos e tipos de ação capazes de dinamizar a sociedade tradicional? Como foi possível organizar movimentos sociais que se propuseram um novo modelo de sociedade? Que forma de desenvolvimento assumiu? As aspirações e objetivos foram atingidos?". Para ele, as respostas não devem ser buscadas somente em fatores econômicos. A relação imediata entre desenvolvimento econômico e ação empresarial nas sociedades desenvolvidas podia levar equivocadamente à sua generalização às sociedades subdesenvolvidas. Naqueles países foi a burguesia que inventou o modelo de ação racional, gerando um "desenvolvimento originário". A história do capitalismo coincidia com a história do empreendedor e do mercado mundial conquistador. Para que a noção de "subdesenvolvimento" tivesse significação, era preciso articulá-la à de "desenvolvimento". A sociedade subdesenvolvida está em relação determinada com o desenvolvimento. O subdesenvolvimento não equivale ao não desenvolvimento, mas a um tipo de desenvolvimento. São formas diversas e concretas de sociedade que exprimem o modo de produção capitalista global.

Nas sociedades subdesenvolvidas, a relação imediata entre desenvolvimento econômico e ação empresarial devia ser problematizada: foi a burguesia que desencadeou o desenvolvimento industrial no Brasil? Como poderia começar a civilização industrial no Brasil se há forças que a bloqueiam? No Brasil, as forças aliadas do imobilismo social e do imperialismo eram: a burguesia latifundiária, a burguesia mercantil urbana, a pequena burguesia radical, que incluía parte das Forças Armadas. As forças do desenvolvimento eram: a burguesia industrial urbana, o proletariado, setores intelectuais e militares da classe média urbana. Como "o proletariado era mais o objeto da ação empresarial burguesa do que agente do desenvolvimento", a burguesia nacional tornava-se a esperança e razão de ser do desenvolvimento econômico e da modernização. A interpretação corrente da formação de classes no Brasil, equivocadamente, dava à burguesia o protagonismo do desenvolvimento; afirmava-se que foi a iniciativa privada que criou em São Paulo um parque industrial com os lucros de pequenas empresas e capitais da cafeicultura. Entretanto, Cardoso discorda dessa tese. Ele sustenta que sua pesquisa mostrou que, mesmo em São Paulo, a ação empresarial foi acanhada até os anos 1950. Os empreendedores não chegaram a formular uma política nacional de industrialização, e somente após a inversão de capitais estrangeiros, nos anos 1950, os setores empresariais ficaram mais agressivos. O crescimento industrial obtido pela iniciativa privada, até 1950, foi empírico; os capitais eram aplicados em setores que davam mais lucro no curto prazo. Em um primeiro momento, não foi a burguesia nacional que impulsionou o processo de desenvolvimento; foi o Estado, atendendo à aspiração ao progresso e à autonomia, fazendo investimentos em infraestrutura e em indústrias de base. Os grupos sociais que pressionaram a antiga ordem a mudar foram os grupos técnicos das classes médias, pressionadas pelas massas populares. Após a II Guerra Mundial, formou-se uma pequena burguesia urbana contra/fora dos quadros tradicionais de existência. As massas populares urbanas eram mais estímulo do que agentes; não tinham como propor um projeto de mudança possível. As soluções políticas couberam às classes médias e à pequena burguesia — estudantes, profissionais liberais, militares, funcionários públicos, técnicos, elites intelectuais, que defendiam uma ideologia nacional-desenvolvimentista, estatizante. Estes buscavam soluções que atendessem às aspirações do "povo". O Estado representava a vontade coletiva, acima das classes, que deveria conduzir racionalmente o desenvolvimento econômico. A esquerda apoiou esse projeto político, os partidos, os sindicatos, todos eram nacionalistas e anti-imperialistas. Vargas representou esse projeto.

No segundo momento do processo de mudança, o desenvolvimento econômico, a penetração do capitalismo internacional e a dominação burguesa passaram a ser facetas da mesma moeda. Inicialmente, a ação empresarial era uma ação tradicional, os empreendimentos tinham controle familiar. A propriedade das empresas era de famílias, eram "empresas clânicas". Os proprietários tomavam as decisões diretamente, impedindo a racionalização e a expansão dos empreendimentos. A maior autoridade era do patriarca da família, com um excesso de controle pessoal e direto, que restringia a eficácia. A autoridade não era delegada a pessoas externas ao círculo familiar, impedindo o aproveitamento de técnicos e especialistas. Havia medo de perda do controle do empreendimento, que ficava sob o olhar do dono. A empresa era um "fetiche da família", os filhos viam os pais como "heróis civilizadores" e os imitavam. O êxito empresarial era uma herança social, as empresas eram como famílias, unindo operários, funcionários e patrões, o que contrariava as práticas modernas de gestão. Na empresa, mantinham-se as "relações cordiais" tradicionais, emocionais, avessas à formalização dos contatos, à competitividade, aos sindicatos, tanto de empresários quanto de empregados. Os patrões eram vistos como "exemplo", "modelo", "pai"; os empregados eram "filhos", "protegidos", deviam ser "leais", deviam ser "de confiança". Até 1950, o controle familiar era predominante, mesmo em São Paulo, mas a partir de então a gestão começou a se modificar. Os filhos passaram a ter educação superior, faziam alianças com outros grupos para obter capitais. Foram os empreendimentos estatais que estimularam essa mudança; em Pernambuco e na Bahia, por exemplo, o efeito Sudene foi modernizador.

É assim que Cardoso quer demonstrar sua hipótese: a modernização do Brasil é um processo que transcende o circuito puramente empresarial. As pressões de fora, as iniciativas estatais, a vida acadêmica, a participação política, a cultura geral tornaram os industriais da segunda geração mais abertos à inovação, com tendência a organizar uma burocracia de presidentes, executivos, diretores, gerentes, no molde norte-americano. Mas havia ainda a resistência da empresa tradicional. A família resistia às práticas que punham em risco a decisão familiar, o que impedia a expansão da empresa e alianças com o capital estrangeiro. Contudo, com a complexidade e o vulto das operações econômicas, o alto nível tecnológico, o controle familiar ficou impossível, e formaram-se as sociedades anônimas. As empresas estrangeiras estavam mais presentes e serviam de modelo de ação. Mas o mercado e a sociedade brasileira não garantiam a previsão e o cálculo puramente técnico--racional. O Estado controlava a política financeira-cambial, que podia mudar tudo rapidamente. A previsibilidade da ação empresarial era precária, as empresas não podiam planejar. A concorrência era frouxa e os lucros altos; por isso, o padrão tradicional ainda mantinha sua "racionalidade". A ação pronta e irracional do chefe podia evitar o desastre e até os executivos estrangeiros aprenderam esse modo tradicional de administrar. Mas os herdeiros não souberam enfrentar as novas condições do mercado, o consumo deles era ostentatório, e a administração, despótica. E, sobretudo, não dispunham de capitais para competir. Por isso, a aceleração do desenvolvimento da industrialização no Brasil precisou de mais capitais estrangeiros. O Estado ofereceu vantagens a eles, que vieram se instalar na esfera produtiva e no mercado interno.

As empresas brasileiras se dividiram: as que se adaptaram e aceitaram esses capitais externos e as que continuaram tradicionais. As primeiras também obtinham financiamentos do Estado e outros privilégios. Cardoso realiza bem a operação cognitiva histórico-sociológica da "compreensão" (*verstehen*). Para ele, não se deve lamentar a mentalidade tradicionalista, pois tinha sua "racionalidade". Cardoso reconhece que foi a partir desse grupo de pioneiros que começou a indústria no Brasil, com essa lógica de trabalho pesado e poupança. Era a ação possível em uma economia subdesenvolvida, havia uma cultura patrimonialista ainda vigente. Mas a mentalidade industrial começava a mudar em direção ao tipo ideal de ação racional capitalista: predominavam os administradores profissionais, a delegação de autoridade a outros, que não eram da família, que tinham com a empresa uma relação de trabalho e não de lealdade ou confiança, eram técnicos, inovadores. Passou a predominar uma "mentalidade empresarial", a consciência de que era preciso estar à frente dos concorrentes, era preciso conquistar uma posição vantajosa no mercado. O objetivo era a maximização de lucros e a ação empresarial criadora era a que explorava uma situação histórica para obter mais lucros. A ação precisava ser racional, eficaz, formalizar/ritualizar os contatos, definir regras de conduta. A competitividade exigia um salto para frente. Antes, o "capitão de indústria" não tinha virtudes burguesas; era usurário, mais que poupador, comprava imóveis, remetia dinheiro ao exterior ao invés de reinvestir na produção. Explorava as vantagens do governo, mas era contraditório, queria o apoio e o planejamento do Estado e dizia que o Estado era mau patrão e ineficaz.

A tradição foi revista porque o que o novo "homem de empresa" desejava era progresso técnico e maximização do lucro pela competitividade. O "homem de empresa" veio substituir o "capitão de indústria". Ele sabia que seu papel era baratear e melhorar a produção em massa para enfrentar a concorrência. O homem de empresa não tem obsessão pelo lucro imediato nem pela superexploração total e irracional do trabalho. Ele disciplina o trabalho, produz com mais tecnologia, tem expectativa de lucro no médio e longo prazo, não se fecha em suas próprias fábricas, preocupa-se com a sociedade como um todo. Preocupa-se com a qualidade do produto, com as normas técnicas de produção, tem uma relação de comprometimento com a indústria avançada e competitiva. É prudente, não investe em uma única mercadoria, as máquinas devem produzir diferentes produtos para épocas diferentes do ano. Seu objetivo é a riqueza e o poder, o êxito empresarial, isto é, a conquista de uma posição vantajosa no mercado. Sua decisão não é baseada em *feelings*, "intuição", "golpe de vista", mas em relatórios e balancetes. Ele tem um objetivo político: liderar a organização da sociedade para a ordem capitalista. Ele interfere nos debates nacionais tendo em vista a ordem social que permita a expansão da iniciativa privada, forma grupos de pressão sobre o Estado. Quer impor o ponto de vista da indústria à maioria; o desenvolvimento da nação deve coincidir com o desenvolvimento capitalista, não importando a origem do capital. O capitalismo ocidental e a ordem democrática são a única realidade válida. O grande medo é Cuba, que representava na América Latina o modelo econômico, político e social soviético e chinês.

O "homem de empresa" procura uma interação formal com os operários, por meio dos sindicatos, de uma política de remuneração em que o salário depende de qualificação e produtividade. Em sua perspectiva, não há classe operária, mas trabalhadores concretos e diferenciados, que vão dos operários aos executivos. Os operários podem ascender, até se tornarem proprietários, e a empresa tem o compromisso ético de educá-los nessa direção; devem aspirar à propriedade, à casa e à TV; precisam ter a psicologia do sucesso e cultivar os valores do capitalismo. O operário deve querer ser um proprietário/burguês, deve ter "mentalidade empresarial", poupar, reinvestir seu salário. O empresário é o "herói civilizador" da sociedade de massas, e o operário deve ter como referência sua mentalidade vencedora. O operário deve mudar sua mentalidade de consumo ostentatório, poupar, investir na bolsa de valores. Isso eles devem aprender na empresa, porque não aprenderão nos sindicatos. O empresário tem uma responsabilidade política e social, que é tornar mais efetiva a sociedade capitalista, pensar a nação como um todo. Os interesses do Brasil devem coincidir com os interesses dos empresários: prosperidade, modernidade, progresso. Esse é o "desenvolvimento econômico", o "novo Brasil", que a burguesia industrial quer construir.

Cardoso descreve esse ponto de vista empresarial em sua pesquisa e, depois, o adotará em sua intensa atuação política. Seu pensamento é fortemente weberiano, mas seu conhecimento da teoria marxista o levou a invertê-la e a apoiar a força da burguesia, que está interessada na manutenção e na intensificação do lucro. Para Cardoso, a ação racional é aquela cujo sentido pretendido é o lucro, e quem a realiza, e cada vez melhor, é a burguesia. Se ele estivesse do lado do proletariado, se fosse marxista, enfatizaria, primeiro, a necessidade da exploração da mais-valia relativa pela introdução de melhorias técnicas, para melhorar as condições de vida e de salário e, em segundo lugar, a ruptura com a "racionalidade" capitalista. Ele até se opõe à exploração da força de trabalho pela mais-valia absoluta, defende o investimento em forças produtivas que permitam suavizar a exploração da força de trabalho, mas é para ampliar sua eficiência em benefício dos proprietários. Para ele, o tipo de relação econômico-social mais importante não é a relação capital-trabalho, mas a relação entre o capital industrial e o financeiro, que traz para o primeiro plano as condições de mercado, as ampliações das inversões e seu controle. As modificações ocorridas no sistema capitalista, em que o "empreendedor moderno" tende a orientar sua ação em função da sociedade global e não apenas da sua empresa, são importantes para a manutenção e a intensificação de sua capacidade de realização de mais lucros. Mas o movimento em direção à totalidade é aparente, o interesse pela organização da sociedade é somente porque a maximização do lucro da empresa exige o controle da sociedade global.

No Brasil, portanto, o processo de desenvolvimento, inicialmente, não se deveu às virtudes dos empreendedores, mas eles contribuíram muito, foram capazes de modernização, de redefinir suas práticas e sua mentalidade para garantir o prosseguimento do progresso econômico. Em sua pesquisa, que, para mim, tem como forte referência as perspectivas de Sérgio Buarque de Holanda e Celso Furtado, "nossa revolução", a superação da "cordialidade" de um e a "dialética do desenvolvimento" de outro, Cardoso procurou distinguir e analisar as formas de comportamento empresarial, a passagem do irracional ao racional, sem querer forçar a imposição, aqui, do tipo ideal de ação racional do capitalismo desenvolvido, pois isso o levaria a perder o conteúdo concreto da ação da burguesia brasileira. Sua interpretação reconheceu e compreendeu a persistência de práticas tradicionais e concluiu que a burguesia brasileira foi capaz de se modernizar. A mentalidade empresarial, no Brasil, aparece ora como uma resposta a situações criadas por outros grupos sociais, ora como condição para um projeto de criação de novas situações a partir dos interesses da burguesia industrial. O peso da mentalidade empreendedora no processo de desenvolvimento variou conforme a burguesia industrial reagiu às pressões de outros grupos sociais ou imprimiu uma prática conforme aos seus interesses. Ilhada entre o tipo tradicional e o capitalismo internacional ao qual se associou, a burguesia industrial se via à beira do abismo: ora reagia contra o imobilismo dos grupos tradicionais, ora reagia contra as pressões urbanas e populares que tendiam a quebrar a ordem.

A burguesia brasileira hesitava não porque não se dava conta de seus interesses reais, mas porque esses interesses eram contraditórios. Para se afirmar como classe politicamente hegemônica e se expandir economicamente, a burguesia industrial se via forçada a apoiar reformas que contrariavam os grupos tradicionais, mas temia seus aliados, as forças populares e urbanas. Ela temia perder a hegemonia no futuro; era obrigada a avançar e recuar, premida entre o passado e o futuro. Mas, para Cardoso, ela não podia continuar nesse malabarismo, não podia mais abdicar de tentar a hegemonia plena da sociedade, satisfazendo-se com a condição de sócio menor do capitalismo ocidental e de guarda avançada da agricultura que se capitaliza. Ela precisava se decidir a organizar e a levar adiante a modernização política e o desenvolvimento econômico e, para isso, teria de controlar a reação das massas urbanas e dos grupos populares. Cardoso conclui o livro com a pergunta "subcapitalismo ou socialismo?" e opta pelo capitalismo dependente-associado, que é uma interpretação otimista do "subcapitalismo". Para ele, internamente, há dois grupos que queriam conduzir o desenvolvimento: primeiro, os que se associaram aos grupos internacionais e os próprios grupos internacionais, para os quais a industrialização do país significa ser sócio menor da prosperidade ocidental; segundo, os imigrantes que "fizeram a América" e os que aplicaram dinheiro do café na indústria. Para estes, industrializar o país seria fechar o mercado, criar uma política estatal contra o subdesenvolvimento, apoiando os capitais nacionais. Cardoso é compreensivo ou condescendente com esse segundo grupo, pois essa atitude não significava "atraso cultural"; apenas queriam crescer evitando a concorrência interna com o capital internacional/associado, mas, quando cresciam o bastante, migravam para o primeiro grupo, defendendo o modelo norte-americano: propriedade privada, livre-iniciativa; recusavam a intervenção do Estado, faziam alianças com capitais estrangeiros. A diferença ideológica entre os dois grupos tendia a desaparecer em nome da condição comum de capitalistas. Diante dessa tendência à "homogeneidade" da burguesia brasileira, Cardoso se entusiasma e seu lado "marxista invertido" vem se colocar ao lado de seu lado weberiano. Ele concebe a dinâmica social como "luta de classes" e, admirador da "racionalidade" da ação da burguesia ocidental, propõe que a classe burguesa brasileira faça o que o proletariado ainda não tinha tido condições de fazer: a conquista do Estado.

Manifesto capitalista bandeirante

Entretanto, e Cardoso descobriu isso em sua pesquisa empírica, em suas entrevistas e questionários, os famosos *surveys* da sociologia daquela época, poucos empresários conseguiam verbalizar essa ideologia, eram confusos, contraditórios. A burguesia industrial encontrava-se ainda em formação, não era homogênea, não construiu uma ideologia clara, que orientasse com firmeza sua ação. No Brasil, o crescimento industrial se deu por surtos descontínuos, desde o fim do século XIX, tornando-se contínuo e autoestimulado somente nas décadas de 1950-60, como consequência da II Guerra Mundial. As condições favoráveis que levaram à industrialização nesse período foram a alta da cotação do café, os investimentos estatais, a entrada maciça de capitais estrangeiros; a pressão pela emancipação nacional fez a siderurgia e a defesa do mercado interno. Nesse contexto, a burguesia brasileira acelerou sua formação como camada social, resultando da superposição de grupos que não tinham tradição industrial. Essa origem não industrial dificultou sua ação como classe, pois sua consciência social era discrepante de seus interesses de classe. Além das classes senhoriais da agricultura, ela surgiu dos primeiros imigrantes e dos novos imigrantes, que fugiram da guerra, das classes médias, de funcionários públicos, comerciantes. A burguesia brasileira era recente e heterogênea, o que dificultava sua ação como classe, porque não era capaz de formular uma ideologia industrial que norteasse sua ação homogênea. A burguesia brasileira não foi capaz de articular uma política agressiva de desenvolvimento que aumentasse seu controle do Estado. Ela agia de forma heterogênea, apoiando-se nas famílias tradicionais, corrompendo políticos para obter vantagens, favores, privilégios do Estado.

O que esses diferentes industriais tinham em comum era a busca do lucro e a defesa da propriedade. Eram industriais, mas não se representavam na sociedade como "empreendedores", não se situavam na economia de mercado. Entre eles, predominavam os preconceitos tradicionais, não tinham ainda uma consciência de classe, encaravam os órgãos de classe e os líderes burgueses de forma negativa: "Eles falam da classe, mas estão cuidando dos seus interesses particulares". Desprezavam as atividades públicas de classe, não se comportavam como cidadãos de uma república democrático-burguesa, separavam o empresário do cidadão, não se sentiam responsáveis pela nação, buscavam apenas o êxito pessoal, o que os interessava era a "minha organização". Eles viam o salário mínimo, a previdência social, como demagogia e socialismo. Oscilavam da euforia ao pessimismo, tinham fé em seus investimentos, mas pensavam o presente catastroficamente; defendiam a austeridade política, a contenção econômica, para "salvar a nação". Faltava-lhes uma teoria que conduzisse coerentemente sua ação. Não tinham um projeto consciente que permitisse fazer coincidir os interesses econômicos industriais com o rumo do processo histórico. O industrial ainda se representava como "povo", exigia proteção e benesses, reclamava dos desmandos da política, criticava a ordem jurídica. Ele pretendia falar em nome do país; a salvação do Brasil era a industrialização, que seria capaz de oferecer o consumo de massa e trazer progresso, desenvolvimento. O combate à pobreza que podiam oferecer era o compromisso de abarrotar a casa de toda a população com produtos necessários e supérfluos, o que o cliente desejasse, a baixos preços. E se não conseguisse baixos preços, se perdesse a competição no mercado, sabia que sofreria a "pena capital" do capitalismo: a queda na vala comum da pobreza. Todos, eles e o povo, unidos, deveriam trabalhar para o futuro da nação. Não havia conflito com os operários; "se eles estão contentes, nós também estamos".

A burguesia brasileira ainda não era, mas estava se tornando uma classe para si. Sua formação era recente e heterogênea, não tinha ainda modos de sentir/pensar/agir comuns. Era incapaz de uma política agressiva de desenvolvimento e apoiava-se em famílias tradicionais e em favores do Estado. Era constituída por descendentes de imigrantes e segmentos modernos da agricultura de exportação, localizados principalmente no centro-sul, sobretudo em São Paulo. Não agia de forma racional na empresa, não conseguia definir ainda de forma clara e consciente seus interesses de classe. Não valorizava a participação na política nacional, desconfiava dos órgãos e líderes de classe. Não tinha ainda um projeto consciente, que fizesse coincidir seus interesses de classe com o rumo do processo histórico. Temia o Estado das classes agroexportadoras, o capital estrangeiro e os movimentos populares. Não se sentia ainda uma classe: falava em nome do povo, não se identificava com o governo, representava-se como o "homem de bem" que falava em nome do povo, sentia-se ao lado do operário, construindo, juntos, a nação. Temendo a revolução comunista e o imobilismo imposto pelas classes agroexportadoras, fugia à sua responsabilidade revolucionária fazendo compromissos com o velho Brasil, deixando de lado seu projeto de hegemonia política e praticando um "pragmatismo sem grandezas". O efeito trágico disso: o crescimento de seu poder econômico não levava à desagregação da ordem político-social pré-industrial; ela se acomodava à dominação tradicional.

Contudo, Cardoso constatava e se entusiasmava, pois um fato importante estava se realizando: a camada industrial começava a se homogeneizar e a formular uma ideologia revolucionária! O refrão de todos era: "Propriedade, democracia, prosperidade". A burguesia industrial estava mais homogênea e para si, e começava a afirmação agressiva do capitalismo e da democracia contra as tendências estatizantes e socializantes dos políticos populistas. Para ela, regime político bom era o que dinamizava a prosperidade, e só a ordem democrática poderia assegurar a liberdade econômica. A economia é política, não há separação. Sua ação tornava-se cada vez mais racional: definição clara dos objetivos e escolha dos meios adequados para atingi-los. Não subornavam mais políticos e não pediam mais favores ao Estado. Sua estratégia, agora, era "tomar o Estado", no Congresso, no Executivo, para impor seu rumo ao país. Para atingir seu objetivo, dissimulava seus interesses de classe sob os interesses nacionais. Ela ia se tornando a classe dominante e começava a compreender que seus interesses de classe precisavam se transformar no interesse de toda a sociedade; começava a se preocupar em construir um projeto de dominação política.

Um fantasma rondava a ordem social e política agroexportadora tradicional no Brasil: o capitalismo.

Já era hora de a burguesia brasileira tornar-se uma classe plenamente para si. Faltava-lhe uma teoria que conduzisse coerentemente sua ação, que lhe dissesse: "O mundo inteiro parece estar contra vocês, mas vocês têm razão!". Faltava-lhe um projeto que a fizesse conciliar seus interesses de classe com o rumo do processo histórico. Ela se perguntava se podia ter êxito em uma sociedade subdesenvolvida e de massas. É evidente! Só a ordem democrático-burguesa pode assegurar a propriedade, a prosperidade e a liberdade. O Brasil e a América Latina não estavam condenados ao desenvolvimento do subdesenvolvimento, ao subcapitalismo, à estagnação, ao socialismo ou fascismo. O futuro do Brasil dependia da escolha/ação da burguesia brasileira pelo capitalismo dependente-associado. Era possível o desenvolvimento na dependência, pois o sistema capitalista é internacional e todas as economias são interdependentes. Era possível um capitalismo dependente com um máximo de democracia política e social e um máximo de desenvolvimento econômico. E o sujeito desse "novo Brasil real", o protagonista dessa nova história brasileira, era a burguesia industrial, que não podia mais temer os grupos tradicionais, os representantes do subdesenvolvimento, os grandes proprietários fundiários associados ao capital estrangeiro, comerciantes e banqueiros. Ela precisava se associar ao capital industrial-financeiro internacional para conquistar a hegemonia interna e o controle do Estado. Se não assumisse sua responsabilidade política de classe dominante, se continuasse a se deixar instrumentalizar por grupos tradicionais, se não atravessasse o Rubicão e vencesse seu combate, perderia as chances históricas de exercício pleno de dominação de classe. O capitalismo global era o caminho, a verdade e a vida. Essa era a utopia possível! Burgueses do Brasil, sob a liderança de São Paulo, uni-vos! Burgueses do Brasil, uni-vos aos burgueses do mundo inteiro!

A revolução burguesa bandeirante seria uma revolução paulista ou nacional?

Nas páginas anteriores, procurei extrair a "essência" (perfume) do pensamento histórico-político sobre a realidade brasileira de Cardoso. Nessa obra, ele começava a construir uma nova linguagem, um novo "estilo de pensamento" sobre o Brasil. É um texto sem adjetivos, sem cores carregadas, sem excessos, sem ataques e tomadas radicais de posição, o que não significa acrítico e sem propostas bem claras para a ação. É o estilo dito "sociologuês", que seduzia os estudantes e professores de ciências sociais, que tentavam imitá-lo, nem sempre com sucesso. Cardoso prosseguia o esforço de seu orientador, Florestan Fernandes, de construção de uma "ciência sociológica", que se propõe a fazer uma "análise científica", isto é, com controle da linguagem, apoiada em dados objetivos, "realista", não utópica, não voluntarista, da realidade social, e acrescenta seu tom profundamente político. É um discurso de esquerda? Se pensarmos na esquerda revolucionária dos anos 1960-70, não. Talvez seja um discurso de esquerda do tipo do Partido Trabalhista inglês ou do Partido Democrata americano, que aceitam o capitalismo e criam plataformas favoráveis aos trabalhadores e membros menos favorecidos da ordem capitalista por meio de regras que corrijam os excessos de exploração, de exclusão, de corrupção e de autoritarismo dessa ordem. Nos anos 1960-70, esse discurso cabia na frente ampla de esquerda contra a ditadura. Contudo, se por um lado, como "análise científica", abordava a realidade capitalista como um dado, justificava-se como uma constatação realista, por outro consolidava e defendia a continuidade do capitalismo como ordem mais racional, mais eficiente, democrática e promotora da prosperidade, que não se extinguiria nem espontânea nem revolucionariamente, por mais que a história seja uma "invenção dos homens". O melhor caminho para o Brasil seria inserir-se nessa ordem e torná-la favorável a seus interesses. Eu teria razão em apresentar esse discurso de Cardoso como representante do projeto paulista para o Brasil? A sociedade paulista é heterogênea, como todas as sociedades regionais que analiso; há conflitos de discursos e projetos, mas parece-me que Cardoso pode ser considerado seu pensador mais consensual, vindo da universidade e tendendo ao centro-direita, no sentido de defensor de reformas que corrijam, aperfeiçoem, consolidem e expandam a ordem capitalista pelo país.

Há uma ambiguidade nesse discurso, que defende a consolidação e expansão do capitalismo e, ao mesmo tempo, a construção de uma ordem de igualdade, liberdade e fraternidade, que as esquerdas consideram incompatíveis. A Revolução Francesa defendia a igualdade, a liberdade e a fraternidade quando não era, em um primeiro momento, apenas burguesa. Ela foi feita por uma frente ampla de excluídos e oprimidos pela realeza, que depois, traídos, foram excluídos e oprimidos pela revolução burguesa dentro da Revolução Francesa. O capitalismo seria compatível com a igualdade, a liberdade e a fraternidade? Para as esquerdas, não. Para Cardoso, sim. O discurso cardosiano é ambíguo: capitalista e socializante, da classe burguesa e nacionalizante, antiestatal e criador de novas regras, da busca do lucro e da redistribuição de renda, brasileiro e globalizante. Ele considera possível reunir essas bifurcações em um projeto "político complexo", o que parece bonito de falar, mas difícil ou impossível de realizar. Contudo, apesar de suas tensões e contradições, o discurso é muito bem construído, nuançado, sereno, bem articulado, procurando soluções "realistas" para problemas bem identificados, bem formulados, que, no poder, inicialmente, obteve um tremendo sucesso com o Plano Real, mas se despedaçou em contato com a realidade como um avião que perdeu progressivamente a altitude. Mas, com as vitórias da globalização, a tendência é se reconstruir e retomar altitude e retornar ao poder. Cardoso é um homem político elegante, mesmo na divergência, que explica e reexplica seus movimentos, escolhas e decisões, justificados por uma visão de mundo coerente e que parece até incontestável. Alguns o consideram um praticante do "agir comunicativo" de Habermas, por sua capacidade de escuta e de justificação paciente de suas escolhas. Não é uma liderança carismática, nunca usa a força como argumento, demonstra capacidade de atenção e escuta, diferente em todos os aspectos dos "políticos" e militares que o precederam. Será sincero? Ou a sinceridade não faz parte do mundo político, é uma prática dos simples, que Cardoso finge ouvir "com a maior atenção"? Pode ser, mas os simples não suportam ser enganados e podem ser terríveis quando descobrem a farsa. Será vaidoso, não suportaria não ser aclamado? Essa é a hipótese de Millôr Fernandes, que considera "FHC superlativo de PhD, um umbigo delirante, que escreve mal e fala pessimamente, é o maior ociólogo brasileiro" (Michiles, 2003; Millôr Fernandes, 2002).

É interessante conhecer as opiniões divergentes de alguns dos seus ex-colegas sobre o sociólogo Cardoso. Alguns, como o seu amigo Darcy Ribeiro, o acusam de não ter produzido uma obra teórica: "Sua obra é rica, mas incompleta, porque não a transformou em uma análise mais geral. São artigos e compilações de artigos. Tudo o que ele escreveu estava ligado ao momento histórico". Para Darcy, "a sua Teoria da Dependência o aproximava de Roberto Campos e Delfim Neto, o projeto era o mesmo: adaptar-se, integrar-se ao capitalismo mundial". Para Bento Prado Jr., "no Grupo d'O capital, ele não propunha ideias novas, fazia a mediação entre diferentes posições. Era o mais realista de todos nós, tinha mais habilidade para fazer sínteses do que para propor novas interpretações. Tinha uma participação que eu qualificava de 'reflexiva'. Era muito tolerante. Era como é o político, hoje: flexível, hábil para se fazer aceito". Para Francisco Weffort, "ele não era um pensador sistemático, sua qualidade era captar a lógica dos fenômenos em curso, os movimentos da sociedade, da política". Para Roberto Schwarz, "ele tinha uma noção atuante do conhecimento. Era realista: sabia confrontar os argumentos políticos com os fatos. Cardoso foi o que melhor assimilou o estilo de análise marxista, menos acadêmico, mais vivo, com um verdadeiro sentido político". Roberto Schwarz relativiza o valor de sua produção intelectual: "Ele não tem uma obra à altura da importância de suas intuições. Ele teve uma intuição histórico-sociológica de primeira ordem, mas não a objetivou em sua obra. Seu ponto forte não é a sua obra, são as suas ideias. É um homem de posições intelectuais avançadas". Para Maria Vitória Benevides, "é um homem brilhante, mas sem discípulos. Não escreveu livros, pertence à geração dos *papers*, conferências, seminários" (Ribeiro, Prado Jr., Weffort, Schwarz, Benevides apud Leoni, 1997).

Cardoso responde àqueles que limitam o alcance de sua produção sociológica afirmando que "nunca quis fazer teoria pura. Eu não quero me limitar a fazer teoria pura, porque ela esvazia os conteúdos. Não existe 'Teoria da Dependência', existe a teoria do capital. Teoria implica que o objeto seja um modo de produção específico, com regras próprias, e a Dependência não é isso" (Cardoso apud Leoni, 1997; Sorj e Fausto, 2010). Em entrevista a Toledo, Cardoso se refere "à originalidade da cópia. Tudo o que escrevemos na Cepal outros já tinham dito, mas fomos originais. Cultura não é repetir o molde, é reelaborá-lo. Ninguém vai buscar a pureza do molde". Foi isso que ele fez como sociólogo: reelaborou moldes de forma original. Para Celso Lafer (2010), "o que Cardoso fez como intelectual foi pesquisar a interação entre o geral e o específico. Na universidade, suas pesquisas têm o senso da realidade. A sua formação intelectual é plural: Durkheim, Weber, Marx, Parsons, Merton, Dilthey, Simmel, Manheim. Foi aluno de mestres diferentes: Florestan Fernandes, Roger Bastide, Antônio Cândido, Sérgio Buarque. Esse lustro acadêmico o instigou na prática política a aprender com a experiência, a compreender as situações particulares, a testar e a por à prova. É um líder que sempre soube lidar com as pessoas, desde a universidade". Para Sorj e Fausto (2010), "Cardoso foi um dos sociólogos mais brilhantes da sua geração, marcada pela influência do pensamento de Marx. A sua formação sociológica afetou a sua ação como presidente? Não se pode colocar essa relação de forma moralista e simplista: o sociólogo das ideias puras *versus* o presidente dominado pelas acomodações com os poderes estabelecidos. Não propomos uma leitura desconstrucionista. A figura de Cardoso é singular e expressa a sociabilidade da cultura brasileira. A sua forma de estar no mundo é impregnada de uma sociabilidade avessa ao conflito e à confrontação, que mantém os canais de comunicação sempre abertos, mesmo com os opositores, intelectuais e políticos. A relevância da Presidência de Cardoso foi a de ter contribuído para a consolidação das instituições e da cultura democrática. Ele não se apresentou como o salvador da Pátria, respeitou a separação dos poderes, construiu um novo discurso político que abriu o horizonte de expectativa do país".

Para Sorj e Fausto, "a passagem do mundo das ideias ao mundo da política é complexa. O cientista social procura transformar as virtudes em necessidade histórica, enquanto o político tende a transformar a necessidade histórica em virtude. O mundo das ideias é onipotente, diferente do mundo da prática política, que exige pragmatismo, reconhecimento dos limites impostos pelos outros, adaptação às circunstâncias e à realidade de múltiplos fatores fora do controle do ator". Para Alain Touraine, "Cardoso foi melhor cientista político do que sociólogo. Ele analisou o papel do Estado e da privatização do Estado, fez uma análise notável do regime militar. A sua obra ultrapassou as fronteiras da América Latina, é 'original' na América Latina. Dali, ele se fez ouvir por americanos e europeus. Todos reconhecem coerência e audácia. A esquerda se enganou e ele tinha razão. Por isso, a política veio naturalmente. Não foi uma metamorfose, mas um aprofundamento. A Presidência era previsível". Por que Cardoso é um conquistador tão poderoso? Ele próprio responde: "É o meu vício de intelectual. Nas minhas pesquisas de campo, aprendi a ouvir, a escutar o outro. Esse treinamento me valeu como Presidente da República. Ouvir o outro para entender suas motivações e objetivos. Até os canalhas, você tem que entender. Que tipo de mau-caráter ele é? É preciso ouvir. Finjo que concordo, ouço, o cara sai feliz e eu bem informado sobre os seus interesses".

Vê-se que é perigoso conversar com Cardoso, pois, quando parece estar "ouvindo" atentamente, está recolhendo dados, fazendo uma tipologia do interlocutor, que será útil na hora da ação. A operação "compreensiva" em ciências sociais não é somente uma "gentileza" do pesquisador: visa à busca de informações para futuros processamentos e manipulações (Sorj e Fausto, 2010; Touraine, 1997).

Afinal, qual foi o horizonte de expectativa desejável que Cardoso, o sociólogo-presidente, propôs para o Brasil? Ele mesmo formula o problema da seguinte forma: "Como fazer uma utopia igualitária, socializante, democrática, e sobretudo eficaz, para o ordenamento e solução dos problemas básicos num país tão contraditório quanto o Brasil? Como tornar o cotidiano mais suportável para a maioria? Como buscar nessa maioria carente a energia da transformação possível e realista, para evitarmos o despotismo esclarecido?". Cardoso defende um "realismo responsável": "É preciso encontrar caminhos que apontem para o direito de participação, à crítica, por parte dos indivíduos nos distintos planos da sociedade. É preciso construir 'utopias possíveis', associadas às forças sociais reais e na situação de classe e no âmbito civilizatório dos séculos XX-XXI. É preciso buscar mecanismos que assegurem informações sobre as decisões, ampliar o debate no âmbito do Estado, imaginar formas de participação nestas decisões do público mais amplo. É preciso buscar fórmulas de controle e regulamentação popular para os problemas políticos que afetam o interesse geral. Não se trata de substituir a luta de classes pela panaceia de uma 'participação indeterminada', mas de criar as arenas e o clima de liberdade que permitam aos trabalhadores, aos assalariados, aos sindicatos, às organizações sociais e políticas exercerem a sua ação transformadora" (Cardoso, 1975; Sorj e Fausto, 2010).

Cardoso é acusado de neoliberal, furiosamente, por aceitar sem resistência a globalização. Para Bonavides (1995), Cardoso é o bandeirante-vilão: "A gestão neoliberal ameaça o futuro da nação. A queda da inflação tem sido celebrada como a mais expressiva vitória desse governo, mas o controle da inflação é duvidoso, quanto tempo durará? A soberania nacional é mutilada, com a privatização das empresas estatais e com a quebra do monopólio da Petrobras e das telecomunicações. O neoliberalismo organizou e sistematizou em cada país a traição dos interesses nacionais. O 07/09 poderá ser riscado do calendário. Houve um estelionato ideológico nas urnas, em 1994. Os cidadãos pensavam estar votando na social-democracia, porque, afinal, o candidato era exilado da Ditadura, leitor de Marx, um esquerdista acadêmico, um progressista histórico. Mas ele deixou de lado a social-democracia e ficou com o neoliberalismo do PFL, fazendo um governo indiferente às mazelas sociais, atado ao capital externo, desmantelando a Previdência Social, sem horizontes para educação e saúde. Enfim, ele fez um governo neoliberal pior do que a Ditadura". Bonavides prossegue: "Na globalização, só os grandes da economia mundial têm vantagens. Os pequenos e médios Estados não têm meios de autodefesa. Hoje, dominam os interesses das superpotências, que governam a globalização. Os países do Terceiro Mundo perdem a sua identidade nacional em troca de ínfima fatia do bolo global. A utopia capitalista está em vigor. A globalização é a sucessora do imperialismo, abole os conceitos clássicos de Estado, nação e soberania. Mas há outra globalização política, libertária, a da democracia, da cidadania. A democracia direta é a mola política da globalização emancipatória".

Cardoso contra-argumenta sustentando que "não se pode ser contra a globalização. Ela existe. Tenho sido um crítico do sistema, tenho pedido regras. O sistema é esse, não tem outro, procuro tirar proveito. A globalização é diferente do imperialismo: neste, havia dois tipos de países: centrais, dominantes, exploradores, que se impunham pela força, e periféricos, que eram submetidos; naquela, não: capitais se deslocam para a periferia. A Europa se homogeneíza, o sudeste da Ásia, a China, avançaram. Há os emergentes. Há dominação, mas é de outro tipo, com outras consequências, e a afirmação de outras camadas sociais. Há um grau de liberdade maior, dos países e das pessoas". Cardoso defende uma "utopia realista", que seria a refundação da ordem mundial, utopia que já começou: "Nós precisamos assegurar para o Brasil um lugar na mesa de negociação. Precisamos ter uma Constituição do mundo. Acredito na Razão, continuo Iluminista. Será a Razão ou o caos. Fala-se sobre soberania limitada ou algo como uma liderança compartilhada. Um mundo compartilhado precisa ter valores mais flexíveis, tolerantes, para que haja paz. O que já foi nossa fraqueza, o espírito de conciliação, tolerância, pode vir a ser nossa força. A esquerda implica com o meu governo porque não entende a globalização.

Nesta mundialização, é preciso definir instituições controladoras, regras para o seu funcionamento. Imagino que no futuro, nesse mundo de poder mais compartilhado, haverá mais respeito e mais tolerância com a diversidade. Em vez de um mundo homogeneizado, teremos um mundo de diversidade. Haverá lugar para a afirmação nacional e a cultura será o lugar disso. Sou a favor da radicalização da democracia e isso implica o respeito pela pluralidade. Não acredito que estejamos marchando para um mundo opressivo". Para Cardoso, "o tema do particular e do universal mudou com a globalização, que é uma rede que salta fronteiras nacionais. Ela criou uma graduação dos países mais e menos globalizados. O Brasil está entrando ativamente na globalização, isso é um progresso. Disse que ou nos afirmamos como ocidentais ou não seríamos nada. A globalização não é um valor, algo que se quer. Ela existe. A oposição erra ao confinar o debate ao Brasil, ao governo. A crítica à globalização deve ser global. A acusação de neoliberalismo é ridícula. Eu não sou a favor da globalização, é um fato real, da estrutura do sistema produtivo. O Estado nacional está totalmente em crise. Falta um Estado mundial, uma Constituição do mundo, que declare os direitos dos povos face à especulação. Não estamos no fim da história. A ordem mundial sempre funcionou pela força, mas os países mais fortes não têm mais facilidade para impor a ordem. A ordem mundial terá de ser negociada" (Toledo, 1998).

Para mim, a continuidade entre o intelectual e o político, salvando as necessárias atualizações, é plena. O presidente está já em germe no livro de juventude que lembramos: ele veio para acelerar a revolução burguesa bandeirante, sua meta é a tomada do Estado pela burguesia aliada ao capital estrangeiro. A obra que lembramos é o Manifesto Burguês que o levou ao poder. Por que é tão combatido? Porque o personagem mitológico bandeirante que representa é ambíguo, por ser corajoso, independente, empreendedor, transgressor; pode ser visto como herói ou vilão. Cardoso é herói ou vilão, dependendo de quem o analisa. Para mim, é um herói-vilão, os dois, um ser de duas cabeças, janicéfalo. Como em todo iluminista, o discurso do "agir comunicativo" esconde a vontade de lucros altos do "conquistador". O intelectual foi realmente brilhante e lamento que tenha abandonado a profissão de intérprete, de pensador independente do Brasil, embora peque por excesso de "realismo" ao aceitar e até propor a ordem capitalista como via de emancipação da América Latina. Afinal, a história não é uma "invenção dos homens"? A história tomou a direção que o sociólogo percebeu que tomaria, já nos anos 1960, quando a via revolucionária comunista era uma euforia delirante. Nos anos 1990, o presidente chegou com o apoio das burguesias internacional e nacional ao poder. Ou foram só as burguesias internacionais que venceram? Ele diria: "São aliadas, interdependentes, onde uma ganha, a outra se expande". E quanto a São Paulo e à Federação brasileira, que é o que nos interessa aqui, Cardoso não se considera um bandeirante e é otimista: "A desigualdade regional foi sempre dramática, São Paulo assumia a condição de 'locomotiva', mas isso tende a diminuir, porque a industrialização se espalha pelo Brasil. Há reivindicação de descentralização, porque os problemas são mais bem resolvidos no nível local. Tudo bem, mas a sociedade local precisa controlar o poder local. Não acho que o local seja em si melhor, pode resultar em mandonismo. Mas é preciso descentralizar mesmo, valorizar o local, sem que a União perca seu poder de fiscalização". A história recente mostra que, como São Paulo foi o pioneiro da lógica capitalista no Brasil, virão dele, de suas empresas, homens de empresa e líderes políticos, as direções e orientações para as outras regiões se integrarem à ordem capitalista mundial. Ou melhor, virão dele o pensamento capitalista, cujo principal formulador é Cardoso, e os capitais, que transformarão o "outro Brasil", que, para os paulistas, não deve resistir, mas ir além: abrir-se à internacionalização dos seus mercados regionais. Para Cardoso, eis o caminho para o desenvolvimento econômico brasileiro (Sorj e Fausto, 2010; Toledo, 1988).

Utópicos

A visão gaúcha do Brasil: o "tempo farroupilha" e a obra histórico-política de Raymundo Faoro

A visão gaúcha do Brasil: "tempo farroupilha" ou "tempo positivista"?

Quem pode ser considerado o grande homem, a referência maior, o paradigma da visão gaúcha do Brasil: Bento Gonçalves da Silva ou Júlio de Castilhos? O primeiro é o herói da Revolução Farroupilha, líder de um movimento republicano liberal; o segundo é o pensador e construtor da ditadura republicana positivista. São tempos e homens opostos, seus seguidores transformaram o território gaúcho em um campo permanente de guerra, entre gaúchos. A temporalidade gaúcha é tensa, a sociedade gaúcha viveu sempre em guerra, primeiro contra uruguaios, argentinos, paraguaios; depois, contra o Império saquarema; depois, entre si, em cruel guerra civil, durante o final do século XIX e a primeira metade do XX. Afinal, quem é o gaúcho, que temporalidade o domina? Pode-se ser "farroupilha" e "positivista" ao mesmo tempo? Por um lado, ele se representa como o mais radical liberal do Brasil, o "paladino do liberalismo", que deu a vida pela descentralização do poder no Império, mas, por outro lado, quando foi proclamada a República, perseguiu os liberais e impôs uma centralização autoritária, em nome de Augusto Comte. O Rio Grande do Sul é uma terra de liberdade ou a sede do autoritarismo militar brasileiro? Em que medida sua história regional repercutiu sobre a história nacional? Qual foi a contribuição gaúcha à história brasileira? Como os gaúchos se representam e, em sua representação de si, os brasileiros aparecem como identidade ou alteridade? Os brasileiros conhecem pouco ou desconhecem a história do Rio Grande do Sul, que sempre foi mais isolada e intensa. E quando os gaúchos conquistaram o Rio de Janeiro, em 1930, tornaram-se referência do pensamento político brasileiro e tiveram forte impacto na construção da nação.

A República liberal de Piratini

Por um lado, os gaúchos se dizem descendentes de Bento Gonçalves da Silva, o presidente da República de Piratini, líder da Revolução Farroupilha, que durou de 1835 a 1845, o primeiro líder gaúcho a desafiar o poder do Rio de Janeiro. O gaúcho se vê orgulhosamente como um "farroupilha", como um combatente do governo centralizador saquarema, tirânico, hostil aos interesses e prosperidade do continente (território gaúcho). Queixava-se de ser tratado com desprezo pelo governo do Rio de Janeiro, que queria reduzir o continente à escravidão, reclamava que "o Rio Grande era explorado, martirizado, achincalhado pelo governo central". Diziam os farroupilhas que o governo central, que se orgulhava de ter preservado a unidade territorial, se esqueceu de que foram eles que conquistaram as terras do Sul, a ferro e fogo, dos castelhanos. O sul do Brasil, gritavam, "foram os gaúchos que o conquistaram e defenderam". O governo imperial esqueceu que o Rio Grande do Sul era "a sentinela do Brasil que olhava vigilante para o Rio da Prata e merecia mais consideração e respeito, não podia ser oprimido pelo despotismo Imperial". Segundo Moacyr Scliar (1993), por toda parte no Rio Grande há a presença dessa herança histórica: rádio, TV, parques, clubes, escolas que se chamam "Farroupilha". Nos dicionários, "farroupilha" quer dizer gente do povo, malvestida ou suja, pessoa esfarrapada, trajes rotos, maltrapilho. Essa expressão, inicialmente, não foi usada pelos revolucionários, mas pelos adversários, para denegri-los. Os revolucionários do Rio Grande do Sul a aceitaram e a ressignificaram: "farroupilha" passou a nomear os "paladinos do liberalismo", os que buscavam a plena autonomia, embora não pretendessem separar a província do Império. Era a elite rural, influenciada pelas ideias republicanas do Uruguai, da Argentina, do Paraguai. Segundo Scliar (1993), o termo "farroupilha" passou a se referir às ideias liberais dos *sans-cullotes*, a ala mais radical da Revolução Francesa, que não usavam o calção luxuoso dos nobres, mas calças simples.

A historiografia dos farrapos mostra que não eram unidos, estavam divididos em grupos com projetos diferentes: uns queriam a monarquia federativa; outros, os radicais, queriam a República federativa. A lista das reivindicações da Revolução Farroupilha é extensa: os farrapos queriam a proteção da produção gaúcha de charque, porque o charque platino chegava ao Rio de Janeiro pela metade do preço. Os impostos eram exorbitantes sobre seu charque, o couro, a erva-mate, o sal, elevando os preços, dificultando a exportação. O próprio governo central comprava o charque platino mais barato e estava matando o Rio Grande do Sul e fortalecendo os inimigos Uruguai e Argentina. O Rio de Janeiro estava raspando os cofres do Rio Grande do Sul, impedindo-lhe o desenvolvimento. Além disso, no Exército, os gaúchos não ascendiam aos altos postos, reservados aos portugueses. O soldo não era pago ou o era com muito atraso. O Exército nacional se "aboletava" no território gaúcho e "requisitava" gado, alimentos, casas etc. Eram requisições atrás de requisições. Havia a tortura do aboletamento e o Rio Grande do Sul era denominado a "estalagem do Império" porque o Exército estava sempre estacionado em seu território. O Rio Grande do Sul, queixavam-se os farrapos, "era uma província mártir: impostos, requisições, recrutamentos, aboletamentos". Na guerra, os gaúchos eram a vanguarda, defendiam os lugares mais perigosos, eram os últimos a se retirar e a Corte não reconhecia isso. Muitos gaúchos morreram na Guerra da Cisplatina, mas nenhum chegou ao comando. Havia ainda mais queixas dos gaúchos: o governo central nomeava o presidente da província, que decidia tudo, e agia contra os interesses provinciais. Não se fazia nada sem a autorização do Rio de Janeiro. Os farroupilhas exigiam para os gaúchos a escolha do presidente da província e que os impostos nela arrecadados ali permanecessem. Exigiam que o governo imperial lhes desse um governo de sua confiança, um representante gaúcho, que tratasse de seu interesse, de seu progresso, de sua dignidade, ou se separariam do centro para viverem com liberdade. O povo do Rio Grande do Sul, "o 'centauro dos pampas', galoparia para a liberdade, seria o fim da tirania". Bento Gonçalves foi feito prisioneiro, mas fugiu e assumiu a presidência da República de Piratini. Bento Gonçalves, com o apoio de Giuseppe Garibaldi, também conquistou Santa Catarina, proclamou a República Juliana, ampliando o território da República de Piratini. Para justificar a repressão, o Império argumentava que o que queriam mesmo era a separação, com a formação de uma federação platina, unindo o Rio Grande do Sul ao Uruguai e a algumas províncias argentinas, o que talvez alguns grupos farroupilhas defendessem, de fato (Spalding, 1963; Scliar, 1993; Pesavento, 1985; Love, 1975).

Spalding (1963) faz uma leitura mais conservadora do Movimento Farroupilha. Segundo ele, inicialmente o movimento não era republicano nem separatista; era um movimento monarquista liberal. A Revolução Farroupilha queria manter intacta a integridade do Brasil, todos se diziam fiéis a Pedro II. Bento Gonçalves não foi nem republicano nem separatista; o republicanismo separatista era de grupos pouco decisivos e os chefes farroupilhas tudo fariam pela unidade do Brasil. Love (1975) faz uma leitura liberal da Revolução Farroupilha, que não teria sido monarquista nem era separatista; defendia a República Federativa, mas radicalizou-se tanto que quase separou o Rio Grande do Sul do Império. Os "farrapos", nome dado aos membros do Partido Liberal rio-grandense, exigiam a descentralização da autoridade imperial. Eles reivindicavam a aplicação/ampliação do Ato Adicional de 1834, que favorecia uma descentralização significativa. O ato criara as assembleias legislativas provinciais, e a primeira assembleia legislativa gaúcha reuniu-se em Porto Alegre, em 1835. Pesavento (1985) construiu a interpretação mais crítica, marxista, da Revolução Farroupilha, afirmando que "é a historiografia oficial do Rio Grande do Sul que a festeja tanto. A historiografia regional celebra os feitos dos seus heróis, relatando-os como uma verdadeira epopeia". Para ela, os farrapos eram a classe dominante gaúcha, charqueadores, comerciantes, estancieiros, prejudicados pela política econômica do centro, que queriam a autonomia federativa. A classe dominante gaúcha se apresentava como forte, destemida, cívica; "o gaúcho era o 'paladino do liberalismo', defensor das fronteiras, artífice da nacionalidade" (Pesavento, 1985).

Em 1845, o governo do Rio de Janeiro, tendo necessidade do apoio gaúcho na defesa da fronteira sul, ofereceu a "paz honrosa": foi concedido que os estancieiros escolhessem seu presidente de província, as dívidas da República rio-grandense seriam pagas pelo governo central, os generais farrapos poderiam passar para o Exército brasileiro, o governo central garantia o direito de propriedade e segurança individual aos revolucionários, os prisioneiros de guerra seriam soltos, houve aumento da taxa alfandegária sobre o charque platino, o governo reconheceu a liberdade dos escravos que lutaram na revolução. Por que tanta generosidade? Porque, segundo Pesavento (1985), "o Império precisava do apoio militar e econômico do Rio Grande do Sul e do uso do território como base de operações. Era o poder militar da província que interessava, pois os conflitos na região aumentavam, a fronteira precisava de vigilância, Uruguai e Argentina estavam em guerra". O Rio Grande do Sul sempre teve um difícil relacionamento com o Rio de Janeiro, relações instáveis, laços de complementaridade e conflito. A relação com o centro era complementar, militarmente e como abastecedor do mercado interno, e conflituosa, porque o Rio Grande do Sul dependia dos preços e da política de tarifas do centro e sofria uma subordinação econômica e política. A estrutura administrativa imperial excluía os rio-grandenses nas questões de interesse nacional. A Revolução Farroupilha tornou-se símbolo da bravura do povo gaúcho e de suas tendências libertárias. Seus principais vultos tornaram-se exemplos da alma gaúcha: altivez, coragem, desprendimento. Para Sandra Jatahy Pesavento (1985), "a função dessa historiografia oficial é legitimar e dar coesão ao sistema de dominação vigente e à hegemonia do grupo agropecuarista na sociedade civil". Segundo ela, hoje, a historiografia dá um enfoque menos emocional ao evento, "que é analisado de forma mais crítica como uma rebelião dos senhores de terra e gado contra a dominação da oligarquia do centro do país, beneficiária da Independência, que se impunha sobre as outras províncias" (1985). Hoje, já se problematiza a figura e os projetos de Bento Gonçalves. Gonçalves afirmava que a Guerra Farroupilha era a guerra heroica do povo rio-grandense contra o governo central, "mas de qual Rio Grande do Sul ele falava? Do estancieiro ou do peão, do rico ou do pobre? Qual era a verdadeira razão do conflito? A riqueza gaúcha era o gado, os proprietários se enriqueceram, mas se sentiam explorados pelo governo central, e fizeram a sua guerra usando gente humilde como carne para o seu canhão. A peonada, o povo gaúcho, era apenas massa de manobra na campanha militar, lutava por interesses que não eram seus. Eram homens do bando armado do senhor, que não prometia redistribuição de terras" (Pesavento, 1985). O coronel era quem mandava, estava lutando por seus interesses. Dizem que o gaúcho é o "centauro dos pampas", mas, para Pesavento (1985), isso é lenda: "O peão é pobre, não é dono do cavalo que monta, mora num rancho no meio do pampa. Cavalo é para grão senhor, que olha o mundo de cima". Quanto ao peão, heroísmo não é só enfrentar o inimigo; é enfrentar a terra, as incertezas da colheita, evitar que os filhos morram de fome. De acordo com Pesavento (1985), havia um herói, estrangeiro, Giuseppe Garibaldi, "que lutava pelos peões, era um homem que queria mudar o mundo, era um lutador pela liberdade". Diante de tantas guerras e opressões sociais e políticas, para Scliar (1993), o gaúcho não podia ter medo!

A República positivista castilhista

Por outro lado, os gaúchos se dizem descendentes de Júlio de Castilhos, Borges de Medeiros e Getúlio Vargas, líderes da ditadura republicana positivista que se instalou no Rio Grande do Sul no final do Império e na primeira metade do século XX. A partir de 1860, os liberais eram majoritários no Rio Grande, mas, em 1882, foi fundado o Partido Republicano Rio-Grandense (PRR), que se impôs ao Estado, após a Proclamação da República, defendendo a centralização com um discurso comtiano. Embora Comte tivesse simpatizantes por todo o Brasil, só no Rio Grande do Sul seu pensamento tornou-se uma "religião laica", seguida com fervor pelo Estado castilhista. O positivismo deu o tom ao republicanismo gaúcho: "ordem e progresso", "prever para prover", "conservar melhorando". Para Trindade (1990), a classe dominante econômica e política do Rio Grande do Sul era hostil à nova classe dirigente nacional que chegou ao poder com a Proclamação da República, que era paulista e liberal. O regime castilhista é antiliberal, queria fazer o desenvolvimento por uma modernização conservadora. Júlio de Castilhos tornou-se tão poderoso como quase um Deus, sua liderança impunha obediência e confiança. Ele era irredutível em relação à autonomia da autoridade estadual, restringia intervenções federais, era contra a "política dos governadores", mas não podia enfrentar Minas, São Paulo e seus aliados. Seguindo Comte, defendia o progresso com ordem e a forma republicana e ditatorial como a ideal. Castilhos foi eleito presidente do Rio Grande do Sul, em 1891, pela Assembleia Legislativa estadual. A Constituição estadual, concebida por ele, era de inspiração positivista: Executivo com mandato de cinco anos, com reeleição, com direito a nomear o vice; Legislativo unicameral, com autoridade restrita a questões orçamentárias, exclusão do ensino superior da subvenção do Estado, ênfase no ensino primário universal (Love, 1975; Trindade, 1990).

Sob o castilhismo, o início da República foi dramático para os gaúchos, que entraram em guerra civil. Eles estavam divididos entre liberais e positivistas, e se enfrentaram em sangrentas guerras civis, com vitória duradoura dos castilhistas. Entre 1893 e 1895, os federalistas liberais ditos "maragatos" enfrentaram a ditadura castilhista, os "chimangos", e foram derrotados. Vitoriosos, os positivistas Júlio de Castilhos e Borges de Medeiros dominaram de forma absoluta o Rio Grande do Sul. Houve nova guerra civil em 1923, o que impediu a reeleição de Borges de Medeiros, mas que colocou seu discípulo Getúlio Vargas na presidência do Estado, em 1928. A máquina castilhista controlava o Executivo, o Legislativo, a polícia, os municípios. Os republicanos instalaram o terror e a degola, a forma de execução preferida dos gaúchos, que se tornou lugar-comum. Segundo Love (1975), "a vítima era morta como um carneiro: ajoelhada, mãos atadas, o pescoço cortado de orelha a orelha. Era rápida, silenciosa e barata". Os republicanos atacavam os "federalistas", que tinham de fugir para o Uruguai e a Argentina, deixando suas propriedades, que eram saqueadas. Os republicanos aplicaram o termo "maragato" a todos os federalistas, querendo dizer que eram invasores estrangeiros, vinham do Uruguai. Os federalistas chamavam os republicanos de "chimangos", de "pica-paus", devido ao quepe vermelho usado pelas tropas federais, que lutavam ao lado de Castilhos. Floriano Peixoto apoiava Castilhos. Republicanos e maragatos faziam estupros, castrações, degolas recíprocas. As paixões atingiram o ápice na guerra civil de 1893-95. Enfim, após a Proclamação da República, o Rio Grande do Sul viveu em guerra civil, crimes, sofrimento, nada mais era respeitado. Houve uma polarização política extrema, o poder ficou centralizado em Castilhos; os "coronéis" não decidiam, tornaram-se "coronéis burocratas" do PRR. Os ditos "heróis" da República gaúcha eram os homens mais violentos, que ganhavam prestígio com sua "bravura". Castilhos e o PRR mantinham o poder com intimidação, violência, fraude. O PRR tinha dono, as ordens vinham de cima. Deputados e coronéis rebeldes eram expulsos, a oposição à máquina era suicídio (Love, 1975).

Trindade (1990) formula a questão que se impõe: o que permitiu a formação de um governo positivista no Rio Grande do Sul? Para ele, a Constituição gaúcha, concebida por Castilhos, tornou-se um corpo político estranho em relação às constituições liberais adotadas pela República. A nova Constituição gaúcha era "uma flor exótica transplantada para o clima subtropical do sul do Brasil e a sua longa duração significa que germinou em terreno favorável". Para Trindade, o impacto do positivismo sobre o programa republicano foi devido à redução da ideologia liberal-republicana à questão federalista, o que criou um espaço de penetração para o positivismo. Para Júlio de Castilhos, a ditadura republicana é a ação que um homem superior exerce sobre a marcha da sociedade, para a salvação do Estado e da nação. O bem público é o resultado da sociedade moralizada por um Estado forte que impõe a ausência de interesse individual em favor da segurança coletiva. É uma recusa da representação política liberal. O PRR impôs um regime autoritário estável. Eles venceram militarmente os liberais em 1893 e em 1923, e criaram sua legitimidade política própria, que vai vigorar apenas no Rio Grande do Sul até os anos 1930, quando o principal herdeiro de Júlio de Castilhos, Getúlio Vargas, o primeiro ditador republicano, chegou ao poder e implantou o modelo castilhista no governo central. A situação do Rio Grande do Sul era bem original na Primeira República liberal, o sistema de dominação castilhista durou por 40 anos (Trindade, 1990).

O Rio Grande do Sul, apesar da permanente guerra civil, conseguiu ascender e aparecer na política nacional. Getúlio Vargas trouxe ao governo central o caudilhismo platino em sua versão castilhista. Mas, para Pesavento (1985), após a Revolução de 1930 o poder central se recompôs e o Rio Grande do Sul voltou à sua subordinação econômica e política ao Sudeste. No plano das consciências, o Rio Grande do Sul se sentia vencedor de 1930, pois seu ex-governador, o revolucionário castilhista Getúlio Vargas, governava o país, mas o Rio Grande voltou a perder posição na economia nacional. Vargas logo colocou em segundo plano as pretensões regionais, celebrando a unidade nacional em oposição à descentralização política. A queima de bandeiras estaduais foi uma expressão simbólica. O gauchismo sofreu um revés político quando imaginava ter chegado ao poder. Para Bosi (1992), não. Em 1937, Vargas passou a conduzir o Estado brasileiro da maneira como era governado o Rio Grande do Sul pelo castilhismo. O positivismo gaúcho foi um estilo local — que depois se tornou nacional — de promover a modernização. As ideias positivistas orientaram a modernização tal como se deu no Brasil, promovida por um Estado-providência. Bosi (1992) define o castilhismo como um "enxerto de longa duração", que legitima a intervenção do Estado na economia e na sociedade. O objetivo do Executivo é governar acima dos interesses egoístas das classes e representar todas as classes. O Estado, assessorado por sábios, por sacerdotes imparciais, objetivos, puros, altruístas, voltados exclusivamente para o interesse público, devotados à causa do bem-estar da humanidade, devia intervir, corrigir as ações humanas individualistas, egoístas. O Estado tinha a função de arbitrar os conflitos de classes colocando-se acima delas; a questão social não era uma questão de polícia. O proletariado devia ser tutelado por uma legislação trabalhista corporativista. O objetivo da intervenção do Estado era realizar a união das classes para o desenvolvimento nacional (Bosi, 1992; Love, 1975; Pesavento, 1985; Souza, 2013).

Enfim, se os gaúchos se dizem descendentes de Bento Gonçalves e de Júlio de Castilhos, eles estariam confusos? Afinal, esses nomes racharam a sociedade gaúcha e a levaram a viver uma dramática guerra civil de longa duração. Talvez os gaúchos, que se representam como a população mais politizada do país, sejam esquizopolíticos: liberais-autoritários, descentralizadores-centralizadores, maragatos-chimangos, farroupilhas-positivistas. Contudo, segundo Pesavento (1985), as duas metades da sociedade gaúcha se unem no culto à lembrança da Revolução Farroupilha. Na radicalização pós-1889 (até 1930), ambos os partidos, chimangos e maragatos, se consideravam herdeiros de 1835. Essa reconstrução idealizada do passado servia à pecuária gaúcha em crise, descapitalizada, dirigida pelo PRR, que procurava o apoio de outros grupos econômicos gaúchos, do comércio, da indústria, das finanças. Os grupos dominantes buscavam fatos que o nobilitassem e justificassem sua hegemonia. O novo grupo hegemônico, comercial, industrial, herdou essa ideologia, que é também funcional para ele. Para Pesavento (1985), essa visão glorificadora, que é instrumentalizada por maragatos e chimangos, "pode levar à perda da análise mais séria das condições históricas, objetivas, econômicas e políticas rio-grandenses e de suas relações com o governo central". Para ela, "é preciso voltar ao passado para criticar o presente e não para mantê-lo como está, ou seja, a identidade gaúcha construída sobre a idealização da Revolução Farroupilha deve ser reconstruída", porque reúne as irreconciliáveis metades gaúchas — liberal e positivista — e só pode fazê-lo porque não passa de uma "mitologia ideológica" (Pesavento, 1985).

Mitologia do homem e da sociedade gaúchos

A historiografia gaúcha tradicional criou uma mitologia do homem gaúcho e da sociedade gaúcha. Segundo Love (1975), no século XIX "o gaúcho usava roupa colorida, chapéu de aba larga, lenço em volta do pescoço, botas de cano alto, esporas ruidosas (chilenas), calças largas e pesadas (bombachas), poncho de lã contra o vento do inverno, o minuano. Seu cavalo, seu 'pingo', quase fazia parte da sua pessoa; sobre ele vivia, formando a figura de um centauro. Amarrado à cela, o laço, um jogo de boleadeiras (três pedras revestidas de couro e amarradas por tiras de couro cru, que imobilizavam os pés da presa); raramente usava pistola, mas levava um facão, que tinha múltipla finalidade: matar, esfolar, comer e lutar. Comia basicamente carne, que assava em espetos ou facões no chão. Sua festa ao ar livre era o churrasco: come carne, toma chimarrão, que sorve por um canudo de prata (bomba) dentro de uma cabaça ornamentada (cuia). Termina a refeição com um cigarro de palha, com fumo crioulo". O gaúcho vagueava pela campanha montado e vestido assim. Love (1975) prossegue: "Ele só reconhecia quatro raças de homens: gaúchos, baianos, gringos e castelhanos. Gaúchos: todos de fala portuguesa no Rio Grande do Sul; 'baianos', todos os brasileiros ao norte do Rio Grande do Sul, com sentido pejorativo, pois não eram cavaleiros, eram 'mulatos' e pobres; gringos, os forasteiros não ibéricos, colonos italianos, alemães; castelhanos, os uruguaios e argentinos, os inimigos que assaltava do outro lado da fronteira e cujos assaltos repelia".

Para Souza (2013), "a identidade gaúcha foi construída a partir do meio rural, do isolamento regional e de uma certa estranheza recíproca com o resto do país. A origem gaúcha é o Bandeirante paulista, que chegou ao sul entre 1680/84 em busca de ouro e índios". Os gaúchos são também mamelucos, distantes da Coroa, do mundo dito "civilizado". O termo "gaúcho" significa "morador do pampa", "vaqueiro errante", o vaqueiro que trabalhava para o estancieiro e o seguia em conflitos armados nas disputas pelo território. A imagem gaúcha é a de uma figura popular, o vaqueiro, que é o herói regional, valente e honrado cavaleiro. Segundo Souza (2013), o tipo do gaúcho reúne essas qualidades: virilidade, coragem, honradez, desprendimento em relação a valores materiais, amor à liberdade, individualismo e senso de companheirismo. Ele é definido como um homem a cavalo, o "centauro dos pampas". O maior insulto é "ladrão de cavalo". A masculinidade do gaúcho está associada à atividade do cavaleiro, ser "macho" é saber montar; todo mau cavaleiro, como os "baianos", é "poltrão", outro grande insulto. O gaúcho é impetuoso, acha que precisa ser "macho" até a morte. O homem honrado tem de aceitar desafios, tem de ser corajoso, não pode ser passivo ou submisso. Ele tem um comportamento violento, enfrenta duelos, mata sem escrúpulos, visa a cara do adversário para impor sua marca. Os gaúchos têm maneiras bruscas, grosseiras, e, por isso, se consideram mais homens, mais livres. Para Saint Hilaire (apud Souza, 2013), "os hábitos carnívoros dos gaúchos os tornaram cruéis e sanguinários". O gado abatido, o ar que se respira traz o cheiro de um imenso abatedouro. Para José de Alencar (1998), autor de *O gaúcho*, "a alma do gaúcho emigrou da família e da sociedade humana, é um coração ermo e exilado, que se relaciona mais com cavalos. É um ser livre, não busca ouro, é alheio a cálculos monetários, a honra e a palavra têm prioridade".

Contudo, não há só um tipo de gaúcho, mas dois, que lembram a distinção de Moog (1978) entre o "pioneiro" e o "bandeirante". O "pioneiro" é o colono açoriano, alemão, italiano, que é sedentário, agricultor, pacífico, prefere o trabalho rotineiro às aventuras e à guerra. Esse gaúcho não é reconhecido como o "verdadeiro gaúcho". O tipo do gaúcho mais louvado é o "bandeirante", o homem que se diz "macho" e livre, aventureiro, cavaleiro, guerreiro, independente, sem laços afetivos, sem família, que luta pela manutenção da autonomia política. Esse é o "bandeirante gaúcho", que Érico Veríssimo, em *O tempo e o vento*, descreveu bem com o famoso personagem capitão Rodrigo Cambará. Na construção desse segundo tipo gaúcho, tem grande importância a Revolução Farroupilha e o seu líder Bento Gonçalves da Silva. O gaúcho típico deve ser um clone de Bento Gonçalves, mesmo se a população tem diferenças internas: indígenas, açorianos, espanhóis, paulistas, alemães e italianos. A identidade gaúcha não aprecia a presença indígena, mas a presença negra incomoda mais do que a indígena e é considerada mínima. As presenças alemã e italiana, ao contrário, são valorizadas, pois contribuíram para a grandeza econômica, eugênica e social do Rio Grande. Outros elogiam a presença açoriana, um tipo sóbrio, sólido, disciplinado, ordeiro. A miscigenação mais valorizada é com o europeu. Oliveira Vianna definiu o gaúcho como eugênico, um branco puro, um conquistador (Moog, 1978; Souza, 2013).

Quanto à sociedade gaúcha, a historiografia mitológica a apresenta como democrática e igualitária. Segundo Pesavento (1985), essa é a "ideologia da classe dominante agropecuarista da República Velha, que afirmava que o negro gozava de tratamento brando, os senhores trabalhavam tanto quanto os escravos e peões, não havia hierarquias e privilégios, mas camaradagem e fraternidade entre potentados e humildes". Uma visão idílica que não via conflitos sociais e dominação na sociedade gaúcha. Os donos da terra viviam de forma rústica e frugal, tinham um padrão de vida modesto, sem luxos. Os estancieiros eram bons trabalhadores e guerreiros, trabalhavam e lutavam lado a lado com os peões. É a "democracia dos pampas". O senhor era naturalmente senhor e tratava seus subordinados com tolerância e bondade, que o obedeciam reconhecendo sua superioridade; ao obedecerem, eram elevados até seus senhores. A luta armada era permanente, senhores e peões lutavam juntos. Diz-se que não há luta de classes no Rio Grande do Sul. Para Pesavento (1985), entretanto, isso é outra lenda. O estancieiro, mesmo próximo e simples, era o proprietário e exercia o poder com violência. A suposta camaradagem do "tomar chimarrão na mesma cuia, beber água na mesma guapa, vestir-se com a mesma indumentária, iguais hábitos alimentares, não eliminavam a distância, a violência, a arbitrariedade" (Pesavento, 1985).

O livro de Fernando Henrique Cardoso *Capitalismo e escravidão no Brasil meridional* foi pioneiro na desmontagem dessa mitologia da "democracia social rio-grandense". É um livro importante para a cultura gaúcha e influenciou a interpretação extremamente crítica de Sandra Pesavento. Para Cardoso (1977), talvez a importância do escravo no Brasil meridional tenha sido menor do que no resto do país, mas houve escravos. Não era uma sociedade democrática e igualitária. O escravo foi usado de forma variável, fosse em uma região ligada ao mercado interno ou platino ou na economia de subsistência. Havia relações de dominação entre senhores e escravos, entre índios, negros e brancos. Era uma estrutura social assimétrica que impunha dominação e subordinação. Havia o exercício violento e arbitrário da autoridade; a relação era do tipo comandantes militares e subordinados, chefes de bandos e subordinados. A violência e a arbitrariedade eram a lei. Era um sistema social violento, autocrático, pervertido, por causa da fronteira e da guerra. A ordem jurídica era letra morta. O empreendedor econômico agia em uma economia predatória; eram grupos de pilhadores, contrabandistas, sob a autoridade de um chefe autocrático, que era a lei. As relações eram de mando e proteção, fidelidade e sujeição. A sociedade pastoril da estância não era independente e oposta aos bandos pilhadores da fronteira. Os peões eram acaudilhados dos pilhadores e estes se afazendavam, tornavam-se proprietários. A Coroa e os estancieiros ligavam-se aos saqueadores gaúchos como mandantes e protetores. Eram solidários. As normas da estância eram mais ou menos as mesmas dos bandos de pilhadores: chefe que se impunha pela força e que só encontrava limite na força de outro chefe e do Estado. Mesmo a autoridade constituída agia como chefe de bandos; pilhadores e estancieiros mantinham relações regulares com o exército e o governo. A administração sempre apelou a eles na hora da guerra.

Essa mitologia sobre a identidade gaúcha já incomoda os próprios gaúchos, que a veem como um estereótipo de sua sociedade complexa, composta por indivíduos e grupos diversos, plurais, que já não aceitam essa "ideologia". Talvez tudo o que tenha sido dito acima já seja uma representação superada da identidade gaúcha. Eles provavelmente não desejam mais ser reconhecidos como "homens-cavalo", "degoladores", "ditadores", "machos misóginos" e coisas assim. Mas um elemento forte dessa identidade talvez ainda persista e precise ser superado: o racismo, a recusa do outro, negro, índio e até dos outros brasileiros, vistos como "mulatos". O Rio Grande do Sul é um mundo branco, de belas mulheres louras, mas alguns negros vindos de lá são também famosos nacionalmente, como Daiane dos Santos, Lupicínio Rodrigues, e mundialmente, como Ronaldinho. Vianna Moog (2012), em seu romance *Um rio imita o Reno*, combate o racismo do grupo gaúcho alemão, que tem opinião desfavorável sobre os próprios gaúchos e os brasileiros do Norte. Um dos personagens, Paulo Wolff, nem entendia como o Brasil podia ser um país independente! Para ele, "os brasileiros são 'negros' e não se pode esperar nada de 'negros'" (Moog, 2012). Érico Veríssimo, em seu grandioso e espetacular mural sobre a história gaúcha, apresenta personagens insatisfeitos, críticos amargos dessa mitologia da identidade gaúcha. Vou citar as falas de alguns, apenas para problematizar tudo o que foi dito acima: "Bibiana, quando ouviu o tiroteio, ficou sentada na cadeira, escutando as balas que partiam as vidraças ou se cravavam nas paredes. Viu guerras e revoluções sem conta e ficou esperando o pai, o marido, o filho, o neto. Era morte de parente em cima de morte de parente. Ela nem mais tirava o luto do corpo". Maneco Terra dizia aos filhos: "Não criei filho para andar dando tiro por aí. O melhor é ficar agarrado no cabo da enxada. Uma roça é que é trabalho de homem. Patriota? Ele está defendendo as estâncias que tem. O que quer é retomar as terras que os castelhanos invadiram. Pátria é a casa da gente". Dona Henriqueta, mãe de Ana Terra reclamava: "Aquilo não era vida! Os homens do Continente não faziam outra coisa senão lidar com o perigo. Ouvia contar estórias terríveis de mulheres que tinham sido roubadas pelos índios coroados ou violentadas por bandoleiros". O racismo gaúcho aparece no assassinato de Pedro Missioneiro pelos irmãos de Ana Terra, a mando do pai. Ana detestava seu pai e irmãos, tinha vontade de fugir dali: "assassinos!" (Moog, 2012; Veríssimo, 2005, 1987a).

Dona Picucha Terra fala sobre a Guerra Farroupilha: "Nunca vi guerra mais braba e mais comprida. Dei tudo que tinha pros Farrapos. Meus sete filhos, meus sete cavalos, minhas sete vacas. Sina de mulher é essa: ficar em casa esperando, enquanto os homens vão em suas andanças. Foi uma guerra mui séria, de ódios e durezas, ferro contra ferro, olho por olho, dente por dente. Os republicanos deram alforria para todos os negros que se alistavam em suas forças. Os imperiais quando pegavam um desses negros mandavam dar-lhe uma surra de duzentos a mil açoites. E toda vez que um negro era surrado, o governo farroupilha tirava a sorte entre os prisioneiros e passavam um oficial legalista nas armas". Maria Valéria, personagem discreta e forte, contempla o cunhado com ódio frio: "Homens! Botas embarradas, cheiro de suor, sarro de cigarro e cachaça, faca na cova do colete, revólver na cintura, escarro no chão. Machos! Dá vontade de cuspir". O coronel Jairo, o positivista, defende a religião positivista: "Viver para os outros, altruisticamente, cultivando a família, a pátria e a humanidade. No regime parlamentarista só têm representantes os fazendeiros de café e gado, o alto comércio. Só seriam eleitos os que tinham dinheiro, posição social, qualidades de orador e bons padrinhos. O parlamentarismo é o governo da burguesia. A República não precisa de parlamento. O povo paga por um luxo sem ter o menor benefício. O sufrágio universal é uma farsa". Dr. Rodrigo, seu interlocutor, é liberal, partidário da tolerância religiosa, da livre-iniciativa, do livre-pensamento, do respeito ao indivíduo; todos os homens nascem iguais. É contra Júlio de Castilhos, Borges de Medeiros e Pinheiro Machado. Aliou-se a Vargas, mas decepcionou-se (Veríssimo, 2005, 1987a).

O capitão Rubim, vendo o carnaval em Santa Fé: "Os gaúchos são um povo triste e sem encanto. Olha esses rapazes: não cantam, não dançam, não riem, não brincam. Ali vão, graves e compenetrados, como se estivessem a cumprir um dever cívico. No Sul não tem música própria, nem arte popular, nem tradição. Ao contrário do Norte, de Recife, com seus blocos, danças, o frevo, o maracatu. Aquilo é que é riqueza folclórica". Dr. Rodrigo defende os gaúchos: "O campo de batalha era o nosso território, uma terra devastada. Imagina as incertezas de uma fronteira móvel a subir e a descer ao sabor de guerras e tratados. O perigo constante, as lavouras destruídas e sem braços, o gado dizimado, os homens mortos e mutilados, as mulheres de luto". E sobre os Farrapos, o dr. Rodrigo dizia: "Nunca fomos separatistas, mas sim liberais, sempre desejamos uma República Federativa. Esse foi o sentido da Guerra Farroupilha. Mas o Rio Grande do Sul sempre foi preterido no cenário político nacional pelo bloco São Paulo/Minas. Havia má vontade do resto do país com o Rio Grande do Sul, que constitui uma cultura à parte do resto do país, temos vivido num isolacionismo psicológico (Veríssimo, 2005, 1987a).

Na conferência *Uma interpretação da literatura brasileira*, Viana Moog (1943) compara as identidades dos sete núcleos culturais brasileiros, as sete ilhas do "arquipélago Brasil". Apesar de crítico da mitologia gaúcha, Moog, patriota, compara as sete ilhas para concluir com o elogio da identidade gaúcha. Ele suspende o clima de guerra permanente e faz o elogio da paisagem: "A terra é dotada de uma beleza tranquila que repousa os sentidos. Ali, o homem pode comungar com a natureza, cultuá-la, ter sentimentos panteístas. Tudo se curva e amacia à vontade humana. As planícies e planaltos são cobertos pelo verde das coxilhas. As casas ficam no alto, como castelos medievais. Em torno, a paz, o silêncio, a maciez, a amplidão. O gado pasta tranquilo. É um cenário virgiliano de pastores e rebanhos" (Moog, 1943). E faz também a apologia do homem: "O gaúcho é individualista, narcisista, caudilhista. Tem complexo de superioridade. É indiferente a tudo que ultrapassa o seu mundo. Os temas da sua literatura: o rodeio, a doma, o cavalo, a china, o quero-quero, a bravura, o estoicismo, a morte em combate, o entrevero, o rancho, as carreiras em linha reta" (Moog, 1943). Para ele, Érico Veríssimo representa a cultura gaúcha, "a única que abriu o regional às influências universais" (Moog, 1943). Seria então Érico Veríssimo, e não Bento Gonçalves ou Júlio de Castilhos, a referência da identidade gaúcha pós-mitológica? E, à esquerda de Veríssimo, poder-se-ia colocar Raymundo Faoro? (Moog, 1943).

A obra de Raymundo Faoro é neofarroupilha?

Raymundo Faoro (sobrenome que se pronuncia como se houvesse um "l" no lugar do primeiro "o", embora seja comum ouvir, sobretudo entre juristas, "ô") nasceu em 1925, em Vacaria, no Rio Grande do Sul, filho de modestos agricultores de origem italiana. Fez direito em Porto Alegre e, em 1950, mudou-se para o Rio de Janeiro, onde se tornou procurador do estado. Em 1958, publicou, pela editora Globo, de Porto Alegre, *Os donos do poder: formação do patronato político brasileiro* — título que agradece a Guilhermino César, mas que, diz a lenda, teria sido dado por Érico Veríssimo —, obra que lhe rendeu o prêmio José Veríssimo, da Academia Brasileira de Letras, em 1959. Em 1975, reeditou a obra bastante modificada em coedição com a Edusp. A primeira edição, um volume de 271 páginas, apesar daquele prêmio, passou despercebida; autor e obra continuaram pouco conhecidos. Na segunda edição, a obra teve o seu volume triplicado: dois volumes, 750 páginas! E, paradoxalmente, num país iletrado como o Brasil, esse imenso volume teve um enorme impacto e se esgotou rapidamente. Nos 17 anos entre a primeira e a segunda edições, Faoro transformou-se de *outsider* em "profeta". Para Ricupero (2011), era inevitável que a primeira edição caísse no vazio porque os anos 1950 foram a época áurea do nacional-desenvolvimentismo, os anos dourados de JK, quando o Estado era visto como o responsável por todas as iniciativas que levavam o país ao desenvolvimento. Foi somente nos anos 1970 que se percebeu, tardiamente, que sua interpretação dava inteligibilidade à ação das Forças Armadas, um dos setores que Faoro chamava de "estamento burocrático". Foi importante também para a consagração da segunda edição o fato de Faoro ter sido presidente da Ordem dos Advogados do Brasil (OAB), de 1977 a 1979, organismo que foi decisivo no combate à ditadura, assim como a União Nacional dos Estudantes (UNE) e os sindicatos. A OAB lutou pelo *habeas corpus*, impulsionou a campanha pela convocação de uma assembleia constituinte, que ocorreu em 1988. Esse é o período de consagração definitiva do autor que, em 2002, foi eleito para a Academia Brasileira de Letras, falecendo em 2003 (Ricupero, 2011).

Jasmim (2003) comparou as duas edições e constatou uma forte presença de Marx e Engels na segunda edição, o que era ausente na primeira. Dois capítulos foram acrescidos para expandir detalhadamente o argumento de Faoro para o período republicano. Eles acrescentaram erudição, informação mais extensa, mas tornou-se um livro volumoso, de leitura difícil, que por si só não teria tido o sucesso editorial que teve. Para os críticos, se a segunda edição, por um lado, tornou-se "a edição", "a obra", com várias reimpressões, por outro, a perda da concisão debilitou a força original. O povo, o maior interessado em conhecê-lo, sentiu-se intimidado com a extensão e a aura de erudição e sofisticação que recobria o livro. Mas do ponto de vista interpretativo, desde a primeira edição, a obra já falava por si, já era um clássico. Sua visão da trajetória da história brasileira dava sentido ao presente. Para Jasmim (2003), a tese se formula melhor pela negação: "O patrimonialismo estamental e burocrático inviabilizou a modernidade da economia racional e a legalidade do Estado de Direito. Essa associação entre a ausência do desejado e o pecado original conforma a estrutura da teoria faoriana da história nacional como uma espécie de não história ou de dialética sem síntese".

Nosso estudo toma a segunda edição (1975), em sua reimpressão de 2008, como fonte, como "a obra" que foi consagrada nas décadas de 1970, 80 e 90, quando esteve sempre presente nas universidades e na imprensa. Nesse ambiente de resistência à ditadura, a obra e o autor tornaram-se a bíblia e o profeta do retorno à democracia. Faoro, dada sua importância para a oposição, foi recebido pelo general Ernesto Geisel numa das primeiras iniciativas da abertura política. Faoro é autor de poucos livros, não era um pesquisador ligado à universidade, embora tenha sido muito bem acolhido por ela. Sua obra inclui apenas três livros: *Os donos do poder: formação do patronato político brasileiro* (1958), *Existe um pensamento político brasileiro?* (1994), *Machado de Assis: a pirâmide e o trapézio* (2001), além de diversos artigos publicados nas revistas *IstoÉ/Senhor* e *Carta Capital*. *Os donos do poder* é considerado por Antônio Cândido e outros críticos um dos 10 livros mais importantes sobre o Brasil, o que pode ser polêmico, mas estou de acordo, e por isso o incluí neste estudo sobre as interpretações regionais do Brasil. Neste estudo, Faoro foi escolhido para representar a "visão gaúcha do Brasil", mas só pode representar a metade "farroupilha" do tempo gaúcho, na medida em que é um crítico radical da outra metade "positivista". Talvez a crítica que ele faz do Estado brasileiro tenha surgido de seu combate regional ao Estado positivista, que, nos anos 1950, após o suicídio de Vargas, provavelmente ainda fosse vivo.

Faoro se destacou como um crítico regional do Estado positivista e como um crítico nacional do Estado patrimonialista, enfim, como um crítico dos Estados gaúcho e brasileiro. Se a Revolução Farroupilha foi a grande revolução liberal rio-grandense e é a origem da mitologia do gauchismo emancipador, nossa hipótese é que Faoro representa esse "tempo farroupilha", radicalizando-o, indo muito além da simples reivindicação da descentralização e propondo a criação de instituições liberais que estruturassem a sociedade civil. Sua obra continuaria a guerra contra os castilhistas, mas agora no campo das ideias políticas, em busca de outra "identidade gaúcha" (Ricupero, 2011).

Entre os anos 1975 e 2003, o Brasil ganhou esse personagem heroico, que poderia manter também, talvez, da identidade gaúcha, algo do "sacerdote positivista", um "sábio", puro, incorruptível, antipoderosos, defensor dos pobres e oprimidos, um lutador pelo direito, pela força da lei, pelo domínio da ciência, pelo progresso da humanidade que existiu no Rio Grande do Sul apenas como uma abstração. Faoro está longe de ser assessor de algum ditador republicano. Todos se curvavam diante de Faoro como diante da "presença do bem". Ele era chamado de "mestre", "guia", "profeta"; a esquerda intelectualizada/laica quase recaía em crenças milenaristas! Para Benevides (2003), "ele foi conselheiro lúcido, crítico, colaborador, amigo, uma referência constante na luta corajosa contra a Ditadura. Não era um arrivista, não estava à caça de cargos e honrarias. Foi convidado por Lula para ser vice, em 1989, mas não aceitou. Tinha horror de ser medalhão, apreciava o debate intelectual de alto nível. Tinha um senso de humor inigualável e sobre si mesmo. Foi um homem bom, íntegro, inteligente, encantador". Para Sevcenko (2003), "a obra de Faoro marcou época pela originalidade do enfoque e pela aguda lucidez crítica. A sua erudição, genialidade, ardor de justiça e exemplo de dignidade permanecerão. A sua atuação corajosa e decisiva no combate à Ditadura militar demonstrou que, além de qualidades intelectuais únicas, tinha uma força de caráter, uma grandeza de ideais, uma ousadia de liderança que se tornaram modelo para o país. As gerações de pesquisadores mais novos o viam como Mestre e Guia". Para Mino Carta (2009), "ele foi o Profeta, não somente como historiador. Profeta não é só o que é adivinho, mas o que enxerga mais nítido e mais fundo que os demais. Ele foi o Mensageiro. Foi o grande Iluminista em um país que ainda mantém aspectos medievais, que ainda não fez a sua Revolução Francesa. Ele fará falta ao governo do PT, junto ao qual tinha grande influência. Ele foi o símbolo da esperança". Para Lygia Fagundes Telles (2003), "quando ele ia ao Rio, jantávamos, em companhia de outros. Ele era um grande conhecedor de vinhos, o homem sabia de tudo, conhecia o Brasil inteiro. Com que entusiasmo aderiu à campanha de Lula. Para ele, Lula era uma espécie de Gandhi, o iniciador de um novo tempo".

O leitor pode se espantar: quem terá sido esse herói/sacerdote iluminista? Como teria morrido: puxado por cavalos, na forca, esquartejado, fuzilado, torturado nos porões? No Brasil, os heróis populares foram mártires, mas Faoro nem era um "cavaleiro gaúcho de triste figura"; tinha grande envergadura, voz grave, culto, um degustador de vinhos e prazeres da mesa. Ele é um herói das elites cultas e politizadas, não é (re)conhecido pelo povo, que jamais leu sua obra e desconhece suas intervenções em defesa dos prisioneiros políticos da ditadura e pela abertura democrática. É um "intérprete do Brasil" que, como advogado e presidente da OAB, passou da posição de autor à de ator. Em sua interpretação do Brasil, ele se apresenta como advogado da população brasileira, há séculos torturada por um Estado sem nenhum interesse em seu bem-estar social. Sua obra *Os donos do poder* representa a abertura de um processo judicial contra a ditadura multissecular, a eterna ditadura, que se abateu sobre o povo brasileiro. Ele reivindica a liberdade para o povo brasileiro ao denunciar a prisão de longa duração à qual está submetido. Faoro é um heroico advogado no tribunal da história brasileira, onde o réu é o Estado luso-brasileiro e a vítima é a população brasileira. Ele é um advogado que, para defender seu cliente, foi buscar provas nas ciências sociais, na historiografia, na teoria política. Ele se transformou em um advogado-historiador, em um pesquisador da história do seu cliente, para defendê-lo das injúrias e maus-tratos sofridos ao longo de cinco séculos. Contudo, ele se estendeu tanto em sua defesa/livro que se pode perguntar se o júri popular o ouviu ou entendeu. Para Sevcenko (2003), "nenhum historiador poderá ignorar a sua argumentação em *Os donos do poder*. O seu grande tema é o desencontro da história do Brasil com a modernidade democrática, os bloqueios políticos que impedem o país de obter o pleno desenvolvimento econômico e, sobretudo, de resgatar a sua imensa dívida social, na direção da sociedade mais justa, digna, pacífica e igualitária".

Faoro (2009) expressa de forma mais sucinta o seu ponto de vista sobre o Brasil em *O Estado não será o inimigo da liberdade: Carta de Curitiba*. Ali, em 1978, em plena ditadura, ele denunciava "os desvios oligárquicos e autoritários da República". Esta é sua mensagem ao povo brasileiro: "O Estado não pode ser mais o inimigo da liberdade, pelo contrário, deve tornar-se o seu promotor e garantidor". Para ele, "a sociedade civil, no Brasil, sempre foi controlada e sufocada pela sociedade política, que promete o paraíso para somente depois de se ter alcançado o desenvolvimento econômico. O Estado impõe a espera por uma cidadania que nunca chega, mantendo o *status quo*, atualizando o velho, legitimando o seu autoritarismo. A democracia foi dissociada da participação social e política, a autoridade se degrada na força, sem o apelo à legitimidade. A lei é convertida em vontade de quem manda. Chega-se ao elitismo oligárquico, à negação do Direito, à negação da política, amesquinhada em lutas pelo poder". Faoro (2009) defende o retorno à verdadeira democracia, porque só por meio dela e de suas instituições os interesses individuais poderão se expressar e os interesses nacionais deixarão de ser dominados pelos interesses particulares. O Estado autoritário se defende argumentando com o "realismo da eficiência", mas, para Faoro, esse "realismo só reconhece a dimensão da força e não a dimensão da legitimidade. O Estado de Direito não cultiva esse 'realismo da eficácia', pois deve conter a força e amparar a liberdade". Ele sustenta que "o Estado liberal foi o único que expandiu fronteiras e elevou seus povos a níveis de riqueza jamais sonhados, o único a resistir aos assaltos totalitários, pela racionalidade de seus meios e fins". Defende um liberalismo que sustente as liberdades civis básicas, que seria "a luz da manhã do Estado de Direito". Mas Faoro (2009) não convoca à revolução, à insurreição, à violência. Ele insiste que sua "mensagem é de paz, de mudança pacífica, certo de que o compromisso está na própria dinâmica da vida democrática. Paz na divergência e paz no conflito, com o esquecimento das agruras e ódios, pela pacificação efetiva do passado. O passo inicial é o da garantia do *habeas corpus*, pedra em que se assentam as liberdades. A causa do povo brasileiro: a causa da liberdade, da democracia, do Estado de Direito". Faoro (2009) não incentiva a desobediência, quer evitar o "delírio utópico do radicalismo passional", mas recusa o "passivo fatalismo daqueles que esperam que tudo aconteça".

Ele estaria propondo a boa e velha "conciliação"? Pode parecer, por um lado. Mas, por outro, ele denuncia "o arquétipo político da história do Brasil, 'a imagem da conciliação', quando concessões mínimas são feitas aos dominados para manter a ordem dominante. Uma conciliação feita entre iguais e uma cooptação dos dominados. O Estado está sempre em relação tutelar com a sociedade civil, as classes jamais conseguiram expandir-se. Só o Estado é empreendedor. A inércia do passado é mais forte, impedindo o florescimento do novo. A tradição sempre vence" (Faoro, 2009). O Estado faz a modernização a partir de cima, sem envolvimento da sociedade como um todo, sem alterar a estrutura social nem seus valores. O estamento se altera em termos de atores, mas as relações estamentais não são alteradas, a modernização não altera a pirâmide social nem os valores dominantes. No Brasil, não há uma dialética de ruptura, mas uma dinâmica de amálgama, absorvendo os aspectos técnicos de produção e consumo e não o longo processo de racionalização econômico e político do Ocidente. Para Faoro (1994), "a modernização implica em progresso e não em desenvolvimento"; essa é a característica da modernidade. A modernização irá até a modernidade possível e "entre as duas há oposição e não contradição. A oposição, uma vez que não chega à contradição, pode conciliar-se e acomodar-se sem negação e superação". O caminho para a modernidade não deve ser pelo alto, mas pela expansão da cidadania. Na história brasileira não haveria processo histórico, "mas uma sucessão temporal com retornos de formas e tempos. Há uma circularidade temporal. O espectador parece estar vendo o mesmo espetáculo durante séculos. As modernizações, frutos dos caprichos das elites, parecem nunca terem existido. É um tempo circular, com uma onda que se sobrepõe à atual, desfazendo-se ambas. A história que daí resulta será uma crônica de déspotas, de governos, de elites, de castas, de estamentos, nunca a história que realiza, aperfeiçoa e desenvolve. A história é fossilizada, torna-se um cemitério de projetos, habitado por ilusões e espectros". Faoro considera o Brasil "um cemitério de modernizações": Pombal, d. João VI, Pedro II, Getúlio Vargas, ditadura militar, Estado neoliberal (Mendonça, 1999).

Em seu livro *Existe um pensamento político brasileiro?*, Faoro (1994) desenvolve sua argumentação sobre os dois temas mais importantes de seu pensamento político: a relação entre modernização e modernidade e os dois liberalismos brasileiros. Segundo ele, "a relação entre modernização e modernidade é entre os 'países atrasados' e os países centrais do Ocidente. O país atrasado tem como paradigma do seu desenvolvimento os países modernos centrais, como Inglaterra, França, EUA, e procura se aproximar desse modelo. O esforço dessa aproximação é a 'modernização', um esforço impulsionado de fora, sempre imitativo e defasado, que dificilmente levará à coincidência plena entre modernização e modernidade. O país atrasado continuará sempre atrasado por maior que seja o seu esforço de aproximação da modernidade central. Esse trabalho de modernização é também designado como 'europeização' ou 'ocidentalização'" (Faoro, 1994). Há dois exemplos bem-sucedidos de "modernização"— a Alemanha e o Japão — na primeira metade do século XX. Esses países conseguiram se industrializar e assimilar a alta tecnologia dos países avançados. Todos os países querem a modernização, que se tornou uma "enfermidade", uma epidemia que só poderá ser curada com sua realização final. O ponto de chegada é a supressão da diferença entre modernização e modernidade. Mas cada país deve descobrir seu próprio caminho de desenvolvimento; o caminho bem-sucedido de um não é transplantável ao outro. Nos países centrais, já modernos, o desenvolvimento envolve toda a sociedade, todas as classes se expandem. A modernização, ao contrário, chega à sociedade por meio de um grupo condutor, que privilegia os setores dominantes. A busca da modernização impõe ao país, pela ideologia e pela coação, certa política de mudança. A modernização, quer se chame "ocidentalização, europeização, industrialização, revolução passiva, via prussiana, revolução pelo alto, revolução de dentro", é uma só, com muitas máscaras, tantas quantas as das diferentes situações históricas. Quem a conduz é um grupo ou classe dirigente, que não reflete passivamente a sociedade sobre a qual atua. Tal grupo, para mudar o que não vai bem, começa a dissentir da classe dirigente tradicional. Mas a mudança que produz não altera a pirâmide social nem os valores dominantes. Para Faoro, a modernização pode ser, talvez, definida como um estado crônico de "bovarismo". A Independência, o Império, a República foram articulações de cima para baixo, foram uma transação. A conciliação política regulava e controlava a mudança social. Mantida a pirâmide, a ordem, o Império escravocrata adiou sua mais urgente reforma social para se modernizar. O povo não participava da mudança — padecia-a. O discurso da aquisição da "civilização/modernidade" pelo estamento significa para o povo uma condenação perpétua ao autoritarismo (Faoro, 1994).

Faoro distingue, no século XIX, dois liberalismos, diferentes: primeiro, o liberalismo português oficial, que a Corte tornara Constituição em 1824; segundo, o liberalismo nacional emancipacionista, que apareceu nas rebeliões, que contestava o liberalismo da Revolução do Porto, de 1820. Esse liberalismo nacional revolucionário não era um pensamento nacional, de um país como nação, mas de núcleos homogêneos, com um projeto nacional. Aparecia uma "consciência possível nacional", que não atingiu a realização da consciência real. Quanto ao primeiro liberalismo, era uma filosofia política livrescamente adotada que não se tornou práxis, era um verbalismo desligado da realidade. Não era um pensamento político ligado à práxis, mas leituras importadas, seletivamente adotadas e rejeitadas, que esboçavam um pensamento. Segundo Faoro, esse liberalismo das elites aceitou o compromisso com a ordem oficial. José Bonifácio era o intérprete. Mas, ao longo do século XIX, apesar das repressões, o ponto de vista do liberalismo nacional ficou vivo. A emancipação intelectual do universo português ocorreu gradativamente, influenciada pelas ideias francesas proibidas. Para ele, o liberalismo nacional é uma corrente indelével no pensamento político brasileiro com o signo da irrealização. A Revolução de 1817 foi sua melhor expressão. Diante desse liberalismo emancipacionista, a Coroa decidiu transacionar, para imobilizá-lo. Daí se projetou a transação da Independência, reformista, não liberal. Para ele, "a Independência foi uma transação, mera contemporização, uma conciliação, que conservou o antigo com um verniz novo. Foi uma transação entre o elemento nacional mais avançado, que era republicano, e o mais reacionário, o lusitano. Os liberais tinham uma relação ambígua com o poder, eram sediciosos ou conservadores. Essa cisão está na base do pensamento brasileiro e tem consequências que impedem o desenvolvimento, a adequação entre o pensar e o fazer. Melhor: de incorporar o fazer ao pensar" (Faoro, 1994). O liberalismo nacional era antiportuguês, anticolonial, mas não se realizou, foi vítima da tática absolutista: ceder para não perder tudo.

Foi em *Os donos do poder*, porém, que Faoro expressou mais profundamente seu pensamento histórico-político, ao fazer uma análise cética e pessimista do Estado brasileiro. Nesse livro, ele ousou fazer uma terrível denúncia do "realismo da eficácia" das elites brasileiras saquaremas e republicanas. A esquerda desqualificou sua interpretação rotulando-a de "weberiana", ou seja, não merecia ser lida, não tratava da luta de classes, era reacionária. Em *Os donos poder*, Faoro analisou a nossa prisão mental de longa duração: o patrimonialismo estamental-burocrático.

No processo cultural brasileiro, o tradicional e o moderno conviveram sem ter havido uma absorção por aquele da racionalização ocidental. Na década de 1990, quando o Brasil vivia o desmantelamento do Estado desenvolvimentista, muitos viram nessa iniciativa a realização do programa de seu livro. Contudo, o autor foi crítico dessas mudanças, vendo-as como mais uma tentativa do estamento burocrático de se adaptar às transformações da economia mundial e de manter o domínio. Nas mudanças dos anos 1990, promovidas pelo governo neoliberal de Cardoso, para ele permaneceu o "capitalismo politicamente orientado" da origem, houve apenas uma nova modernização, com uma nova roupagem. O governo de Cardoso não trouxe a mudança substantiva, continuava o capitalismo politicamente orientado; apenas mudaram os beneficiários dos favores públicos ou sócios do dinheiro público. Faoro denunciou o neoliberalismo que liquidou a proteção social que cabia ao Estado e, assim, com a possibilidade de uma democracia substantiva. O neoliberalismo tem um inimigo capital, que conseguiu destruir: a democracia social. Criado a partir de cima, esse neoliberalismo era ideologicamente transmitido à sociedade civil: "Uma elite dissidente, mas conservadora, que pretendeu, pela via do Estado, anular o Estado" (Faoro, 1991a). O Estado foi reduzido a mero protetor da esfera privada; tudo passaria para as mãos dos particulares. Foi mantida a estrutura estamental-patrimonial sob um Estado mínimo, neoliberal. Em seus artigos nas revistas *IstoÉ* e *Carta Capital*, ele demonstrou que o processo de redução do Estado foi também conduzido de forma patrimonial. Os grupos no poder desconheciam a nação miserável, os excluídos, ao mesmo tempo que aspiravam à modernidade. As elites bovaristas continuaram o seu consumo desenfreado de quinquilharias da globalização tida como inevitável (Mendonça, 1999).

Para Faoro, a modernização neoliberal promoveu a guerra de todos contra todos; os cidadãos ameaçados por todos os lados deixaram de lado a liberdade e preferiram a segurança. O neoliberalismo queria a liberdade econômica, que traria a liberdade política, mas abdicou desta para preservar a primeira. O autor é contundente com o governo Cardoso: "É impossível liberdade real em uma situação de desigualdade social. O que a democracia não tolera é a opulência de alguns e a miséria de muitos. A democracia é incompatível com o neoliberalismo, que entrega ao mercado o problema social. Sem distribuição de renda não há democracia. A cidadania inexistente reduziu a democracia ao formalismo" (Faoro, 1991b). A soberania popular era uma farsa, os detentores do poder faziam as decisões estatais e controlavam a participação popular. A estrutura estamental é uma teia de relações que se repete na história brasileira; seu sentido é orientado por uma mentalidade que realça a honra social e influencia no comando das decisões. E, para ele, essa estrutura teima em permanecer, apesar de avanços institucionais. Essa tese de uma "estrutura imutável e a-histórica" tornaria Faoro determinista? O futuro estaria contido no passado-presente, a mudança se subordina à estrutura de dominação, diante da qual tudo e todos permanecem passivos? A estrutura é que tem existência real, os demais atores são fantasmagóricos? A tese de Faoro é que o país real não é fonte de vida e energia. A sociedade brasileira é um mundo informe, uma base passiva e calada, onde ocorrem mudanças superficiais. O outro ator da história do Brasil é o povo, que, para ele, é uma massa inerme, à espera da salvação. A massa pede um rei, pobres e ricos querem um "pai do povo". O súdito quer proteção. A imagem do Estado patrimonial é a do pai protetor, a do Estado-providência, personificados em d. Pedro II e Getúlio Vargas. A apatia das massas só é rompida pelo carisma. O mito assumiu várias formas, de Getúlio Vargas a Collor: pais, aventureiros, profetas, guardiões. Todos cumprindo o papel de salvadores, civis ou militares; sempre o salvacionismo é que se apresentava em diferentes discursos e imagens. O imaginário político não se limitou a uma única imagem, mas, para Faoro, qualquer que seja a imagem, o mito é enquadrado estamentalmente, os mitos construídos a partir de cima servem à estrutura dominante. Pode-se perguntar a Faoro: Lula não seria mais um "pai e salvador"? Seu governo teria fugido à lógica estamental--patrimonialista do capitalismo politicamente orientado? (Mendonça, 1999).

Faoro tem uma visão negativa de nossa formação histórica. Para ele, o Estado patrimonial-estamental significa o fracasso da sociedade em controlar o Estado, ficando o povo destituído de soberania. Nem a revolução lhe é deixada, substituída pelo golpe de Estado. Faoro representa as maiorias sem voz, sua interpretação do Brasil tem um caráter radicalmente liberal-democrático, com ênfase no "democrático". Ele desqualifica as promessas do nacional-popular como um "odre velho em que não se poderia colocar vinho novo". Para Werneck Vianna (2009), "a inspiração de Faoro parece ser os movimentos libertários pernambucanos, o republicanismo de inspiração americana da Regência, a obra de Tavares Bastos. Ele propõe a emancipação da sociedade do Estado, sobretudo a economia. Ele propõe uma refundação da nossa história, a ruptura da sociedade civil com o Estado, para encontrar o moderno e a democracia. Na origem dos nossos males está o Estado, que Faoro sataniza, passando ao largo da questão da democratização da terra". De acordo com Werneck Vianna (2009), após o golpe de 1964 Faoro parecia ter razão, parece haver um movimento profundo da nossa história que impõe soluções autoritárias. Sua obra foi introduzida no panteão da universidade porque propunha a democratização do país. O programa de Faoro lembra o das revoluções regionais liberais imperiais, opinião que vem apoiar nossa hipótese de sua obra ser "neofarroupilha": "Liberar a sociedade dos nós que a atam ao Estado, fortalecer o sistema político da representação, emancipar a economia do mercantilismo, distinguir o público do privado, soltar a federação das amarras que a União a constrange. Sua palavra-chave é 'ruptura'" (Vianna, 2009). Faoro, contudo, não espera muito da sociedade civil, não a acha capaz de fazer essa ruptura. A ruptura seria a mudança das instituições, da forma de Estado, por meio do desmonte das relações patrimoniais e do poder do estamento burocrático. Ele deixa de fora da mobilização a questão agrária, os trabalhadores do campo, a democratização da propriedade rural. Para Faoro, é preciso liberar os interesses sociais dos obstáculos políticos que inibem sua manifestação, o que levaria à auto-organização da sociedade e ao afastamento da névoa estamental que a impede de se ver. O Estado e sua burocracia usurpam a voz dos interesses particulares. A questão posta é: "A modernidade pode aflorar em países sujeitos ao processo de modernização? Ou a modernização é a nossa segunda pele e estamos condenados a mudanças pelo alto? A Faoro devemos a compreensão dessa dialética entre modernidade e modernização, que ainda assombra a história da formação brasileira, dialética para a qual não há solução à vista, mas, pelo menos, está mais bem compreendida" (Vianna, 2009).

Para Iglésias (2009), *Os donos do poder* foi a revelação de um autor indispensável ao conhecimento do Brasil. Teve raros comentários, não teve a análise que merecia, embora tenha tido alguma repercussão e tenha sido bem recebido na universidade. Segundo o autor, "Faoro ilustra a melancólica verificação de que a melhor historiografia entre nós não se deve a historiadores, mas a sociólogos, cientistas políticos e economistas"; Faoro não é historiador, não faz pesquisas arquivísticas, mas é erudito e sabe o sentido da profissão de historiador. Suas fontes são bibliográficas, embora utilize fontes impressas: discursos, memórias, relatórios de ministros. Para Iglésias, ele percebeu o essencial utilizando o instrumento de interpretação sociológica de Weber, seus conceitos de *estamento, burocracia, patrimonialismo, poder carismático, dominação tradicional, racionalidade moderna, desencantamento do mundo*. Contudo, para Iglésias (2009), "seu conceito de 'estamento burocrático' é bastante fluido, de difícil apreensão, o leitor fica confuso, não foi uma ideia bem explicitada. Ele abusa da expressão: qual o sentido de dizer que o parlamentarismo nativo é de caráter estamental? Por que os partidos do Império são estamentalmente autônomos?". Para Florestan Fernandes, *Os donos do poder* "é um clássico da sociologia brasileira sobre como se reproduzem as desigualdades que deveriam ter sido eliminadas pelas novas formas de produção e fatos culturais". Para Carlos Guilherme Mota (2004), o livro oferece "uma fina percepção do mecanismo de dominação, transformou-se em senha para perceber a violência do sistema político brasileiro e nos ensina a ruptura". Para Francisco Weffort (apud Dias, 1988), "é a obra mais notável sobre o poder e o Estado na sociedade brasileira. Oferece a compreensão da continuidade do autoritarismo e da debilidade da democracia". Para Otávio Ianni (apud Dias, 1988), "a interpretação de Faoro se comprova cotidianamente na atuação dos governantes e seus associados, civis e militares, nacionais e estrangeiros".

Em entrevista a Santos Jr. (2009), Faoro disse que conheceu Weber por acaso, na edição mexicana do Fundo de Cultura Econômica (ou Ecumênica), de *Economia e sociedade*: "Fiquei deslumbrado, descobri um mundo novo. Eu tinha dúvidas sobre o esquema marxista da história do Brasil, era um dualismo que me intrigava: senhor/escravo, capitalistas/operários. Mas será que a terra tinha tanta importância assim? Ela não tinha esse valor. O que tinha valor era o escravo. Sem escravos, as pessoas não queriam terras, após a Abolição. Weber me ajudou a quebrar essa dicotomia. Verifiquei que o Partido Conservador era dos donos de escravos, os liberais eram os donos de terras. Os conservadores eram comissários, financiadores de escravos, donos de escravos. Quem governava não eram os donos da terra, eram os donos de escravos. Sem escravo não haveria latifúndio. Weber explicava isso". Então, o Brasil era dirigido por uma classe dirigente sem conexão com a base, uma classe dirigente que se renovava dentro dela: "Esse é o estamento, que se renova dentro dele próprio por um fenômeno de circulação de elites" (Santos Jr., 2009). Faoro se dizia weberiano e hegeliano; "muita coisa que parece Weber não é. Por exemplo, essa combinação de patrimonialismo e estamento, isso não é Weber. Para Weber, o estamento era feudal, patriarcal, mas não patrimonial" (Santos Jr., 2009). Faoro se considerou original ao criar o conceito de "patrimonialismo-estamental-burocrático" para o Brasil, porque o Estado é o protagonista da história luso-brasileira: "Aqui, o capitalismo é de Estado e se o socialismo for possível, será de Estado" (Santos Jr., 2009). Faoro teria sido o primeiro a usar o patrimonialismo weberiano no Brasil ou teria sido Sérgio Buarque de Holanda, para caracterizar o "homem cordial"? Na mesma entrevista, Faoro disse "que Sérgio Buarque achava que ele tinha errado em sua leitura do estamento em Weber. Achava que era uma elucubração dele, que não tinha nada a ver com Weber", e insistiu que "foi o primeiro a aplicar o conceito de patrimonialismo à história brasileira, não o Sérgio Buarque" (Santos Jr., 2009). Ele reivindica essa prioridade e não a cede a ninguém: "Fui o primeiro que aplicou isso com uma certa coerência" (Santos Jr., 2009). E também procura valorizar o lugar da sua obra na historiografia brasileira ao afirmar que aquela tríade de Antônio Cândido, que coloca no pódio da historiografia brasileira Gilberto Freyre, Caio Prado Jr. e Sérgio Buarque, "seria um absurdo completo, não significa nada, tem um sentido apenas paulista!" (Santos Jr., 2009). Faoro é duro com Caio Prado. Para ele, *Formação do Brasil contemporâneo* já seria "um livro morto, não tem mais sentido, mesmo dentro do marxismo, que evoluiu muito. As explicações marxistas têm uma sofisticação que no caso dele não tem. A pesquisa eliminou aquelas coisas todas" (Santos Jr., 2009).

Que tipo de gaúcho Faoro seria? Ele seria um "remendo novo" no projeto dos Farrapos, que ainda é um projeto não realizado e ainda novo? Ele seria um neofarroupilha? Penso que, por um lado, sim, ele continuou e radicalizou o combate dos gaúchos liberais-democráticos, aquele segundo liberalismo, o nacional-revolucionário, contra os gaúchos positivistas. Mas, por outro lado, se consideramos que a Revolução Farroupilha gerou uma "mitologia gaúcha", Faoro não poderia ser ainda nem uma vítima ingênua nem um cultivador conservador dessa mitologia. Minha hipótese é que Faoro é um gaúcho tão crítico da mitologia gaúcha que talvez não seja reconhecido pelos próprios gaúchos. Ele pertenceria à ordem da identidade ficcional gaúcha, um personagem da ficção local: o "sacerdote positivista" ou personagens de *O tempo e o vento*, de Érico Veríssimo, como Roque Bandeira/Tio Bicho e, sobretudo, Floriano, que expressam o tempo todo seu incômodo com a identidade gaúcha neofarroupilha. Para Roque Bandeira/ Tio Bicho, "outro mal que nos aflige: o nosso bentogonçalvismo, que até hoje nos tem mantido separados psicologicamente do resto do país, alimentando o nosso permanente ressentimento. Nossos compatriotas lá de cima chegam a pensar que pertencemos à órbita platina. O gaúcho entra na era atômica com gritos, ameaças truculentas, montado na carcaça do cavalo de Bento Gonçalves e empunhando uma bandeira de charque!". Para Floriano, "se nós, os gaúchos, jogarmos fora os nossos mitos, o que sobra? Sobra o Rio Grande, sem máscara, autêntico. Acho que à nossa coragem física de guerreiros devemos acrescentar a coragem moral de enfrentar a realidade. O que me parece absurdo é essa mitologia fabricada por uma literatura duvidosa e feita sob encomenda. É desse civismo convencional de grupo escolar que devemos nos livrar. Não desejo a destruição e a dizimação dos heróis da nossa história. Esses homens devem ser vistos de forma não idealizada, em sua humanidade, em sua verdade existencial. Sem esses guerreiros, os invasores teriam violentado e assassinado nossas mulheres, o Rio Grande não seria um território brasileiro. Tenho esperança no futuro do Rio Grande do Sul. Não temo a agringalhação da nossa gente. O que resultar desse amálgama de raças será ainda o Rio Grande. Apesar dos nossos ressentimentos de irmão que se sente esquecido e injustiçado, misteriosos laços de amor e solidariedade continuarão a nos prender ao resto do Brasil".

Será que Faoro tomava chimarrão o tempo todo? Floriano não tomava mate, o que é pecado mortal, segundo a teologia gaúcha. Floriano é o filho antipai, um gaúcho que admite que tem medo, que já foi chamado pelo próprio pai de "poltrão", supremo insulto. Ele sempre se considerava uma peça solta na engrenagem do sobrado. Segundo Terêncio, o personagem positivista, "se o destino do Rio Grande do Sul dependesse de gaúchos da marca de Roque Bandeira nosso Estado já estaria incorporado ao Uruguai ou Argentina. Essa terra foi mantida por homens de verdade, capazes de lutar e morrer pela pátria". Faoro seria uma mistura de Roque Bandeira e Floriano? Talvez, como Floriano, Faoro afirmaria: "Detesto o Estado totalitário, que intervém na vida privada do indivíduo. Mas pense bem: quantas vezes nossos fazendeiros pediram a intervenção do Estado para salvá-los? Cheguei à conclusão que a economia não pode ser totalmente livre. O sistema competitivo capitalista leva a crises e a guerras cada vez mais destruidoras. Estou convencido que uma economia planejada, não só na esfera nacional quanto interna, poderia assegurar ao homem as outras liberdades que me parecem tão importantes quanto as de acumular dinheiro. Somos o 'centauro dos pampas', o 'monarca das coxilhas', 'fazemos gauchadas', mas bombachas, botas e esporas não são símbolos de hombridade, nobreza de caráter. É uma mitologia. Precisamos ver o que somos, temos e fazemos, hoje. Quando escrevemos gaúchos, no nosso espírito surgem Bento Gonçalves, Garibaldi, entramos em transe, e passamos a ter um comportamento esquizofrênico".

A obra *Os donos do poder: formação do patronato político brasileiro* (1975) [1958]

As raízes do Brasil

No prefácio à segunda edição, de 1975, Faoro afirma que a tese defendida no livro continua a mesma da primeira edição, de 1958, mas a "forma foi ajustada", isto é, passou de 200 páginas a 900!, deu outra disposição aos assuntos, acrescentando dois imensos capítulos, adicionando notas, e fixou com "clareza" os conceitos centrais de "patrimonialismo, estamento, feudalismo". Ele afirma que o livro tem "parentesco próximo", mas não segue o pensamento de Weber, pois as sugestões de Weber tomam outro rumo. Ele procurou afastar-se do marxismo ortodoxo, dando autonomia à camada de poder em relação à infraestrutura, preferindo inspirar-se nos clássicos da ciência política, Maquiavel, Rousseau, lidos de forma "dialética". Enfim, o livro é rebelde aos padrões consagrados da teoria histórico-sociológica europeia porque quer compreender melhor a complexa e contraditória realidade histórica brasileira, o que o torna especialmente importante, porque expressa a originalidade do pensamento histórico-político brasileiro, que atinge um nível superior em erudição e capacidade interpretativa. Contudo, tenho dúvidas quanto ao "ajustamento da forma", pois o formato enorme da segunda edição intimidou o público que queria atingir, os leitores brasileiros; tenho dúvidas quanto à "clareza" dos conceitos weberianos centrais, porque foram sempre questionados; tenho dúvidas quanto à escolha da epígrafe da obra, em alemão!, língua falada apenas no

A visão gaúcha do Brasil

Rio Grande do Sul, e, por ser a epígrafe, deve ser uma frase muito importante, q*ue sintetiza o sentido de toda a obra, mas que o leitor brasileiro ficou por entender* ("*Nicht nur der Vernunft* von Jahrtausenden - auch ihr Wahnsinn bricht an uns aus. Gefährlich ist es, Erbe zu sein"). Disseram-me que é uma citação do Zaratustra, de Nietzsche, cuja tradução sintetiza bem a tese do livro: "Não é somente a razão dos milênios que irrompe em nós, mas também sua alienação. Ser herdeiro é perigoso".

O fato é que a segunda edição tornou-se "a obra", publicada pela Edusp e com a bênção da USP, em pleno regime autoritário militar, ao qual ele se opôs tão brilhantemente na presidência da OAB e na imprensa, e, por isso, os poucos que o leram citam essa edição de 1975 à qual aqui também me refiro. "Os donos do poder, o patronato político brasileiro" são os patrões não econômicos da sociedade brasileira, os "mandões", os "chefões", os "líderes", os "funcionários nobilitados", a "casta privilegiada", que controlam a máquina imensa e pouco eficaz do Estado, cuja concepção da política é "mandar, comandar, ser o chefe", sem nenhuma preocupação com o programa de governo e com a população que está, *infelizmente, sob sua* "direção". Parece-me que outro título possível desse livro poderia ser Raízes do Brasil, se já não estivesse na capa de outra obra de enorme prestígio. Com outra argumentação, Faoro lamenta, como Sérgio Buarque de Holanda, essas origens e está tratando delas apenas para que sejamos capazes de identificá-las e superá-las, para que deixemos de ser "neoportugueses", porque o fracasso da nossa sociedade vem das profundezas das nossas raízes portuguesas. Ao contrário de Sérgio Buarque, que descreve a "nossa revolução", Faoro não vislumbra nenhuma possibilidade de ruptura com nossas raízes portuguesas.

A tese que Faoro sustenta é que as raízes portuguesas são definidoras da nossa organização política, mais do que as influências ideológicas oriundas da França, Inglaterra e dos EUA. Sua obra é uma história do pensamento político e da vida política brasileira, tem como objeto o Estado e o tipo de relações que mantém com a sociedade. A originalidade maior do livro é ser uma abordagem estritamente política, uma "história estrutural do político", em uma época em *que as* abordagens econômico-sociais eram predominantes, nas perspectivas marxista e dos Annales, que viam a esfera política como derivada ou de eventos superficiais. O ponto de vista de Faoro é macro, abordando o poder central do Estado como único protagonista da história brasileira, e de longa duração; uma história que articula as mudanças e a continuidade desse Estado, com ênfase na continuidade, ao longo de seis séculos. Faoro vai procurar as raízes mais profundas do Estado brasileiro e as encontra no Estado português, que nasceu, entre os séculos XI e XIII, do combate contra os mouros, na guerra da Reconquista, e contra Castela, na guerra emancipacionista. Faoro vê tanta continuidade da vida política brasileira com a portuguesa que se refere a uma estrutura de "seis séculos", como se não houvesse nenhuma diferença entre a nossa história e a deles. A hipótese que sustento sobre a interpretação do Brasil de Faoro é que ele descreve e denuncia o "tempo saquarema", propõe a destruição do Estado patrimonialista-estamental sediado em Lisboa e no Rio de Janeiro, expressando o ponto de vista gaúcho do "tempo farroupilha", que também combatia o "Estado positivista" gaúcho, de Júlio de Castilhos e Borges de Medeiros, que, com Vargas, deu continuidade ao Estado patrimonial da monarquia.

Para ele, Portugal nasceu com a espada na mão, em batalhas diárias; nasceu do caos. Foi essa guerra que constituiu a sociedade portuguesa, que tem no topo o rei, o chefe da guerra, que conduz um povo de guerreiros. O rei é o senhor do reino, das terras conquistadas, formando um imenso patrimônio rural (bens reguengos, regalengos, reguengos). Não era possível distinguir o bem público do bem particular do príncipe, as terras reconquistadas ao sarraceno eram do rei, de seu patrimônio vinham as rendas para sustentar o reino e os guerreiros. O rei designava e pagava seus funcionários e guerreiros, era o senhor das terras conquistadas, o maior proprietário de terras. Entre ele e o súdito não havia intermediários; ele comandava e os súditos obedeciam, e resistir à sua ordem era traição. Acima do rei só o papa, representante de Deus na terra; abaixo dele, delegados, subordinados, súditos. O rei derrotou os senhores feudais e protegeu os lavradores, artesãos, mercadores, que se tornaram seus aliados. Ele lhes ofereceu justiça e moeda. Os municípios, as câmaras, foram um limite aos privilégios da nobreza e do clero; representavam o apoio do terceiro Estado, do povo, ao rei, que estabeleceu com eles um pacto, cobrindo o país com seus agentes, controlando-o, dirigindo-o, domesticando a nobreza, cooptando-a. O povo entrou em seus cálculos políticos, mantendo com o rei uma estreita relação de submissão e fidelidade; a nobreza e o clero passaram a lhe pagar tributos. O rei era a única vontade, o único poder, que era exercido de forma dura, severa, por um lado, e paternalista, protecionista, populista, por outro. Ele era tirano e pai, opressor e protetor, chefe e parceiro nos combates.

Inspirando-se em Weber, Faoro define esse Estado português como "patrimonial", querendo dizer que a propriedade do rei, suas terras e tesouros, se confundiam em seus aspectos público e particular. No Estado patrimonial fica indistinto o patrimônio régio do patrimônio da nação. Ele era o senhor de tudo, tudo só era legítimo e podia existir por ele, inclusive os súditos. A monarquia portuguesa era agrária e mercantil, e o rei cobrava tributos de tudo. A fiscalidade atingia todos os súditos; as rendas do rei vinham da agropecuária, do mercado interno, do mercado externo, da indústria, das multas judiciais, das colheitas, dos dízimos eclesiásticos, da Justiça civil. O direito romano estava na base do Estado português, porque, em Roma, o príncipe era o senhor do Estado, proprietário de todos os bens e pessoas. O rei governava com ordenações afonsinas, manuelinas, filipinas, em que o direito administrativo prevalecia sobre o civil e o comercial. O tesouro régio era o centro da economia; toda forma de produção de riqueza era concedida e financiada por ele, com empréstimos de comerciantes e financistas, e toda riqueza produzida convergia para ele. Foi com o tesouro régio que começou a economia monetária, a moeda abriu o Estado patrimonial ao comércio e a cidade tomou o lugar do campo.

Faoro sustenta que em Portugal nunca houve uma ordem feudal, mas um capitalismo comercial e monárquico, que define como "capitalismo politicamente orientado", um "capitalismo de Estado". O Estado nacional português precedeu o capitalismo industrial e se projetou sobre o Ocidente. O Estado patrimonialista realiza um "capitalismo politicamente orientado", que impede a autonomia da empresa particular, anula a esfera das liberdades públicas, predominando os monopólios e concessões reais. Portugal não conheceu o feudalismo, mas o Estado patrimonial, apoiado no direito romano, nas fontes eclesiásticas, nos juristas da escola de Bolonha. No Estado patrimonial, o rei se eleva sobre todos os súditos; senhor da riqueza territorial, dono do comércio, conduz a economia como se fosse uma empresa sua. Os funcionários e todos os súditos são os "servidores da casa do soberano". O patrimonialismo é o domínio do príncipe, com o seu tesouro real forte e centralizador. Portugal lançou as bases do capitalismo de Estado, mercantilista, em que o Estado era uma gigantesca empresa de tráfico, que impediu o capitalismo industrial anglo-saxão de chegar a Portugal e se desenvolver. Quando há atividade industrial, ela vem de estímulos, favores, privilégios, oferecidos pelo Estado. Era a guerra permanente que legitimava a supremacia do príncipe, que precisava de um quadro administrativo para ajudá-lo a coordenar e a controlar a guerra e o comércio, que se confundiam.

O capitalismo político português foi implantado pela Revolução de Avis, no século XIV. O rei, aliado à burguesia comercial, afirmou seu domínio sobre a nobreza e irá conquistar o mundo. A nobreza e o clero se subordinaram a ele. "Nobre" era tanto o proprietário de terras quanto o funcionário do rei, nobilitado. Portugal assumiu sua vocação marítima, Lisboa tornou-se o centro da nova era do comércio marítimo a longa distância. D. João I foi o primeiro rei, carismático, que, para gerir seus negócios no além-mar, precisou de um grupo de executores e conselheiros. O Estado patrimonial se transformou, sem perder seu formato original, passando de um patrimonialismo tradicional a um "patrimonialismo burocrático-estamental". O Estado se organizou político-administrativamente; juridicamente, o poder se estruturou em uma comunidade: o "estamento" ou "patronato político". Esse conceito gerou e gera ainda muitas dúvidas entre os analistas de Faoro: "Quem era o estamento? É ainda o conceito weberiano? Como se formava, quem o constituía?". Faoro (2008) procurou definir esse conceito, estendeu-se sobre ele, e, para o autor, parece não haver dúvidas quanto a seu significado. O "estamento", ele define, "é o grupo que, sob a liderança do Rei, comanda e decide. Ele não é uma 'classe', mas uma 'comunidade'." Seu significado é esclarecido pelo significado do seu oponente, do seu outro e abaixo, a "classe". A classe é do mercado, surge em torno do dinheiro, não é uma comunidade e não tem poderes políticos. O estamento é uma "camada social e não econômica, é uma comunidade fechada em si mesma. Os seus membros pensam e agem conscientes de pertencerem a um grupo com prestígio, honra social, com um estilo de vida, certa educação, herdeiros do prestígio de títulos, de nomes de família" (Faoro, 2008). Contudo, para pertencer a ele, não há diferença entre rico e pobre; a entrada depende de qualidades de personalidade, de perfil pessoal. São letrados, juristas, recrutados no clero, na nobreza, na burguesia, celeiros de quadros para a Coroa. O estamento podia vir da burguesia ou do terceiro Estado, dependendo de "qualidades de personalidade, de perfil pessoal", talentos verbais, escriturários, matemáticos, capacidade de liderança. Para Faoro, esse estamento se afastava da sociedade, apropriava-se de atividades lucrativas e cargos públicos, ostentando, acima de todos, um modo de vida privilegiado, com um consumo qualificado. Enfim, o estamento, como órgão do Estado e assessor do rei, governa; as classes, que são econômicas, apenas negociam.

Para mim, o que Faoro quer definir com esse conceito de "Estado patrimonial estamental" é a completa autonomia da esfera política em relação às esferas econômica e social, em Portugal e no Brasil. E mesmo que as classes exercessem alguma pressão sobre o Estado, era este que, com "muita autonomia", decidia os rumos da sociedade e da economia. A esfera política era um "estancamento" em si própria, represada, o que era possível pela força magnética do rei. Se o rei era um ímã, o estamento eram as peças de metal coladas a ele, que recebiam um efeito mágico, uma imantação, que as colocava acima das outras peças, que não eram de metal, por não serem políticas, atraídas apenas pela esfera econômica. Ser uma "peça de metal" e se deixar atrair pelo ímã-rei é ter a paixão pelo poder, pelo prestígio, pela honra social, é ter a vocação do político-administrativo, que o ímã central atraía porque precisava acumular sua força. Nesse Estado patrimonial de estamento, o domínio é de cima para baixo, junto ao rei e abaixo dele, essa "comunidade, patronato, parceria, oligarquia" manda, governa, dirige, orienta, determina, o curso da economia e as expressões da sociedade, que se encontra tolhida, impedida, amordaçada. O rei e sua "comunidade de governo" mandam no comércio, na nobreza territorial, no clero, no povo, com uma força incontrastável, absoluta. O estamento dependia do tesouro da Coroa, mas era o estado-maior da autoridade pública. Quando o reino começou a crescer, a tornar-se realmente imenso, indo muito além das fronteiras de Portugal, conquistando o além-mar, o estamento começou a separar a coisa pública dos bens do príncipe, sem desvirtuar o princípio patrimonial, que é exacerbado no ultramar. É como se as peças imantadas tivessem recebido do ímã tanta força magnética que já tinham acumulado algum excesso de força para exercer o poder em seu lugar. O estamento é isso, uma comunidade de homens que amam o poder, que se fecha sobre si própria, que se coloca sobre a nação, acima das classes, para comandar e dirigir as grandes empresas de comércio e a guerra permanente, que se confundem. A expansão marítima tornou-se um sistema "racionalmente" planejado, o Estado confiava a atividade comercial a particulares, delegava poderes, a ação real se dava por meio de pactos, acordos, negociações. Comerciantes portugueses e estrangeiros, banqueiros, armadores se associavam à obra do príncipe, o Estado se inchava de servidores, o estamento se ramificou na África, na Índia, no Brasil. Uma multidão de pensionistas, dependentes, fidalgos, funcionários, sôfregos de ordenados, tenças, favores. A corrupção era onipresente, o tesouro real pagava tudo.

Para mim, esse modelo político foi muito vantajoso para Portugal, que conseguiu com ele a Reconquista, a emancipação de Castela, a unificação precoce do Estado-nação, as "descobertas", o enorme Império ultramarino, com fabulosas riquezas, que foram ávida e cruelmente extorquidas e transportadas para a metrópole. O Estado patrimonial colocou Portugal na vanguarda da história europeia durante dois ou três séculos. Foi um êxito tão importante que os portugueses se lembram, hoje, dessa "era dourada" com imensa saudade. Contudo, para Faoro, foi esse "capitalismo politicamente orientado" que levou Portugal à ruína, pois não foi capaz de se renovar, não era flexível, não permitia a liberdade particular. O estamento vivia no luxo e ostentação, não havia poupança para novos investimentos, o dinheiro acumulado não era reinvestido e virava carvão. O interesse do Estado se impunha aos interesses particulares, a acumulação de capital não ocorria no país, era dinheiro de encantamento que não se fixava em Portugal. Portugal esteve doente de patrimonialismo, uma doença que paralisa, estagna, congela. Não havia investimento em ciência, em educação; o pensamento português não era crítico e experimental, não passava de comentários. O estamento aristocrático congelou a vida do Estado português ao impedir que a revolução industrial inglesa chegasse lá. O povo perdeu a iniciativa, esperava tudo do Estado, que se separou da nação. Faoro tem razão — no longo prazo, essa "cultura política portuguesa" fez mal aos portugueses, que perderam os trilhos, perderam o tempo da grande história universal, mas enquanto Portugal viveu em guerra com os mouros, com os espanhóis, em suas colônias ultramarinas, foi uma estrutura de poder extremamente eficaz e, dificilmente, para seguir o capitalismo industrial inglês, seria capaz de romper com esse seu "modo de ser", com essa cultura política tão definidora da identidade portuguesa.

A conquista do Brasil

Mas o que realmente interessa a Faoro é que essa estrutura político-econômica, que talvez tenha sido útil à vida portuguesa, que tornou o povo português poderoso por um átimo de dois ou três séculos, será transferida ao Brasil, onde, segundo ele, predominará por todos os nossos infelizes séculos de história. Esse Estado em situação de guerra permanente, esse Estado marcial, essa estrutura enorme, desembarcou em Porto Seguro, em 1500, para fazer a guerra, determinado a extrair toda a riqueza existente naquela ilha ou terra. Essas origens patrimoniais, esse "capitalismo politicamente orientado", impuseram ao Brasil um destino. "Destino" quer dizer um futuro que não se pode evitar, contornar, impedir, que é preciso viver sem nenhuma possibilidade de mudança. Faoro parece fatalista, não acredita na possibilidade de uma reação da população brasileira a essa origem. Para ele, a vida política brasileira também adoeceu desse patrimonialismo, um mal difícil de extirpar. É uma doença psicológica, resultado de séculos de opressão por um poder adorado, mitificado. O efeito psicológico do "poder simbólico", que, segundo Bourdieu (1999), é "aquele poder que se exerce porque não é reconhecido como poder", é de não deixar nenhuma possibilidade de reação aos que estão submetidos a ele, porque o veem como uma relação de sentido e não como uma relação de força. A existência do Brasil entrelaça-se à ex*pansão comercial portuguesa; para cá, vieram aventureiros, ansiosos para darem o salto ao status* senhorial. Portugal imporá ao Brasil seu comércio, o monopólio real, e, em nome do rei, os mais ricos comerciantes de Lisboa se apropriaram da nova terra. O rei encheu a costa de feitorias e de expedições guarda-costas, que percorriam a costa desesperadamente em busca de metais preciosos, para financiar a guerra europeia. O Brasil, como a Índia, seria um negócio do rei, integrado à estrutura patrimonial, envolvido pelos tentáculos do comércio europeu. A colonização foi obra do Estado, as capitanias eram dirigidas por delegação de poder do rei aos donatários. Os donatários representavam o poder do rei, agiam em seu nome e sob sua vigilância.

Contudo, diferentemente do que defende Caio Prado Jr., para Faoro o sentido da colonização foi sobretudo político: foi uma conquista militar. O sentido capitalista, comercial, era secundário, porque era "politicamente orientado". O objetivo primeiro era ampliar o espaço vital de Portugal e evangelizar, ocidentalizar os povos encontrados, que eram tratados como "descobertos", como se fossem natureza, como uma montanha, um lago, uma mina de ouro, enfim, algo lá. Na verdade, foi uma "descoberta" mesmo porque aqueles povos não interessavam àquele Estado; só a natureza. Esse Estado chegou a esse lugar, que não tinha uma "população adequada" para servir ao rei; apenas bárbaros seminus e pagãos, e procurou povoá-lo, isto é, ocupá-lo militarmente, para que outros europeus não o fizessem. O objetivo era povoar para consolidar a conquista, povoar para impedir que outros o povoassem. O Estado chegou antes da sociedade. O Brasil, no princípio, era um imenso Estado sem população. O "mito de origem" do Brasil não tem nada de glorioso, pelo contrário: foi uma ocupação militar e um desembarque do excesso de população portuguesa. O território foi ocupado por essa população de subsúditos, que deveria ser prioritariamente branca, lusófona e cristã. O Estado estimulou o povoamento, mas desde o início considerava essa população aqui instalada como ex-portuguesa, vil, baixa, porque aceitava viver aqui e até se casava com índias. O Estado olhava do alto essa população miscigenada, essa gente baixa, sem apreço pela honra social. Vista daqui, Lisboa era uma verdadeira cidade celeste; visto de lá, o Brasil era um abismo social. Os fidalgos queriam enriquecer e retornar logo, não vinham para ficar; desprezavam a terra selvagem e tropical e sua população mestiça, não suportavam esse lugar. Faoro lamenta profundamente esse começo da história brasileira e fica ainda mais pessimista quando, idealizando-a, o compara com a colonização inglesa ao norte. Para ele, os ingleses, sim, fundaram nos EUA uma pátria, com o capitalismo industrial, a independência do colono, vieram para ficar e produzir. O Estado não foi transplantado, a colonização era fundada no *self government*, o trabalho manual não era desprezado, os ingleses trouxeram mulheres para os Estados Unidos e evitaram a mestiçagem.

O Brasil, ao contrário, era um território a devorar! Para Faoro, já havia "o Brasil", porque hoje há um Brasil que tem esse passado. O rei planejou a colonização, enviou burocratas, nobres, militares, para domar e instrumentalizar a "gente vil" que aqui se instalara. O Brasil foi um prolongamento do Estado patrimonial, que, sempre endividado, fez concessões, ofereceu privilégios, estimulou a iniciativa particular. O Império colonial gastava tudo que acumulava com guerras, corrupção, dissipação. Ficavam todos no litoral ao alcance dos olhos do rei; qualquer expressão de autonomia era castigada. Os banqueiros europeus foram as alavancas do açúcar, das minas, do café, adiantando recursos a quem já tinha posses. Para Faoro, não houve "feudalismo brasileiro", assim como não houve feudalismo português, pois se houvesse teria sido destruído pela economia capitalista industrial que se desenvolveu na Inglaterra a partir do século XVIII. Portugal tinha uma economia mercantilista sob a direção do rei. Os proprietários brasileiros viviam endividados, o luxo era raro, pois onde havia riqueza, o rei estava lá, vigiando, extorquindo. O rei centralizou a administração para controlar a tendência à autonomia dos donatários, o poder foi concentrado contra o localismo, a anarquia. Tomé de Sousa foi o primeiro governador-geral, veio com o objetivo de reduzir o espaço geoeconômico ao espaço administrativo. A Coroa não podia perder o controle do arbítrio individual e a capacidade de reprimir, a fazenda real instalou seus mil olhos sobre o novo mundo. O rei tinha agentes em todo lugar. A Coroa dominou sua conquista administrativamente com governador-geral, provedor-mor, ouvidor-mor, conselhos, câmaras municipais. A administração funcionava por meio de alvarás, decretos, ordens régias. O remoto sertão foi controlado com a fundação de vilas, pelourinhos, fisco. Até o bandeirante era um funcionário do rei, pois alargou o território, enfrentou os espanhóis, encontrou ouro e prata, venceu o indígena. O rei tolerava a indisciplina útil. A população colonial, que passou a existir como uma criação do Estado, foi duramente reprimida e extorquida por uma administração cada vez maior e autoritária. Toda expressão localista era reprimida, o padre vigiava as consciências, a consciência brasileira foi "crucificada" desde o início, por fora e por dentro.

A colônia era sugada pela economia da Coroa, que montou uma burocracia despótica. A burocracia não era "racional", mas arbitrária; mandava quem podia e ai do súdito que não obedecesse ao menor funcionário, que devia ser considerado como a "presença" do rei. Havia disputa por postos na administração, os ordenados eram pequenos, o que justificava a corrupção e a violência. A burocracia praticava a rapina do colono, antes de enviar "os restos" para o rei. O colono sofria uma dupla autoridade: a do rei e a do estamento. O funcionário era mais opressor do que o rei, o cargo público tornava o titular autoridade, nobre, aristocrata, "homem bom", "homem de consideração". A venda de postos enobrecia burgueses, que disputavam a entrada no estamento, que recebia funcionários de todas as classes. Era uma administração mais transplantada do que adaptada, a enorme burocracia era um limite ao poder do rei, que tinha controle limitado da autoridade burocrática. Havia conflito de autoridade entre os funcionários do rei: as câmaras, proprietários rurais, comerciantes, juízes, coletores, militares, padres e até bandeirantes. Essas dissidências não impediam que o poder janicéfalo rei-estamento impusesse sua vontade, um só entendimento, um só poder, ao povo, que não tinha nenhuma autonomia, era um bem do Estado. O Pacto Colonial era exercido através de monopólios, do pau-brasil, da pesca da baleia, do tabaco, do sal, dos diamantes. Havia tributos sobre todas as atividades, quintos, dízimos, sisas, taxas. A Coroa delegava a exploração a contratadores e companhias de comércio; o particular intervinha como uma concessão, uma delegação, um privilégio. Durante três séculos, toda a riqueza encontrada aqui — pau-brasil, açúcar, ouro e diamantes — foi desembarcada em Lisboa. O Brasil existia por obra e graça do rei, e a população vil, que também era propriedade do rei, devia enviar-lhe, orgulhosa por lhe estar servindo, a maior parte de tudo que conseguisse retirar da natureza selvagem.

A indestrutível estrutura do Estado patrimonial brasileiro

O fator organizador dos Estados-nações europeus foi a guerra permanente; todas as nações europeias foram unificadas pela adesão dos súditos ao rei na defesa do território. As histórias são diferentes, mas o objetivo (conquista/colonização), a unificação do território e a homogeneização da população foram realizados com o mesmo meio, a guerra. O Estado patrimonial português não era o único que mobilizava os súditos utilizando como argumento a evangelização e a unificação do território. Essa era a cultura política europeia, que, em seu contexto, vitimizava as nações mais fracas, como Portugal. Em 1808, os franceses conseguiram o que os mouros e os espanhóis tentaram e não fizeram: expulsar a família real portuguesa do território europeu. Os Bragança foram empurrados pelas forças napoleônicas e caíram no Atlântico, cercados e protegidos por seu enorme e dispendioso "destacamento" de nobres, clero, militares, comerciantes. Em 1808, a família real, inacreditavelmente, desembarcou no porto do Rio de Janeiro! Do ponto de vista dos colonos, era como se Deus tivesse sido expulso do paraíso e viesse parar entre os homens, cercado de anjos, arcanjos, querubins e serafins! Foi um terremoto na ordem política e psicológica senhorial brasileira! O céu caiu sobre a cabeça dos brasileiros! Enquanto Lisboa era ocupada por tropas estrangeiras, o Rio de Janeiro tornou-se a sede do Império português, que também era uma força estrangeira, embora fosse ainda difícil percebê-la como tal. Decisões importantes para o Império português foram tomadas aqui, como a do fim do Pacto Colonial, necessária para ter o apoio da Inglaterra na guerra contra os franceses. A ponte comercial Rio de Janeiro-Londres tornou-se direta, sem a escala de Lisboa. De certa forma, a Inglaterra tornou-se a "metrópole parda" e passou a dominar o comércio brasileiro. A economia mundial passou a circular nas veias da colônia.

Sob a proteção inglesa, d. João VI organizou seu ministério, o Tesouro distribuiu suas tetas aos fugitivos: pensões, empregos, benefícios, soldos. Os brasileiros estenderam o tapete vermelho ao rei português, que se tornou estranhamente concreto, próximo. Os reinóis fizeram de tudo para demonstrar que ainda estavam muito distantes dessa população baixa, vil, mestiça; eram arrogantes e desdenhosos, confiscavam residências e propriedades, insultavam os brasileiros, chamando-os de "macacos". A alta burocracia, o estamento de d. João VI, era todo ele português, e, olhando agora o território e o povo brasileiro de perto, teve potencializados o desejo de conquista e o desprezo pela gente da terra, que, aliás, para eles, era terra deles, conquistada por eles. D. João VI ficou no Brasil de 1808 a 1821, quando teve de voltar a Portugal, porque Napoleão havia sido derrotado e por exigência do estamento português, que não podia ficar sem o rei. Houve uma divisão interna na Corte e entre os donos de crédito que acompanhavam d. João VI, que passaram a temer a perda das riquezas brasileiras. Era preciso ocupar o Brasil de forma mais radical e, para isso, foi decidido que o filho do rei, d. Pedro I, ocuparia o trono brasileiro, assessorado pelo estamento português. O Brasil já era um país subjugado, com fronteiras bem esboçadas, e a centralização já atingia os sertões. "Independente", a um custo financeiro altíssimo, o "Estado brasileiro" era uma cópia fiel do Estado português, uma transplantação completa, com o seu imperador, português ainda, que proclamara ele mesmo a "Independência", seu estamento gigantesco e dispendioso, ocupado com a guerra e o comércio, que se misturavam. Com a Constituição outorgada em 1824, que se manteve até 1891, d. Pedro I fez uma "revolução pelo alto", adaptando/modernizando o Estado à nova ordem mundial liberal liderada pela Inglaterra.

Contudo, para Faoro, o liberalismo inglês continuou limitado ao comércio e chegava apenas até o porto, pois toda iniciativa política liberalizante para dentro, como propunha a Assembleia Constituinte de 1823, foi dissolvida, reprimida. O espírito do Estado patrimonial português se manteve no Estado independente: "A monarquia e o imperador são anteriores à sociedade, só a monarquia podia garantir a unidade nacional". O Estado se retraiu na cúpula, d. Pedro I distribuía títulos e medalhas para conseguir apoio. Para Faoro, com a "Independência" a ocupação estrangeira continuava, o regime colonial não foi extinto, modernizou-se, aumentando a distância entre o Estado gigantesco e a sociedade. Uma ordem metropolitana, um estamento aristocrático, se superpôs ao mundo desconhecido, calado, distante. O imperador e a nação eram realidades diversas e separadas — ele governava, dirigia, controlava, de forma absolutista. O Poder Moderador era o chefe neutro da organização política, em que não havia representação popular reconhecida. O imperador era guarda, fiscal, tutor da nação, "defensor perpétuo do Brasil", proprietário do território, dos bens e da população brasileira. Essa população, porém, já era numerosa e não suportava mais a dupla opressão portuguesa, a extorsão e o desdém, e, desde o século XVIII, já conseguia se diferenciar da identidade portuguesa e já não se identificava com o rei português. D. Pedro I caiu em desgraça, perdeu o carisma-ímã, era odiado pelo povo, que o insultava de "português", "estrangeiro", cúmplice do comerciante reinol, e teve de abdicar, em 1831.

A Regência, de 1831 a 1840, foi a primeira experiência brasileira não patrimonialista? Pela primeira vez o Estado estava com o lugar do rei vazio! Para Faoro, era uma oportunidade de cura da doença patrimonialista portuguesa, era o momento do encontro de outra via política, mais nacional, da edificação de um Estado comandado exclusivamente por brasileiros; era a hora da verdadeira Independência, liberal-democrática e republicana. Era a hora da expulsão dos portugueses! Mas, sem o rei, o estamento liberalizante se perdeu em conflitos internos, e foi o caos. A anarquia atingiu as províncias e o Exército, as rebeliões regionais se multiplicaram. Os liberais no poder converteram-se em conservadores, pois não conseguiam governar sem o rei. A única referência de governo que tinham era a do rei, e a disputa política foi pela sua substituição no poder. Todos que chegavam ao poder agiam de "forma real", despótica, absolutista. Os brasileiros que chegaram ao poder entendiam a política como "mando", "comando", "ordem", e não como governo, direção, liderança. Não havia um programa liberal de governo e a disputa era pelo lugar do déspota. O novo governo, sem tradição, sem carisma, foi devorado por suas contradições e voltou ao único leito conhecido: a monarquia tuteladora da nação. A paz exigiu a volta da hierarquia, do comando, do árbitro, do rei. O Brasil recaiu na doença patrimonialista; a obsessão portuguesa com a conquista do território e a rendição da população brasileira contagiaram o próprio estamento brasileiro, que não se sentia capaz de governar sem o ímã do rei. Era preciso restaurar a magia, o magnetismo do poder real, para manter a "governabilidade" do país. A guerra civil exigiu o retorno do rei, reuniu em torno dele as "peças de metal" do estamento, para derrotar a nova sociedade brasileira descontente. Estava emergindo uma "nova sociedade brasileira", antiportuguesa, ansiosa pela verdadeira emancipação nacional, que, para Faoro, foi massacrada pelos "construtores da ordem".

Em 1840, voltou o imperador, a tradição patrimonialista, para "construir a ordem", restabelecer a unidade nacional que, segundo conservadores e liberais, estava ameaçada. O discurso imperial da "construção da ordem" desqualificava as tentativas de busca de "outra ordem". O retorno do Poder Moderador aniquilou o liberalismo, massacrou as províncias rebeldes. A tradição do Estado patrimonialista retornou ao palco político, o país real foi posto "em seu lugar", abaixo do rei-estamento, como súdito, plateia, disperso, amorfo, já "bestializado". A liberdade local foi trocada pela segurança que o rei oferecia, um rei de dinastia europeia, um Bragança, alto, louro e de olhos azuis! A ocupação estrangeira continuava, o Estado que chegara aqui em 1500 se renovava, a guerra à população criada por ele, instalada aqui por ele, prosseguia. Os partidos Conservador e Liberal tornaram-se quase a mesma coisa, as eleições eram manipuladas, o imperador nomeava, afastava, destituía, obstruía, dissolvia. O imperador fará uma política de conciliação, distribuindo a graça e a desgraça, para evitar o enfrentamento entre liberais e conservadores, que temiam esse enfrentamento e preferiram se reconciliar sob a tutela do imperador. O Poder Moderador tem diante de si um país-abismo, um povo ausente, um povo dominado por políticos tutelados por ele. O Poder Moderador tudo sabe, administra e provê. O imperador tudo pode; ele realiza a suprema inspeção do país, todos são agentes do rei. O único meio para fazer parte do estamento ou ter acesso ao poder é curvar-se diante do trono, aceitar a ditadura pessoal de Pedro II, que distribuía tarefas à administração e a todos os súditos.

Todavia, entre 1870 e 1889 esse poder fechado em si mesmo, incapaz de absorver forças sociais novas, congelou-se, esclerosou-se. Após 1831, uma nova sociedade brasileira havia emergido e desafiava a tradição patrimonialista. Os cafeicultores paulistas, o Partido Republicano, queriam o federalismo, a descentralização do poder. A Abolição, feita de forma patrimonial-estamental, de cima para baixo, incompatibilizou-os com o imperador, que era velho, não "regulava bem", e, sobretudo, não tinha sucessores carismáticos. A situação se modificara com o surgimento do café, a Abolição, a vitória do Exército na Guerra do Paraguai, os partidos republicanos. O imperador-estamento já tinha feito toda a modernização que podia e chegava ao seu limite. O estamento abandonou o imperador/monarquia para se salvar; a emergência da sociedade de classes, dos Estados, dos fazendeiros, expulsou o imperador e seu estamento. Pela segunda vez, o Brasil ficava sem a figura magnética do rei. Agora, as classes queriam dominar o estamento, a aristocracia rural mandava, decidia, o Estado republicano terá de servir às classes. O novo soberano era o "povo"! A República usava os argumentos ocidentais modernizadores, as ideias liberais, para se legitimar: o indivíduo deve cuidar de si mesmo, a livre concorrência, a lei da oferta/procura, o não protecionismo nas trocas internacionais. O Estado devia ser só governo e justiça, ordem, tributo, representante do país, e não devia interferir na economia. A industrialização avançava em São Paulo, a I Guerra Mundial favoreceu a substituição de importações, a indústria queria o apoio do capital estrangeiro. Os instrumentos patrimonialistas de comando político da economia — protecionismo, manipulação financeira, garantias de juros, concessões, intervenções estatais, enfim, as "raízes do Brasil" — a República dizia não querer mais.

Faoro, entretanto, é cético quanto a essa revolução liberal-democrática republicana. Teríamos nos curado do Estado patrimonial? Teria sido vertido "vinho novo" na "pipa velha" do Estado patrimonial para fazê-lo explodir? Para ele, o 15 de novembro de 1889 não foi o marco zero da República; foi um grande golpe militar. Na República Velha, o "povo" são apenas os proprietários rurais, que se consideravam representativos da maioria. Foram eles os cafeicultores, que se libertaram dos controles patrimonialistas. A República com o governo dos estados parecia ter sido o fim do Estado patrimonial, mas, para Faoro, essa era apenas uma aparente diferença — o Estado era ainda movido pela guerra de conquista do povo brasileiro. De 1900 a 1930, a elite republicana substituiu o estamento imperial; não havia um líder, uma personalidade central. O carisma se deslocou para as lideranças locais, o povo sentia na pele o poder absoluto e muito próximo dos "coronéis", representantes dos governos estaduais e da União. Nesse "sistema coronelista", São

Paulo e Minas Gerais se revezavam na presidência. As decisões políticas obedeciam a arranjos elitistas, maquiavélicos; o problema político era o mando, sem programas e ideologias. O Brasil era das raposas elitistas e o rebanho eleitoral era tratado com favores. Houve um retorno à situação da Regência, em que, sem o rei, as elites se perderam em conflitos locais e regionais, a ordem liberal-democrática desejada e prometida não se realizara. A ameaça militar foi permanente na república paulista-mineira, o Exército era a força revolucionária que se apresentava como força libertadora do homem do campo da opressão coronelista. O Exército tenentista simpatizava com a rebeldia das classes urbanas, os militares queriam a independência real do país. Foi ele que expulsou o imperador e seu estamento e queria substituí-los tornando-se o novo-mesmo Poder Moderador.

Faoro parece se entusiasmar com a posição do seu estado, o Rio Grande do Sul, de Júlio de Castilhos e Borges de Medeiros, pois só ele divergia dessa falsa República. Ele produzia para o mercado interno, era saudoso do regime militar de Deodoro e Floriano, não apoiava os paulistas. O Rio Grande do Sul ficava à margem, enigmático, subversivo. Faoro parece se identificar com esse projeto gaúcho, referindo-se sempre a Pinheiro Machado, senador gaúcho que admirava o projeto de Hermes da Fonseca. Os gaúchos se identificavam com o projeto dos militares, queriam a pátria comandada com honestidade e energia, desejavam salvar o povo do poder da aliança São Paulo-Minas. Um presidente militar estaria acima dos estados, essa era a ideologia do "salvacionismo militar", que os gaúchos apoiavam e que Hermes da Fonseca representava. Sem rei, e agora também sem lei, pois a Constituição de 1891 não era respeitada, sofrendo a opressão local dos coronéis, o povo refugiava-se no messianismo e no cangacismo. O Rio Grande do Sul sonhava com a hegemonia nacional para libertar esses homens do interior do coronelismo e propunham um Estado interventor, dirigente, autônomo, sustentado pelo Exército. A República era conservadora, tirânica, opressora; era preciso republicanizar a República, criar um país próprio. Tudo era falso: falso liberalismo, falsa democracia, falsa economia, falsa Constituição, falsa cultura. Perdeu-se a fé na República e, em 1922, os disparos do Forte de Copacabana anunciaram o fim da República Velha. O povo, a camada média, o Exército, o Rio Grande do Sul estavam descontentes. Tinha emergido a questão social com as greves, o Partido Comunista Brasileiro surgiu para liderar o movimento operário.

Na República Velha, havia uma regra para as eleições: o presidente não podia designar seu sucessor. Washington Luís quebrou essa regra ao indicar Júlio Prestes para a eleição de 1930, da qual este saiu vencedor. O novo presidente devia ser mineiro, e o desrespeito à regra levou à "aliança liberal" entre Minas e o Rio Grande do Sul contra São Paulo. A Revolução de 1930 significou a derrota de São Paulo, que voltou a ser derrotado em 1932 e 1937. O gaúcho Getúlio Vargas, com o apoio de Minas, tomou o poder através de dois golpes de Estado sucessivos, surpreendendo a todos, pois era um homem calado, amável, sorridente, inócuo, ex-ministro de Washington Luís, leitor de positivistas e Darwin. Esse antianglo-saxão, antiliberal, que não acreditava em parlamentos, era o candidato de um país insatisfeito. Entretanto, após as vitórias contra São Paulo em 1930 e 1932, a Constituição de 1934 retornou ao liberalismo, às eleições livres, a União foi esvaziada e os estados se fortaleceram. Era como se a República Velha retornasse, remodelada e revigorada; seus grupos voltaram a governar, sobretudo os paulistas. Em 1937, Vargas deu um novo golpe e instalou o Estado Novo, que, para Faoro, decepcionado, trouxe de volta o Estado patrimonial-estamental, foi um regresso patrimonialista para realizar a modernização pelo alto. Faoro, por um lado, dá a impressão de estar feliz, pois elogia a ação de Getúlio Vargas, que "destruiu a hegemonia mineiro-paulista e assegurou a hegemonia do Rio Grande do Sul". Os gaúchos expressavam desejos e necessidades mais amplos e Vargas deu um "golpe de capoeira" nas elites em defesa das classes desamparadas; foi o homem providencial, o condutor de novos rumos. Ele destruiu um "sistema de poder tradicional", calcado nas oligarquias e no coronelismo. Era simpatizante do nacional-socialismo vitorioso na Alemanha e na Itália, e pôs em prática uma política contraditória, feita de repressão policial e concessões sociais. Era um César, uma personalidade carismática, que comandava o progresso e "prendia e arrebentava". Um mito popular, um protetor e pai, um novo "rei português" tomou o poder. Faoro lamentava Vargas porque reconhecia ali a vitória em nível nacional do castilhismo regional.

O "novo regime" se propôs a modernizar o país, a ser um Estado administrativo, distribuindo recursos e investimentos por motivos técnicos, ser árbitro de dissidências políticas e dos conflitos sociais. O getulismo foi um populismo, voltaram o capitalismo politicamente orientado, o Poder Moderador, o chefe militar apoiado pelo estamento. A relação era direta entre o pai/governo e o povo; Vargas distribuía favores e castigos. Com a derrota dos nazifascistas em 1945, teve de sair e não deveria ter voltado em 1950. Foi um erro histórico, "porque se o homem morreu em 1954, o estadista já tinha morrido em 45". Se por um lado Faoro parece feliz com a vitória gaúcha nos anos 1930, por outro é antigaúcho, pois achou desastroso o poder de Vargas, que reatualizou o modelo de Estado patrimonial, que era o mal do Brasil, a infecção portuguesa. Vargas não era o "vinho novo"; o Estado Novo era a mesma "pipa velha". Nos anos 1930, não era o comércio a explorar; a indústria é que precisava da direção e dos investimentos do Estado. Vargas refez o que durante séculos se fez, estancos, monopólios, tarifas protecionistas, valorizações oficiais, apoios bancários oficiais. O regime de 1937-45 regrediu ao Império e impediu a sampaulização do Brasil, que Faoro parece preferir. Faoro se posiciona a favor de São Paulo, nos conflitos dos anos 1930, porque representava as forças liberais contra a estrutura até então inquebrável do Estado patrimonialista brasileiro, que continuou inquebrável. Ele lamenta as derrotas sofridas por São Paulo, pois seu projeto liberal-democrático seria o "vinho novo" que faria explodir o odre velho, velhíssimo, do Estado patrimonial.

Faoro escreveu esse livro para denunciar a "viagem redonda", o círculo vicioso, o castigo de Sísifo, da história brasileira. Ele assume um papel de promotor público, seu livro é o libelo acusatório que abre o processo contra o Estado brasileiro, denunciando com vigor a violência cometida pelo país oficial ao país real. Para ele, de d. João I a Vargas o Brasil fez uma trágica "viagem redonda", uma viagem de seis séculos, que o conduziu ao ponto de partida. Nessa "viagem redonda", o país não saiu do lugar, retornou sempre ao mesmo, ao ponto de partida, marcou passo na mesma posição. O país fez uma "revolução" no sentido astronômico, como um planeta que gira sobre si mesmo ou que faz uma órbita que o leva ao mesmo ponto de partida. Para ele, nada mudou sob o sol ibérico-brasileiro, que foi sempre uma estrutura político-social resistente às transformações profundas, o capitalismo politicamente orientado; o capitalismo político ou pré-capitalismo continuou prevalecendo. O Estado patrimonialista foi resiliente, adaptou-se às mudanças históricas, fez uma modernização autoritária, a comunidade política conduzia, comandava, supervisionava os negócios como se fossem, primeiro, privados e, depois, públicos. O súdito, a sociedade era explorada, manipulada, tosquiada.

O Estado sempre foi patrimonial, tradicional, um poder que estimulava o setor especulativo da economia, que buscava o lucro como jogo e aventura. Esse Estado tornou-se obsoleto, retrógrado, anacrônico, um obstáculo ao "Estado burguês de direito".

A hipótese que defendo é que Raymundo Faoro descreve e denuncia o "tempo saquarema", quer destruir o Estado patrimonialista estamental sediado no Rio de Janeiro, expressando o ponto de vista gaúcho do "tempo farroupilha". Ele contesta o governo Vargas como continuidade do poder fluminense, que dava continuidade às raízes ibéricas, e, em seu estado, opõe-se ao "Estado positivista", de Júlio de Castilhos, Borges de Medeiros, por ser tão autoritário quanto o fluminense. Faoro quis representar o "vinho novo", tanto nacional quanto regionalmente, que iria estourar o odre velho do Estado patrimonial estamental. Sua utopia é a do "Estado burguês de direito", do capitalismo moderno, industrial e racional, republicano, em que o indivíduo passa de súdito a cidadão e o Estado passa de senhor a servidor, tornando-se guarda da autonomia do homem livre. A liberdade pessoal (de propriedade, de comerciar, de produzir, de contratar, de contestar) torna-se primeira. No capitalismo liberal, o Estado garante as liberdades individuais e sua interferência deve ser no limite da lei. A Inglaterra é o modelo, e até Marx defendia o capitalismo industrial universalizado, em que o país desenvolvido é o modelo do subdesenvolvido. O capitalismo politicamente orientado é legítimo apenas como fase transitória, pois é um desvio do tipo ideal racional capitalista, que deve prevalecer. Mas no Brasil, ele é secular e resiste à expansão do capitalismo ideal. O feudalismo se desintegrou sob a pressão capitalista, mas o patrimonialismo é resiliente, adapta-se a ele e o rejeita. O corpo estamental regulamenta, adapta, e, para defender seus privilégios, abraça sufocando a nação. O patrimonialismo "moderniza" de cima para baixo, acomoda, incorpora, macaqueia, evita que novos agentes, radicais, ocupem o Estado. Impede que o "vinho novo venha estourar o odre podre". O Estado estamental mantém o desdém do Estado português por essa população que considera "baixa, vil, mestiça, primitiva", incapaz de se modernizar. A civilização brasileira se cobre de uma túnica rígida, veste a camisa de força de um passado pesado, sufocante.

Faoro teria se deixado seduzir pelo projeto bandeirante paulista? Para Faoro, "sampaulizar o Brasil" poderia significar o desembarque da razão no Brasil, seria fazê-lo progredir com a iniciativa particular associada ao capital estrangeiro, ficando o Estado em seu lugar de garantidor dos direitos do cidadão. Entretanto, não houve essa sampaulização do Brasil, que Faoro, apesar de gaúcho, considerava desejável, porque destruiria a secular estrutura estamental do Estado brasileiro. Mas ele não era ingênuo quanto ao projeto liberal paulista, porque sabia que, "em 1930, Washington Luís queria que São Paulo se tornasse o centro metropolitano de um país de colônias subalternas". E foi crítico ferrenho do "Estado neoliberal" implantado por Cardoso. Concluímos que sua interpretação do Brasil é, em última instância, weberiana, apesar de ele considerar a presença de Weber apenas "inspiradora". Ele fez uma análise weberiana original, própria, utilizou seus conceitos como "ferramentas" não só para compreender o itinerário do Brasil, seu percurso histórico, mas, sobretudo, para abrir-lhe o horizonte de expectativa. A utopia de Faoro é weberiana; ele examinou o passado brasileiro tendo como referência o tipo ideal de dominação burocrática, legal, que seria a saída para a "irracionalidade" da burocracia patrimonial. Ele lamenta que o "desencantamento do mundo", o processo de racionalização ocidental, descrito por Weber, tenha sido obstruído no Brasil. O horizonte de expectativa que "salvaria o Brasil" seria o de Weber e não o de Marx: o Estado burguês de direito, com sua Constituição positiva, com seus códigos e rituais jurídicos, com sua burocracia racionalmente concebida, eficaz e justa, na direção dos interesses públicos e privados, bem delimitados, diferenciados e positivamente estabelecidos.

A utopia de Faoro: a conquista da "cidadania plena"

O retrato que Faoro pintou do Brasil, de corpo inteiro, é desolador: são cinco séculos de desencontro entre o Estado e a sociedade, de ruptura entre o povo e seus dirigentes, de dominação absoluta dos "donos do poder". No Brasil, o poder nunca emanou do povo, nunca foi pelo povo e para o povo. O Estado não representa o povo e o mantém distante das suas escolhas e decisões. O Estado não aprecia e não respeita sua própria população. São cinco séculos de trágica opressão. A questão é: pode existir um Estado tão poderoso e um povo tão submisso, subserviente, sem poderes? Pode ser o Estado tão "sobranceiro" em relação à sua própria população?

Para Faoro, sim, porque o Estado brasileiro antecede a formação da sociedade, ele não surgiu de um pacto social. Ele é uma força estrangeira que ocupou o território e se apropriou dele e de tudo o que contém. O Estado é o "dono do país", os imperadores o eram, e nunca deu nem explicações nem satisfação à população, que considera vil e sem honra nem prestígio social. Seus críticos acham que Faoro exagera e lhe perguntam: "Em cinco séculos não teria ocorrido nada de novo, nenhuma mudança, o povo não teria conquistado posições nesse Estado e o transformado a seu favor?". Faoro é acusado de ser anti-histórico, de fazer uma interpretação excessivamente estrutural, de desvalorizar mudanças importantes que ocorreram: a vinda da família real, a Independência, a Regência, a Proclamação da República, a Abolição, a industrialização, o movimento operário, a Revolução de 1930, a redemocratização pós-1945. Será que nenhum desses processos e eventos alterou a realidade brasileira? Para Faoro, nem esses eventos do passado nem a redemocratização pós-1985, a Constituição de 1988, a reformulação do Estado por Cardoso, nada disso teria transformado a relação entre Estado e sociedade estabelecida desde a descoberta. A população brasileira sempre viveu prisioneira em uma "estrutura política congelada", em um tempo político autoritário de muito longa duração. Contudo, impacientam-se seus críticos, além de ser uma análise anti-histórica e, portanto, insuficiente, não seria um ponto de vista muito cético, muito trágico, até desesperador sobre a história brasileira? Afinal, há uma utopia em Faoro, um final feliz para esse pesadelo? Por que Faoro foi inserido, aqui, neste livro, entre os "utópicos"?

Não sei se é possível falar de uma "utopia faoriana". Faoro não prescreveu e não esperava nenhuma "revolução", pois também não acreditava na capacidade de reação popular. Quem tolerou tantos séculos de dominação poderia repentinamente tomar a iniciativa da insurreição? Para ele, seria pouco provável. Nossa origem ibérica faz com que o povo não queira tomar iniciativas, o que considera uma prerrogativa dos seus líderes, dos grupos que dirigem o Estado. É como se o povo não se sentisse tão oprimido pelo Estado, mas "protegido" por ele. A cultura política patrimonialista cria um "povo súdito", um "povo seguidor", um "povo desmobilizado", um "povo filho menor", um povo que não consegue formular seus próprios interesses ou distinguir seus interesses dos interesses dos grupos dirigentes. O Estado pôde ser tão "sobranceiro" durante tanto tempo porque contou com a cumplicidade da população, que nunca quis tomar as rédeas de sua história, cedendo-as aos seus líderes, vistos como "pais dos pobres", "protetores dos oprimidos", "guias de seu destino". Em sendo assim, a história brasileira torna-se um beco sem saída para uma população que se recusa a ser sujeito de sua história. Ora, se Faoro não vê a possibilidade de uma mudança no Estado, porque os estamentos se substituem sem mudarem sua relação com a sociedade, os que ascendem imitam os que os precederam em sua forma de governar; se a população não se movimenta para mudar uma situação opressiva de tão longa duração, para que e para quem Faoro teria escrito seu livro? A que grupos sociais se dirigiu no sentido de orientar a tomada da iniciativa de quebra da "estrutura congelada de poder"? Faoro não quer ser prescritivo, "esse grupo ou aqueles grupos façam isso". Ele apenas pintou o quadro e o colocou sob os olhos dos brasileiros, pintou-o e o pôs na frente do rosto brasileiro como um espelho, esperando que a imagem monstruosa refletida suscitasse alguma reação. Ele até descreveu o tipo de reação que poderia ocorrer, até apontou o "caminho novo" que poderia ser seguido, mas é um caminho controvertido: seria o caminho liberal do projeto paulista bandeirante sua utopia?

Em relação ao que já vimos neste livro, Faoro é um crítico radical do Estado saquarema, do Estado Novo varguista e da ditadura militar, que, para ele, foram todos "regressos conservadores" ao patrimonialismo ibérico. Foram Estados que fizeram "modernizações pelo alto", realizaram mudanças apenas para que a história não mudasse, fizeram "revoluções" apenas para que o povo não as fizesse. Se ele recusou o Estado saquarema, teria preferido o projeto paulista bandeirante? A utopia faoriana seria a sociedade liberal clássica, com um Estado mínimo e com os agentes econômico-sociais completamente soltos, agindo de forma desregulamentada, irresponsável e impune? Será que é por pensar nessa direção que ele é considerado o "pensador da liberdade"? Parece-me que não. Ele foi crítico do neoliberalismo cardosiano, que considerava um "falso liberalismo", um avatar ainda do patrimonialismo ibérico, avaliação que Cardoso "elegantemente" refutou. Seus principais críticos, como Juarez Guimarães, Rubem Goyatá Campante, Bernardo Ricupero, Luís Werneck Vianna, Simon Schwartzman, não o veem como um defensor da sociedade liberal, mas, sobretudo, como um "crítico do Estado autoritário". Para eles, a utopia faoriana seria a da reconstrução da ordem política, do Estado, que não pode mais inviabilizar as iniciativas dos agentes sociais, mas deve continuar existindo como criador de leis e aplicador de penas, como protetor dos mais fracos no jogo econômico-social, como responsável pela previdência social, como representante eleito dos interesses sociais. Para Bastos (2009), hoje, talvez ele dissesse: "O Estado não será inimigo da igualdade". O papel do Estado, hoje, deve ser o de propiciar a igualdade e expandir as instituições republicanas. Bastos (2009) pensa que "Faoro expôs o grande sonho da nossa geração: destruir essa estrutura congelada e fazer surgir uma democracia não formal, concreta, e chegarmos à inclusão, à participação, para as pessoas terem acesso ao mínimo para viver e participar da vida pública da nação". Ele tinha uma expectativa alta em relação ao governo Lula, que traria essa aproximação entre Estado e sociedade, porque Lula emergira da sociedade e de nenhum estamento elitista. Pergunto eu: será que ele diria que o governo Lula pôs fim ao Estado patrimonial-estamental e fez a grande revolução esperada há séculos? Ou Faoro teria se decepcionado com mais uma onda de modernização pelo alto? (Bastos, 2009; Cardoso, 2013).

Rubens Campante concorda que "Faoro propõe que a condição para a remoção do arranjo do poder tradicional no Brasil seria o capitalismo moderno, calcado na livre ação dos sujeitos econômicos, assentado em instituições jurídicas e políticas que assegurassem a competitividade capitalista imune às pressões e interesses do Estado e do estamento que o controla". Mas não o considera o defensor de um "neoliberalismo autêntico", ele não defende "uma suposta liberdade econômica como condição ao estabelecimento de liberdades políticas, sociais e civis, para o caminho virtuoso do Brasil. Esse liberalismo está distante dele, esse que se concentra na defesa da propriedade privada e liberdades econômicas". Segundo Campante, para Faoro o capitalismo e a modernidade autêntica pressupõem uma sociedade de mercado e uma sociedade civil livre, andam de mãos dadas o interesse econômico e a cidadania, e a última não deve esperar a primeira para lançar suas bases. A tarefa primordial é a construção de uma ordem liberal democrática: "organizar e administrar as diferenças que surgem em um sistema capitalista e competitivo, através de instituições de um Estado representativo". Logo, a simples liberação de interesses particularistas, individualistas, sem a necessária institucionalidade democrática seria insuficiente e impediria a superação do patrimonialismo. Faoro é um defensor da liberdade da "sociedade civil", de uma ordem jurídico-política que garanta os direitos do cidadão, o que não coincide com a predominância econômica do interesse individual. Uma sociedade civil emancipada instituiria a normatização legal e social das relações econômicas, e, por isso, ele foi crítico da ordem política e econômica do Brasil dos anos 1990 (Campante, 2003, 2009; Cardoso, 2013).

O "sonho de Faoro" era com a liberdade que reinaria na "sociedade civil utópica", que pressupõe a liberdade do mercado, mas não se reduz a ela. A sociedade civil a ser construída pressupõe sobretudo o exercício dos direitos do cidadão, estabelecidos por instituições democráticas, e será instaurada por uma nova ordem política. O "liberalismo autêntico", neofarroupilha, de Faoro, tematiza primeiro a "cidadania plena", e esta inclui a liberdade econômica, que é segunda. O cerne de seu pensamento é político. *Os donos do poder* oferece uma tese política sobre o Brasil: somos um país marcado pela multissecular falta de liberdade. Seu "liberalismo autêntico" está comprometido com a liberdade política e não apenas com a liberdade de mercado. É um liberalismo que se preocupa com questões éticas, com os direitos universais do cidadão. A mudança política deveria seguir nessa direção, a de uma sociedade civil cujos membros sejam cidadãos. O crucial em Faoro é o fundamento ético-político de sua interpretação do Brasil, que o fez apontar para a escassez de liberdade em nossa Constituição. Seus críticos o associam à obra e à ação de Rui Barbosa, que teria tido a mesma missão e seria o exemplo que o inspirou. Ambos lutaram contra a ordem autoritária tradicional e pela instauração de um Estado de Direito, garantidor das liberdades do cidadão. Outros veem sua análise precedida pela análise liberal do Estado monárquico feita por Aureliano Cândido Tavares Bastos em sua obra, entre outras, *A província: estudo sobre a descentralização no Brasil* (1870) (Campante 2009; Bastos, 2009).

Eu sugeri que a utopia faoriana seria "weberiana", por oposição à marxista, mas o que seria uma "utopia weberiana"? Quais as relações entre o pensamento de Faoro sobre o Brasil, os conceitos sociológicos e as teses weberianas sobre a história ocidental? Essas questões ocuparam alguns dos principais críticos de Faoro (1975), que disse que seu livro "tem 'parentesco próximo', mas que se distancia de Weber". Luiz Werneck Vianna, Simon Schwartzman, Jessé de Souza e Kátia Mendonça se estenderam sobre a heterodoxia weberiana do pensamento de Faoro. Para Luiz Werneck Vianna (1999), Faoro não é weberiano ortodoxo, "pois não insiste na afinidade do capitalismo e calvinismo, mas na desejável precedência do feudalismo ao capitalismo. Estaria aí a excepcionalidade portuguesa e brasileira: não tiveram feudalismo, logo não se tornaram capitalistas. A transição foi do patriarcalismo ao patrimonialismo". O feudalismo foi um "odre velho" que o capitalismo destruiu facilmente, mas o "odre velho" patrimonialista foi resiliente, foi capaz de se adaptar e se recompor com "vinhos novos" e o capitalismo foi impotente para destruí-lo. Para Vianna (1999), "o tipo ideal de dominação patrimonial-estamental-burocrático, de Faoro, difere do tipo construído por Weber, porque se opõe à presença do feudalismo na história ibero-americana (o que espantaria Weber)". Ainda segundo Vianna (1999), a nossa recepção de Weber radicaliza a autonomização do Estado em relação à sociedade civil, ao contrário da nossa recepção de Marx, que faz desaparecer a autonomia política do Estado. Para Schwartzman (2003), a contribuição de Faoro foi utilizar conceitos weberianos, chamando a atenção para a necessidade de examinar o sistema político nele mesmo e não como manifestação dos interesses de classe. Faoro se tornou cada vez mais importante na medida em que as limitações das explicações marxistas foram se tornando óbvias. Mas, para ele, "é curioso que, apesar do grande uso que fez da história, tivesse uma visão a-histórica do fenômeno que estudava, e talvez seja nisso que ele se afastava de Weber. Para Weber, ao contrário, a história procura entender como diferentes sociedades buscavam seus caminhos resolvendo dilemas, escolhendo formas e estilos de vida em um conjunto restrito de alternativas" (Schwartzman, 2003). No entanto, se para Faoro a realidade é imutável, só restavam duas opções: o conformismo ou a postura ética de oposição ao Estado autoritário. Faoro assumiu a ética, combateu o autoritarismo, mesmo acreditando que não haveria como mudar cinco séculos de história. Schwartzman (2003) sugere que a interpretação de Faoro estaria superada: "A cruzada de Faoro contra o autoritarismo perdeu muito do seu apelo e atualidade, mas teve o seu momento e o seu papel".

Para Jessé de Souza (2009), "se Faoro é fiel ou não à matriz weberiana é uma questão bizantina, não se deve julgar uma obra por sua fidelidade, mas pelas novas questões abertas pelo seu uso pessoal e desviante do códex. O nível de maturidade de uma universidade periférica pode ser indicado pela capacidade de apropriar-se do pensamento clássico, para que ele nasça outra vez, vindo à luz com perguntas e inquietações sobre a nossa realidade. O que importa é a recepção que damos a ele no nosso contexto cultural". Souza é crítico de sua tese histórica, a continuidade de Portugal-Brasil, que faz com que imperem aqui as mesmas vicissitudes sociais da metrópole. Para ele, não houve essa continuidade, porque o olho vigiante da metrópole não impedia a autarquia da grande propriedade rural e a rebeldia desses potentados. Faoro ignorou a escravidão, a instituição mais importante do Brasil colonial e imperial, que não tem nenhum papel em sua argumentação. Souza (2009) interroga: "A Abolição não foi um processo real de modernização? Após a Abolição o Estado patrimonial-estamental continuou inalterado?". Para ele, portanto, não foram cinco séculos sem processos reais de "modernização", porque houve mudanças em direção à modernidade, mesmo que tenha sido pelo alto (Santos Jr., 2009).

Para Comparato (2003), Faoro foi o "intérprete do Brasil" que ofereceu a visão mais abrangente, macroscópica, tomando os fatos conjuntamente; o fato entra em um todo, é parte de um todo. Embora não fosse historiador profissional, estava criando um pensamento histórico muito próximo da melhor historiografia europeia dos anos 1950-60, a da escola dos *Annales*. A grande obra de Braudel, *O Mediterrâneo e o mundo mediterrâneo à época de Philipe II*, é também de 1958 (penso que Braudel, que passou alguns anos na USP, aprendeu a fazer geo-história também com Euclides da Cunha, pois *Os sertões* precedeu os *Annales* em algumas décadas). Faoro fez uma "história estrutural" ou de "longa duração" da esfera política, o que o torna também próximo do Marc Bloch de *Os reis taumaturgos*. Como os *Annales*, Faoro quis desvendar os fatores permanentes, os invariantes, que atuam como causas profundas dos fatos. Para Comparato (2003), "é inegável que a sua interpretação corresponde em boa medida à nossa realidade histórica. O Brasil começou a existir politicamente com o Governador-Geral, Tomé de Souza, em 1549, na Bahia, trazendo o famoso Regimento de Governo, a nossa primeira Constituição. O Brasil começou a existir sem povo, a população indígena não podia ser considerada como tal. Passaram a ser estrangeiros em sua própria terra, que o Estado devia submeter ou exterminar. Nem os escravos e degredados eram o povo, que só veio para cá nos anos seguintes. A nação foi criada pelo Estado". O Brasil teve coroa antes de ter povo! E, para Faoro, essa ocupação estrangeira prosseguiu pelos séculos afora, mesmo após a Independência e a República, porque foi essa a cultura política que recebemos e aprendemos; não sabemos respirar fora dela, o que inviabiliza ou dificulta um futuro de liberdade (Comparato, 2003).

Para Campante (2009), Faoro "foi intérprete do Brasil e sujeito da história do Brasil, em defesa da República democrática, em defesa intransigente dos direitos e garantias de todos os cidadãos". Para Bastos (2009), "Faoro tornou-se um mito como sujeito histórico e como intérprete do Brasil, construiu uma obra teórica e uma práxis política superior. Ele desentupiu, nos anos 70, o debate intelectual do marxismo vulgar, que impedia a reconstrução da história do Brasil, submetendo-a a moldes previamente concebidos". O presidente da OAB teve um papel histórico excepcional. Bastos (2009) afirma que seu famoso discurso "O Estado não será inimigo da liberdade" é uma das peças mais altas da oratória brasileira, um discurso republicano que lembra as melhores páginas de Rui Barbosa. Para Faoro, na ditadura o dever da OAB era lutar por apenas um ponto: o restabelecimento do *habeas corpus*. O Estado de Direito seria restabelecido como consequência, o *habeas corpus* é o exercício da liberdade pública. Na visão de Mendonça (1999), "Faoro é o que Ricoeur define como 'educador político', o intelectual que não é nem militante nem desengajado, mas exerce uma ação eficaz de educação e crítica pelo pensamento, pela palavra escrita". Seu tema central, subjacente à análise da ação política, é a ética na relação entre dominadores e dominados, a preocupação com os direitos humanos universais. Para Faoro, há dois tempos éticos convivendo no país: a ética judaico-greco-romano-cristã, sempre violada, e a do senhor de escravos, hegemônica, "mesmo se os senhores atuais leem jornais, usam gravatas importadas e automóveis modernos". Sua interpretação do Brasil não se desvincula de uma posição ética precisa e explicitada; ele denuncia a ausência de um elemento ético fundamental: a responsabilidade do Estado. Pela ótica de Mendonça (1999), "Faoro é kantiano: o homem deve ser tratado como um fim em si e não como instrumento, requerendo a Razão como universalidade". Jessé de Souza (2009) propõe que a melhor forma de homenagear um autor é sendo crítico de sua obra, porque ela se torna, então, relevante, interlocutora, digna de um debate. Seguindo essa sugestão de Souza, para mim a obra de Faoro é de uma importância excepcional, e nem por isso acho que se deve chamá-lo de "profeta", "guru", "mensageiro", "mito", pois, mesmo que o fenômeno político tenha "dimensões mágico-sagradas", considero um retrocesso na análise política, que deve se manter racional, laica, objetiva. Eu teria reservas a fazer à utopia liberal faoriana, que chamei de "utopia weberiana". Sua proposta seria a superação de nossas raízes ibéricas pela aceleração de nossa ocidentalização, pelo aprofundamento do processo de "racionalização" e "burocratização" da nossa vida política, social, econômica e cultural. Para Faoro, o iberismo dominante se aproxima do despotismo oriental, e a utopia possível seria a aceleração da nossa integração ao processo civilizador ocidental. Não seríamos ocidentais ainda, deveríamos buscar realizar aqui os modelos das grandes nações ocidentais, no que se pode acusá-lo, talvez, de ainda praticar o "bovarismo" que denunciou nas elites estamentais brasileiras. Para ele, por um lado, o pensamento liberal brasileiro deve se tornar realidade, ação, uma ideologia atuante e não apenas um discurso oco, flatulento, que se contenta em repetir leituras liberais mal digeridas sem levá-las à transformação da realidade. Mas, por outro lado, embora tenha agido individualmente nessa direção, sua interpretação do Brasil se limita à denúncia da falta de liberdade no passado-presente e não elabora nem desenvolve as formas de acesso ao seu horizonte de expectativa da "sociedade civil cidadã".

Para mim, a interpretação de Faoro pode ser limitada por três fatores: (1) seria ainda um "liberal bovarismo", pois tem o mesmo sonho europeizante das elites branqueadoras e evangelizadoras, quer que o Brasil incorpore "esse outro", mantendo-se autêntico, sem dizer como fazê-lo; (2) defende a integração do Brasil à ordem ocidental, ao processo civilizador, sem ser crítico da modernidade realmente existente; (3) não espera nada da população brasileira, nenhum movimento em direção à mudança, o que o aproxima da avaliação do Estado patrimonialista dessa população: vil, baixa, submissa, sem desejo de emancipação e honra social. O discurso dos conservadores contra os liberais no século XIX talvez se aplique a Faoro, como se aplicou a Tavares Bastos: ele seria um "idealista utópico", que quer importar instituições americanas e inglesas sem se perguntar se são aplicáveis, sem modificações, à sociedade brasileira. Não estou apoiando o discurso conservador de um visconde do Uruguai, mas apenas lembrando que esse debate brasileiro é clássico, Faoro o conhecia, e quando pensou a especificidade brasileira não foi para viabilizar a construção da utopia, mas para apenas constatar a "dura realidade". Para Mendonça (1999), "Faoro pensou o Brasil com os olhos do Ocidente desenvolvido e, na acidez de suas críticas, pode ser associado ao processo civilizador. Diante do outro, América e Europa, a nossa opção seria entre civilização e barbárie. O processo civilizador é Iluminista, glorifica a Razão, mas significa também a renúncia às heranças e identidades culturais da América Latina".

Guimarães (2009) parece chegar à mesma conclusão quando, ao se interrogar sobre o lugar e o sentido de *Os donos do poder* na cultura brasileira, constata que "Faoro não oferece um programa político para o Brasil". Para ele, "Faoro foi o primeiro a construir uma narrativa de longa duração a partir do critério da liberdade política, republicana, como autogoverno de cidadãos autônomos. Por isso é uma obra decisiva para a nossa tardia formação democrática e republicana. Faoro é o pensador da liberdade". Faoro abriu um novo horizonte de expectativa para a sociedade brasileira: para além da classe proprietária, que vive de lucros, deve surgir uma nova classe social composta pelo proletariado urbano, pequena burguesia, proprietários, intelectuais e técnicos assalariados. Ele não defende a organização da sociedade pelo Estado ou a libertação da sociedade da opressão estatal, "sugerindo que só uma ruptura radical pudesse por fim ao domínio do estamento burocrático". Ele terminou *Os donos do poder* como a população brasileira — desesperada, desesperançada, recorrendo a Jesus! Citando a Bíblia, para ele a via de acesso a essa "sociedade de liberdade" seria "colocar vinho novo em odre novo, para que ambos se conservem. Mas, no Brasil, pôs-se remendo novo em vestido velho, vinho novo em odres velhos, sem que o vestido se rompesse nem o odre rebentasse" (Faoro, 2008). É uma linguagem muito metafórica e críptica, enigmática, para descrever uma ruptura política. É claro, todos dizem que "captaram a mensagem", para não parecerem estúpidos e não serem excluídos da mesa de debates faoriana. Eu digo sinceramente: não entendi! Eu queria que ele desenvolvesse essa frase bíblica, como os padres fazem nas homilias. Deve ser por isso que, para Guimarães (2009), "a inteligência brasileira ainda não foi capaz de fixar a obra de Faoro em uma posição estável e significá-la em um sentido claro. A obra possui um lugar problemático, ainda não se tornou patrimônio público de uma cultura política".

Para concluir: os gaúchos se reconhecem nesse projeto faoriano de reconstrução do Estado e emancipação da sociedade civil, que chamei de "neofarroupilha", ou também o consideram, apesar das centenas de páginas, impreciso, problemático e, sobretudo, insuficientemente "gaúcho"? (Ricupero, 2011).

A visão pernambucana do Brasil: o "tempo confederador" e a obra histórica de Evaldo Cabral de Mello

A visão pernambucana do Brasil: o "tempo confederador"

Se olharmos o mapa do Brasil e compararmos as regiões, o que saltará aos olhos será a imagem fragmentada, "quebrada", do Nordeste, ao contrário das outras regiões, que possuem imensos estados, apesar de não serem homogêneos. A região Nordeste é formada por "cacos de estados", ao contrário das vastidões de Minas, Bahia, São Paulo, Rio Grande do Sul, Amazonas, Pará, Matos Grossos. A região foi superdividida, os estados de Alagoas, Sergipe, Paraíba, Rio Grande do Norte, Ceará e Pernambuco são mínimos territorialmente. Por que será? A hipótese que aparece mais frequentemente na historiografia é que Lisboa e o Rio de Janeiro adotaram a mesma política em relação ao irredentismo nordestino: "dividir para governar". Por ser a região mais importante da colônia, foi quadriculada, disciplinada, supervigiada, para que a metrópole extraísse o máximo de rendimentos com um mínimo de resistência. A metrópole e o Império não podiam admitir a existência de uma ampla, coesa, poderosa capitania e província de Pernambuco. O rei de Portugal e os imperadores instalaram a concorrência entre as elites do Norte para impedir a liderança de Pernambuco, que sempre reivindicou fortemente sua autonomia. O "tempo confederador" pernambucano significou a busca permanente pelo reconhecimento de Lisboa e do Rio de Janeiro de sua maioridade, de sua liberdade e autonomia. Caso o Rio de Janeiro não atendesse às suas reivindicações, a ameaça pernambucana era a formação de uma "Confederação Nordestina" que poderia levar a região à separação e à República. Pernambuco justificava suas exigências pela sua condição de "primogênito da nação", que merecia mais respeito. Caso contrário, o "Nordeste oriental" poderia se tornar todo ele Pernambuco, um novo país republicano (Levine, 1980).

Foi ali que o Brasil conheceu seu primeiro apogeu, quando nem era ainda Brasil, mas se formava como nação. Se Foucault tem razão quando afirma que "a história se inscreve no corpo", a parte nordeste do desenho do "corpo da nação brasileira" revela uma área reprimida, massacrada ao extremo pelo poder do Sudeste. Se o Nordeste foi grandioso, riquíssimo, central, nas relações entre metrópole e colônia nos séculos XVI, XVII e XVIII, nos séculos XIX e XX essa centralidade, essa riqueza e esse poder se deslocaram para o Sul, para o Rio de Janeiro e São Paulo. Esse deslocamento das energias do "corpo da nação" para o Sul iniciou-se com a transmigração da família real e com a criação do Estado imperial, em 1822. Os nordestinos, pernambucanos à frente, perceberam esse movimento profundo da história brasileira que os aniquilava e resistiram com armas na mão, exigindo uma Constituição liberal, entre 1817 e 1848, que lhes desse autonomia e autogoverno, mas o deslocamento do poder para o Sul se realizou com indiferença e violência. O "Norte", como se dizia, perdeu a centralidade, foi massacrado, quebrado, pelas novas forças emergentes do Sudeste. A partir de 1850, o Norte estava derrotado e sentiu de forma mais aguda a dor da sua "ferida de Narciso": representava-se como uma "província diferenciada", mais branca e mais nobre do que as outras, a mais fiel à Sua Majestade, mas o rei não o reconheceu e prestigiou ao apoiar os reinóis mascates, ao instalar o vice-reinado em Salvador e, finalmente, ao fixar-se no Rio de Janeiro.

A província de Pernambuco, movida por essa "ferida de Narciso", cumpriu suas ameaças e liderou os protestos contra o tratamento preferencial dado ao Sul, em 1817, 1821, 1824, 1848. Os pernambucanos lutaram por "outra Independência", que podia ser até com a monarquia, mas uma monarquia federativa. Eles reclamavam que os impostos locais eram gastos na modernização e no embelezamento do Rio de Janeiro, que o Norte não estava bem representado nos ministérios, que o governo central recebia mais impostos de Pernambuco do que gastava na província.

A solução que Pernambuco oferecia à sua região era a formação de uma "confederação republicana", que romperia com o Império do Brasil, com o governo do Rio de Janeiro, para se conduzir de forma soberana e livre. Os mais moderados defendiam uma "confederação nordestina" sem ruptura com a monarquia, para contrabalançar o desequilíbrio da hegemonia do Sul. Para Mello (2004), em *A outra Independência*, "a proposta era a de uma frente de Províncias do Norte para resistir ao despotismo do Rio de Janeiro. Não era possível negociar nada com o Imperador, que era inflexível à reivindicação constitucionalista. Às Províncias setentrionais só restava fundar o governo confederal, autenticamente representativo, consoante decisão do Congresso Regional". Segundo Mello (2004), "os revolucionários pernambucanos queriam a República, mas a palavra era evitada, cautelosamente. Não se ousava dizer o nome do regime que se queria, porque havia a expectativa moderada de negociação com o Rio de Janeiro e a preocupação de tranquilizar o interior da província, que era fiel ao Imperador. A bandeira de Pernambuco Confederado foi desfraldada com prudência". Para Leite (1996), o que estava em jogo na Confederação do Equador era a organização do Estado nacional brasileiro independente. As províncias do Norte e do Sul disputavam o poder central, a hegemonia política dentro do Império. O Norte perdeu e preparou-se para se separar.

De 1500 a 1822, Pernambuco foi uma das regiões mais ricas do Brasil, com a produção de açúcar e algodão. Contudo, a economia pernambucana era muito dependente do mercado internacional e, nas primeiras décadas do século XIX, a concorrência de outras regiões produtoras de açúcar e de novas áreas produtoras de algodão fez aumentar a oferta desses produtos e acentuou a queda dos preços no mercado externo. Além disso, no Sudeste aparecia o café. O processo de instalação do Império, a partir de 1822, ocorreu em um momento de crise econômica em Pernambuco. As províncias do Sudeste, Rio de Janeiro, Minas Gerais, São Paulo, além de cafeicultoras, estavam mais próximas do centro do poder — a Corte —, o que aumentava as vantagens políticas e econômicas da região. Tornaram-se inevitáveis as disputas regionais para definir os rumos políticos da nação e para influir na aplicação dos recursos financeiros do país. Pernambuco se sentia cada vez mais prejudicado, não recebia suficiente ajuda do governo do Rio de Janeiro e ainda tinha de pagar pesados impostos sobre os produtos exportados. Apesar de

Olinda ser ainda a capital da província, Recife era a principal cidade, seu porto escoava a produção de uma vasta região nordestina e era a porta de entrada das importações do Nordeste. Saíam algodão, açúcar, e entravam escravos, tecidos, móveis, alimentos, ferramentas. O que mais irritava os recifenses eram as crescentes exigências fiscais do Rio de Janeiro: taxas sobre o açúcar e o algodão, empréstimos compulsórios, transferências de encargos do governo central para serem pagos pela província. Essas e outras medidas autoritárias prejudicavam os interesses dos proprietários e comerciantes de Recife; o descontentamento com o governo do Rio de Janeiro tornou-se agudo (Leite, 1996; Levine, 1980).

Em 1817, Pernambuco decidiu romper com o governo do Rio de Janeiro e ousou proclamar a República. Do ponto de vista da monarquia, o Norte cometeu o pior dos crimes, o de lesa-majestade, e a repressão ordenada por d. João VI foi rápida e violenta. A rebelião durou apenas 74 dias. Os chefes da revolta foram Domingos José Martins, José de Barros Lima, padre João Ribeiro, frei Joaquim do Amor Divino Caneca, este último o mais radical defensor da autonomia provincial e de um sistema de governo representativo e constitucional. Combatia o fortalecimento excessivo do poder central do Rio de Janeiro, manifestando suas ideias nos sermões, em artigos de jornal, em reuniões políticas. A confederação do Norte estava contra o Sul, pois se sentia ameaçada pelo imperador absolutista, temia o crescimento do poder central e a influência das províncias do Sudeste sobre o governo do Império. Frei Caneca (acrescentou "Caneca" ao seu nome em homenagem ao pai, um tanoeiro) era liberal, defendia a Constituição e a Federação, foi o principal crítico em Pernambuco do imperador. Outro líder foi Manuel de Carvalho Paes de Andrade, que teve uma trajetória estranhamente feliz, se comparada com a dos outros rebeldes. Ele foi um dos líderes da rebelião, presidente eleito pela população, não indicado pelo imperador, e que deveria ser destituído; após a derrota, refugiou-se nos EUA. Depois, voltou e liderou a segunda rebelião, a Confederação do Equador, em 1824. Outra vez derrotado, exilou-se na Inglaterra, mas voltou após a Abdicação e, mais tarde, passou a presidente da província e senador do Império! Sua capacidade de sobrevivência política deixa dúvidas, em mim pelo menos, sobre sua lealdade aos movimentos de 1817 e 1824 e aos seus companheiros revolucionários. Outros líderes: Cipriano José Barata de Almeida, José da Natividade Saldanha, José de Barros Falcão de Lacerda. Alguns participaram de 1817 e 1824 (Leite, 1996).

Para Denis e Mendonça Bernardes, o significado de 1817 não pode ser ofuscado por sua curta duração: dois meses. A repressão durou quatro anos, a devassa só foi concluída em 1821. A Revolução de 1817 "representa o 'tempo da pátria', o da resistência ao terror imposto pelo despotismo monárquico. Foi a mais radical e ousada tentativa de enfrentamento da Monarquia portuguesa em toda a sua história. Todas as sedições anteriores não passaram de desvios individuais ou de pequenos grupos" (Bernardes, 2006). Os pernambucanos consideram a Revolução de 1817 e a Confederação do Equador um único movimento rebelde e o mais importante da história do Brasil, o fundador da República. Para Bernardes (2006), em 1817 "fundou-se uma outra soberania, cometeu-se o crime da separação do corpo do Rei, em plena presença da Corte. O crime cometido pelos patriotas era visto no Rio de Janeiro como 'coisa do demônio'. Durante 62 dias as bandeiras do Império não tremularam em Recife e Norte. Uma nova soberania surgia". Portanto, não é possível minimizar o significado dessa subversão praticada nas capitais de Pernambuco, Paraíba, Rio Grande do Norte, Ceará. O corpo da nação foi cortado, foi negada a unidade que tinha o rei como símbolo. O sentido essencial de 1817 foi a possibilidade de instauração de uma nova ordem política, autolegitimada, independente. A Assembleia Constituinte do governo provisório da República de Pernambuco iria estabelecer novos fundamentos: soberania popular, distinção dos poderes, afirmação dos direitos individuais, com princípios liberais, liberdade de imprensa, com a publicação da receita e despesa das rendas públicas. Em 1817, o poder emanou do povo, o que pôs pelo avesso a ordem vigente. Para Bernardes (2006), alguns historiadores tendem a minimizar o alcance de 1817 porque acreditam que tais princípios seriam desprovidos de efeitos práticos em uma sociedade escravista. Mas a população de Recife viveu uma experiência política e social nova, em clima de festa, de congraçamento, que derrubou barreiras sociais, de cor, de sensibilidade política. A ordem social teria novas bases, repousaria sobre a vontade livre e soberana dos indivíduos; algo da Revolução Francesa teria sido vivido no Norte: liberdade, igualdade, fraternidade. Para os nordestinos, frei Caneca é o grande herói republicano da história do Brasil. A escolha da Inconfidência Mineira e de Tiradentes como símbolos republicanos é a prova mais contundente do deslocamento do poder nacional para o Sudeste e da derrota do Norte.

Segundo a historiografia pró-rebeldes, a contrarrevolução venceu com um espetáculo sanguinário brutal. Recife ficou aterrorizada, os chefes derrotados tiveram suas cabeças expostas ao público, e, por toda parte, o medo, buscas, traições, calúnias, vinganças. O terror se estabeleceu. Quando presos, os "patriotas" sofriam correntes, grilhões, açoites, palmatórias, ultrajes e duros tratamentos. Os padres perderam a autoridade religiosa, foram enforcados. O arbítrio era a lei entre 1817 e 1821. Para Bernardes (2006), cuja narrativa seguimos, a Revolução de 1817 não foi só uma ameaça à ordem política da monarquia absoluta: foi uma revolução social. Era o fim de uma ordem de privilégios e exclusões que repousavam também sobre bases étnicas. Houve forte participação de negros e pardos, e foi sobre eles que a repressão se abateu de maneira seletiva, com castigos corporais. Os negros, em 1817, não foram passiva massa de manobra dos interesses senhoriais ou da elite letrada nem atuaram de forma autônoma. No interior da luta que mobilizou a elite, os negros também puderam expor e defender seus próprios interesses. A derrota de 1817 não pôs fim aos conflitos; vieram sucessivos movimentos de revolta. Em 1821, forças militares e políticas da província elegeram na vila de Goiana, ao norte de Recife, um governo temporário. Após a Proclamação da Independência, a excessiva centralização do Império e o autoritarismo de Pedro I provocaram outras fortes reações em Pernambuco (Bernardes, 2006).

A Independência trouxe a expectativa de um governo livre e legítimo, constitucional, representativo dos cidadãos e dos interesses das províncias, mas essas expectativas foram frustradas. Em 1823, d. Pedro I dissolveu a Assembleia Constituinte, impondo a Constituição do Império, o que aumentou o já enorme descontentamento em Recife. Os pernambucanos radicalizaram na recusa da Constituição outorgada e declararam novamente a autonomia de Pernambuco e das outras províncias do Norte. Queriam assegurar a integridade do Império, mas que não fosse absolutista e centralizado. Queriam que as províncias fossem autônomas e participassem das decisões sobre a vida da nação. Defendiam um sistema federativo de governo, que promovesse o desenvolvimento do Brasil como um todo. Para os liberais pernambucanos, o autoritarismo de d. Pedro I colocava em risco a unidade do Império e a Independência. De que valia ser independente sem a autonomia das províncias? Pernambuco era radicalmente liberal e antissaquarema. Para os rebeldes, a "trindade saquarema" tramava para impor os interesses locais do Rio de Janeiro contra os interesses provinciais, especialmente os do Norte. A Confederação do Equador, uma nova rebelião, foi proclamada em 2 de julho de 1824 e durou até 17 de setembro. De Pernambuco, o movimento alcançou as províncias da Paraíba, do Rio Grande do Norte e do Ceará. D. Pedro I exigiu o juramento à Constituição outorgada, mas, para frei Caneca, d. Pedro não tinha soberania nem comissão da nação brasileira para outorgá-la. Era ilegítima e não seria jurada e reconhecida. Em agosto de 1824, o general Francisco de Lima e Silva foi enviado pelo Rio de Janeiro para acabar com essa "Confederação do Equador". Os confederados foram derrotados e instalou-se um tribunal militar para julgá-los. O frei Joaquim do Amor Divino Caneca foi o primeiro condenado à morte. Foi cassada sua condição de religioso carmelita e ele foi fuzilado porque, diz a lenda, "o carrasco que deveria enforcá-lo se recusou a cumprir a ordem" (Bernardes, 2006).

No Império, a elite política era a aristocracia rural, que tratava os cargos públicos como seu domínio próprio. As famílias preenchiam os cargos mais importantes, a Escola de Direito do Recife formava os "donos do poder". A elite se mantinha fechada e homogênea, através de parentescos, relações de negócios. Quando veio a República, a notícia chegou a Recife por telegrama. Os pernambucanos não ficaram surpresos, mas não exultaram. O povo não se interessou. O Estado foi entregue a um administrador militar. A República cortou as amarras dos estados, deixando-os à deriva, obrigando-os a contar com as próprias rendas para sobreviver. São Paulo conseguiu essa autonomia até a era Vargas, mas os outros estados, não. Além disso, Pernambuco não conseguiu a estabilidade política interna. Até 1930, a rotina eleitoral era: sequestros políticos, prisões preventivas, buscas domiciliares, intimidações de adversários, incêndio de casas, empastelamento de jornais. No sertão, bandos se formavam aterrorizando as populações. Havia grupos permanentes de cangaceiros, os coronéis impunham capangas para cargos na polícia. O grosso da polícia era de jagunços, piores que os cangaceiros. Os cangaceiros eram "heróis ambíguos": temidos por sua crueldade, mas respeitados por sua audácia e independência do governo. Antônio Silvino e Lampião tornaram-se personagens lendários. Eles invadiam cidades e fazendas, castigavam donos de fazendas, abriam cadeias, saqueavam casas e lojas. Eles conheciam o sertão como a palma da mão, o que dificultava o combate. A violência oficial era pior. Os valores de cangaceiros e autoridades eram os mesmos. Na República, assim como no Império, Pernambuco procurou fortalecer sua posição no plano nacional consolidando sua hegemonia sobre os estados do bloco satélite, rivalizando com a Bahia pela liderança do Norte. A estratégia federal de Pernambuco era tentar unir as bancadas dos estados do Norte, mas a rivalidade econômica entre eles e a desconfiança mútua entre esses aliados impediam essa união. O sonhado "bloco do Norte" jamais tomou forma efetiva no Congresso (Levine, 1980).

Portanto, desde 1808 e 1822, desde o surgimento do café no Sul, desde a crise da exportação do açúcar e do algodão, desde a formação do Estado nacional, o Norte foi lentamente sendo posto de lado, foi perdendo seu espaço nacional. Na verdade, ele nunca teve expressão nacional, pois seu apogeu foi durante o período colonial, quando negociava um lugar político especial com a metrópole. Desde o início da vida nacional, o Norte foi derrotado pelo "poder nacional" instalado no Rio de Janeiro e pelo poder econômico dos cafeicultores de São Paulo, do Rio de Janeiro e de Minas Gerais. Nas rebeliões de 1817, 1821, 1824, 1848, os pernambucanos usaram o mesmo discurso usado para obter o reconhecimento da metrópole: "Nós somos a origem da nação, nós expulsamos os invasores holandeses, nós somos os maiores exportadores de açúcar e algodão, nós merecemos reconhecimento e um tratamento especial ou vamos organizar uma Confederação Nordestina, proclamar a República e nos separar" (Suassuna, 2005). Mas com que dinheiro? De que adiantaria a "autonomia confederada" se a economia entrou em uma crise profunda e crescente e sem alternativa visível à frente? O Norte dependia cada vez mais do auxílio do governo do Rio de Janeiro; que "autonomia confederada" poderia construir? Enfim, no início do século XIX Pernambuco e o Norte foram derrotados pelo poder nacional que se formava, entraram no novo país arruinados economicamente e vencidos politicamente. Na República, os "estados satélites" não queriam ser liderados por Pernambuco, cuja liderança lhes parecia mais autoritária e odiosa do que a do Rio de Janeiro. A sonhada Confederação do Norte nunca se consolidou, não só por causa da repressão mas também pelos conflitos e rivalidades internos, maquiavelicamente estimulados pelo poder central fluminense (Bernardes, 2006; Levine, 1980).

José Lins do Rego (2010) descreve essa derrota do Norte em *Fogo morto* e em toda a sua "belíssima" obra literária. Ele conseguiu descrever uma realidade nordestina terrível com extrema delicadeza e carinho, mas com muito pouca vontade de mudança. Ele dá a impressão de fazer o elogio daquelas vidas miseráveis, não só materialmente, pois até os senhores de engenho sofrem profundamente com a violência que os cerca, são psicologicamente desequilibrados. O coronel Lula de Holanda é um homem violento com seus empregados e completamente beato, abalado, incapaz de administrar sua fazenda. O mestre José Amaro revela a pobre vida de um nordestino típico: orgulhoso, quer autonomia e respeito, mas mora nas terras do coronel. Depende do coronel para tudo, mas, revoltado, fala mal de todo mundo, dos coronéis e vizinhos. Seu herói é Antônio Silvino, o cangaceiro, porque é capaz de fazer o que ele gostaria de fazer: levar o desespero e a morte à casa-grande. Ele reclama da violência dos senhores de engenho, mas ele mesmo é um estúpido, que bate em sua filha Marta, para desespero da sua mulher Sinhá. Enfim, era mesmo um lobisomem! Outro personagem que revela bem o tipo nordestino é o capitão Vitorino Carneiro da Cunha, que enfrenta coronéis, prefeitos, delegados, cangaceiros, mas completamente só e desesperado. Ele fala as "verdades", mas ninguém o leva a sério, parece um louco! É hostilizado até pelas crianças, todos riem dele, o insultam. O capitão Vitorino é o nordestino desesperado, desrespeitado, humilhado, enlouquecido, derrotado, que se debate, sem se deixar abater. Quixotescamente, enfrentava os poderes, apanhava, era preso e não se curvava. O que dizer das mulheres nordestinas representadas por Sinhá, Adriana, dona Amélia? E nenhuma expressão de protesto! (Rego, 2010).

    José Lins do Rego emociona o leitor com sua "bela obra" sobre a vida dos engenhos em *Os cangaceiros, Menino de engenho, Usina*. Ele narra a história do Nordeste de um ponto de vista psicológico. O desespero nordestino não é um privilégio dos pobres; é mais profundo, generalizado. O autor mostra "brilhantemente" o sofrimento dos pobres e ricos, que sofriam a pressão da violência generalizada, do passado, do imaginário, das relações familiares terríveis, misturando amor, ódio, vingança, desejo, proteção, fé, alianças e antagonismos. O cangaço é contra o povo, a política é contra o povo, a polícia é contra o povo, os coronéis são contra o povo, a Justiça pune o povo. Os coronéis vivem dramas psicológicos terríveis. Em *Os cangaceiros*, o desespero do senhor de engenho capitão Custódio é de dar dó! Nessas "obras-primas" o Nordeste é descrito como uma terra de matança, vingança e medo: "Quando não tem seca, tem soldado, quando não tem soldado, tem cangaceiro.

Povo infeliz, disse Alice, só vive de matar e morrer. A vida da gente vai ser esta até o fim. Só queria sair dessa terra e nunca mais ouvir falar dessas coisas" (Rego, 1956).

No entanto, Pernambuco se sentia a região mais "nobre" do Brasil, e, talvez, mais nobre do que a própria metrópole. O pernambucano tem mania de nobreza, faz genealogias para se dizer descendente de algum "nobre duartino", tem mania de macho, por qualquer ninharia sai aos gritos de "nobreza, macho, honra, visse?", brandindo a peixeira, rasgando a barriga de uns e outros. Ariano Suassuna, em *A Pedra do Reino*, um "romance armorial", mostra esse inconsciente, esse imaginário profundo de Pernambuco. A história mostra o Norte como um reino soberano, e d. Pedro Diniz Ferreira-Quaderna seria o verdadeiro sucessor do trono do sertão do Brasil! D. Pedro II, o do Rio de Janeiro, era um impostor. No sonho de Suassuna aparecem todos os símbolos da "nobreza" pernambucana: cavaleiros e cavalhadas, genealogias, herdeiros, usurpadores, traições, brasões, bandeiras, condes e viscondes, e muito sangue e violência. Suassuna explica como os escritores nordestinos conseguem descrever uma história tão terrível, essa "morte e vida Severina", como a que ele mesmo narra nessa obra. Para ele, os "geniais escritores nordestinos" têm um "estilo régio", sua arte "corrige a imagem real grosseira e é mais certa ao descobrir a sua gloriosa imagem" (Suassuna, 2005). Quaderna pergunta ao juiz: "O senhor pode imaginar uns cavalos pequenos, magros, feios, uma porção de gente suja, magra, faminta e empoeirada, arrastando-se pela estrada, com animais famélicos e desdentados? Para mim, porém, somente o espírito sagrado da 'poesia régia' é capaz de dar a medida daquele evento extraordinário, de caráter epopeico" (Suassuna, 2005). Para Quaderna, a poesia épica e a historiografia consagram reis execráveis, crimes hediondos, gente suja, magra, faminta, empoeirada, arrastando-se pela estrada. Pode-se, então, perguntar e duvidar: Os "geniais escritores nordestinos", com suas "belíssimas obras", escritas em "estilo régio", contribuíram para a mudança da realidade nordestina ou a consagraram? Como elogiar e se emocionar com uma tal tradição, como querer mantê-la e até querer voltar ao passado, como propõem os intelectuais nordestinos nostálgicos do mundo do senhor de engenho? Parece-me que seria necessário mudar a forma da escrita da historiografia e da literatura nordestinas: chega de "estilo régio", de "poesia épica", que cristalizam sacralizando uma realidade que não tem, nunca teve, nem quando estava no apogeu colonial, nada de régio e épico. Não se deve fazer do drama nordestino esse tipo de "obra de arte", não é ético narrar artisticamente uma tragédia, apenas para comover o leitor. Não se trata de "rasgar" ou "esquecer" *Casa-grande & senzala*, mas de fazer outra interpretação, uma ressignificação que a torne capaz de catapultar o Nordeste para longe, muito longe, do mundo que o "feroz senhor de engenho" criou (Suassuna, 2005).

Durval Albuquerque Jr. (2001), em sua obra *A invenção do Nordeste*, impregnado pela teoria da história de Foucault, faz uma reflexão importante sobre o Nordeste e os nordestinos. Segundo ele, a mídia sulina mostra um Nordeste miserável: coronéis, tiros, jagunços, tocaias, seca, caatinga, fome, beatos. Essa imagem divulgada pela mídia sudestina, para ele, é um "estereótipo, um discurso arrogante, acrítico, que se arroga o direito de dizer o que o Outro é. O estereótipo nasce de uma 'caracterização grosseira do Outro, em que as multiplicidades e diferenças individuais são apagadas em nome de semelhanças superficiais do grupo'" (Albuquerque Jr., 2001). E esse estereótipo se materializa ao ser subjetivado pelos próprios nordestinos, que têm sua autoestima arrasada, causando sofrimento. Albuquerque Jr. (2001) faz uma defesa veemente dos nordestinos: "Não podemos cair no discurso da discriminação do Nordeste". Ele sustenta que o Nordeste não tem nada a ver com o estereótipo que lhe impuseram, é uma "invenção de um sistema de poder e saber", que não se combate revelando uma "verdade" do Nordeste que transforme em "mentira" a identidade inventada. Pedir aos sulinos que revejam seu discurso sobre o nordestino, porque é "errado", seria apenas ler o discurso da discriminação com sinal trocado, mas a ele permanecer preso. A superação desse discurso estereotipado exige a procura das relações de poder e saber que o produziram, que "inventaram o Nordeste". Essa identidade atribuída emerge de um combate que atinge seu objetivo quando "nós, os nordestinos", nos colocamos como os derrotados, como o outro do poder do Sul, que nos discrimina, oprime e explora. Os nordestinos, quando aceitam esse discurso de poder, tornam-se agentes da sua própria discriminação, opressão e exploração. A resistência que podem oferecer é dentro dessa própria rede de poder, não fora dela. O melhor é se negar a ocupar esse lugar, recusar essa "identidade", que é imposta aos nordestinos (Albuquerque Jr., 2001).

Contudo, Albuquerque Jr. não atribui somente aos discursos sulinos a "invenção" desse Nordeste, revelando-se profundamente crítico da dita "melhor literatura" do próprio Nordeste. O representante do Nordeste é Recife e foi aí que se formaram os "intelectuais regionais nordestinos", que foram cocriadores dessa imagem negativa sulina do Nordeste. Quanto mais marginalizado o Nordeste, mais unidos tornavam-se esses intelectuais, saídos da Escola de Direito, do seminário de Olinda, jornalistas do *Diário de Pernambuco*, que se tornou o principal veículo de reivindicações da região. Para Albuquerque Jr., Gilberto Freyre é o formulador principal do discurso regionalista com seu livro *Nordeste* (1925) e com o Congresso de Regionalismo de Recife (1926). O congresso queria salvar o Nordeste da destruição lenta que vinha do Rio de Janeiro e São Paulo, e, para isso, seus participantes inventaram uma tradição para garantir privilégios e lugares sociais ameaçados. Esse discurso regionalista é saudoso, lírico, faz um retrato fantasioso de um lugar que não existe mais. A identidade nordestina é buscada na tradição, no passado rural, pré-capitalista, com padrões de sensibilidade e sociabilidade patriarcais, escravista, popular, folclórico, artesanal. Câmara Cascudo se destaca nessa idealização do elemento popular. O folclore é a autenticidade regional, a essência da região, que precisa ser defendida (Albuquerque Jr., 2001).

Segundo Albuquerque Jr. (2001), essa construção do Nordeste foi feita por Gilberto Freyre, José Lins do Rego, Ascenso Ferreira, Luiz Gonzaga, Ariano Suassuna, Manuel Bandeira, Raquel de Queiroz, José Américo de Almeida, uma elite intelectual que se apegava a essa tradição para não morrer. Ela lutava contra a história como mudança, apegava-se a reminiscências, afirmava uma "identidade a-histórica", no sentido em que garantia a continuidade e a tradição. A história como ruptura era apagada, o presente-futuro era pensado como permanência do passado, que significava a busca da manutenção de uma dominação ameaçada. A literatura de Gilberto Freyre e José Lins do Rego é uma máquina de rememoração, que prolonga o passado no presente. A obra de Freyre despertou o amor pela tradição rural; Rego queria compreender a alma de sua terra, apreender sua identidade. Eles descrevem o Nordeste como um espaço melancólico, saudoso, ameaçado pela civilização estrangeira. O Nordeste passa a estar sempre no passado, na memória: espaço para o qual se quer voltar! O "verdadeiro Nordeste" era nobre, sagrado, atemporal. Para Albuquerque Jr., esse discurso nostálgico impede que os nordestinos se apropriem de sua história e passem a achar normal, e até se emocionem, quando vivem sempre as mesmas injustiças, misérias e discriminações.

O passado foi melhor que o presente, voltemos! A obra de Freyre é uma arma política contra o desenvolvimento capitalista e a modernidade. O Nordeste, ao contrário de São Paulo, não quer modernizar-se, pois se representa nesses intelectuais como "um Brasil antigo, tradicional, melhor" (Albuquerque Jr., 2001).

Qual seria a "reinvenção do Nordeste" proposta por Albuquerque Jr.? Ele propõe a ruptura com a imagem construída pela mídia sulina, que descreve preconceituosamente um Nordeste-outro horrível, e pelos intelectuais regionais do próprio Nordeste, apaixonados pela tradição nordestina. O que significaria concretamente essa "ruptura"? O que significaria concretamente "recusar-se a ocupar esse lugar"? Para Albuquerque Jr., os nordestinos devem tomar sua história em suas mãos, abri-la para o presente-futuro e romper, interromper, descontinuar, quebrar a "imagem cristalizada" não só imposta pelo Sul, mas sobretudo consagrada pela alta cultura da elite nordestina. Para ele, seria preciso redefinir o conceito de "identidade", que não pode ser a-histórico, prisioneiro do passado, dominado pela força da origem. Penso que posso oferecer essa redefinição de "identidade". Para mim, "identidade" não é um conceito a-histórico; é o mais histórico dos conceitos. Ele não se refere somente ao que fomos, mas ao que somos e ao que queremos ser. Ele expressa a angústia da experiência humana no tempo: insatisfação, inquietude, mal-estar, vontade de ser outro, sendo o que se é. Albuquerque Jr. parece sugerir que se faça para o Nordeste uma radical "história crítica nietzschiana", perigosa, violenta, insatisfeita, que destrói o passado porque é "esse passado". A história crítica proposta por Nietzsche propõe a destruição do passado como uma forma defasada, inadequada, da forma que se deseja tomar. Para se fazer essa história crítica tão radical, Nietzsche propõe que se "invente" outro passado, que capacite o presente a agir, que descristalize a "força plástica" que nos constitui como vontade de potência. Se os nordestinos não suportam mais ver no seu espelho a imagem de miserável, derrotado, vítima, sedento, facínora, senhor de engenho opulento e escravista, beato, fanático, atrasado, incapaz, selvagem, o jeito é quebrar o espelho e criar outra "representação de si".

A obra de Albuquerque Jr. é importante porque abre a discussão da reconstrução da identidade nordestina por uma "ruptura" com a própria cultura nordestina. Ele não atribui somente à mídia do Sul a responsabilidade pela "invenção" negativa do Nordeste. Não é somente o olhar preconceituoso do outro sulino que é destrutivo da autoestima nordestina; mais danoso é seu olhar interno, nostálgico, saudoso, elogioso, de um mundo com o qual o Nordeste já deveria ter rompido há muito tempo. Para mim, de fato o Nordeste não deve mais "ocupar esse lugar" de derrotado, de vítima, mas esse lugar não é apenas um preconceito, uma representação deformada, e sim uma experiência histórica real, que precisa ser concretamente superada. A alta cultura nordestina é corresponsável, pois faz o elogio da derrota, querendo manter uma "identidade a-histórica", lutando pela manutenção do "tempo confederador", que representa um ressentimento autonomista à beira do separatismo. A "identidade histórica" a ser construída deve se abrir ao presente-futuro e ser capaz de romper com o passado que oprime, impede a ação que traz o novo. A "autonomia" que se deseja exige uma grande capacidade de autofinanciamento, de autogestão, a busca de um novo padrão de autogoverno. Não se pode reivindicar a autonomia política e ser dependente economicamente da União. O Nordeste precisa se reinventar economicamente, e, para isso, talvez a "ruptura" a ser feita seja esta: a inauguração de um "tempo reintegrador", que refaça as conexões políticas e econômico-sociais com o Sul, em posição favorável. O que o Nordeste pode aprender com o Sul? Ele deveria abrir-se ao processo civilizador e sampaulizar-se? Por um lado, o Sul é a miragem da melhoria de vida, do encontro com a civilização; por outro, significa a generalização das relações de mercado, a prevalência dos valores burgueses, a integração ao capitalismo global. Embora se apresente como a via única de desenvolvimento, não sei se o caminho do Sul, a integração ao capitalismo global, seria mesmo o da libertação. Quais seriam as alternativas para a "reinvenção do Nordeste", o que seria um tempo nordestino "pós-confederador"? Eis a difícil tarefa que Albuquerque Jr. propõe aos novos intelectuais brasileiros, particularmente os nordestinos. Que tal a construção de um novo projeto de "outra Independência"? Mas é preciso que desta vez seja vencedor (Albuquerque Jr., 2001).

A obra de Evaldo Cabral de Mello é neoconfederadora?

Evaldo Cabral de Mello, nascido em Recife, em 1936, é um dos mais importantes historiadores brasileiros mais recentes (1975-2015), embora tenha seguido a carreira diplomática e não tenha tido uma formação acadêmica em história. Como diplomata, trabalhou nas embaixadas brasileiras dos Estados Unidos, Espanha, França, Suíça, Portugal, Trinidad e Tobago e outras. Como historiador, tem uma obra extensa dedicada exclusivamente à história de Pernambuco, que vem obtendo o reconhecimento da universidade sobretudo pela "perspectiva teórico-metodológica", embora ele faça questão de insistir que não "gosta de filosofia e epistemologia da história". Volta e meia, diz que "não gosta" de alguma coisa, lembrando um pouco o amargo personagem mestre José Amaro, de *Fogo morto* (Rego, 2010): não gosto de identidade, não gosto de epistemologia da história, não gosto da universidade, não gosto de instituições, não gosto da carreira diplomática, não gosto do Império, não gosto do Rio de Janeiro. E também não gosta quando o associam a Ginzburg e lhe dizem que se tornou uma "referência teórico-metodológica pós-marxista e pós-*Annales* para a universidade": "Não me venham com evaldocabralismo!". Esse último "não gosto" é interessante, porque expressa seu conceito democrático de historiografia: "A casa do Senhor tem muitos quartos, há lugar para todos os tipos de história. Não me levem muito a sério, porque detesto escolas e facções intelectuais" (Starling e Schwarcz, 2008). Deve ser por isso que a universidade o considera uma referência, pois vivemos uma época sem paradigmas hegemônicos, sem referências teóricas mais estruturadas, e a obra de Mello, apesar disso, mantém aquilo que a universidade ainda quer preservar: rigor, consistência, arquivo, uma busca realista do passado. Desde os anos 1980, vivemos uma época irreflexiva, ateórica, imediatista, em que o historiador se tornou definitivamente um *bricoleur*, e Mello, sem deixar de pertencer a esse tempo, ainda mantém um pé na tradição historiográfica (Schwartz, 2008; Starling e Schwarcz, 2008).

De acordo com Starling e Schwarcz (2008), Mello, inspirado na historiografia dos *Annales*, também acha "estéril a filosofia e epistemologia da história", mas ocupa-se permanentemente desses temas em entrevistas e em prefácios de obras sobre teoria-metodologia da história. Ele tem posições claras, interessantes, polêmicas, sobre questões teórico-metodológicas, que considera secundárias na formação do historiador por serem abstratas e poderem desencorajar "vocações promissoras". Mas reconhece que o problema que o levou a se interessar pela história foi o do "sentido da história", que o conduziu às obras de Toynbee, Spengler, Ortega y Gasset, Collingwood, Oakshot, Croce, Vico, Aron, Veyne, Duby. Mello "filosofa" permanentemente sobre a historiografia, para concluir que "a preocupação epistemológica pode ser esterilizante para o historiador" (Starling e Schwarcz, 2008). Mas, pergunto eu, como poderia ser estéril a formação teórico-metodológica se, depois, profissionalmente, o historiador ignorar as diferenças entre "passado encapsulado", "passado prático", "passado histórico"? E se o "historiador profissional" não se der conta de que "a experiência humana é reconstruída por uma variedade de discursos independentes"? E se ignorar as diferenças entre os conhecimentos indutivo, dedutivo, intuitivo, inferido, prognóstico e pós-gnóstico? E se não puder avaliar e decidir entre evolução e ruptura, entre continuidade e mudança brusca? E se nunca refletiu sobre a vulnerabilidade do conhecimento histórico? Será verdade que é o particular que ilumina o geral? Enquanto particular, o particular é inefável! É preciso que seja iluminado por um sentido, por um valor, por uma ideia, para que possa ser articulado em linguagem. Dizer que a história "desmistifica e sabota as ciências sociais, desconstrói seus conceitos", me parece deselegante; é jactância e arrogância, frequente entre os historiadores que olham as ciências sociais e a filosofia, de forma infantil, como conhecimentos inferiores, o que deve ser sintoma de alguma "ferida de Narciso". Os *Annales* sempre defenderam a aliança com as ciências sociais; a história cultural atual é inexplicável sem referências ao pensamento filosófico foucaultiano e ao sociólogo Norbert Elias. Contudo, Mello é contraditório, pois sua obra tornou-se referência na universidade por oferecer soluções teórico-metodológicas inovadoras (Mello, 2002, 2003, 2009, 2012).

Em entrevista a Starling e Schwarcz (2008), Mello faz reflexões sobre a própria obra, comenta a dos outros e passa grande parte da entrevista fazendo o que "não gosta": discutindo e explicitando o seu ponto de vista sobre questões teórico-metodológicas e historiográficas. Segundo ele, a condição de diplomata facilitou seu acesso a arquivos e bibliotecas dos países onde esteve, pois as embaixadas tinham tratamento especial, ele podia solicitar livros por telefone, e, em Paris, pôde seguir os cursos de Georges Duby e Emmanuel le Roy Ladurie no Collège de France, que muito o influenciaram em suas pesquisas. Sua obra, que construiu sem projeto e que considera "um *hobby*", se constitui de vários livros sobre a história de Pernambuco: *Olinda restaurada: guerra e açúcar no Nordeste (1630-1654)* (1975); *Norte agrário e o Império (1871-1889)* (1984); *Rubro veio* (1986); *O nome e o sangue: uma fábula familiar no Pernambuco colonial* (1989); *A fronda dos mazombos:*

nobres contra mascates (1666-1715) (1995); *O negócio do Brasil* (1998); *Um imenso Portugal: história e historiografia* (2002); *A outra Independência* (2004); *Nassau* (2006). Segundo ele, esses livros contam a mesma história do ponto de vista de personagens pernambucanos diferentes. E escolheu escrever sobre Pernambuco porque "seria impossível escrever uma tese sobre um lugar que não conheci ou não vivi. A vivência do lugar foi fundamental para o que eu fiz. Eu seria incapaz de escrever uma história do Brasil" (Starling e Schwarcz, 2008).

Mello se define como um historiador regional, e se para ele, como para Ranke, "a história é mais interessante do que a ficção", é porque é mais real, concreta, ou seja, regional. Ele explica: "Costumo tirar um livro de dentro do outro, *Rubro veio* foi tirado de *Olinda restaurada*. São como caixas que você vai tirando uma da outra. É a temática que dá uma certa unidade, uma certa coerência ao conjunto, correndo o risco de ganhar em extensão e perder em profundidade" (Starling e Schwarcz, 2008). Ele não se considera um historiador da economia, nem da política, nem da ideologia, nem das mentalidades — "prefiro definir-me geograficamente: sou um historiador do Nordeste açucareiro, sou um historiador regional e nada mais" (Starling e Schwarcz, 2008). Em *Olinda restaurada*, procurou verificar uma tese que vinha sendo levantada desde o tempo da própria guerra holandesa, a de que ela tenha sido ganha com recursos locais. Em *Rubro veio*, tentou detectar a evolução do imaginário nativista, a partir da guerra holandesa até o século XIX. Em *A fronda dos mazombos*, fez uma história da Guerra dos Mascates, uma sedição radical que propunha o corte de relações políticas de Pernambuco com a metrópole. Em entrevista a Pedro Puntoni (1993), Mello afirma que "a questão que perpassa os seus livros é a da *identidade local*, explicada a partir da experiência da Guerra Holandesa, que foi uma experiência fundamental para o destino ulterior da capitania", questão identitária que, curiosamente, renegará depois.

Na entrevista a Starling e Schwarcz (2008), Mello lamenta não ter conhecido a vida de engenho dos pais, o que o deixava ressentido, porque seus irmãos a conheceram e achava que tinha perdido uma "experiência excepcional". Talvez ele tenha escrito essa obra porque está "em busca do tempo perdido do Nordeste", porque idealiza o "passado glorioso" da sua família. De certa forma, ele prossegue a pesquisa de seus primos José Antônio Gonsalves de Mello, *Tempo dos flamengos*, e Gilberto Freyre, *Casa-grande & senzala*. Contudo, apesar dessa ligação tão intensa com a história pernambucana, com a cultura pernambucana, o que poderia sugerir uma inquietação com a identidade pernambucana, com a derrota e a marginalidade pernambucana, com o presente-futuro de Pernambuco, Mello insiste enfaticamente, talvez por influência do livro de Durval Albuquerque Jr., que "não busca identidade pernambucana nenhuma. Identidade é um conceito que abomino. Identidade é o que permanece idêntico a si mesmo. É o conceito mais anti-histórico que se pode conceber. O que existiu era uma série de atitudes, de comportamentos, de mentalidades, que desapareceram no tempo. Não há mais, hoje, aquele pernambucano dos meus livros. Ele está abrasileirado" (Starling e Schwarcz, 2008). E esclarece que, quando se referiu à identidade na entrevista a Puntoni, "não é a identidade que existe ainda hoje. Eu tratei de uma identidade que existiu ou se prolongou até o século XIX. Ela não existe mais. Duvido que haja uma memória muito forte dessa experiência no Nordeste. Com a expansão da fronteira após a ocupação holandesa, foi havendo uma grande diversificação econômica e social da região. Hoje, já não se fala mais em capitania de Pernambuco, mas no Nordeste como um todo. Acho que desde o século passado dissolvemos essa identidade formada a partir das Guerras Holandesas. Eu me ocupei de uma identidade que já se perdeu no tempo. A província se integrou ao Estado nacional e se dissolveu. O processo de integração se deu através de 1817, 1821, 1824, 1848" (Puntoni, 2008). E completa o raciocínio contraditório: "Mas não se pode ignorar o período holandês, porque está vivo nesse processo de integração de Pernambuco ao Estado nacional" (Puntoni, 2008).

Escolhi o historiador Evaldo Cabral de Mello para integrar este livro por uma razão que, provavelmente, ele não aprovaria: como um intérprete do Brasil a partir de Pernambuco e do Nordeste. Para mim, sua obra pode ser vista como uma versão pernambucana de *Raízes do Brasil*, pois reflete sobre a trajetória brasileira desde a origem e lamenta o rumo monárquico e centralizador imposto pela Corte; lamenta mais ainda a "historiografia saquarema" que legitimou de forma subserviente essa imposição do Rio de Janeiro. A relevância de sua obra está nessa nova tese, que, revendo o passado, pode mudar o futuro do país, levando o centro a reconhecer e a dialogar com suas diferenças internas que até hoje foram reprimidas e ignoradas. Mello é tomado aqui como um intérprete das "identidades do Brasil", como um "historiador-filósofo", como um formulador da perspectiva pernambucana e nordestina mais recente sobre o Brasil. Como "historiador-filósofo", Mello declarou ter-se inspirado na obra de Cornelius Castoriadis *A instituição imaginária da sociedade* para escrever *Rubro veio* e partiu da sua pergunta: "Afinal, o que é o real?". Para Castoriadis (2000), "essa é a questão histórica por excelência: dar sentidos, produzir novos sistemas de significados e significantes. O imaginário social é mais real do que o real. O que suporta uma sociedade é o imaginário em uma determinada época. O fazer histórico se produz em um universo de significações". Por isso, minha hipótese sobre a obra de Mello, contrariando um pouco suas declarações, é que ela põe em evidência a "identidade pernambucano-brasileira", expressa com lucidez e originalidade o "tempo confederador" nordestino.

Porém, diriam meus alunos, ele "abomina o conceito de identidade"? Para mim, ele o "abomina", talvez porque, por um lado, "não goste" de epistemologia da história e não conheça bem a amplitude do conceito. Mas Castoriadis (2000), que o inspirou, explicou bem o que significa esse conceito: "É o imaginário que responde às perguntas sobre a identidade da sociedade: quem somos nós? Quem somos nós em relação aos outros? O que queremos, o que desejamos, o que nos falta? A sociedade deve definir a sua identidade, suas relações com o mundo, suas necessidades, desejos. Sem a resposta a tais questões não existe mundo humano, seria um caos indiferenciado. Identidade não é suposta ideologia, mas um modo específico de captar e se posicionar em relação ao mundo. O homem é um animal poeta. O imaginário da nação é o mais sólido, tem fortes efeitos reais, é uma força real. A sociedade cria uma imagem de si e do mundo. Ela cria necessidades e investe valor nos objetos. É impossível compreender o que foi e é a história humana fora da categoria do imaginário. É ele que especifica um sistema simbólico, que unifica e entrelaça tudo". Mello teria refletido sobre essa definição de identidade exposta no livro que o inspirou? Por outro lado, talvez seja porque, apesar de pertencer à minoria dominante de Pernambuco e do Nordeste, ele não queira mais compactuar com o mundo que o cruel senhor de engenho criou, que já considera abominável. Talvez não queira mais ter saudade do engenho da família e já se considere um felizardo por ter escapado desse mundo. Ele deseja a mudança, abre-se à história, espera que o povo da sua região tome a história em suas mãos e se transforme. Ele compartilharia com Albuquerque Jr. a rejeição à identidade atribuída ao Nordeste pelo Sul e pelos intelectuais nordestinos nostálgicos, não quer mais "ocupar esse lugar", não deseja mais continuar pertencendo ao mundo da tradição açucarocrática. O passado nordestino não deve se impor ao presente-futuro, e se ele é a "identidade", não se quer mais ter essa identidade. O Nordeste está em busca de uma nova representação de si, quer mudar de "identidade", deseja criar uma nova imagem e novos valores, para se integrar de outra forma ao Brasil, e, ao fazê--lo, transformará a identidade nacional brasileira (Castoriadis, 2000).

A obra de Mello é um libelo da identidade pernambucano-nordestina contra a historiografia saquarema, responsável pela "invenção do Nordeste", que Albuquerque Jr. e Melo recusam. Para Mello, "essa historiografia sulina consagrou o ponto de vista da Corte sobre a construção do Estado nacional e toda a historiografia brasileira, desde as melhores teses até os livros didáticos, inclusive a historiografia das esquerdas, está contaminada por esse 'esquema saquarema'. É como se não houvesse a possibilidade de outro olhar sobre a história brasileira, que foi assim e estava predestinada a ser assim. A mística da unidade nacional envolve a todos, é consensual entre as forças políticas, é mais importante do que a democracia. A mística da unidade é a mística da 'identidade nacional'. Ela foi uma reação do Rio à desordem da Regência, representou o medo da América hispânica. O discurso unitarista é teleológico, a unidade do Brasil estava inscrita na ordem das coisas, tinha de se realizar" (Starling e Schwarcz, 2008). Contudo, para Mello, esse ponto de vista saquarema não expressa a verdade da história brasileira; é apenas o ponto de vista particularista fluminense: "Não houve necessidade histórica no processo da Independência, que foi resultado de uma série de elementos aleatórios e de acidentes. A transmigração da Família Real foi o ponto inicial da unidade nacional, mas foi algo inesperado, um fato tão fantástico que parece ter saído da ficção. A Independência não foi algo inescapável, necessário, e não estava garantido que seria de forma unitária. O Brasil pode ter ficado unido apenas por uma questão de inércia histórica. Por que o Pará tinha de acatar as ordens do Rio de Janeiro? É preciso questionar alguns pressupostos historiográficos que parecem óbvios e que não são. Por exemplo, por que o Instituto Histórico e Geográfico do Rio de Janeiro foi chamado de 'nacional' e os outros de 'regionais'? Os Institutos Históricos das províncias ficaram subordinados, relegados à condição de coletores de documentos, que só o IHGRJ(B) poderia elaborar, pois era o único capaz de ter visão nacional, porque era o intérprete autorizado pela Monarquia. Os historiadores saquaremas posavam de unitários, mas eram tão particularistas quanto os de qualquer outra região do Brasil e só cuidavam dos interesses do Rio e da lavoura fluminense" (Starling e Schwarcz, 2008).

Para Mello, é preciso observar a história de outras regiões do Brasil e não aceitar essa mística da identidade unitária saquarema. E, ao fazer a história de Pernambuco nessa perspectiva, ele se torna o modelo das outras regiões que queiram se diferenciar nesse percurso falsamente homogêneo da história geral-nacional do Brasil produzida no Rio de Janeiro. Seu objetivo é desconstruir a história geral do Brasil saquarema; ele pretende renarrar, retramar, a história geral do Brasil, construir um novo ponto de vista nacional, que considera mais democrático, e, para isso, põe-se do ponto de vista da história de Pernambuco. Ele construiu um percurso histórico alternativo para o Brasil ao enfatizar o ponto de vista de Pernambuco, que teve uma direção particular e oferecia uma alternativa ao percurso saquarema. Ao reconstruir a história particular de Pernambuco, Mello reconstruiu a história do Brasil, que passou a receber luz a partir de outro ponto, que estava afastado, abafado, na sombra. Ao fazê-lo, o conhecimento histórico do Brasil que parecia consolidado, incontestável, que era recitado na universidade e decorado nos ensinos fundamental e médio, torna-se precário, falho, inconsistente, diante da diversidade e pluralidade das "histórias do Brasil". Mello fará uma história geral-nacional do Brasil a partir de outro ponto de vista, e parece sugerir que as outras regiões do país façam o mesmo. O que seria uma história geral do Brasil narrada a partir do Rio Grande do Sul, de Minas Gerais, de São Paulo, do Pará? Não seria a mesma história congelada, cristalizada, teleológica, narrada pela Corte. Essa não é falsa, é apenas a história do Brasil de um ponto de vista particular, o do Rio de Janeiro. Mello, sem pretendê-lo explicitamente, propõe uma "revolução historiográfica", uma revisão profunda do que se sabe sobre a história do Brasil, ao defender a pluralidade de perspectivas regionais sobre a nação.

Mello começa sua história de Pernambuco, que é também uma nova história geral-nacional do Brasil, a partir do início, desde o século XVI, quando Pernambuco era chamado de "Nova Lusitânia". Segundo ele, o sentimento nativista que aparece nas crônicas do primeiro século não exalta a originalidade da nova terra; ao contrário, expressa orgulho pela lusitanidade que caracteriza a vida cotidiana colonial. Gândavo descrevia o Brasil como uma nova Lusitânia; o padre Cardim afirmava que "este Brasil é já outro Portugal". O Brasil foi criado para reproduzir Portugal, não para transcendê-lo. "Nova Lusitânia" foi empregado depois para designar toda a América portuguesa, mas esse nome foi substituído, como aconteceu também com Terra de Santa Cruz. A substituição de "Nova Lusitânia" por "Pernambuco" simbolizou a mutação que viria a sofrer o programa colonial do primeiro donatário, Duarte Coelho. O nome "Pernambuco" expressava uma história nova, local, que tinha aversão a portugueses e ao governo metropolitano. A "história pernambucana" expressava um novo nativismo, um antilusitanismo, o início de um novo mundo histórico (Mello, 2000).

No entanto, segundo Mello, desde o início a dita "Nova Lusitânia" já não era portuguesa, era uma Nova Madeira. A produção da ilha da Madeira era seu modelo: um número reduzido de engenhos que moíam a cana de uma classe média de agricultores, o algodão sem negros, com mão de obra servil. A Madeira não conheceu a simbiose açúcar-escravo. Mas o modelo da Madeira foi liquidado porque Pernambuco não era uma ilha, e sim um continente, havia disponibilidade de novas terras, a possibilidade do uso maciço de mão de obra negra e indígena, encorajando a monocultura. No início do século XVII, começou a afirmar-se o sentimento local, começou o antagonismo entre reinóis e mazombos, que vai ser uma constante na história pernambucana. Já havia ufanismo local, o Brasil já se via com "superioridades" em relação a Portugal. Diziam que a paisagem era mais bela, frutas e peixes mais saborosos, a farinha de mandioca era superior ao trigo. Frei Vicente fez um programa nativista: os produtos agrícolas portugueses, aqui, ficavam melhores, a língua geral era mais rica em vocábulos do que a portuguesa. Começou a contestação do monopólio comercial. Para frei Vicente, o Brasil podia se sustentar sem o socorro de outras terras, os reis portugueses faziam pouco-caso do Brasil, só queriam os rendimentos. Os comerciantes levavam tudo, os senhores de engenho reinóis destruíam a terra, queriam voltar rápido e ricos para Portugal. Para Mello (2000), "o ressentimento nativista impregnará toda a história das nossas relações com Portugal e, feita a Independência, com o Império, envenenando a nossa capacidade de compreender as razões de uns e outros". Em *A ferida de Narciso*, Mello (2001a) reflete sobre a "educação sentimental" pernambucana, que lhe parece contraditória: por um lado, foi a capitania que gerou o nativismo mais virulento da história do Brasil e, por outro, a mais marcada pela metrópole, a mais "Nova Lusitânia" das províncias.

Na obra *A outra Independência*, Mello (2004) se estende sobre a oposição pernambucana ao modo como a Independência foi narrada pela historiografia saquarema. Ele se propõe a refazer a história política dos anos 1817-24, em Pernambuco, numa perspectiva diferente da "impingida pela historiografia da Independência, buscando reconstituir o processo de emancipação na província onde se contestou mais do que em nenhuma parte o projeto de José Bonifácio e a política do Rio". Para ele, a fundação do Império é ainda hoje uma história contada somente do ponto de vista do Rio de Janeiro por historiadores como Varnhagen, Oliveira Lima, Tobias Monteiro, Otavio Tarquínio de Sousa, que faziam o elogio da monarquia e da unidade nacional. A ideologia da Corte reduziu a Independência à construção do Estado unitário por alguns indivíduos dotados de enorme visão política nascidos no triângulo Rio de Janeiro-São Paulo-Minas Gerais. De acordo com Mello (2004), "esse paradigma se esgotou, apesar das qualidades de erudição e de narração dessas obras. A criação do Estado unitário no Brasil não foi um 'destino manifesto', não estava escrito que o Império do Brasil seria como foi. A realidade subestimada pela interpretação nacionalista é que, em 1821, as elites locais desejavam a autonomia provincial e queriam escapar do domínio tanto do Rio de Janeiro quanto de Lisboa. Em Pernambuco surgia um caminho alternativo, o do federalismo, mas a força bruta trouxe ao Império regiões periféricas, particularmente as do Norte. A formação de um Estado unitário não foi desejada em todo o Brasil, nem sua criação beneficiou a todos os territórios que o compunham".

Mello denuncia o riocentrismo da historiografia da Independência, que limita o processo emancipacionista ao triênio 1820-22. Para ele, "1823 e 1824 foram anos cruciais para a consolidação do Império, pois a dissolução da Assembleia Constituinte e a Confederação do Equador permitiram ao Rio resolver a questão da distribuição do poder no novo Estado, questão que não se reduzia à disputa entre o Executivo e o Legislativo, privilegiada pelos historiadores do período, mas dizia respeito ao conflito entre o centralismo da Corte e o autogoverno provincial. Em 1821, era geral a aspiração das províncias à autonomia, sem que isso significasse a abolição do governo central da Monarquia, que deveria ocupar-se somente dos interesses que são comuns a todas as províncias, abstendo-se de intervir em seus interesses particulares. Mas, se tais desejos existiam Brasil afora, apenas a Bahia e Pernambuco estavam em posição de articulá-las de forma competente, graças às suas posições na economia de exportação" (Starling e Schwarcz, 2008). Porém, a Bahia sofria a ocupação portuguesa e, por isso, o federalismo foi uma sensibilidade política eminentemente pernambucana, na esteira da Revolução de 1817. Em Pernambuco, a Independência ficou polarizada entre dois programas políticos: o unitário, vitorioso, e o federalista, que era incompatível com o formato do Estado brasileiro que se organizava no Sul, liderado por José Bonifácio de Andrada, para quem a unidade brasileira preexistia e se impunha às províncias (Mello, 2004).

Para Mello, a historiografia da Independência tendeu a escamotear a existência do projeto federalista, encarando-o apenas como produto de impulsos anárquicos e de ambições personalistas e antipatrióticas, semelhantes aos que tumultuavam a América espanhola. O federalismo no Brasil seria a transferência de poderes administrativos às províncias, isto é, a descentralização, defendida por líderes rebeldes como frei Caneca, Cipriano Barata, Natividade Saldanha. Segundo o autor, o federalismo pernambucano não impunha o republicanismo, mas se acomodaria a uma monarquia constitucional federativa. Mello procura atenuar a "fome de autonomia" de Pernambuco. De acordo com ele, "o 'tempo confederador' não era necessariamente republicano, Pernambuco aceitaria uma Monarquia federal. Mas não era assim que o Império olhava para o Norte, onde via amálgama entre federalismo e republicanismo e a repressão era severa" (Mello, 2004). O federalismo de 1817-24 criou a pecha de separatismo sob a qual viveu Pernambuco ao longo do primeiro e do segundo reinados. Os pernambucanos eram representados pela historiografia saquarema como os "vilões", os "sabotadores", os "conspiradores inconfidentes", que queriam levar o país à ruína separatista e republicana. A historiografia do período reivindicava para os conservadores do Rio, os saquaremas, o belo papel de "heróis construtores da nacionalidade", mas, para os pernambucanos, esses "heróis" defendiam, na verdade, o particularismo fluminense e se maquiavam de "nacionalistas". O argumento pernambucano para justificar suas reivindicações federais é que, no tempo da Independência, não existia o "Brasil", que era apenas a designação genérica das possessões portuguesas na América do Sul. Não existia a unidade brasileira, mas uma pluralidade, "os Brasis". Em 1817, Pernambuco não podia ser separatista porque o que havia era somente o Reino Unido de Portugal, Brasil e Algarves, e, em 1824, a unidade brasileira não se constituíra porque a Assembleia Constituinte foi dissolvida e a Carta outorgada, os federalistas do

Norte se recusaram a jurar. Para Mello (2004), "é preciso evitar ver o 07/09 como o fim predeterminado da emancipação, cuja consequência é a de desqualificar todas as posições políticas que não se reconheciam no projeto imperial". A retórica saquarema contra o separatismo antinacional era uma manobra propagandística para obter o apoio das províncias ao projeto do Rio. A causa da Independência foi confundida com a campanha pela centralização. Portanto, para Mello (2004), "não se pode acusar o ciclo de 1817/1824 de separatista, porque a unidade não existia e a que era proposta pelo Rio de Janeiro não era consensual. Para Frei Caneca e federalistas, a liberdade provincial era mais importante do que a unidade do Brasil". De acordo com Mello, tendo a Independência na forma unitária levado sete anos para consumar-se em Pernambuco (1817-24), ela só é inteligível quando narrada conjuntamente, não isoladamente, em seus subperíodos: Revolução de 1817, Movimento de Goiana (1821), Junta de Gervásio Pires (1821-22), Governo dos Matutos (1822-23), Confederação do Equador (1824), que é o que fará nessa obra.

O republicanismo, segundo Mello (2004), nunca foi majoritário em Pernambuco; o desejo era de autonomia federalista. Mas esse desejo foi identificado com o republicanismo, o que levou Pernambuco para a periferia do poder imperial ao longo do século XIX. Os federalistas pernambucanos eram chamados de gervasistas e de carvalhistas pelos que controlavam o poder provincial. A elite política pernambucana, mesmo os conservadores, foi olhada de esguelha no Rio até o Segundo Reinado. No Rio, defendia-se um programa mais severo de repressão para a província, porque, embora os cabeças tenham sido punidos, enforcados e fuzilados, temiam que os discípulos, os "leõezinhos", crescessem e passassem a vingar os chefes, os antepassados, contra a monarquia. Os saquaremas fluminenses queriam dispersar aquele povo, vigiavam as escolas públicas e a religião, porque temiam novas revoltas. Os pernambucanos sempre conheceram a derrota em relação ao Rio de Janeiro e, após 1848, a dominação imperial tornou-se plena. O movimento Praieiro, desprovido de conotações republicanas, derrotado, levou à integração pernambucana à ordem imperial. A partir da sua derrota, o nativismo estava fadado ao subterrâneo político, salvo curtas irrupções, como os motins de Goiana em 1872. Evaldo Cabral de Mello cita a obra *A liberdade no Brasil, seu nascimento, vida, morte e sepultura*, de Afonso de Albuquerque Mello (1864) como o manifesto nativista tardio, que fazia a crítica impiedosa do processo político brasileiro a partir da Independência, quando houve a fusão dos conservadores e liberais moderados no Segundo Reinado.

Segundo Evaldo Cabral de Mello (2004), Afonso "lastimava a vinda da Corte, lamentava que fosse hoje bendita a ponto de se agradecer à Providência Divina que nos dera assim uma Monarquia, um povo feliz, que não teve o destino infeliz das colônias espanholas". O Norte irredentista queria evitar esse domínio hegemônico da Corte, queria dividir/compartilhar democraticamente o poder nacional com o Sudeste. Mas a mística unitária do Império dividiu o Brasil em Norte e Sul. A conciliação consistiu na transação entre as facções regionais do Partido Conservador, e só os grupos conservadores do Norte agrário viram-se integrados ao sistema de poder imperial. Contudo, persistiu o mal-estar nas relações com o Império. "Gervásio Pires havia percebido que a Independência feita pelo Rio consolidava o esbulho financeiro das províncias. A questão dos saldos orçamentários era o cavalo de batalha autonomista até o fim do regime monárquico. As províncias do Norte eram as que transferiram maiores saldos para a caixa do Estado, mas os gastos governamentais concentravam-se no Centro-Sul, por causa da presença da máquina administrativa no Rio de Janeiro. Eram as províncias exportadoras que pagavam a unidade do Império, pois o sistema fiscal repousava nos impostos gerados pelo comércio exterior. As que eram menos dependentes do mercado internacional eram as menos oneradas pelo fisco imperial. De 1850 a 1880, o Norte gerou sozinho os excedentes fiscais, efetuando remessas quatro vezes maiores do que as do Centro-Sul. O Império promoveu uma transferência maciça de recursos governamentais do Norte para o Centro-Sul, num processo de espoliação fiscal quase colonial. Os Confederados do Equador e os Praieiros haviam exigido uma divisão equitativa das receitas, mas os saldos orçamentários continuavam a ser enviados para o Rio de Janeiro. As províncias do Norte eram tributadas para que se construíssem ferrovias, edifícios públicos e outras obras no Sul. As províncias do Norte, se não se separassem, queriam ao menos formar uma confederação com o seu regime especial" (Mello, 2001b).

Mello (2001b) lembra a excessiva divisão territorial do "Nordeste oriental", desde o período colonial, e, no período joanino e Primeiro Reinado, "foram desmembradas as comarcas de Alagoas e São Francisco com o objetivo de limitar a irradiação do ciclo revolucionário de Pernambuco. Se não tivesse havido esse tratamento discriminatório, a área do entreposto recifense teria se tornado uma única entidade estatal. O regionalismo do Nordeste constituiu a resposta à fragmentação arbitrariamente administrativa de um conjunto que há muito tivera a intuição da unidade assentada em raízes entranhadas". Pernambuco via a Corte como "o Império britânico de si mesmo", anexando à força as demais regiões do país. Para os rebeldes pernambucanos, "foi essa maldita Corte portuguesa que nos deixou um Príncipe a causa do regime centralizado" (Mello, 2004), que significou uma "interiorização da metrópole": o Rio de Janeiro assumiu o papel antes exercido por Portugal. O período joanino foi de um conservadorismo extremo, que destruiu as expectativas de reforma política por parte das capitanias, mantidas em relação ao Rio de Janeiro no mesmo tipo de relação com Lisboa. Os vassalos do Centro-Sul ficaram honrados, vaidosos, com a presença da Corte, e espoliavam as províncias do Norte com tributos destinados à iluminação pública da Corte. Era um descompasso entre o que queriam o Norte e o Sudeste, e a historiografia saquarema privilegia apenas o ponto de vista do Sudeste, como se fosse o único.

Mello (2004, 2001b) conclui que, "para os pernambucanos, o nacionalismo brasileiro não precedeu, mas sucedeu à criação do Estado nacional. O Brasil não ficou independente porque era nacionalista, fez-se nacionalista porque ficou independente. Foi somente com a Abolição e a República que o nacionalismo se impôs como uma paixão nacional. Só com o fim da escravidão nos constituímos como um povo, fundamento da nação. A historiografia do Império põe o período joanino nas nuvens, uma idealização comprometida com a forma centralista adotada pela Independência. É uma mitologia saquarema, que associou autonomia e República para justificar a repressão a Pernambuco". O argumento dos revolucionários de 1817 era este: "A transferência da Família Real havia frustrado as expectativas dos seus vassalos americanos porque não realizou as reformas políticas de que tanto necessitava a ex-Colônia. A idealização do reinado joanino se fez no Rio, a sede da Corte, a região que foi beneficiada pela presença da Família Real, enquanto as capitanias se viram sobretaxadas para financiar o embelezamento da capital, para torná-la aceitável aos cortesãos e funcionários públicos reinóis" (Mello, 2001b). Para Mello (2002), "a presença na Colônia por mais de 10 anos de um monarca europeu torna um livro de história infinitamente mais rico do que uma obra de ficção. Era uma situação improvável, inimaginável: foi uma 'interiorização da Metrópole', como afirmou Maria Odila Dias, que escreveu as melhores páginas sobre a Independência. O Estado nacional brasileiro surgia dessa situação anômala, excepcional. Com o fim do monopólio, Portugal se viu vítima de uma inversão que o reduziu a uma colônia brasileira".

Para mim, fica claro que Mello compartilha esse "tempo confederador", compreende perfeitamente as reivindicações de Pernambuco e é empático com o ressentimento criado pelo seu não atendimento. Segundo ele, "o Norte sempre acusou o Sul de ficar com a parte do leão. Os gastos com a imigração estrangeira beneficiavam somente as províncias do Sul. As ferrovias eram do Sul. A lavoura cafeeira tinha mais crédito para escravos do que a açucareira, quem dava as cartas eram os comissários do café, no Rio de Janeiro, que gozavam de ascendência sobre o governo inglês. O Rio de Janeiro sabotava o porto do Norte para centralizar o comércio, o Norte devia reconhecer a Corte como o centro comercial e industrial do Império" (Mello, 2004). Como bom pernambucano, Evaldo Cabral de Mello "não gosta do tempo do Império", rejeita o "tempo saquarema", porque o Rio de Janeiro causou muitos prejuízos a Pernambuco e ao Norte. Em minha opinião, Mello escreveu sua obra para expressar esse "(re)sentimento pernambucano do Brasil", para expressar e representar seu ponto de vista contra o "Brasil", e, portanto, ele carrega de forma intensa, embora com esforços de racionalização que a fragmentam, uma identidade pernambucana e nordestina radical, "confederadora". Em sua obra, o que o olhar pernambucano sobre a história geral do Brasil revela é a forte possibilidade que existiu de fragmentação do território e de opção pela República ou de democratização/descentralização do Império. Pernambuco não admitia se submeter a um governo externo, fosse Lisboa, Salvador ou Rio de Janeiro. O que reivindicava era a autonomia, o autogoverno, que poderia ser garantido por uma organização federativa do poder, mesmo monárquico. Se tivesse havido uma secessão, porém, o Norte seria republicano desde 1817.

A obra *Rubro veio: o imaginário da Restauração pernambucana* (1986)

Por que escolhi essa obra, e não outra, para sintetizar sua interpretação do Brasil? Inicialmente, porque me foi indicada pelos seus críticos, que sustentam que é sua obra central. Depois, houve um momento em que lamentei não ter escolhido *A outra Independência*, que me pareceu ter um conteúdo nacionalmente mais contundente. Enfim, percebi que o conteúdo de *Rubro veio* era o mesmo e mais rico, pois mostra o projeto da "outra Independência" emergindo do abismo do imaginário pernambucano. Por que Pernambuco queria e lutou por "outra Independência"? *Rubro veio* responde melhor, pois desce mais profundamente no "poço mental pernambucano", explica melhor a singularidade da trajetória dessa capitania/província/estado, descreve as camadas de imagens e discursos que constituem a "identidade pernambucana". Nessa obra, fica claro que, em Pernambuco, tudo começou com as guerras holandesas, essas são a origem do espírito "rubro veio" pernambucano. O tema do livro são as "representações mentais" da ocupação holandesa vigentes na capitania/província de Pernambuco entre o período batavo (1645-54) e os últimos decênios do século XIX. A identidade pernambucano-brasileira se constituiu em torno desse evento histórico, que foi representado de forma descontínua do século XVII ao XIX. Mas, para mim, essas diferentes representações das guerras holandesas não dissolvem a identidade de Pernambuco; pelo contrário, a permanência desse tema o torna o núcleo da alma pernambucana. Nesse livro, Mello faz escavações profundas nessa "alma pernambucana", para mostrar suas camadas, fissuras, veios, vibrações e acomodações. Essa obra é como uma "abordagem geológica" da identidade de Pernambuco, que se representa como a capitania "primogênita do Brasil", como a primeira expressão verdadeiramente brasileira, pós-lusitana, mas sempre esquecida e não reconhecida por um "outro Brasil", que Mello ousa questionar e combater representando o mais atual espírito confederador pernambucano (Puntoni, 2008).

Segundo Mello (2001b), o nativismo pernambucano reivindicava a Restauração como uma glória da gente da terra, gritava que a expulsão dos holandeses foi alcançada "à custa do nosso sangue, vida, fazendas, mediante recursos exclusivos do Norte". Um dos versos do hino pernambucano oferece o título ao livro: "Coração do Brasil, em teu seio corre o sangue de heróis, *rubro veio*". Pelo hino, os pernambucanos se inserem na história do Brasil como os primeiros heróis brasileiros. Esse evento gerou o mito de origem do Brasil, do ponto de vista pernambucano. Mello, entretanto, parece não querer tratar de uma "identidade pernambucana" e muito menos de uma "identidade brasileira", pois considera o conceito de "identidade" o menos histórico, anti-histórico, por expressar uma continuidade, uma coerência e uma estabilidade incompatíveis com a temporalidade histórica. Ele insiste que, embora possa dar essa impressão, *Rubro veio* não descreve identidades regionais e locais. O que Mello pretende com a reconstrução do imaginário da Restauração pernambucana é apenas, inspirado em Castoriadis, sustentar uma "tese teórica": "As representações verdadeiras ou falsas de um grupo social sobre o seu passado são tão relevantes para explicar o seu comportamento quanto os seus interesses materiais" (Mello, 2008). Ele quer demonstrar que as "representações mentais" surgidas em Pernambuco em torno da guerra holandesa são indispensáveis para entender o "tempo confederador" pernambucano. Mas lamenta que, após 1850, essas representações das guerras holandesas tenham ficado no passado, deixaram de ser "socialmente atuantes", porque Pernambuco foi derrotado e integrado à força ao Império saquarema. Teria sido o povo pernambucano exterminado ou aculturado após 1850? Mello sugere que foi aculturado, "abrasileirado", e, portanto, culturalmente exterminado. Ele não acredita que tenha sobrevivido uma "identidade pernambucana", pois o pernambucano de hoje não se lembra mais das guerras holandesas e não tem nada a ver com o que foi antes do Império (Starling e Schwarcz, 2008).

Mello se propõe a fazer apenas um "inventário" da memória do nativismo pernambucano. Ele entende o trabalho do historiador como uma "crítica da memória", como uma atitude de "distanciamento", e não como um conservador esforço de "guardião da memória" e da identidade de um grupo. Embora não se refira explicitamente, pensamos que ele se inspira na teoria da história francesa recente, no *Inventário das diferenças*, de Paul Veyne, n'*Os lugares de memória*, de Pierre Nora, para formular bem "objetivamente" o problema de sua pesquisa: como a ocupação holandesa foi interpretada e reinterpretada pelos pernambucanos? A dominação holandesa é lembrada, deixou marcas na memória pernambucana? Quais são os "lugares de memória" da Restauração Pernambucana? Ele se propõe a fazer apenas o "inventário" das diferentes formas assumidas por essa experiência da expulsão dos holandeses no imaginário pernambucano, que classifica como "deformações" da experiência realmente vivida. Ele fará uma periodização do nativismo pernambucano, para mostrar, algo foucaultianamente também, embora não explicitado, que nunca foi coerente e contínuo, nunca se manteve o mesmo, e, depois de 1850, dissolveu-se, tornando-se apenas uma experiência passada, lembrada, mas que não tem a força de coesão de uma "identidade". Mello explicita apenas uma referência teórica, o conceito de "imaginário social", formulado por Cornelius Castoriadis em *A instituição imaginária da sociedade* (1975), em que o "imaginário social" é definido "não como uma superestrutura ideológica, mas uma dimensão constitutiva e reprodutiva das relações sociais, como o processo pelo qual os grupos sociais se constituem como tais" (Mello, 2008). Ele também se refere à "história das mentalidades" dos *Annales*, que privilegia as formas mentais menos deliberadas e até inconscientes. Portanto, Mello fará uma "reconstrução", uma "análise", do passado pernambucano, como historiador, e não como "pernambucano" ou "brasileiro", dividindo-se weberianamente em cientista e cidadão (Castoriadis, 2000; Starling e Schwarcz, 2008).

Enfim, o tema do livro é o imaginário nativista pernambucano sobre as guerras holandesas. Mello vai explorar o que chamou de "deformações" (Castoriadis não usaria esse termo para se referir ao imaginário) que o nativismo impôs à visão da experiência da expulsão dos holandeses. Ele quer transitar da cultura histórica, do grau de conhecimento científico/erudito da história, aos temas mais atraentes e mais vivos do imaginário social, procurando superar a dicotomia entre cultura erudita e popular, restituindo a "circularidade" ginzburguiana entre ambas. Contudo, contraditoriamente, parece também valorizar uma superação das "deformações nativistas" pela "história científica" produzida no final do século XIX. Mello imagina que a história pós-missão José Higino Duarte Pereira à Holanda, para trazer uma "documentação autêntica", teria conseguido corrigir as "deformações" nativistas e teria se tornado pós-nativista ou até antinativista. Ele parece defender um "progresso" no conhecimento das guerras holandesas, que foi ficando cada vez mais lúcido e racional, "científico", superando o mítico "imaginário social", que, inicialmente, parecia valorizar tanto. Ele parece se inserir nesse "progresso historiográfico" como aquele historiador que não se ilude mais com os devaneios de autoestima da "gente da terra", da "nobreza da terra", do "povo". Não se interessa mais pela "identidade" pernambucana ou brasileira, apenas faz seu *métier*: constata a existência desses imaginários nativistas, faz sua periodização, identifica seus *topoi*, localiza seus "lugares de memória", faz uma revisão crítica da historiografia que o "inventou", faz apenas um inventário dos diferentes discursos dos pernambucanos sobre sua experiência nas guerras holandesas (Starling e Schwarcz, 2008).

Para ele, entre 1654 e 1850 o sentimento nativista pernambucano era absoluto na interpretação das guerras holandesas. Os pernambucanos se vangloriavam por ter o sentimento de liberdade germinado mais cedo em Pernambuco do que no resto do Brasil. A explicação que atribuíam, além do melhor sangue, da alimentação mais nutritiva e farta, de sua riqueza obtida com o açúcar, eram os feitos nas guerras batavas, em que, em defesa do Brasil, expulsaram uma poderosa nação. Este foi o berço do patriotismo em Pernambuco: o nativismo pernambucano surgiu da Guerra da Restauração. Foi nessa guerra que os pernambucanos aprenderam a amar a liberdade, a derramar seu sangue, a defender a dignidade e o direito do homem. Essa é a singularidade da história pernambucana no conjunto da história do Brasil e a causa da sua resistência ao Império. Contudo, para Mello, esse sentimento nativista e suas "deformações históricas" foram superados após 1850 e, sobretudo, a partir da já mencionada missão de José Higino Duarte Pereira aos Países Baixos (1885-86) e do aparecimento de uma nova geração de historiadores positivistas — Oliveira Lima, Alfredo de Carvalho, Pedro Souto Maior. Houve a publicação de fontes neerlandesas referentes ao Brasil na segunda fase da revista do Instituto Arqueológico e Geográfico de Pernambuco (IAGPE, 1886-1910), e ele imagina que nessa época teria havido um "progresso" na produção historiográfica e na interpretação da ocupação holandesa, isto é, o nativismo pernambucano foi deixado para trás por uma historiografia erudita que desconstruiu suas ilusões.

Mello fará o inventário das diferentes fases e figuras que o nativismo assumiu da segunda metade do século XVII ao XIX, amoldando-se às transformações da economia colonial, às relações de poder entre os grupos locais e a metrópole. O nativismo pernambucano é otimista, orgulha-se da terra, mas sofre com uma "ferida narcísica", ressentido com o desapreço da Coroa pelo seu grande feito militar. Ao longo de dois séculos, o nativismo pernambucano aprofundou suas bases sociais, foi da "nobreza da terra", inicialmente, às camadas populares urbanas, no início do século XIX, para se extinguir após 1850. Mello distingue três fases, três camadas discursivas, três representações de si dos pernambucanos, todas em torno da Restauração:

1ª. O "nativismo nobiliárquico": da capitulação holandesa (1654) à derrota da "nobreza da terra" na Guerra dos Mascates (1715)

Os pernambucanos descrevem a Nova Lusitânia *ante bellum* como um paraíso perdido. A riqueza do açúcar gerara um "mundo de delícias, confortos, requintes, fausto, ouro, prata, pedras preciosas, banquetes, ostentação, bons ares, excelentes águas, extensas pastagens, caça e pesca abundantes, matas densas, madeiras de lei, frutas deliciosas, fertilidade do solo" (Mello, 2008). O sentimento dominante não era ainda nativista, todos se sentiam vivendo em uma extensão de Portugal. E veio a destruição holandesa! Antes da guerra, os senhores de engenho vinham de Lisboa, Porto, Aveiro, eram funcionários da Coroa, filhos de letrados, notários, advogados, empregados régios. Chegavam como proprietários, mas combinavam a gestão de engenhos com a gestão pública na burocracia colonial, advogado, ouvidor, escrivão, provedor, auditor, contratador, almoxarife, secretário, militar. Não eram nobres, mas uma camada superior do terceiro estado; por isso, suas pretensões nobiliárquicas. O exercício de funções públicas, mesmo modestas, enobrecia, mas a "aristocracia" reinol era de extração bem popular, algo bem diverso do imaginário nativista. O próprio Duarte Coelho, o donatário, era pobre, soldado de fortuna, filho de pais obscuros. Havia cristãos-novos, senhores de engenho vinculados à economia europeia, que voltavam ao reino quando enriqueciam. Mas havia uma forte diferença entre o reinol, branco, rico, autoridade metropolitana, e o mazombo, cuja brancura e pureza de sangue era questionada e não era admitido na alta burocracia (Mello, 1986, 2000).

A Restauração, no século XVII, foi a oportunidade que esses mazombos encontraram para mudar essa situação de submissão aos reinóis. Após a expulsão dos holandeses, que considerava um feito seu, a açucarocracia local se sentiu no direito de governar a terra e criou a identidade "nobreza da terra", pois se sentiam nobilitados pelos seus feitos guerreiros e pela restauração do poder do rei português. Por isso, nessa primeira fase, o discurso nativista é chamado de "nobiliárquico". Por ter realizado esse grande feito, a "nobreza da terra" se considerava "nobre", reivindicava a igualdade aos reinóis, que jamais a admitiriam. Começou um culto a Pernambuco, um orgulho cívico, sem conotação anticolonialista ostensiva, mas capaz de estimular a resistência ao rei e aos reinóis. Nesse primeiro nativismo, a representação ideológica elaborada na capitania visava definir as relações políticas com a Coroa, era crítica do poder colonial e, por isso, não teve uma exposição sistemática. Mello a reconstruiu a partir de pensamentos fragmentados e esporádicos. Foi durante a Guerra dos Mascates (1710-11) que esse nativismo nobiliárquico se deixou ver melhor, pois foi gritado, não era mais implícito. Os interesses locais se diziam responsáveis pela Restauração; a açucarocracia, liderada pela Câmara de Olinda, sustentava que a liquidação do domínio holandês foi uma realização sua e a Coroa devia reconhecer isso dando tratamento diferenciado aos pernambucanos. A açucarocracia pleiteava cargos, prestígio, privilégios, porque foi "à custa do seu sangue, vidas e fazendas", que a região foi libertada do jugo holandês. Os pernambucanos se representavam como "excepcionais na guerra", heroicos, pois, "com paus tostados, descalços, nus, famintos, despidos, desarmados, derrotaram a invencível Holanda, venceram o ferro e o bronze" (Mello, 2008). Depois, usaram o porrete contra o reinol, reduzindo-o à camada subalterna. Pernambuco deve tudo o que é a si próprio, pois os pernambucanos foram os protagonistas da Restauração.

A "nobreza da terra" se queixava de que Pernambuco implorou apoio ao rei, mas foi abandonado e esquecido; Portugal o tinha oferecido em sacrifício aos holandeses. A "nobreza da terra" atribuía à sua Guerra de Restauração a condição de uma "infidelidade fiel", ela resistira ao rei para melhor servi-lo. Foi uma "fiel desobediência" que assegurou ao rei um território mais vasto. A Restauração foi alcançada não apenas sem o rei, mas contra ele, que havia ordenado que cessassem o levante contra os holandeses. Mas a "nobreza" mostrara sua lealdade ao rei, a ele resistira para melhor servi-lo. Foi uma "fiel desobediência" que assegurara ao rei um território mais vasto. O não reconhecimento, pelo rei, da fidelidade pernambucana gerou na "nobreza da terra" uma "ferida narcísica", um ressentimento, que radicalizou o nativismo nobiliárquico. Os mazombos queriam ser reconhecidos pelo rei como aptos a ocupar as posições de comando e governo da capitania. Eles construíam sua identidade procurando enobrecer-se, definindo-se, após a guerra holandesa, como "homens de respeito", "nobres". Praticavam a genealogia para se enobrecer e antigenealogias para desprestigiar famílias adversárias. Para seu enobrecimento, criaram um mito de origem: Duarte Coelho, o primeiro governador, não era nobre, mas trouxe muitos nobres em sua comitiva. A origem de Pernambuco é nobre, porque os pernambucanos são descendentes da nobreza duartina. A genealogia devia situar o nobre da terra nessa origem. Os mazombos manipulavam sua linhagem com certidões falsas, atestados reais falsos, para provar que descendiam de algum colono duartino. Eles buscavam se enobrecer também ao se apresentarem como descendentes de herói da guerra, de vereador de Olinda, de provedor da Misericórdia, do casamento de um reinol com uma indígena, como os Albuquerque, os Jerônimo.

Mello faz uma história dos conceitos ou um "inventário terminológico" sobre as metamorfoses da açucarocracia, sobre os nomes com os quais se definia em seu esforço de atribuir-se uma identidade de prestígio. Antes da guerra, ela se nomeava como "moradora", "povoadores", "povo", no sentido do terceiro estado dos colonizadores. Não se diziam nobres; eram plebeus, mas costumavam denominar-se como "homens principais", "principais moradores", com os adjetivos "honrados", "bons", "graves", "melhores", "de respeito" ou "de mais consideração". Não havia ainda a "nobreza da terra". As guerras holandesas fizeram vir à tona as diferenças entre o local e o metropolitano, entre os naturais da terra e os naturais do reino. Depois da vitória, a palavra "principal" foi substituída por "nobre" e "nobreza". Diante dos mascates e das autoridades da Coroa, a açucarocracia se apresentava como a "nobreza da terra". Eram os naturais, os filhos da terra, o povo, os portadores do sentimento nativista. Os inimigos eram os naturais do reino, os mercadores, os mascates, os homens de Recife. O nativismo aristocrático será intenso sobretudo após a expulsão dos holandeses. Durante a guerra, reinóis e mazombos lutaram juntos. O panteão restaurador revela bem tanto a união entre os "nobres da terra" e o "povo" quanto a aliança entre a nobreza da terra e os reinóis.

O panteão restaurador era a tetrarquia dos heróis, que incluía João Fernandes Vieira (reinol), André Vidal de Negreiros (mazombo), d. Felipe Camarão (índio), Henrique Dias (negro). Havia dois brancos representando os dois tipos brancos: o reinol e o mazombo. O negro e o índio podiam ser citados em terceiro ou quarto lugar, indiferentemente, mas os líderes brancos deviam ser citados nesta ordem: (1) Vieira, (2) Vidal de Negreiros. A tetrarquia excluía: os chefes da resistência que não tinham vencido a guerra, como Matias de Albuquerque; quem não era habitante da capitania; o mestiço. O reinol Fernandes Vieira se considerava um filho adotivo de Pernambuco e, por manipulação dele próprio, era elogiado como o grande líder da Restauração, e os outros apareciam como dependentes de sua liderança. Posteriormente, a nobreza da terra procurou limitar a participação do reinol Vieira para dar ênfase à atuação de seu representante, André Vidal de Negreiros, que, alegava, não tinha sido mero coadjuvante, mas o verdadeiro líder da Restauração, feita "à custa do nosso sangue, vidas e fazendas" (Mello, 1986). Diziam que tinham méritos diferentes: Vidal era mais valoroso na guerra; Vieira era mais inteligente, prudente, astucioso, perigoso. Vieira dizia-se um reinol--mazombo, um reinol que escolheu a nova terra; não era um mascate prepotente. Vidal e Vieira representavam a Restauração bicéfala de uma capitania fraturada em dois estratos de colonos. Houve também a exclusão do mestiço, que era um marginal na sociedade escravocrata e podia ir contra ela. O mestiço era o traidor; Calabar, que apoiou o holandês, era apresentado ora como mulato, ora como mameluco. Era o trânsfuga, o que seguiu o inimigo. Henrique Dias embranquecera ao lutar pelo rei, Calabar enegrecera por sua deslealdade. Ele foi apresentado também como curiboca, enfim, era completamente mestiço, nada branco, aliás nem era pernambucano, mas baiano.

2ª. O "nativismo de transação": de 1715 ao início do século XIX, com as revoluções libertárias, como a Revolução dos Suassunas (1801)

O nativismo nobiliárquico foi derrotado na Guerra dos Mascates (1710-11), os reinóis puseram a nobreza da terra "em seu lugar". No século XVIII, para Mello, o nativismo pernambucano se manteve, mas era um "nativismo de transação", sem guerras, pacífico, sem história, sem façanhas bélicas. Mello usa eufemismos para definir essa humilhação imposta pelos reinóis: era um nativismo "calmo, trabalhador, sensato", surgido após a derrota da "nobreza da terra" na Guerra dos Mascates. Os mascates/reinóis tinham reagido às pretensões da "nobreza mazomba", acusaram os mazombos de "ânimo sedicioso", e o rei veio apoiá-los na vitória sobre os naturais da terra. O rei reprimiu os olindenses, mas os serviços prestados na Guerra da Restauração atenuaram a repressão. Após a derrota, a "nobreza da terra" mudou de estratégia e de discurso: passou a reivindicar menos seus direitos, acomodou-se à nova situação. Já não se apresentava como a protagonista da Restauração, aquela que expulsou sozinha uma poderosa nação; reconhecia os direitos dos reinóis, que também haviam lutado contra os holandeses. A interpretação da guerra alterou-se e com ela a identidade da "nobreza da terra": foi um combate que reuniu mazombos e reinóis contra um inimigo comum; a guerra holandesa é vista como o desdobramento da Restauração portuguesa em face da Espanha; assim como a nobreza do reino liquidara o domínio espanhol, a "nobreza da terra", incluindo os reinóis, expulsou os holandeses. A Restauração foi um feito único português-pernambucano, mazombo-reinol, com o mesmo objetivo: restaurar o domínio do rei português. Os pernambucanos foram leais vassalos e não inconfidentes. Em 1808, a Câmara de Recife enviou delegação para congratular d. João VI, os emissários de Pernambuco hipotecaram o apoio dos pernambucanos ao grande Império português na América: "Faremos por V. Alteza o mesmo que os antepassados fizeram em 1654" (Mello, 1986).

3ª. O "nativismo de emancipação, urbano-popular": de 1801 a 1850, englobando 1817, 1821-23, 1824, 1848-49

No século XIX, o nativismo pernambucano afastou-se da "nobreza da terra" e tornou-se popular, emancipador. Está longe de reivindicar uma identidade "nobre" para os pernambucanos, que, agora, querem simplesmente a independência da capitania. Não são mais os velhos interesses agrários que lideram a luta pela independência, mas as camadas urbanas de Recife e das vilas populosas. A primeira metade do século XIX foi insurrecional, um antilusitanismo radical, que levou os descendentes da nobreza açucarocrática a se aproximar do comércio português e a se aliar a ele, para combater esse novo "nativismo popular", democrático, republicano, federalista. A Revolução de 1817 demonstrou que a lealdade ao rei dos primeiros nativistas não era tão sólida assim, que a conciliação ou transação do século XVIII tinha sido apenas uma manobra política, pois os netos dos restauradores não iriam aderir à administração real. A Revolução de 1817 surgiu de um aprofundamento da primeira "ferida narcísica": no século XVII, os pernambucanos queriam que o rei fosse agradecido pelo seu feito, queriam um tratamento diferenciado, queriam uma capitania autônoma, queriam o poder exercido pela

Câmara de Olinda e por um governador escolhido pelo rei entre a gente da terra. Mas a Coroa não só nunca deu poder a um mazombo ou a um punhado de colonos, como os havia reprimido na Guerra dos Mascates. O mérito da nobreza da terra não havia sido reconhecido em momento algum e, portanto, em 1817, não se tratava mais de Restauração, mas da Proclamação da República. No século XVII, o povo conquistou o território e o ofereceu ao rei; como este não reconhecia esse feito, o povo podia retomá-lo. O "maligno vapor pernambucano" não desejava uma segunda Restauração, mas a Proclamação da Independência da província, já iniciada em 1654.

Segundo Mello, os revolucionários "respiravam pela ferida": reinterpretavam a Restauração, queriam corrigir a história, viam a Restauração como uma oportunidade perdida, como uma decisão equivocada dos naturais da terra. A Restauração tinha sido uma guerra de independência, mas os pernambucanos, enganados pelo reinol Fernandes Vieira, entregaram o território conquistado ao rei. Para o nativismo oitocentista, os reinóis eram os culpados pela invasão holandesa, foram colaboradores, pois só queriam o lucro, não importava se com Portugal ou com a Holanda. Eles lucraram com a guerra vendendo produtos europeus caros. O nativismo oitocentista renegava o imaginário nobiliárquico; seu líder, frei Caneca, investia contra a fútil vaidade das famílias pernambucanas. Não eram "nobres" nada, porque o Brasil não conheceu uma sociedade de ordens. A liderança de Vieira foi contestada: era fiel a Portugal, usurpou o papel dos outros, foi ele quem devolveu o Norte ao rei. Ele revigorou o vínculo colonial, porque estava endividado com a Companhia das Índias Ocidentais. Mas havia também os nativistas céticos, que consideravam o desejo de independência pernambucana uma utopia. Para eles, mesmo em 1822 o Brasil se achava despreparado para a emancipação, sem quadros locais para a administração. Os pernambucanos do século XVII só poderiam ter aspirado mesmo à Restauração, pois o Brasil não era ainda maduro e viril, não poderia dispensar a tutela do rei/pai português. Era preferível o domínio lusitano ao batavo; foi melhor a reinserção no colonialismo lusitano para a conquista de uma liberdade futura.

A interpretação saquarema da Restauração após 1850

Mello recuperou essas fases do imaginário do "nativismo pernambucano" para mostrar que são fases bem diferentes quanto aos protagonistas, aos projetos e à representação da identidade pernambucana. Ele sustenta que, após 1850, esses nativismos se esgotaram, tanto o nobiliárquico quanto o popular, e Pernambuco se integrou ou "foi integrado" ao Império. Pernambuco trazido à ordem imperial, as "veleidades" nativistas foram liquidadas. Uma "historiografia científica" veio desconstruir toda a pretensão de "nobreza", de "prestígio", de "protagonismo", de "igualdade", de "liberdade" da gente pernambucana. Oliveira Lima afirmou "que a lembrança da presença holandesa foi apagada, ninguém mais se lembrava daquele nativismo pernambucano" (Mello, 2000). A historiografia positivista que se instalou após 1850, após a vitória do Império, sustentava que nunca houve uma Restauração tal como era imaginada pelos nativistas. Aquela "mitologia da Guerra da Restauração" errava quanto a todos os eventos, datas e agentes; era um "imaginário deformador" do que realmente se passara. Para essa nova interpretação da Restauração, "científica", nunca houve uma "nobreza da terra", senhora de engenhos e vencedora na guerra. Na verdade, a açucarocracia era constituída majoritariamente por reinóis, só eles tinham cabedal para o empreendimento, e houve um grande número de reinóis nos combates da Restauração.

Os mazombos eram minoria na açucarocracia, à qual tinham acesso por meio de casamentos de suas filhas com reinóis. E mesmo reinol, a açucarocracia não era nobre, eram reinóis de extração popular que chegaram a ocupar funções no Estado português. A açucarocracia era uma camada social heterogênea, efêmera e instável. Os engenhos trocavam muito de mãos, surgiam novos, com novos donos, mas um pequeno grupo reinol controlava os engenhos; a coesão era garantida pela endogamia. Na verdade, o que moveu a Guerra da Restauração não foi o desejo de liberdade da nobreza da terra; ela foi feita por senhores expropriados pelos holandeses e por senhores endividados. A Guerra dos Mascates foi entre credores urbanos e devedores rurais, entre latifundiários e comerciantes. A açucarocracia era absenteísta, confiava a administração a feitores e agentes, porque havia entre os reinóis uma desafeição pelo Brasil; não queriam morar aqui sem mulher e casa. Portanto, a açucarocracia não correspondia à imagem da historiografia nativista, uma classe estável em sua composição, com fidalgos agrários fortes. Naquela sociedade transplantada, era uma classe móvel, efêmera, improvisada. Depois da guerra, a açucarocracia foi modificada, com o surgimento de um número maior de novos proprietários mazombos, que tinham obtido financiamento do governo holandês ou receberam engenhos do confisco aos proprietários que emigraram de Pernambuco, fugindo da guerra.

Contudo, essa "historiografia positivista", para mim, não pode ser aceita como a "verdade pura" das guerras holandesas. Sua "pureza" servia à vitória do Império, que tinha interesse na varrição dessas "veleidades", desse "imaginário", dessas lendas de heroísmo libertário dos pernambucanos, que os autorizava a reivindicar direitos. A Corte via Pernambuco como muito perigoso pelo seu "tempo confederador": seu separatismo, republicanismo, inquietação, rebeldia, independência. A unidade nacional estava ameaçada em Pernambuco e Varnhagen aconselhou d. Pedro II a visitar o Norte. Varnhagen, o representante maior dessa historiografia positivista, interpretava a Restauração de forma favorável ao Império, foi uma guerra civilizadora, que trouxe energia e atividade ao Nordeste, gerou a coesão de classes e raças, a cooperação entre mazombos e reinóis, a integração colonial, tornou o Brasil mais conhecido na Europa. A América portuguesa foi fortalecida. Pedro II dizia interessar-se muito pela arqueologia e pela geografia da Restauração de Pernambuco, e, apoiado nessa "historiografia erudita", feita para servi-lo desde 1838, admirava Pernambuco pelo seu feito e, ironicamente, "lamentava que não se lembrassem muito!". Ele quis ir aos túmulos dos restauradores, mas, mesmo em Pernambuco, não sabiam onde eles foram enterrados e o imperador foi enganado com alguns túmulos ocupados por outros cadáveres. Em sua visita a Pernambuco, as autoridades locais evitaram associar a Restauração a 1817, 1824, 1848, atribuindo-lhe o sentido favorável ao Império, "a contribuição das diferentes etnias às lutas contra o invasor e a unidade supranacional que teria se forjado" (Mello, 2008). Após 1850, portanto, a soldo do Império, a historiografia do IHGB reduziu a força do imaginário nativista, fez um esforço de "desconstrução" desse imaginário: eram lendas, deformações, delírios, não era a história tal como realmente se passara (Mello, 1986).

Quarto nativismo: a "nostalgia nassoviana"

Para Mello, no século XIX o nativismo pernambucano ficou dilacerado entre o mito restaurador e a nostalgia nassoviana. O Instituto Arqueológico e Geográfico de Pernambuco (IAGPE), fundado em 1862, investiu contra a história imperial com a preocupação de perpetuar a tradição de 1817. Para o instituto pernambucano, o IHGB representava o imperialismo historiográfico do Rio de Janeiro, fazendo a apologia da ideologia da centralização. O IAGPE queria responder ao clamor nativista: "Que alguém narre essa história corrigindo-a das deformações da perspectiva unitária e fluminense da *História geral do Brasil* (1854), de Varnhagen, que condenava a República de 1817" (Mello, 2008). A "concepção saquarema" de história do Brasil dava aos historiadores provinciais a tarefa de investigar a história de suas províncias e aos historiadores do Rio a tarefa de concatenar essas histórias setoriais. A tradição da história pernambucana era republicana, federalista, quando não separatista, tinha uma vocação autonomista, que era subversiva no Império. O instituto de Pernambuco foi a primeira instituição provincial a romper o monopólio detido pelo IHGB e fez uma interpretação da história brasileira pela ótica provincial contra a ótica centralizadora. Para o IHGB, a Guerra dos Mascates era antilusitana, 1817 era antimonarquista, a Confederação do Equador era antiunitarista, a revolta de 1848 era uma ferida não cicatrizada e somente a Restauração merecia sua atenção como um primeiro 7 de Setembro. A *História geral do Brasil*, de Varnhagen, esqueceu/omitiu a contribuição pernambucana à construção da nação: a luta pela Independência antimonárquica e antiunitarista.

Na segunda metade do século XIX, talvez se possa dizer, Mello não o diz, que o nativismo pernambucano sobreviveu com uma nova estratégia e discurso. Um quarto nativismo teria emergido, e mais radical. Derrotado pelo Império, que passou a manipular "cientificamente" a história do Brasil e a da capitania para se legitimar e impedir qualquer resistência, os nativistas pernambucanos, que já tinham lamentado a Restauração em 1817, 1824 e 1848, oprimidos, passaram a lamentá-la ainda mais cultivando a "nostalgia nassoviana". É como se o imaginário se expandisse para o sonho, para a evasão, e passasse a se relacionar contrafactualmente com o passado. O IAGPE tornou-se antinativista, na medida em que o nativismo fazia o elogio da expulsão dos holandeses, para ser ultranativista, reabilitando o Brasil holandês, antes e depois da missão de José Higino Duarte Pereira, expressando a nostalgia do domínio holandês. Agora, contra a história científica do IHGB e utilizando também o argumento da documentação holandesa autêntica e da ciência, valorizará a presença holandesa e lamentará a não opção pelo domínio holandês no século XVII. O sonho era argumentado: e se tivéssemos tomado, naquela bifurcação histórica, a outra estrada? Os novos nativistas radicalizavam a oposição ao Império argumentando a favor do governo de Nassau, diferenciando a administração de Nassau da ocupação holandesa, pois tinha sido um bom príncipe, justo, embora mal assessorado. Se houve abusos, não foram dele, mas dos seus assessores. Nassau era paternal, um "Santo Antônio da gente da terra"; permitiu a liberdade religiosa, protegeu os pernambucanos contra os próprios holandeses. Há uma forte evocação do "tempo nassoviano", descrito nostalgicamente como uma época de prosperidade, de obras colossais, superiores, úteis, palácios, pontes, boas casas. A imaginação popular representou o período holandês com as cores do maravilhoso e sobrenatural, os holandeses eram vistos como uma raça antiquíssima, riquíssima, engenhosíssima.

Após a derrota de 1848, o espírito subversivo de Pernambuco prosseguia, o "vapor maligno" de Pernambuco bafejava ainda, em forma de sonho, minando a estabilidade do Império. A aspiração separatista não se manifestava como revolta aberta, mas sub-repticiamente. O elogio da ocupação holandesa significava o questionamento da unidade do Império. A exaltação do que "poderíamos ter sido" é a forma subversiva suprema do discurso político. A herança portuguesa era contestada como ortodoxia católica, monopólio comercial, trabalho escravo, monarquia, miscigenação. Pereira da Costa fez um discurso-escândalo no IAGPE a favor da opção nassoviana, e até Joaquim Nabuco expressou algum mal-estar com a vitória portuguesa. Ambos tiveram de recuar, foram obrigados a se desculpar, mas falaram a favor de Nassau. Para os nativistas nassovianos, o domínio holandês trouxe a civilização, o livre-exame, a República, o livre-comércio, a raça branca mais pura, uma universidade no Brasil, atividades manufatureiras, liberdade de religião. A Holanda despertava e Portugal declinava. Os holandeses nos mandaram príncipes e os homens mais notáveis em ciências e artes, enquanto a colonização portuguesa foi ineficiente, ostentatória, medíocre, tirânica, autoglorificadora, feita pelos piores homens. Portugal era o país mais atrasado da Europa!

Suspiravam os novos nativistas: "O Brasil devia ter se tornado holandês! Olinda devia ter-se tornado Holanda! A Holanda era uma República! Nós seríamos outro EUA, um país democrático, republicano, independente, federativo. Que oportunidade perdida!" (Mello, 2008). Agora, na Restauração, a "nobreza da terra" tinha roubado o futuro radioso de Pernambuco e do Brasil. Agora, Calabar passou de traidor, renegado, a herói; foi o arauto incompreendido da modernidade brasileira ao preferir o domínio holandês. Calabar teria sido o primeiro inconfidente, um primeiro fundador da nação, o primeiro a sonhar com o 7 de Setembro e com a República. O que fizemos!

O IHGB mobilizava sua equipe de "historiadores científicos" contra essa capitania do contra, sempre à beira da ruptura com o Império. Para esses historiadores, distinguir o governo de Nassau da dominação holandesa era trair a Restauração e o Império. Varnhagen, em sua *História das lutas holandesas no Brasil*, de 1871, oferecia a interpretação oficial da Restauração do IHGB e do Império. A diferença regional era encarada como desagregadora do regime, pois desafiava a ideologia imperial da unidade. A dominação holandesa foi tirânica: "Nassau era movido pela cobiça, era um herege, não tinha honra, não cumpria promessas, foi cruel na guerra, imprevidente, contraditório, incoerente, mau administrador. O domínio holandês foi uma tirania herética, Calabar representou a traição, a Restauração foi a salvação de Pernambuco e o Império, a salvação do Brasil" (Mello, 2008). Para Varnhagen, o Império era o Estado sucessor de Portugal na América, o Brasil seria um novo Império colonial! Só a colonização lusitana teria garantido a unidade nacional. A colonização holandesa foi um cortejo de horrores, devastações, incêndios, matanças, suplícios, falta de religião, de humanidade e civilização. Deixaram atrás de si ruínas e o ódio.

Contudo, esse "nativismo nassoviano", Mello o descreve apenas como uma "nostalgia nassoviana". Para ele, os nativismos pernambucanos ficaram antes de 1850, derrotados, e seus protagonistas, exterminados. A "nobreza da terra" abrasileirou-se, cedeu às pressões do centro saquarema porque temia o novo nativismo republicano e popular. Para Mello, a cultura pernambucana foi extinta após a sucessão de derrotas que sofreu. Pernambuco foi ocupado pela Corte fluminense, que aprofundava o projeto de conquista das regiões; a "interiorização da metrópole" se radicalizava. Contudo, para mim, esse interesse e nova perspectiva sobre o domínio holandês pode ser visto como um quarto nativismo, como mais uma camada de discurso da identidade pernambucana, oprimida pela pseudociência histórica do IHGB. Diante da opressão fluminense, a alma pernambucana sonhava com um caminho que "poderia ter tomado", via-se de outra forma, reinterpretava e ressignificava seu evento fundador para resistir à dura realidade da derrota. Não houve perda de identidade e "abrasileiramento"; o desejo de se manter "Pernambuco" continuava, sob a metralhadora verborrágica da historiografia oficial. O grande evento das guerras holandesas teve um papel aglutinador dos diversos grupos pernambucanos: "nobres", índios, negros, mestiços, que, de fato, se reconheciam como protagonistas desse evento, que criou uma "mentalidade coletiva pernambucana", um "imaginário compartilhado pernambucano", e até Mello, o historiador pós-identidade regional e nacional, só se lembra disso, só sabe falar disso, só reúne documentação sobre isso, e já estamos na transição do século XX para o XXI.

Quinto nativismo: o nativismo historiográfico de Evaldo Cabral de Mello

Minha hipótese é que o nativismo pernambucano sobreviveu ainda com um quinto formato, no século XX: como historiografia erudita, principalmente por intermédio da genial obra de Gilberto Freyre e da própria rica e extensa obra de Mello. Para mim, o sentido de sua obra é ainda profundamente nativista, pois realiza a denúncia do massacre saquarema sobre Pernambuco e de sua legitimação pela historiografia oficial. A obra de Mello expressa um nativismo historiográfico, crítico, bem documentado, bem argumentado, uma construção historiográfica sofisticada cuja única mensagem é: Pernambuco vive! Embora Mello negue isso, diga-se não nativista, nem aristocrático, nem popular, nem nassoviano, como se não se identificasse com os feitos e glórias de Pernambuco, como se fosse um ex-pernambucano, para mim, sua obra é o avatar mais atual das lutas pernambucanas. A "identidade" aparece quando um membro se "reconhece" nos feitos, gestos, eventos, objetos do seu grupo, em que Mello diz não se reconhecer. Para ele, esses imaginários nativistas, sempre diferentes uns dos outros, eram "deformações", nada tinham a ver com a história real. É uma mitologia da "identidade pernambucana", que simplesmente não existe. Ele afirma não buscar identidade nenhuma, pois abomina esse conceito, que, para ele, significa algo impossível, "permanecer sempre idêntico a si mesmo". O que fez em sua extensa e intensa obra sobre Pernambuco foi tratar de uma série de atitudes, comportamentos, mentalidades que desapareceram no tempo e com os quais não se identifica e nos quais não se reconhece. O pernambucano de seus livros não existe mais, foi "abrasileirado", foi extinto, exterminado pelo poder fluminense da Corte (Starling e Schwarcz, 2008).

Contudo, diante de seu distanciamento da origem e das declarações contraditórias, pode-se aplicar a ele a questão da identidade: afinal, "quem é" o cidadão e o historiador Evaldo Cabral de Mello? É possível separar o homem do historiador? Que identidade historiográfica ele quer construir? Quando afirma que não há identidade pernambucana, que esses imaginários nativistas pertencem ao passado, que eram "deformações" míticas, sem apoio da documentação histórica, dá a impressão de que quer se alinhar ao IHGB e à Igreja culta e continuar a repressão aos nativismos imaginários pernambucanos! Ele dá a impressão de querer se apresentar como um "homem culto", um "historiador erudito", acima dos devaneios do seu povo, pois sabe que a memória é uma companhia suspeita para a história. Por conhecer a historiografia dos últimos *Annales*, talvez queira ostentar uma identidade historiográfica próxima dos franceses, que condenam os historiadores que buscam construir identidades nacionais ou regionais. Ele narra de forma amarga, cética, crítica, distanciada "esses imaginários nativistas" da sua terra. Mello é crítico dessa "identidade pernambucana", porque à força de reivindicarem um determinado caráter coletivo, nacional, regional ou de classe, as sociedades acabam por se convencer de sua realidade, agindo de acordo com tais modelos, que só são ilusões, bobagens! Mas e se mudássemos seu conceito de identidade? E se a identidade for mesmo assim, construída historicamente, imaginariamente, discursivamente? A "representação mental", a "identidade", é exatamente isto: uma invenção, uma criação, uma imaginação, uma representação, que se torna real ao orientar e encorajar a ação. Não são "deformações" nem "bobagens", mas "imaginário social". Esta é a definição de "imaginário social" do próprio Castoriadis (2000), que o inspirou: "O imaginário social não é superestrutural; é a própria sociedade vivida". Quando um grupo "constrói sua identidade", ele "deforma" suas experiências, "finge" ser o que gostaria de ser, "narra" o que viveu de forma favorável, produtiva ao seu êxito. Viver é se inventar e se reinventar, para ser e não ser sempre o mesmo. A identidade não é ser o mesmo, não é a-histórica, ele mesmo mostrou que o nativismo pernambucano foi uma "metamorfose ambulante" e, no entanto, reconhecível (Castoriadis, 2000).

Assim como Lilian Schwarcz, considero Mello um "mau pensador de si mesmo", e o contestarei para "restaurar" e ser fiel à sua identidade pernambucano-brasileira. Vou negá-lo, para que represente o que há de mais importante na historiografia brasileira, hoje. Para mim, de certa forma, seu objetivo continua sendo o mesmo do IAGPE: "apresentar a versão pernambucana dos acontecimentos cruciais da nossa história, evitando que fossem tratados sob critério estranho, Imperial" (Mello, 2008). Ao pesquisar, relembrar e renarrar a trajetória tão original e tão grandiosa de Pernambuco, Mello obriga à reinterpretação de toda a história brasileira. Ao escrever de forma tão apaixonada e tão intensa sobre Pernambuco, acabou produzindo uma nova história do Brasil, articulando de forma original e fecunda história regional e história nacional. Sua tese é que Pernambuco teve uma trajetória especial na história do Brasil, mas ficou na sombra por causa da história saquarema, da história feita no Rio de Janeiro, que falava em unidade nacional e ignorava o que se passava nas províncias. Ele diz explicitamente: "Não gosto do tempo do Império!". É claro, pois é pernambucano. E insiste: "Somos brasileiros, mas pernambucanos em primeiro lugar. Em caso de conflito, sabemos com clareza em que lado ficaríamos". Para Lilian Schwarcz (2008), "ao selecionar Pernambuco, ele trata da identidade de um povo, de uma cultura, de uma região, uma identidade sensível, não premeditada, que revela outra face da história do Brasil". A história nacional, centrada no Rio de Janeiro, foi uma invenção do IHGRJ, que se apresentava como "brasileiro", para defender o poder imperial. A história da Corte era a história do Brasil! Os fatos foram escolhidos e costurados para constituir uma nacionalidade essencial (Schwarcz, 2008).

Mello se opõe a essa história oficial, finalista, em que o Brasil tem o destino manifesto de se tornar uma grande nação, outro Portugal. A história do Brasil não tinha a trajetória óbvia e natural saquarema, de Varnhagen, Oliveira Lima, Tobias Monteiro, Otávio Tarquínio de Souza. Essa história oficial tem como evento axial a chegada de d. João VI, considerado o grande evento do projeto monárquico que liderou a Independência. Oliveira Lima descreve d. João VI não como um fugitivo, mas como um inimigo à altura de Napoleão. Portugal era visto como uma potência de primeira ordem, e o estabelecimento da Corte no Brasil descrito de forma ufanista: instituições criadas, decisões políticas importantes, embelezamentos urbanísticos e culturais. Contada exclusivamente do ponto de vista do Rio de Janeiro, a história parece seguir um plano ideal sem nenhuma possibilidade de divergência. A história oficial conta, a partir da Independência, uma história articulada e coesa do país, como se não houvesse dissidências e divergências. Mello questiona essa identidade brasileira saquarema, criada por um alemão, Von Martius, cuja característica central é a falsa "democracia racial" em uma nação unificada à força. Para ele, o Estado unitário não era um destino manifesto, havia a alternativa do federalismo e da criação de estados regionais. A província que defendia essa "outra Independência" era Pernambuco, mas foi considerada antipatriótica pelo riocentrismo. Para Schwarcz (2008), "a originalidade de Mello é evidenciar e defender a seriedade das histórias regionais. É preciso pensar a história brasileira a partir das regiões e evitar o ponto de vista centralizador. Ele conta outra história do Brasil a partir da experiência pernambucana, considerando que a saída monarquista foi desfavorável ao Nordeste. Ele oferece uma alternativa para o domínio fluminense da historiografia: a história regional, a abordagem da diferença histórica do Nordeste brasileiro".

Apesar desse mergulho profundo na história pernambucana, Mello sustenta que ao fazer essa "história regional" não está buscando uma "identidade pernambucana". Ele não se considera um "camelô de identidades regionais", mas um historiador, e a história, para ele, não enrijece, não glorifica, apenas inspira a reflexão crítica. Contudo, Mello diz ter descoberto a história ainda na infância, lendo a coluna "Vida passada", da *Folha da Manhã*, em que só se falava dos grandes feitos pernambucanos. Desde sempre, os pernambucanos, inclusive ele, ouvem as histórias da expulsão dos holandeses e da Revolução de 1817. Seu espírito foi sempre nutrido com descrições da vida em engenhos; começou a gostar de ler com *Fogo morto*, de José Lins do Rego, com a "história séria" do seu primo José Antônio Gonsalves de Mello, *Tempo dos flamengos*, foi quase alfabetizado lendo o primo Gilberto Freyre e o irmão João Cabral de Mello Neto, que sempre escreveram com imenso talento sobre a vida nordestina. Ele mesmo afirma ter escrito contos que se passaram em engenhos, onde sua família viveu, mas onde ele nunca estivera. Portanto, Mello é uma criação da cultura nordestina, é um homem de Pernambuco, e é estranho esse distanciamento que, um pouco afetadamente, tomou em relação a seu mundo. Será que esse distanciamento ocorreu porque, como diplomata, afastou-se de Pernambuco para viver nos EUA, na Suíça, na Espanha, na França, em Portugal, no Peru? Mas ele carregava consigo um avião de documentos relativos a seu mundo! Ele próprio sustenta só ter escrito sobre Pernambuco porque "é impossível, para mim, escrever uma tese sobre um lugar que não conheci ou não vivi. Eu seria incapaz de escrever uma história do Brasil. Sou um historiador regional, 'sempre vivi' em Pernambuco. Tenho uma identificação especial com o Estado, emocional" (Mello, 2008). Em todas essas viagens, talvez ele tenha mesmo "sempre vivido" somente em Pernambuco.

Desde o século XVII, e Mello não se cansa de narrar e renarrar, os pernambucanos enfrentaram forças poderosas, o rei português, os reinóis, os holandeses, o Império, e construíram uma belíssima identidade: "Nós queremos ser rebeldes, guerreiros, combatentes, exigimos respeito, igualdade e liberdade" (Starling e Schwarcz, 2008). E, com os "recursos mentais tostados" que possuíam, e que devem ser valorizados, uma mistura de fábulas ibéricas e indígenas com catecismo católico e muito desprezo reinol, muita repressão metropolitana, eles puderam não só combater quem os dominava, mas, sobretudo, tomar a iniciativa do combate. Não se pode menosprezar esse "imaginário nativista" que construiu a alma pernambucana e do Brasil. E, na verdade, Mello não o menospreza, pois o retoma e o narra sob mil ângulos, procurando realizar uma "história total" pela reconstituição das perspectivas de todos os protagonistas, em todas as épocas. Ele periodiza a história dos combates, vitórias e derrotas pernambucanas, querendo dizer aos brasileiros do Rio de Janeiro e das outras regiões que "nós também construímos o Brasil, em cujo coração somos um rubro veio!" (Mello, 2008, 2004, 2001b). Esse imaginário pernambucano mudou, mas manteve um padrão identitário que se pode perceber no seu "nativismo historiográfico", que aparece em sua obra e em suas declarações. O historiador-pernambucano Evaldo Cabral de Mello é um "sabotador" das ciências sociais, um "desconstrutor" das teorias da história, um "guerrilheiro" contra o poder central, um historiador de peixeira em punho a distribuir cutiladas à esquerda e à direita, um intelectual com posições intempestivas, desafiadoras, que obrigam à revisão de sistemas de pensamento, de lógicas políticas, de referências e perspectivas historiográficas.

Mello é um intelectual complexo, que dá a impressão de se contradizer algumas vezes ou talvez até o tempo todo. Por que pesquisaria tão intensamente a história do seu estado e região, por que passaria suas horas vagas no exterior na companhia de documentos e bibliografias sobre o passado de Pernambuco se não estivesse preocupado com o presente-futuro de sua gente? Ele define sua pesquisa como um *hobby*, o que pode dar a impressão de algo negativo, sem valor profissional, mas não: *hobby* é uma atividade escolhida, pela qual não se recebe nada, mas paga-se, investe-se para fazer. Ele disse que poderia escrever somente "sobre um lugar em que vivi", mas, como diplomata, passou quase toda a vida adulta fora de Pernambuco. Contudo, procurou cercar-se de vestígios, traços, restos, marcas do "lugar em que viveu", que deviam significar "a realidade" para ele, que se define como um "cosmopolita provinciano". Sua identidade pernambucana aparece em seu próprio estilo de escrita e argumentação, sua pena e linguagem funcionam com a virulência semelhante à de uma peixeira! Intelectualmente, está sempre expulsando os holandeses, proclamando a República, exigindo federação e autonomia. Para mim, é um eminente representante do "tempo confederador" pernambucano e nordestino. Por isso, minha hipótese é a de que Mello produziu a melhor pesquisa sobre a "identidade pernambucana", sobre o espírito regional do Norte, porque solidamente apoiada em fontes e profundamente autocrítica, desfazendo mitos, problematizando "o que fomos até hoje", e, em vez de fazer o elogio do mundo que o feroz senhor de engenho criou, tendência seguida pela melhor sociologia, literatura e arte pernambucana e nordestina, propõe algum tipo de superação e ruptura, algum esquecimento e uma construção nova do que "queremos ser".

Esse "historiador-pernambucano" escreveu sua obra para lembrar as aventuras de seu povo, para restaurar a centralidade que lhe foi sempre recusada. Ele visita os "lugares de memória" da história pernambucana e contesta que a ocupação holandesa tenha sido esquecida, como afirmavam os historiadores de Pedro II, pois ainda é viva na memória tanto da cultura histórica (erudita) quanto na tradição oral, em monumentos, festas, na iconografia, nas tropas militares, na toponímia. Há muitos sinais da presença batava, o imaginário é vivo. Mello diz que há um bairro em Recife, o portuário, com sobrados, casas europeias, pontes, palácios, fortalezas. As marcas holandesas estão sobretudo em Olinda, em Recife, no litoral. Mello faz o levantamento do que sobreviveu dessa experiência vivida e jamais esquecida: os templos erguidos como reconhecimento do auxílio divino na expulsão dos hereges, as capelas de Nossa Senhora dos Prazeres, Nossa Senhora do Desterro,

Nossa Senhora de Nazaré, Nossa Senhora da Assunção, Nossa Senhora do Paraíso, o Hospital São João de Deus. Ao longo do século XIX, o arado dos lavradores descobriu vestígios da Batalha de Guararapes, muito material bélico foi desenterrado. O tema da Restauração é sempre presente no teatro, no romance. A memória das lutas contra os holandeses sobrevive nas crônicas luso-brasileiras impressas no século XVII (entre 1640 e 1670): frei Manoel Calado do Salvador, *O valeroso Lucideno* (1648); Duarte Albuquerque Coelho, *Memórias diversas da Guerra del Brasil* (1654); Francisco Brito Freyre, *A Nova Lusitânia ou história da guerra do Brasil* (1676); frei Rafael de Jesus, *O Castrioto lusitano* (1679). Não se ignoravam as obras sobre a Restauração portuguesa: conde de Ericeira, *História de Portugal restaurado* (1679); Francisco Manuel de Melo, *Epanáforas de varia história Portuguesa* (1660). Na Holanda, surgiram as obras *História do Brasil*, de Barleus, e a *História natural do Brasil*, de Bico e Markogray, que não circulavam aqui, e mesmo se circulassem eram impossíveis de ler. (Aliás, José Higino Duarte Pereira conhecia bem o neerlandês para ler a documentação nassoviana?) Nessa bibliografia da época, Olinda era descrita como a Esparta brasileira, nada a amedrontava! Esse devia ser o modelo da juventude pernambucana, a valentia de Olinda. A Revolução de 1817 invocou a bravura da nobreza da terra. Somos netos de heróis! Homens, mulheres, padres, os pernambucanos se representam como viris, guerreiros, até mulheres e padres lutaram contra os infiéis/hereges. Nesses nativismos imaginários, os pernambucanos se representam como "valentes, combativos, livres, resistentes à autoridade, corajosos, invencíveis, determinados, jamais se deixaram dominar sem combater" (Mello, 2008, 2004, 2001b). A história pernambucana começou assim, e dessa "guerra original" surgiu uma identidade viril, honrada, superior, "de respeito", "de consideração", "nobre", que se destaca no conjunto da história brasileira. No coração do Brasil, Pernambuco é um guerreiro, um "rubro veio", e, para mim, não foi eliminado após 1850, pois criou novas estratégias de combate (Mello, 1986).

Os historiadores comparam sua obra à de Sérgio Buarque de Holanda, e os entrevistadores o questionaram sobre essa possível aproximação ou identificação. Mello afirma ter "uma grande admiração pela obra e pela figura, que não conheci pessoalmente. Sua obra foi para mim uma revelação" (Starling e Schwarcz, 2008). Contudo, para Mello, a obra de Holanda possui dois momentos: o do jovem autor de *Raízes do Brasil* e o do autor maduro das obras seguintes, *Visão do paraíso*,

Caminhos e fronteiras e *Do Império à República*. Mello (1995), posfaciando uma nova edição de *Raízes do Brasil*, a desqualifica como a obra menos importante de Holanda! Para ele, "a prestância de tais caracterizações (do português, do espanhol) é nenhuma. Todo grupo abrange indivíduos proclives a uma ou outra forma de existência". Para Mello (2008, 2004, 2001b), "entre *Raízes do Brasil* e as seguintes há um 'corte epistemológico', uma 'ruptura', que levou Holanda à maturidade, que o transformou de sociólogo em historiador. Holanda teria abandonado o projeto de uma interpretação sociológica do passado brasileiro em favor de uma análise de cunho eminentemente histórico em que soube evitar o monografismo universitário ou meramente erudito. Holanda sofreu uma mutação de sociólogo em historiador, optou pela explicação histórica, porque se deu conta da insuficiência inerente à aplicação de esquemas sociológicos à realidade histórica. O contato com as fontes históricas o levou à percepção das carências do discurso sociológico". Pode-se perguntar a Mello: o discurso sociológico é tão precário assim e o histórico é tão superior assim? Eu poderia citar dezenas de obras de sociólogos europeus e brasileiros sem os quais a historiografia não sobreviveria (Starling e Schwarcz, 2008; Mello, 1995).

Mello gira sua peixeira contra as "histórias sociológicas" brasileiras, como a obra de Caio Prado Jr., e contra o "impressionismo sociológico de leitura amena", de Alceu Amoroso Lima e Gilberto Freyre. Para ele, essas "sociologias" são lugares-comuns, generalidades de conteúdo ideológico, são mais um esforço de "introspecção coletiva do que análise científica, eram o vezo mórbido narcísico de ajustar contas com o passado nacional. A geração de 30 deu continuidade à geração do início do século no terreno da sociologia da formação brasileira de Manoel Bomfim, Oliveira Vianna, que usavam uma sociologia ultrapassada nos centros de criação científica do Ocidente" (Mello, 1995). Para ele, se as obras de Holanda, Freyre e Prado Jr. sobreviveram é porque levavam a marca de grandes historiadores. Holanda, em *Raízes do Brasil*, ainda estaria dominado por essa tradição sociológica ensaística brasileira, mas depois seu percurso sofreu uma mudança de direção importante, "o discurso de corte sociológico cedeu lugar à concreção do discurso historiográfico, e em lugar de tentar identificar as mazelas da nossa formação social surge a análise rigorosa de tópicos bem definidos em seus contornos conceituais" (Mello, 2012). É curioso que ele mencione os "contornos conceituais" da pesquisa histórica.

A análise que Mello empreende da trajetória de Holanda faz sentido e é relevante, é uma forma de ver; eu o compreendo, mas não o acompanho, porque, para mim, essas "sociologias históricas" são o que há de melhor no pensamento histórico brasileiro. Na verdade, a coleção dos chamados "clássicos da historiografia brasileira" se compõe dessas "sociologias, economias e antropologias históricas". São esses autores e obras que são lembrados quando se pergunta sobre o percurso do pensamento histórico brasileiro: Manoel Bomfim, Oliveira Vianna, Euclides da Cunha, Capistrano de Abreu, Gilberto Freyre, Caio Prado Jr., Guerreiro Ramos, Celso Furtado, Florestan Fernandes, Darcy Ribeiro. Esses são os "intérpretes do Brasil", são os autores e obras que "inventaram o Brasil". Francisco Iglésias (2009), referindo-se a Faoro, menciona uma "melancólica verificação de que a melhor historiografia entre nós não se deve a historiadores, mas a sociólogos, cientistas políticos e economistas". Iglésias teria razão? Para mim, *Raízes do Brasil* é uma das mais belas interpretações do Brasil e a mais (re)conhecida obra de Holanda. Nessa obra, Holanda refletiu sobre a trajetória brasileira, desde a origem até o presente e as nossas possiblidades de mudança e revolução. Holanda reconstrói os valores portugueses com os quais o Brasil foi descoberto e colonizado, e inventa novos valores para que o Brasil rompa com esse passado. Nessa "obra de juventude", ele foi um genial crítico e criador de valores ao pensar a "nossa revolução" com imensa lucidez e otimismo, em 1936! A mim interessa o momento em que o historiador se afasta das fontes e, apoiado nelas, começa a pensar, de forma original, criativa, fecunda, o "sentido histórico" de suas informações. Historiadores que apenas recortam e repetem informações documentais são úteis, mas medíocres. Eles não serão lembrados, pois a sociedade precisa e solicita aos seus historiadores que lhe deem uma orientação, uma direção, um horizonte de expectativa consistentes, pois baseados na trajetória de sua experiência. A sociedade brasileira necessita e se lembra apenas de seus "intérpretes", dos seus "historiadores-filósofos", daqueles que, pesquisando sobre o passado, abriram e iluminaram seu futuro. Por isso as discussões teórico-metodológicas são importantes, porque selecionam aqueles estudantes que conseguirão se realizar como historiadores desse tipo e nível daqueles que devem mesmo ser desencorajados de seguir a carreira acadêmica (Mello, 1995; Iglésias, 2009).

O nativismo pernambucano construído na historiografia de Mello, com seus diversos momentos e camadas de discursos, é uma referência importantíssima para a sociedade brasileira e, a meu ver, tem o mesmo valor de *Raízes do Brasil*, pois abre seu horizonte de expectativa para a possibilidade de uma sociedade em que seja possível "conviver na diferença". A sociedade depende da historiografia para se orientar e, conforme o modo como os historiadores narram o passado, são feitas as escolhas, tomadas as decisões, realizadas as ações em direção ao futuro. Mello propõe outro caminho para a historiografia como veículo de construção de uma sociedade brasileira democrática, republicana, federativa. Para ele e o IAGPE, representantes de Pernambuco, é preciso resistir à orientação centralizadora da historiografia, à história geral do Brasil produzida ainda no Rio de Janeiro e em São Paulo, que situa autoritariamente esses estados no centro da vida brasileira, para que outras histórias regionais com seus outros valores tenham o reconhecimento e a repercussão que devem ter na vida nacional. O que ele está narrando é a importância da história de Pernambuco para a história brasileira. Ele sustenta que a presença de Pernambuco representa uma leitura menos determinista da Independência que ocorreu e representa ainda a possibilidade de uma "outra Independência". Conhecer a história pernambucana e admirar o brasileiro pernambucano significa incorporar ao Brasil importantes valores, como liberdade, coragem, irreverência, resistência, soberania, que ajudariam os brasileiros de outros estados a resistir à imensa opressão que sofreram e ainda sofrem desde o século XVII. A história do Brasil precisa reconhecer e incorporar os valores de suas regiões para, de fato, se engrandecer, se fortalecer, se democratizar e, sobretudo, se reconhecer. Mello ensina que é preciso recontar a história do Brasil se quisermos deixar de "andar de lado e olhando pro chão", como disse o poeta e como Faoro denunciou com tanto vigor. A história brasileira não se reduz ao "eixo" Rio-São Paulo, como a historiografia centralizadora quer fazer crer. Para mudar esse panorama cultural e político, é preciso que os outros estados e regiões comecem a fazer (re)conhecer sua trajetória, seus eventos e heróis, seus valores, sua contribuição, seus projetos para o futuro da nação brasileira.

A visão paraense do Brasil: o "tempo amazônida-igaraúna" e a obra histórico-ecológica de Raimundo Moraes

O "tempo amazônida"

Pode-se falar de um "tempo amazônida" geral, ou a Amazônia, por trás da sua aparente unidade, é uma região tão imensa e complexa que incluiria vários ritmos temporais, naturais e histórico-sociais, muitos ainda sequer reconhecidos e mapeados? Vou procurar escutar algumas "vozes amazônicas", alguns discursos que construíram essa região, tão diversos e contraditórios que talvez eu chegue à conclusão de que a Amazônia é ainda um enigma, um mundo desconhecido, que carece ainda de uma identidade que permita a elaboração de um projeto político sólido para a região. Como foi "descoberta" e quem a "descobriu"? É realmente uma região "à margem da história" ou talvez até "sem história", como a definiu Euclides da Cunha? É um "inferno verde" ou um "paraíso verde"? Deve ser conquistada pelo capitalismo global ou deve-se evitar a entrada do capital em seus rios e florestas, pois destruiria o ecossistema? O que significa "desenvolvimento econômico sustentado" para a Amazônia em uma época em que já se sabe que o planeta é mortal? Devem-se preservar suas florestas, rios, flora, fauna, solos, camada de oxigênio, contra os empreendimentos e investimentos externos e do Sul do país? Deve-se temer a cobiça de outros povos que propõem sua internacionalização? Os países amazônicos da América do Sul manterão seu domínio sobre a região ou irão perdê-lo, e o que deverão fazer para não perderem sua soberania? São questões extremamente complexas e explosivas, para as quais não há respostas claras e definitivas, pois a região está aberta a uma história acelerada e imprevisível. O que farei será uma sondagem de um possível "tempo amazônida", um levantamento breve de algumas vozes que o expressam, um retrato que, provavelmente, vai se tornar rapidamente obsoleto, já que nessa região a história tem se acelerado, mudanças importantes ocorrem a cada ano.

Vianna Moog, em sua conferência de 1943, ao se referir à Amazônia como um "núcleo cultural" formado pelos dois maiores estados brasileiros, o Amazonas e o Pará, parte do Mato Grosso, Goiás, Maranhão e trechos de territórios de mais seis países, envolvida pelas muralhas de vários sistemas orográficos, o planalto das Guianas, ao norte, o planalto brasileiro, ao sul, a barreira dos Andes, a ocidente, sugeriu uma definição para esse "tempo amazônida": é um "belo horrível" que causa um "terror cósmico". Para Moog, a Amazônia é um "belo horrível" porque é uma natureza viçosa e belíssima, uma planície a perder de vista, onde a terra luta com águas barrentas, negras, com desbarrancamentos violentos, tempestades apavorantes. Aqui, afirma Moog (1943), "não há lugar para sentimentos panteístas, pois o perigo está em toda parte, na terra, na água e no ar. Hostilizado e diminuído pelo meio, o homem sofre um 'terror cósmico'. O pensamento geral de quem a visita é fugir dali". Essa "beleza horrível" da Amazônia justifica suas descrições mais frequentes e contraditórias como "paraíso e inferno verdes". O "tempo Amazônida" é, portanto, numa primeira aproximação, paradoxal: belo e horrendo, paradisíaco e infernal, verde e barrento, promissor e frustrante, atraente e assustador, maravilhoso e decepcionante. Essa primeira definição do "tempo amazônida" enfatiza a natureza, bela, grandiosa e ameaçadora (Moog, 1943).

Para Silva (1971), o "tempo amazônida" é paraíso e inferno, belo e terrível, mistério e perigos, porque é selvagem. Ali, a natureza exagerou em tudo: cipós de 10 centímetros de grossura, plantas aquáticas com 2 metros de diâmetro, cobras de 10 metros de comprimento, árvores de 70 metros de altura, um rio com 90 quilômetros de largura. O vale do Amazonas é a mais extensa bacia hidrográfica do mundo e a maior área florestal, a chamada "hileia amazônica". Nesse "mundo selvagem" impera a lei do mais forte na luta pela sobrevivência. Por um lado, inferno e pavor, e, ao mesmo tempo, paraíso e prazer: cheiro de terra molhada, perfume das flores silvestres, uma variedade infinita da flora e da fauna: vitória-régia, guaraná, tabaco, malva, juta, seringueira, baunilha, canela, pimenta-do-reino, cravo, cacau, castanha-do-pará, marmelo, caju, banana, laranja, graviola, abacate, jaca, manga, sapotilha, peixe-boi, pescada, surubim, dourado, tucunaré, pato-do-mato, jacutinga, pacas, veados, antas e queixadas. É a estufa natural das mais lindas orquídeas e frutas silvestres. Como inferno verde, pergunta-se Silva (1971), "quantos civilizados não foram ali sepultados vivos?". Divulgando o conhecimento da Força Aérea Brasileira (FAB) para aqueles que precisam sobreviver na Amazônia, Silva sugere, entre diversas outras medidas, para que não se morra de fome, o consumo de insetos, que, segundo ele, têm um valor nutritivo incontestável: gafanhotos, grilos, térmitas, abelhas, besouros de palmeira, bicho-de-taquara, lagartos. Pode-se fritar e comer qualquer tipo de gafanhoto, içás, tanajuras. Os bandeirantes paulistas comiam içás torradas com amendoim ou paçoca, com farinha de mandioca ou milho. O paulista era conhecido como "comedor de içá", que são mais nutritivas e limpas do que caranguejos e camarões. Ou seja, seu livro oferece informações que ajudam a enfrentar o inferno e aumentar a dimensão paradisíaca da Amazônia. Isso quer dizer que a definição do "tempo amazônida" como inferno ou paraíso é relativa, depende da capacidade dos homens de interagir e reagir aos desafios da natureza. Existe a possibilidade de transformá-la em um "espaço socioeconômico-cultural paradisíaco", desde que a natureza seja dominada e transformada por um projeto político racional e eficiente. O "tempo amazônida" como um mundo social sustentável, como um paraíso cultural verde, depende de escolhas e decisões humanas (Silva, 1971).

Quem, quando e como levou a região amazônica ao conhecimento do Ocidente? Para Ana Pizarro, os discursos que "inventaram a Amazônia" foram construídos por um pensamento externo a ela: crônicas de viajantes, relatórios de cientistas, informes de missionários. São as vozes dos "descobridores" que construíram a imagem da Amazônia como o outro da Europa, o "não Ocidente". Os discursos que temos são europeus, dos invasores e dominadores, são relatos de viagens à Amazônia que faziam sucesso na Europa, quando os países europeus disputavam o butim americano. Embora Francisco de Orellana seja considerado o "descobridor", entre 1500 e 1668 passaram vários "descobridores": os espanhóis Vicente Yáñez Pinzón, Américo Vespúcio, Gonzalo Pizarro, Pedro de Ursúa, Lope de Aguirre e o português Pedro Teixeira. Os conquistadores chegavam com o "imaginário inflamado", o descobridor trazia seus "motivos edênicos". Eles esperavam encontrar na Amazônia o Éden, o Eldorado, seres fantásticos. O viajante que voltava não era o mesmo, pois tivera a experiência direta, fora testemunha do Novo Mundo, mas em sua narrativa a fantasia prevalecia: "viram" o Acéfalo, com olhos nos ombros, boca na metade do peito, grande rabo; "viram" o Curupira, de pés para trás; "viram" as Amazonas, que tinham um sexo volumoso no umbigo, hermafroditas, sensuais, guerreiras, andróginas, que viviam no lago Espelho da Lua; "estiveram perto" do Eldorado, uma cidade coberta de ouro, rubis e safiras, que oferecia o enriquecimento rápido; "viram" o Maligno, cuja existência explica o caos nesse continente, em que a religião era um carnaval (Pizarro, 2012).

Para Ana Pizarro, a historiografia da Amazônia começou desde seu "descobrimento", em 1500, com o lacônico relatório de Pinzón, com a carta de Vespúcio, com a crônica de frei Gaspar de Carvajal sobre a expedição de Orellana, com a louca/lúcida carta de Aguirre ao rei, com a crônica de Cristóbal de Acuña sobre a viagem de Pedro Teixeira. Outro discurso importante foi o do bispo Bartolomé de las Casas, que levantava dúvidas sobre a moralidade de tais invasões. Ele escreveu livros deplorando a destruição e a escravização dos índios, fazendo o próprio Carlos V temer pela salvação da sua alma e suspender as invasões por algum tempo, até 1560. O debate sobre a moralidade das invasões levantou um argumento que afastou o temor do rei em relação à "salvação da sua alma": as invasões levavam a evangelização e a Bíblia aos indígenas, a Igreja as apoiava e justificava, e, portanto, sua "vida eterna" não corria perigo! A partir do século XVIII, com as viagens dos naturalistas e cientistas, como Charles Marie de la Condamine e Alexander von Humboldt, os discursos sobre a Amazônia tornaram-se mais racionais. Os naturalistas vieram observar, descrever, classificar, mas, dirão os escritores nativistas amazônicos, "levantaram muitos falsos testemunhos, exageraram, inventaram, denegriram a Amazônia. Foram mais fantasiosos do que os 'descobridores' e mais perigosos porque tinham o aval da 'ciência'". Por ali passaram etnólogos, botânicos, escritores, cientistas do mundo todo: Darwin, Von Martius, Von Spix, Gibbon, Couto de Magalhães, Barbosa Rodrigues, Alexandre Rodrigues Ferreira, Maximiliano da Prússia, Goeldi, Ferreira Pena, Cândido Rondon, Elisée Reclus, Saint Hilaire, Herbert Baldus, Santa Rosa, Darcy Ribeiro (Pizarro, 2012).

Quanto à voz perdida dos indígenas, dos "descobertos", não conhecemos os discursos dos nativos, e gostaríamos muito, Ana Pizarro e eu, e imagino que o leitor também, de saber como os índios viram os europeus chegarem e desagregarem seu mundo. Na "descoberta", supõe-se que a bacia amazônica era um caleidoscópio de povos, línguas e culturas. Havia cerca de 5 milhões de pessoas na Amazônia e, no Brasil, havia 3 milhões divididos em grupos de 400 habitantes, porque, quando um grupo crescia muito, ele se dividia. Viviam isoladamente, faziam a guerra por vingança, mulheres, nicho ecológico favorável e colecionavam cabeças de inimigos como troféus. Caçavam e pescavam com arco e flecha, armas de sopro, dardos embebidos em curare (veneno). A mandioca era o principal alimento e a mandioca-brava era ralada e comprimida no tapiti, um tubo longo fechado em uma extremidade. Faziam bolos, mingau, farinha, bebidas alcoólicas. Os primeiros brancos os achavam saudáveis e belos. Segundo Hemming (2011), "não eram 'nobres comunistas selvagens', não eram os utópicos selvagens da imaginação dos filósofos, havia hierarquia, com códigos de conduta não escritos para todos. A pena para comportamentos excêntricos ou antissociais podia ser a execução ritual". De onde teriam vindo? Acredita-se que tenham vindo da Ásia em ondas sucessivas há 30.000 anos a.C., durante as eras glaciais, pelo estreito de Bhering. A povoação da América foi do norte para o sul. Para Hemming (2011), "há semelhanças com mongóis e tibetanos: cor da pele, cabelo negro e liso, nariz e pálpebras, grupos sanguíneos e DNA. Apesar das diferenças culturais/língua, são muito semelhantes. As crianças nascem com a mancha mongol, uma marca azulada na base da espinha, que desaparece". Alexander von Humboldt lamentava a ausência de um legado arqueológico indígena espetacular, pois os povos amazônicos consumiam seus artefatos cotidianamente. Pergunto eu: esses "cientistas" que vieram à Amazônia, americanos, ingleses, alemães, franceses, tinham um objetivo só científico ou vieram a serviço dos seus governos? Esses arqueólogos levavam a seus países relíquias para museus, produtos da selva, eram informantes de seus governos coloniais. Para mim, é preciso sugerir aos índios que se escondam quando chegarem esses padres, botânicos, arqueólogos, químicos, pois são "exploradores" do seu mundo, e o real objetivo "científico" continua sendo a conquista (Hemming, 2011).

Entre 1853 e 1912, ocorreu a "febre da borracha", o alto preço da borracha despertou o povo amazônida da letargia, todos se dedicaram à borracha. Hemming

(2011) afirma com inacreditável ingenuidade que "até as índias abandonaram as suas aldeias!". Os índios já conheciam a borracha, que chamavam de *cai chu* (árvore que chora). Os anáguas, de língua tupi, chamavam o látex de *hévé* e, por isso, o nome botânico ficou sendo *Hevea brasiliensis*. No Brasil, a árvore chama-se "seringueira", porque os índios faziam seringas para a inalação de alucinógenos. Os ingleses a chamam de *indian rubber*, porque era usada para apagar marcas de lápis. Talvez seja por isso que também a chamamos de "borracha"; ninguém no Brasil a chama de látex, hévea, seringueira, *caoutchouc*. Os brancos/ocidentais fizeram dela um produto industrial e comercialmente excepcional. Ela se tornou fundamental para a revolução industrial na produção de juntas de máquinas, bombas, correias de máquinas, tubulações, amortecedores ferroviários, revestimento de fios, rodas de carruagens, bicicletas, automóveis. Seu uso maior é para a impermeabilização. A borracha tornou-se um produto essencial à indústria, sobretudo depois do método da vulcanização e de sua produção sintética. Hoje, se fôssemos fazer uma lista dos produtos feitos de "borracha" ficaríamos surpresos com a quantidade e a diversidade, pois houve uma acentuada "borrachização" e "plastificação" da produção industrial e da vida urbana (Hemming, 2011).

A Amazônia deteve o monopólio desse produto excelente, desse "ouro branco", durante o século XIX e o início do XX. O Brasil a exportava tanto quanto o café, que surgiu no Sudeste e cresceu simultaneamente. Com uma diferença: o café paulista teve toda a atenção do Estado brasileiro, que estimulava e protegia sua produção e exportação; a borracha ficou entregue aos investidores estrangeiros e a seus prepostos nacionais, os "coronéis da borracha". Segundo Hemming (2011), em sua obra *Árvore de rios: a história da Amazônia*, "a Amazônia brasileira foi ocupada por estrangeiros nesse período, Manaus se representava como a 'Paris dos trópicos'. O teatro Amazonas foi construído com ferragens de Glasgow, telhas da Alsácia, mármores da Bélgica, lustres e espelhos de Veneza, tapeçarias italianas. A mais 'refinada civilização' alcançou o rio Negro. O teatro foi inaugurado com a ópera *Gioconda* por uma companhia italiana. O Palácio de Justiça foi inspirado em Versalhes e custou milhares de libras. Manaus foi uma das primeiras cidades do Brasil a ter iluminação elétrica, telefone, tinha os melhores bondes do mundo, norte-americanos". Todo patrão da borracha era chamado de "coronel". Vivia em palacetes com mobília importada, bebendo champanhe, em orgias babilônicas.

Houve tensões entre o governo da Bolívia e os seringueiros brasileiros, que trabalhavam em território boliviano e tinham de pagar impostos. Um jornalista espanhol, Luís Galvez Rodrigues de Arias, em 1899, proclamou a independência do Acre e autoproclamou-se presidente da República do Acre, com o apoio dos seringueiros brasileiros. Bolívia e Brasil se uniram contra esse "Estado do Acre" e o derrubaram. O barão do Rio Branco assinou com a Bolívia o Tratado de Petrópolis (1903), pelo qual o Brasil adquiria o Acre por 2 milhões de libras em dinheiro e mais 5 mil quilômetros de terras na vizinhança do Madeira. Segundo Hemming (2011), "foi uma pechincha para o Brasil e os bolivianos remoem ainda esse ressentimento, pois sentiram-se enganados".

Os "coronéis da borracha" eram empreendedores independentes, que exploravam o seringueiro, o trabalhador sedentário, que morava perto das "estradas", que eram trilhas abertas na selva para extrair o látex das seringueiras, e entregava as bolachas ao "aviador", que ficava com 50% do valor do produto. Contudo, o seringueiro tinha de comprar no barracão do "aviador", o que significava um endividamento perpétuo. Os aviadores eram os "regatões", os "coronéis da borracha", que se sentiam representantes da modernidade, da civilização, do progresso. Embora representassem apenas a lei do mais forte, diziam-se representantes do Ocidente, contra a barbárie, e, por isso, quando castigavam os selvagens e caboclos, "cumpriam uma elevada missão". Para esses "coronéis", não eram os índios que eram atacados em seu território: esses ingratos é que atacavam os estrangeiros, pois não sabiam reconhecer a "salvação" que lhes traziam. Esses "coronéis da borracha" se representavam como importantes "bandeirantes amazônicos". Contudo, foram vítimas do próprio veneno: mudas de seringueira foram roubadas pelos "civilizados", pelo inglês Wickmam, com o apoio do cônsul inglês. A partir de então, a borracha atravessou o Atlântico para ser cultivada na Malásia, da malária à Malásia, em fileiras, produzindo látex todo dia, porque mudaram a forma de corte, agora, em "espinha de peixe". Segundo Hemming (2011), em 1908 a Malásia possuía 10 milhões de árvores, uma plantação racionalmente organizada, produzindo em escala industrial. O mercado mundial passou a ter borracha abundante e barata e, a partir de 1912, já dava prejuízo na Amazônia. As falências se sucederam em Manaus e Belém, as orgias acabaram, suicídios se sucederam. Adeus, Paris tropical! Os brasileiros se indignaram com o roubo da borracha pelo inglês, o ato foi considerado pioneiro em biopirataria. Mas os ingleses responderam, de forma "civilizada e cristã", que os brasileiros também tinham roubado sementes de café da Guiana Francesa, em 1727, "oferecidas pela mulher do governador francês"; logo, ladrão que rouba ladrão não cometeu crime: realizou uma reparação, fez justiça. A biopirataria tornou-se, desde então, lei na Amazônia. Os "civilizados" se apropriam das ervas, óleos, especiarias, que são patenteados por empresas europeias, americanas e japonesas, como se fossem oriundas desses países (Hemming, 2011).

Euclides da Cunha esteve na Amazônia, em 1909, chefiando a comissão mista brasileira e peruana de reconhecimento do alto Purus. O objetivo era resolver questões de fronteira com o Peru. Euclides se decepcionou com o rio Amazonas, que despertou nele desapontamento em vez de admiração e entusiasmo. Segundo ele, "o Rio não corresponde à imagem que temos dele, é o menos brasileiro dos rios, solapa a própria terra e leva-a para longe. Ele não forma uma paisagem fixa, forma ilhas e as desloca, sempre desordenado, revolto, vacilante, apagando em uma hora o que erigiu em decênios. É um criador de ruínas!" (Cunha, 2006). Euclides da Cunha foi a voz mais célebre e mais ouvida que denunciou a opressão ao povo amazônida pelos "coronéis da borracha". Segundo Cunha, a Amazônia é uma "terra sem história, à margem da história, um mar vazio, um lugar onde o homem é um intruso impertinente". Ali, além de a natureza reinar brutalmente, de ser a temível adversária do homem, "o seringueiro trabalha para ser escravizado, vive isolado, como se estivesse na Sibéria". Euclides denunciou e pediu medidas urgentes que salvassem aquelas comunidades, leis trabalhistas, uma justiça que vinculasse o homem à terra. Sua obra quis levar ao Estado e ao Sul a voz dos indígenas e dos caboclos, as vítimas dos "coronéis da borracha". Os seringueiros não eram pagos em dinheiro, só em mercadorias caras, que nunca terminavam de pagar. Os índios eram recrutados por meio da invasão de aldeias, de incêndios de aldeias; as mulheres eram estupradas; as panturrilhas, abertas, para não fugirem! O índio não era considerado gente; os nordestinos que chegavam sonhando em ficar ricos eram também roubados e poucos conseguiram voltar ricos. Para Cunha, a exploração da hévea "é a mais criminosa organização do trabalho. O seringueiro é o homem que trabalha para escravizar-se, é um endividado perpétuo do seu patrão. Raro é o seringueiro capaz de emancipar-se pela fortuna". Fugir? Para onde?

As distâncias são enormes. Buscar outro patrão? Os patrões tinham um acordo de não receberem, de outros, empregados que não pagaram suas dívidas. O cearense foi lá buscar riquezas e achou a escravidão! Cunha reivindicou com urgência "uma lei do trabalho que nobilite o esforço do homem, uma justiça austera que cerceie os desmandos, uma forma de distribuição da terra (como o *Homestead Act*, de Lincoln), que os mantivesse ligados à terra".

Atualmente, segundo Becker (2007), "houve uma renovação do olhar cultural sobre a Amazônia, há uma preocupação com a criação de uma identidade transamazônica, para organizar a defesa frente à ameaça externa". Criou-se uma comunidade imaginária em torno do Tratado de Cooperação Amazônica, cujo valor liga-se à centralidade que tem hoje no mundo a biodiversidade e sustentabilidade da Terra. Há uma pressão internacional para a proteção ambiental, por uma exploração sustentável da natureza. Para Becker (2007), "está havendo uma mercantilização da natureza: a) o mercado do ar, com a comercialização de créditos de carbono. As empresas que emitem mais carbono devem pagar/investindo no reflorestamento e outros projetos ambientais na periferia. O risco é transformar o ar em mercadoria fictícia; b) o mercado da vida, da biodiversidade. Há urgência na regulamentação desse mercado, pois a pirataria ainda o controla; c) o mercado da água, o 'ouro azul', que pode gerar guerras no século XXI. Não há falta d'água na Amazônia, enquanto alguns países importam água; d) o mercado de produtos alimentícios: palmito, frutas, oleaginosos, produtos medicinais e cosméticos, fibras naturais, plantas ornamentais, sementes, mel, pesca; e) o mercado do turismo: há programas de ecoturismo na região". O Estado brasileiro passou a planejar a ocupação e a defesa da Amazônia de forma mais racional e acelerada somente partir de 1930. Ou seja, a Amazônia é a região brasileira que se tornou objeto das "vozes governamentais" muito recentemente. É até surpreendente que tenha continuado a ser uma região do território brasileiro, tal o desinteresse oficial durante quatro séculos. Nos anos 1950, Juscelino Kubitschek abriu as rodovias Belém-Brasília--Acre. A população cresceu de 1 milhão para 5 milhões entre 1950 e 1960. Entre 1968 e 1974, a ditadura militar começou a produção do espaço amazônico com o discurso da "integração nacional": rodovias, telecomunicações, urbanização, incentivos fiscais e crédito, introdução de fluxos migratórios, a Zona Franca de Manaus. Segundo Becker (2007), "foi violenta a ocupação do espaço amazônico, foram destruídos gêneros de vida e saberes locais. Nos anos 60/70, os militares e o Sudeste fizeram o discurso da 'construção da Amazônia', que significava a sua modernização. O plano de modernização foi feito no Sul sem que os habitantes da Amazônia tomassem parte nas decisões". O interesse do Sudeste era pela exploração de riquezas minerais e, com o aval do Banco Mundial, os projetos eram financiados por capitais japoneses, americanos, ingleses, alemães, franceses, holandeses. Para Martelli (1969) e Reis (1960), "a Amazônia é transnacional, há alianças, tratados, entre os países amazônicos, sob a liderança do Brasil, mas a questão da soberania é preocupante na faixa de fronteira".

Segundo Cardoso e Müller (1978), desde 1930 o Estado criou organismos: Superintendência do Plano de Valorização da Amazônia (SPVEA); Superintendência do Desenvolvimento da Amazônia (Sudam — extinguiu o SPVEA); Instituto Nacional de Colonização e Reforma Agrária (Incra); Plano de Integração Nacional (PIN, 1970); Superintendência da Zona Franca de Manaus (Suframa, 1967); Companhia de Recursos Minerais (CPRM); Projeto de Radar da Amazônia (Radam, 1970). Em 2002, já presidente, Cardoso criou o Sipam/Sivam, um sistema sofisticado de vigilância por satélite do espaço amazônico. Todos os órgãos de planejamento regional são subordinados ao Ministério do Interior. Segundo Cardoso e Müller (1978), "a retórica do governo [militar] é 'a meta é o homem', visando a absorção dos excedentes populacionais, a redenção do caboclo". Mas, prosseguem, "os fatos não abonam a ideologia. Os trabalhadores continuam superexplorados: aviamento, barracão, violências, relação pessoal de submissão aos coronéis. A educação e a saúde são precárias, as estradas vicinais precárias, as condições de trabalho são espoliativas por todo lado" (Cardoso e Müller, 1978). Nos anos seguintes, com a globalização, a Amazônia se urbanizou e se industrializou, conectou-se ao mundo pela internet, é observada por satélites, que mostram o imenso desmatamento por queimadas e terras degradadas. Há, no Centro-Oeste, forte investimento privado na pecuária, soja, arroz, que é dirigido por São Paulo e Goiânia. Ao norte, as capitais mais importantes são Manaus, Belém e São Luís. Para Cardoso e Müller (1978), "o afã de progresso, a busca de integração e crescimento econômico levaram a região a incorporar-se ao processo geral da expansão capitalista no Brasil. A região é frente pioneira, incorpora as mais variadas formas locais de produção, desde formas compulsórias de trabalho até assalariados. A expansão capitalista não se efetiva de modo homogêneo e retilíneo". Nos anos 1970, "já ocorre a expansão da acumulação de capital na Amazônia, mas como "o capital nada mais é do que uma relação social, a expansão do capitalismo depende da forma concreta que aquela relação social assume" (Cardoso e Müller, 1978).

Segundo Arruda (1979), os ecologistas se opõem a essa expansão do capitalismo por meio de empreendimentos agropastoris. Para os ecologistas, "as fazendas de gado na Amazônia inevitavelmente destruirão a floresta, assim como fizeram a cana-de-açúcar e o café no Nordeste e Sudeste". Outros sugerem para a economia amazonense a preservação da floresta com investimentos em borracha, cacau, babaçu, dendê, frutas, pimenta-do-reino, guaraná, caju. Há muitas críticas ao desenvolvimento da Amazônia através da empresa rural. Os argumentos são diversos: (1) a competição pode levar à dominação das multinacionais, ameaçando a soberania nacional; (2) a modernização prometida por meio da exploração intensiva com tecnologia levaria ao abandono da reforma agrária; (3) o uso da tecnologia intensiva excluirá os trabalhadores que não têm terra para sua sobrevivência; (4) a grande empresa rural capitalista concentraria ainda mais renda, agravando a desigualdade social; (5) a produção se subordinaria ao mercado internacional, assim como foi a *plantation* colonial; (6) as multinacionais não compartilham sua informação tecnológica. O governo militar contra-argumentava que "o capital estrangeiro, a tecnologia e técnicas gerenciais continuariam a ser estimulados até o Brasil tornar-se autossuficiente", o que, segundo Arruda (1979), os críticos consideram uma ingenuidade. Eles treplicam: que espécie de distribuição de renda resultará disso? A atividade das firmas agrocomerciais no Brasil tem efeitos negativos: marginaliza o investidor nacional, que não consegue competir, aumenta o desemprego rural, destrói os pequenos e médios agricultores. As multinacionais têm uma ação depredadora e o governo militar foi acusado de entreguista (Arruda, 1979).

Uma questão inquietante: será que dentro de alguns anos a Amazônia ainda pertencerá ao Brasil? Para Amalia Martelli (1969), "a conquista efetiva da Amazônia requer um esforço conjugado interno, porque outras nações conhecem bem a região e têm planos de ocupação. O perigo é que ignoremos esses planos. A Amazônia tem sido sempre objeto de avidez internacional. Para evitar a internacionalização o governo federal precisa ter uma presença efetiva, implantando uma infraestrutura que permita a ocupação econômica e humana". "A questão da aquisição de terras por estrangeiros é algo velho e doloroso no Brasil", afirma Martelli (1969). A partir de 1956, JK abriu a Amazônia às multinacionais, a Zona Franca de Manaus foi o início da invasão estrangeira (1957), a navegação no Amazonas foi internacionalizada. Para Arruda (1979), "a partir de 1964, Roberto Campos conduziu uma política econômica baseada no investimento estrangeiro. Os governos Médici e Geisel também apoiaram os investimentos estrangeiros. A política de Geisel visava à modernização do campo através da empresa rural, nacional e estrangeira, expandindo a agricultura de mercado. O campo devia se capitalizar, dar lucros. Daniel Ludwig foi o exemplo do empresário multinacional que o governo queria para alavancar o desenvolvimento". Com incentivos do governo militar, Ludwig criou a Jari Florestal e Agropecuária Ltda. e pretendeu controlar o mercado mundial de papel. Ele comprou milhões de acres de terras na Amazônia, invadiu terras indígenas, com o objetivo de produzir toneladas de celulose por dia e madeira para exportação. Ele também produzia arroz, soja, cana-de-açúcar, mandioca, milho e mamona em sua "jarilândia". Explorava ainda minérios, bauxita, diamantes, ouro, estanho, caulim. Segundo Arruda (1979), ele pretendia estabelecer também ali a maior criação de gado do mundo e pesquisou diferentes variedades de gado. Contudo, fracassou; nada deixou para trás, só a natureza depredada.

De acordo com Reis (1960), "vem ocorrendo uma intensa cobiça à sua volta, é preciso que o Brasil desperte para esse grave problema. O Brasil precisa abandonar a posição contemplativa e agir, tornando a Amazônia um espaço útil, integrado territorial e culturalmente ao Brasil. Se não o fizer, talvez não possamos evitar a perda desse território. Os que a desejam dizem que não estamos preparados para mantê-la e, por isso, devemos executar uma política que sirva de resposta a esse desafio". Segundo ele, o apetite que a Amazônia desperta está aguçado; o imperialismo das nações fortes não é um lirismo: existe e é forte. Alguns, como Pierre Gourrou (apud Reis, 1960), afirmam que "os trópicos não convidam, que os solos Amazônicos são lavados, ácidos, impróprios a qualquer empreendimento a longo prazo e os climas quentes e chuvosos são menos favoráveis à atividade física e psíquica". Para Reis (1960), "com diagnósticos desse tipo, que se repetem, a ciência Ocidental estigmatizou a Amazônia, impossibilitando qualquer proposta política para a região. Esse negativismo teria um propósito político: desencorajar os povos colonizados das ideias de libertação". Reis contra-argumenta: "E o subsolo da

Amazônia? E as águas? E a fauna? E a floresta/flora? Se a Amazônia é tão desértica, então por que tanta cobiça? Por que disputá-la? É preciso combater esse estigma e integrar a Amazônia ao Brasil e à humanidade" (Pacheco, 2012).

Para Reis (1960), "o desmatamento está construindo o deserto Amazônico, mas os mercados em expansão a protegerão? A aposta na tecnologia resolverá? A habitabilidade da terra não está garantida, o crescimento demográfico é avassalador e incontrolável. Será a Amazônia a salvação da humanidade?". Segundo ele, os povos que a cobiçam insistem no que consideram "a grande verdade": a Amazônia é um espaço aberto ideal para receber excedentes populacionais, para produzir alimentos, para produzir matérias-primas vegetais, animais, minerais. E, para eles, "os interesses da humanidade são maiores do que os interesses nacionais na Amazônia". No fim da I Guerra Mundial, sugeriu-se a internacionalização da Amazônia; na II Guerra Mundial, ela contribuiu com a borracha para os americanos, que fizeram mil relatórios sobre o que havia na região e o quanto valia. Para os "internacionalistas", os seis Estados nacionais que a compartilham retardam seu desenvolvimento, pois não têm recursos para mantê-la. Ela poderia se tornar um Estado independente, que cuidaria com mais eficiência do bem-estar da região. A Ásia é superpovoada; seria em nome dos mais sagrados deveres da humanidade a ocupação da Amazônia por esses excessos demográficos. Para eles, não faz sentido manter uma região tão despovoada; o vale da Amazônia pode receber milhões de pessoas. Os interesses da humanidade devem se impor às soberanias nacionais. Para Reis (1960), alarmista e contundente, "diante desse discurso 'confiscador', o Brasil, que já se organizou como 'nação Atlântica' e como 'nação Platina', deve se realizar como 'nação Amazônica'. O Brasil precisa se aproximar dos países Amazônicos para construir a sua integração definitiva. É preciso construir um Brasil Amazônico em uma América Amazônica, porque os perigos que rondam a Amazônia são evidentes, já entram pelos olhos da cara".

Contudo, para Pinto (2010), a resposta aos inúmeros desafios é difícil, porque "a Amazônia nunca conseguiu criar interesses sociais, classes, grupos regionais, que pudessem fazer frente ao tipo atual de penetração dos capitais do Sul, que dominam a região. Os interesses locais são dispersos, sem representação ou força política. A Amazônia nunca estruturou interesses próprios, capazes de competir com os interesses de fora. Foi sempre uma terra que, usada, punha-se de lado, assim como os trabalhadores". Pinto é crítico das políticas do governo Fernando Henrique Cardoso que, em obra escrita com Geraldo Müller, pesquisador do Cebrap, em 1977, *Amazônia: expansão do capitalismo*, "sugeriu que seria o capital do Centro-Sul que iria promover a mudança na Amazônia. A região isolada e distante se modernizaria e poderia falar de igual para igual com as demais regiões" (Pinto, 2010). Para ele, "eles refletiram sobre a longínqua Amazônia a partir de São Paulo, terra dos Bandeirantes e capitães do mato". Após 18 anos do livro, o presidente Cardoso foi coerente, cumpriu o que dissera como intelectual, transformando a Amazônia em um novo São Paulo. "Se o Bandeirante do passado era fazedor de desertos, os Bandeirantes-empresários de hoje deram continuidade: árvores de 40/50 metros de altura foram substituídas por pastos, campos de soja, fábricas, hidrelétricas, ferrovias ou minas. Durante o governo Cardoso, a floresta veio abaixo na 'Amazônia legal', que foi ocupada de fora para dentro, desmatada pela produção agropecuária. Os grandes rios sustentam enormes usinas hidrelétricas, a Amazônia se degrada, apesar dos movimentos ecológicos, e o ponto de origem dos desmatadores é São Paulo" (Pinto, 2010). Prossegue o autor: os oito anos de Cardoso "coincidiram com o maior período de destruição das florestas na Amazônia, embora tivesse uma retórica ecológica. A concentração econômica é ainda mais forte, o IDH é o mais baixo do Brasil, que já é baixo. São Paulo é o centro de gravidade dessa modernidade, a federação brasileira se satelitiza em torno dele" (Pinto, 2010). Para Pinto (2010), a modernidade prosseguiu com Lula, "porque são paulistas adotivos e convictos, são mais idênticos do que diferentes, as distinções são mais de forma e de ênfase do que de fundo". Enfim, conclui, "o presidente realizou o projeto do intelectual. Em vez de libertador, o capitalismo tornou-se o senhor colonial da Amazônia" (Pinto, 2010).

Esse foi meu esforço de esboçar um "tempo amazônida" geral, baseado na breve bibliografia mencionada. Aliás, hoje, a bibliografia sobre a Amazônia beira o dilúvio, produzida sobretudo por autores americanos e europeus. O "tempo amazônida" é um tempo extremamente complexo, que envolve múltiplos ritmos conflituosos, porque os sujeitos históricos são tão diferentes que se pode até duvidar de um "tempo amazônida" geral. Quando se fala da Amazônia, pensa-se em conflitos: inferno verde *versus* paraíso verde; beleza e abundância *versus* horrível, terror cósmico; mundo selvagem, lei do mais forte *versus* vigor e biodiversidade original; maravilhosa hileia *versus* desertificação e erosão; terra sem história e à margem, isolamento, Sibéria, *versus* forte presença de estrangeiros e brasileiros nordestinos, sulinos e sudestinos, com objetivos e possibilidades diferentes; tribos indígenas remanescentes *versus* "civilizados" interessados em seu extermínio e em seus territórios; imigração nordestina que se entrega exclusivamente à extração do látex, "rocha viva que amansa o deserto", mas sem recursos, sem capitais e sem apoio do Estado *versus* caboclo amazônico mameluco sem ambições, pacato, tranquilo, indolente, doente e rotineiro; hileia, meio ambiente, rios, planeta mortal, ONGs ecologistas *versus* desenvolvimento capitalista global; desenvolvimento amazônico sustentável *versus* ausência de grupos regionais capazes de estruturar interesses próprios e competir com os interesses de fora; avanço capitalista, progresso tecnológico *versus* violência, semisservidão, desigualdade social abissal; cobiça internacional, ameaça de internacionalização *versus* tratados de cooperação e proteção entre os países amazônicos sem recursos. O "tempo amazônida" me parece uma caixa de Pandora: grandes confrontos à vista? Nesses confrontos, o mais importante é que as forças internas amazônidas construam sua identidade, formulem bem seus interesses e planejem um horizonte de expectativa próprio e factível. A Amazônia não pode mais parecer um "espaço vazio", sem sujeitos internos capazes de levar adiante seus projetos. Que sujeitos seriam esses? A história desses confrontos irá revelá-los. Por enquanto, *paresque* somente uma característica reúne agradavelmente os amazônidas: gostam de água e de viajar pelos rios.

A obra de Raimundo Moraes e o "tempo amazônida-igaraúna"

Apesar de ter sugerido a hipótese de um "tempo amazônida" geral, penso que a imensa região amazônica deve ser muito mais heterogênea do que parece, pois as populações dos estados brasileiros que a compõem são muito diversas. O "tempo acreano" seria o mesmo "tempo amazonense" ou o mesmo "tempo amapaense"? É provável que tais populações se representem de forma diferente e tenham uma visão própria de sua inserção no todo da população brasileira. No ritmo geral do "tempo amazônida", enfatizarei o "tempo paraense ou igaraúna" por intermédio da obra de Raimundo Moraes *Na planície amazônica*. Foi na Conferência de Vianna

Moog (1943) que tomei conhecimento da obra de Raimundo Moraes, que, segundo ele, "autodidata e uma das mais altas expressões da literatura amazônica, diante desse terror cósmico, como um autêntico amazônida, jamais pensou em fugir, pensava a Amazônia sem trégua". Moraes foi um amazônida-igaraúna autêntico, pois gostava de água e de viajar pelos rios e é um importante intérprete interno da Amazônia. Para ele, a Amazônia é "a pátria das águas, a ditadura das águas, do rio como rua. O espaço Amazônico se ilumina com o farol das águas. O relógio da Amazônia é a água: cantante numa clepsidra gigantesca. A água marca as horas, as semanas, os meses, os anos, a escassez e a fartura, a alegria e a tristeza. É na corrente dos rios e nos lagos que se decidem os problemas amazônicos" (Moog, 1943). Moraes se representa como amazônida, mas insiste e orgulha-se de sua singularidade paraense. Para ele, o Pará é a liderança do Norte e será, no futuro, o São Paulo amazônico. Belém renovou-se e tornou-se uma grande metrópole. Ele se entusiasma porque todo o Pará se mobiliza rumo à industrialização e ao desenvolvimento agropecuário. Moraes defende a presença de empresários estrangeiros e nacionais que, com o apoio do governo do estado, dinamizariam a economia paraense. Sua obra quer despertar a juventude para a realidade amazônica, para que tome consciência de que essa área tem as mesmas possibilidades que o Sul (Moog, 1943).

Contudo, pergunto eu, quem seria o paraense ao qual Moraes se dirige? A população paraense resultou da mistura do português com os diferentes indígenas, nações muito diversas, criando uma cultura original, com a predominância do português, que impôs a organização mercantil, a exploração de recursos, modos de vestir, língua, construções, religião, ensino. Mas, além do caboclo mameluco, a população paraense tem múltiplas origens estrangeiras e forte influência nordestina, sobretudo de cearenses. As referências culturais paraenses são, portanto, de origem indígena, portuguesa, inglesa, norte-americana, semítica, asiática, nordestina. Dessa população complexa, quem será o protagonista da nova história amazônica-paraense? Seriam os líderes da Cabanagem e os que ainda se inspiram em sua ação revolucionária? A liderança do Pará na região vem desde a Cabanagem, quando o povo paraense mostrou-se guerreiro, revolucionário, nativista. Desde 1821, o Pará já tem um ideal de governo autônomo, já era separatista ou federalista. Entre os cabanos, alguns grupos queriam a separação da Amazônia e outros defendiam uma monarquia federalista, como os pernambucanos e gaúchos. O cônego Batista Campos liderou o Partido dos Intransigentes, que aspirava à independência da Amazônia. O sentimento nativista lavrava sob a prepotência das autoridades portuguesas. A Independência proclamada no Rio de Janeiro continuou letra morta no Pará, dominado por forças lusitanas. Liderados por Batista Campos, os intransigentes lutaram contra o despotismo lusitano. Belém caiu na mão dos cabanos, a revolução depôs e matou autoridades portuguesas, a autonomia do Pará foi proclamada. Manaus caiu na mão dos rebeldes em 1836. A paz foi conseguida em 1839, quando os cabanos foram derrotados e obrigados a jurar fidelidade ao imperador (Chiavenato, 1984).

Para Chiavenato (1984), a região amazônica foi o berço dos ideais liberais, da defesa do constitucionalismo. Em sua visão, "é importante não confundir a Cabanagem do Pará com a Cabanada de Pernambuco, Alagoas, Maranhão, Piauí. Esse segundo movimento era retrógrado, queria até restaurar o trono de d. Pedro I. A Cabanagem paraense foi revolucionária, popular, antilusitana, queria a autonomia da Amazônia. O espectro social dos Cabanos incluía: tapuios, índios desgarrados, sem tribo, negros fugitivos das senzalas, mulatos, de todos os matizes, pobres de todo tipo. A sede de justiça dessa ralé, dessa gente baixa, enfrentava os canhões do Império. Os Cabanos entraram em Belém matando, desciam o facão rachando as cabeças dos senhores, entravam pelas casas, destruindo tudo, saqueando". A raiz da rebelião dos cabanos do Pará foram as lutas pela Independência, que começaram em 1822. O Norte não ouviu o grito de Pedro I e obedecia a Portugal. As autoridades eram portuguesas e ignoravam as ordens vindas do Rio de Janeiro, administrando a província como um apêndice de Portugal. Foi uma luta pela independência do Grão-Pará e pela sua integração ao Brasil. Para Chiavenato (1984), a Cabanagem do Pará "é um movimento esquecido da historiografia porque é o único movimento político do Brasil em que os pobres tomaram o poder, de fato. É o único movimento de extrema violência social, com o povo armado nas ruas. É um exemplo perigoso de orgia libertária e, por isso, foi riscado da história". Segundo ele, tornou-se difícil escrever a história da Cabanagem, porque não há documentos; os que existem são dos vencedores. "O Brasil é um país jovem que ainda não aprendeu a interpretar a sua história. A grande arma dos oprimidos é a sua história, que a história oficial tenta esconder" (Chiavenato, 1984).

Se a Cabanagem foi um movimento tão importante e quase fundador do Pará, seria a obra de Raimundo Moraes neocabana? Por um lado, ele é um "nativista", deseja a autonomia e o sucesso do Pará, mas, por outro, tem uma visão bem menos "revolucionária" do caminho que terá de percorrer para atingir a "modernidade". Para Moraes, os paraenses são os "bandeirantes do Norte", os "fenícios da Amazônia"; eles continuaram a conquista dos "descobridores". O paraense é o "paulista do Norte". Foram os igaraúnas "que devassaram a Amazônia, escalaram-na silenciosa e anonimamente. A curiosidade os levou a espiar por todos os furos/rios da bacia mediterrânea. Ele admite que foi o nordestino quem a povoou, mas sem a desbravar, sem a amansar, sem a domar. Os paraenses se projetaram sobre o anfiteatro, pelas suas avenidas. A Amazônia foi conquistada pela energia paraense, pelos 'homens das canoas pretas', os igaraúnas. Os paraenses construíram fortalezas militares, aprenderam a andar remando, a caçar navegando, a pastorear nadando. A canoa é sua montaria, seu ginete, seu corcel. Ele navegou todo o sistema hidrográfico alegremente, sem se importar com o sol, a chuva, o vento, a flecha do índio. Nessas razias, ampliava o solo brasileiro fazendo recuar as divisas políticas estrangeiras. Mas eles navegavam contra a corrente, ao contrário dos paulistas. O que o paulista realizava em um dia, o paraense realizava em um mês. Mesmo assim, todo o sistema potâmico da Amazônia foi percorrido *por nós* de baixo para cima" (Moraes, 1938, grifo meu). Volto a perguntar: quem é o paraense autor dessas "proezas"? Se não foi o nordestino, foi o mameluco? As descrições feitas, pelo próprio Moraes e por outros, desse descendente de índio e português são desfavoráveis: falta de ambição, falta de iniciativa, integração à floresta, doentio, incapaz de ir além da sua "estrada" de borracha ou de sua margem do rio (Moraes, 1938).

Raimundo Joaquim de Moraes é um autor pouco conhecido e o leitor certamente pedirá algumas informações biográficas desse ilustre escritor paraense, que podem também encontrar na dissertação de Laredo (2007) e no prefácio de Tocantins (1987). Ele nasceu em Belém do Pará (ou foi em Abaetetuba, há dúvidas quanto ao seu local de nascimento), em 1872, e morreu em 1941. Teve cinco filhos com Catharina Torres de Moraes. Jovem ainda, foi atraído pelas viagens fluviais durante o chamado ciclo da borracha. Seguiu a carreira do pai, tornando-se piloto de gaiolas por 30 anos. Durante as viagens, lia e escrevia. Publicou na província do Pará o primeiro livro, *Traços a esmo* (1908). Esse livro é pouco conhecido e ele mesmo não o inclui em sua bibliografia. Foi diretor da Biblioteca e Arquivo Público do Amazonas, em Manaus. A atividade de escritor começou realmente aos 52 anos (1924). Com *Na planície amazônica* (1926), que foi recomendado pelo presidente Washington Luís, teve repercussão nacional e entrou para a coleção Brasiliana. Em 1931, candidatou-se à vaga de Graça Aranha na ABL, mas viveu uma "situação delicada": o eleito foi Santos Dumont, que não chegou a tomar posse da cadeira, sendo substituído por Celso Vieira, seu ex-colega e provavelmente rival no jornal *A Província do Pará*. Moraes escreveu muitos livros, entre eles: *Traços a esmo* (1908); *Notas dum jornalista* (1924); *Na planície amazônica* (1926); *Cartas da floresta* (1927); *País das Pedras Verdes* (1930); *O meu dicionário de coisas da Amazônia* (2 v., 1931); *Amphiteatro amazônico* (1936); *Ressuscitados* (1936); *Alluvião* (1937); *Os igaraúnas* (1938); *O homem de Pacoval* (1939); *Machado de Assis* (1939); *À margem do livro de Agassiz* (1939); *Cosmorama* (1940); *O eleito das graças* (1941). Esses livros estão esgotados e somente *Na planície amazônica*, *O homem do Pacoval*, *À margem do livro de Agassiz* e *Os igaraúnas* tiveram reedições. *Dizque* Vargas o visitou em seu leito de morte e lhe disse: "Peça o que quiser". Moraes respondeu, emocionado: "Eu só quero que a lembrança dessa visita perdure!" (Laredo, 2007; Tocantins, 1987).

Há pouquíssimos comentários sobre sua extensa obra. Encontrei na internet a dissertação de mestrado, defendida em 2007 pelo jornalista Salomão Laredo no Departamento de Letras da Universidade Federal do Pará (UFPA), intitulada *Raimundo Moraes na planície do esquecimento*. O objetivo da dissertação é resgatar a memória de Moraes cuja obra, segundo Laredo (2007), "encontra-se injustamente esquecida no Brasil e ainda mais lamentavelmente no Pará". Foi nesse trabalho que encontrei e me apropriei de alguns dados sobre a biografia de Moraes. Laredo o apresenta como romancista, jornalista, ensaísta, folclorista, político, e deseja fazê-lo lembrado, lido, discutido, sobretudo na UFPA, onde considera um absurdo ser tão ignorado. O problema que sua dissertação levanta e discute é este: por que Moraes teria sido esquecido? Laredo levanta 10 hipóteses, que isolei e organizei. (1) Haveria um "mandarinato" invisível na literatura brasileira que o proscreveu. (2) Não foi somente Moraes quem foi esquecido, mas todos os escritores e intelectuais do Norte, cujo valor não é reconhecido no Sul; não são editados e muito menos reeditados pelas editoras do Sul-Sudeste. (3) Os próprios paraenses não conhecem e não valorizam os "profetas da sua terra"; preferem a cultura que vem de fora. A elite paraense só lê em francês e inglês e não valoriza a produção local.

José Veríssimo e Inglês de Souza, ligados à literatura paraense, também são desconhecidos. (4) Moraes foi esquecido pelo "sistema". Toda literatura que apresenta o ponto de vista dos excluídos, como índios, negros, mulatos, caboclos, imigrantes, é esquecida. Os excluídos não são reconhecidos como assunto da boa literatura, da boa crítica, da boa filosofia. Sua obra contribuiu para a construção de nossa identidade, mas por causa desse conteúdo regional, fora do "sistema literário carimbado", foi esquecida. (5) Era um pensador independente, que permaneceu fiel à natureza que o cercava e ao povo a que pertencia. (6) Por ciúme, inveja, do homem bem posicionado, bonitão, um "déspota das fêmeas" (sic). Seu êxito incomodou seus conterrâneos, o elogio de Washington Luís caiu como uma "bomba". (7) Foi vítima dos poderes paraenses, por injunções políticas. (8) Por ter assassinado um jornalista e ter sido absolvido pelo júri, que aceitou a alegação de legítima defesa. (9) Por sua postura, talvez fosse presunçoso, pedante, agressivo, ferino, talvez se considerasse sábio e intocável, acima dos seus conterrâneos. (10) Era temperamental e radical, não fazia concessões. É sintomático seu comentário permanente: "O cadáver do inimigo cheira bem!". Outros dizem que era polido, discreto, fino, amável, bom de conversa, mas tinha adversários rancorosos (Laredo, 2007).

Para mim, Moraes teria sido esquecido pelo conjunto dessas hipóteses, e não por uma ou outra. E acrescentaria mais uma: pelo seu conteúdo fortemente regionalista e pouco ficcional. Para lê-lo é preciso que o leitor esteja interessado na Amazônia, que, se hoje é um tema de prestígio nacional e internacional, antes não era. Hoje, a obra de Moraes interessa muito aos pesquisadores do meio ambiente. Os alunos da pós-graduação da Universidade Federal de Minas Gerais (UFMG) que pesquisam essa área da história da natureza, ecologia e meio ambiente, sob a orientação da professora Regina Horta Duarte, que o leram em minha disciplina "Tempos e narrativas do Brasil", o apreciaram muito. Laredo não se conforma com o esquecimento que foi imposto à sua obra, não admite que Moraes possa continuar morando na "planície do esquecimento". Contudo, tive a impressão de que sua dissertação não o retirou de lá! Nela, a obra de Moraes não é analisada, avaliada, rememorada, (re)citada; a dissertação de Laredo pode ser encarada, de certa forma, como a própria "planície do esquecimento" onde mora Moraes ou um puxadinho dela. Por não se deter em sua obra e analisá-la de forma calma e densa, ele repôs/reforçou o veto, e a "planície do esquecimento", infelizmente, se concretizou em sua própria dissertação. Entretanto, Laredo trouxe dados biográficos importantes. Segundo ele, Moraes era um autêntico "amazônida-igaraúna", circulava profissionalmente pelos rios, convivia, observava e conhecia de perto a natureza. Ele amava, defendia e divulgava a região. Era autodidata e, no entanto, culto, fundador da Academia Paraense de Letras, pensava e escrevia sobre a Amazônia de forma original, erudita e competente. Para Laredo (2007), sua obra "é uma aula sobre o homem e a natureza amazônica, ele trabalhava com a 'palavra-hálito' do cotidiano popular".

Segundo Laredo (2007), "em sua época, Belém era um entrelugar, uma cidade fantasma, em que a ordem era imitar ou copiar os franceses. E ainda é uma metrópole onde só tem valor quem vem de fora e é rico". Moraes não decaiu nesse bovarismo, o que teria sido visto como uma transgressão pela cultura importada belenense. Ele se tornou jornalista em Belém e participou de campanhas políticas nos tumultuosos anos 1920-30. Em uma disputa política entre os jornais *Folha do Norte* e *O Estado do Pará*, jornal de Moraes, ele foi agredido em um bonde por dois jornalistas e matou um deles. "Esse fato constrangeu e enlutou a imprensa paraense, porque vítima e agressor eram jornalistas" (Laredo, 2007). Foi preso e absolvido, mas o juiz que o soltou foi apedrejado com matérias putrefatas e ovos podres. Moraes teve de se afastar de Belém, foi para Manaus e só voltou após a Revolução de 1930, porque o interventor lhe era favorável. Nos últimos anos de sua vida, Moraes sofreu com uma hidropsia galopante e morreu em 1941, de cirrose hepática, causada não pelo álcool, mas por hepatite ou esquistossomose. Ele teve sua morte anunciada nos jornais entre 1938 e 1940, por seus adversários, o que o deixou desanimado com a vida e com os homens. Sua falsa morte repercutiu no Pará, na Amazônia e nacionalmente, o que o abateu emocionalmente. No final de vida, trêmulo como se tivesse mal de Parkinson, não conseguia mais escrever; ditou as últimas obras a sua filha Miriam. Quando morreu de fato, sua morte não sensibilizou a população, teve pouco acompanhamento. Pergunto eu: será que já estaria esquecido desde a notícia da sua falsa morte?

Segundo Laredo (2007), seus principais comentadores foram: Genesino Braga (1972), Aldo Moraes (1972), Célia Bassalo (1985), Leandro Tocantins (1987). Para Tocantins, no prefácio à sétima edição de *Na planície amazônica*, o autor andava injustamente esquecido. Nesse livro, "o autor é um personagem da sua própria peça teatral, o seu palco é o anfiteatro amazônico. É uma obra viva e quente: flagrantes de vida e da paisagem recolhidas durante anos a fio no convés das gaiolas". Moraes revela aspectos geográficos, históricos, sociológicos, etnográficos, antropológicos, essenciais à compreensão da Amazônia. A expressão literária é usada com o auxílio de categorias científicas para interpretar paisagens geográficas. É um autor "nativista", que expressa um sentimento de orgulho por pertencer à sua Amazônia. Moraes trata sua região como um "paraíso verde", é panteísta, otimista quanto ao futuro da Amazônia. Ele é modernista, pois preconiza que devemos viver a realidade brasileira. É ecologista, quando a ecologia não interessava. Ele se preocupou com a integração harmônica entre homem e meio ambiente, entre homens e animais. Era amigo das gaivotas, que o ajudavam no comando das gaiolas, com seus voos e sinais. Para Tocantins (1987), "os capítulos de *Na planície amazônica* têm uma cadência cinematográfica, o livro funciona esteticamente como um longa-metragem, vivo, flagrante, quente: o regatão, as lendas, a pescaria, o apuizeiro, o índio, o seringueiro, a gaiola, a inundação, a Madeira-Mamoré, Porto Velho-*Far West*". A arte de Moraes nos aproxima da realidade da vida paraense; ele é um experimentador e um renovador da literatura regional (Tocantins, 1987).

Segundo Célia Bassalo, professora de teoria literária da UFPA (apud Laredo, 2010; Tocantins, 1987), a estante de Moraes continha os seguintes livros, entre outros: *Geologia do estado do Pará*, de Friedrich Katzer; *Rios e águas correntes*, de Carvalho de Mendonça; *Estados Unidos do Brasil*, de Elisée Reclus; *Viagens de Américo Vespúcio*, de Navarete; *Fitogeografia do Brasil*, de A. S. Sampaio; *Etnografia do Brasil*, de Paul Ehreich; *Origem do índio*, de Gregório Garcia; *A pesca na Amazônia*, de José Veríssimo; *O descobrimento da América*, de Humboldt. E mais: Euclides da Cunha, Agassiz, Capistrano de Abreu, Spix e Martius e muitos outros. Para Genesino Braga (apud Laredo, 2007), Moraes foi "a figura maior, mais fecunda e mais autêntica entre os escritores enamorados da Amazônia. Ninguém apresentou a Amazônia com tão séria erudição, com tão sólidos estudos, com tanta preocupação com a verdade científica. Moraes é o intérprete da Amazônia: viveu toda a existência em comunhão íntima com a Amazônia, admirou-a desde adolescente, como piloto fluvial, observando-a, estudando-a, investigando-a". Para Carlos Pontes, "dos escritores de coisas da Amazônia, ele se afirma como o intérprete mais perfeito. Tudo conhece porque tudo viveu nessa lírica intimidade de apaixonado. Ele é o primeiro escritor verdadeiramente amazônico". Para Humberto de Campos, Moraes "é um escritor vitorioso que conseguiu, de um ponto remoto da selva Amazônica, impor-se ao Brasil inteiro". Para Angyone Costa, "no Brasil, os escritores se fazem no Rio. Os da província aparecem, crescem, mas precisam do batizado da Metrópole. Partem cedo dos Estados em busca da glória. Moraes fugiu à regra: fez-se escritor na província e conquistou o seu lugar. Com Na Planície Amazônica tornou-se escritor brasileiro, integrou-se como homem de pensamento. Venceu só, isolado em seu País das Pedras Verdes" (Laredo, 2007).

Moraes foi também um romancista da Amazônia. Seu livro *Os igaraúnas: romance amazônico, costumes paraenses* foi considerado por seus críticos um "quase romance", porque faltaria uma estrutura dramática, uma lógica romanesca no estilo, na narrativa, na psicologia dos personagens, e não se enquadraria no modelo clássico dos romances. Ele conta a história do coronel Anastácio Igaraúna, proprietário da fazenda Redentor, com cacauais, seringueiras e castanheiras, à margem do rio Tocantins, próximo da cidade de Cametá, de sua mulher, d. Vitorina, agregados, e de seus encontros com alguns cientistas estrangeiros, pesquisadores da Amazônia, como a cientista alemã Emília Snetlage, que existiu, era naturalista do Museu de Goeldi e escreveu um importante *Catálogo das aves da Amazônia*. Se *Na planície amazônica* ele se restringiu, um pouco ingenuamente, à natureza e à apresentação dos personagens amazônicos populares — o caboclo, o nordestino, o índio —, em *Os igaraúnas* aparecem os coronéis, a ação política violenta dos donos do poder na Amazônia. O romance mostra as viagens de gaiola que o coronel fazia a Belém, as dificuldades da navegação. Em uma delas, a gaiola em que viajava, por incompetência do comandante, naufragou. Muitos morreram, mas o coronel pôde se salvar abraçado a um saco de bolachas de borracha. O naufrágio repercutiu muito na imprensa de Belém, que Moraes descreve como "fabricante de escândalos e rumores". O coronel tinha prestígio na região de Cametá, ligado ao "Partido Mamanãomama" (o nome do partido já diz tudo!) então no poder, que controlava as eleições com falsas assinaturas, emprenhamento de urnas, troca de votos por chapéus, sapatos, roupas, cachaça. Para o partido, "o eleitor não queria votar, mas encher o bucho, beber, dançar, flautear". O coronel era um "categoria" da região, mas não queria mais mexer com política; queria se afastar das falcatruas do partido.

Moraes aborda nesse romance as paixões políticas extremadas no Pará, onde há, segundo ele, "muitos levantes, inúmeros são os governadores depostos, mortos. É uma história de dissídios, lutas e pelejas, entre homens, grupos, partidos, entre parentes, entre irmãos. É um facciosismo intolerante, pronto para os mais nefandos gestos". O coronel só fazia política porque não podia ficar independente, neutro, pois sofreria forte perseguição, pois "quem não é pelo partido é contra o partido". Sua mulher, d. Vitorina, o aconselhou a se afastar da política, "só velhaco é que serve para a política, uns sem-vergonha". Disse o coronel: "Eu nunca gostei, mas se não fizer, vem perseguição. O capricho deles é perseguir os fracos". A mulher disse: "Se vier perseguição, aguenta-se". O coronel escreveu uma longa carta desligando-se do "Mamanãomama". E veio a perseguição, que a família não aguentou. Seus quatro filhos casados, que viviam da extração da castanha, tiveram suas licenças cassadas. Foram presos, humilhados, obrigados a sair daquela região. Ficaram expostos aos "mandatários da lei, sem escrúpulos". Desceram o Tocantins em direção ao Redentor, mas foram atacados por índios e morreram. A mulher de um deles, Diana, "loura, formada em letras em Londres", foi capturada por um índio e com ele fez vários indiozinhos brancos, de olhos azuis e louros. Quando recebeu a notícia, o coronel Anastácio Igaraúna teve um ataque cardíaco e morreu. D. Vitorina desapareceu após o enterro e ninguém ficou sabendo para onde foi. Talvez tenha se suicidado. O Redentor se esvaziou, acabou.

Essa é a "estrutura dramática" do romance, que os críticos dizem que ele não tem, mas penso que até tem, e muito informativa sobre a vida política paraense. Ele usa expressões populares, saborosas, que incorporei ao meu texto, pois indicam mexerico, fofoca, rumor: "dizque", "paresque". Além dessa trama realista-romanesca, a obra mostra o meio ambiente amazônico: "Da margem vinham sons de grilos, sapos, cigarras, ratos, pássaros, cobras, macacos, preguiças, galhos, frutas caindo. Música extraordinária da selva, ela traduzia o ermo pagão da Amazônia, o quiria zumbidor, que é silêncio e ruído, paz e beleza". O romance narra a presença de Emilia Snethlage, a naturalista alemã, que o coronel conheceu em uma gaiola, que demonstra um conhecimento impressionante das aves, da fauna e da flora amazonense. Ela estava à procura de um tipo raro de uirapuru. O coronel expressa grande admiração pela naturalista, em virtude de sua coragem de enfrentar aquelas viagens e seu profundo conhecimento da Amazônia. É ela quem explica ao coronel que, para um autor, *igaraúna* significa "canoa" (*iagara*) "preta" (*una*); para outro autor, significa "canoa falsa". (O que será que ela quis lhe dizer falando isso?) O romance mostra ainda os costumes paraenses, as festas religiosas, a Coroa do Divino, o Levantamento do Mastro, a noite de São João, quando os paraenses se reúnem para comer, cantar, dançar, namorar, casar, trair. A "diversão religiosa" incluía missas, ladainhas, novenas, que eram ditas, tiradas e cantadas. Todos da redondeza contribuíam com alguma coisa para as festas: galinhas, mutuns, saracuras, farinha, sacas de castanha, capados, potes de mel, cachaça. Era reza e folia, devoção e festa.

A gente graúda de Cametá, os "categorias", comparecia — juiz de direito, promotor, majores, capitães, o coletor federal, repórteres de Belém, os coronéis. Eles dançavam voluptuosamente toda a noite. No *putirum*, os vizinhos se ajudam em alguma obra, especialmente em relação à roça. Cerca de 100 pessoas se deslocam para a casa daquele que pediu ajuda. É mais festa do que trabalho, embora o trabalho seja feito. O romance aborda também o imaginário paraense, as lendas que encantam e assustam. Uma palavra que tem um poder imenso sobre os paraenses é "boto". Segundo Moraes (1938), "esse vocábulo causa susto e horror, sobretudo à noite, em lugares ermos". O boto é hermafrodita e assusta rapazes e moças. Na forma de boto, pega as mulheres; na forma da iara, pega os rapazes. Seja como boto, seja como iara, exerce uma força magnética irresistível. Uma lenda que encanta é a do "uirapuru", que, quando canta, os animais se reúnem em torno dele suspendendo a caça recíproca. Quando os bichos somem, pode-se ter certeza de que há um uirapuru por perto. Pacificados, ficam todos de olhos e ouvidos abertos, evitando fazer barulho para não atrapalhar o concerto. A lenda que apavora, porque causa excitações e traições, é a de outro pássaro, o "carachué", que também canta maviosamente, mas tem um efeito erótico muito forte sobre as fêmeas, que seguem o pássaro, magnetizadas, inclusive as mulheres. O amante de uma mulher casada é chamado de "carachué".

Em *Alluvião* (1937), Moraes aborda brevemente uma variedade de assuntos, como se fosse "um chão cheio de folhas, raízes, minérios, despojos". Um tema importante de *Alluvião* é a visão da "descoberta" do Brasil, em que reivindica a prioridade para a Amazônia. Para Moraes, a "descoberta" de Cabral não foi nem acaso nem propósito, pois em 1500 já se conhecia a existência do Brasil, que já tinha sido descoberto na Amazônia. O grande navegante espanhol Vicente Yáñes Pinzón já viera ao Brasil, em 1499, na altura do cabo de Santo Agostinho, percorrendo a costa brasileira até a foz do Amazonas, em cuja embocadura se abasteceu d'água. Isso sem aludir a Ojeda, que viera ao Brasil em companhia de Américo Vespúcio e Juan de la Cosa, antes mesmo de Pinzón. Logo, e este é o ponto importante, o ressentimento com o esquecimento da importância da Amazônia para o Brasil, "não é justo que se continue a afirmar que o Brasil foi descoberto por Pedro Alvares Cabral, na Bahia, quando, três meses antes de ele chegar a Porto Seguro, Vicente Pinzón, deliberada e conscientemente, ancorava a nordeste de Marajó, onde teve contato com os aruás e levou vários documentos da indústria indígena, cousas domésticas em barro, fibras, além de armas e instrumentos musicais" (Moraes, 1937). Para Moraes, "não é justo" que não se reconheça que o Brasil foi descoberto na Amazônia. O encontro de Cabral não foi casual, já havia informações, a América já fora descoberta, Pinzón já estivera na Amazônia. O Brasil começou na Amazônia porque era lá que a cosmografia antiga localizava o Éden, a Atlântida, o Eldorado, que os europeus procuravam. Ele procura desqualificar a carta de Caminha, "que foi declarada apócrifa pelo historiador argentino Luís Domingues, em 1897. Caminha foi uma invenção de Capistrano, ele nunca foi o escrivão da frota de Cabral, era um simples passageiro rumo ao oriente, onde seria, sim, escrivão em Calicute. A bordo, ele não tinha esse título e função" (Moraes, 1937). Portanto, digo eu, se o Pará vier a substituir São Paulo como locomotiva do Brasil, pode-se esperar uma reescrita da fundação do Brasil: tudo começou na Amazônia.

Embora insista na "descoberta" do Brasil na Amazônia, por Pinzón, um espanhol, Moraes a considera uma região brasileira desde a origem e que jamais deixará de sê-lo. Para ele, "o Brasil se divide em paisagens diversas, climas variados, costumes antagônicos, mas o espírito da raça é uno, vivo e exaltado, desde as coxias gaúchas até as planícies paraenses. Todos temos o mesmo amor à Bandeira, a mesma fé nos destinos nacionais, o mesmo orgulho de sermos brasileiros e termos nascido sob a luz do Cruzeiro. O milagre da nossa nacionalidade unificada contra os assaltos dos franceses, holandeses, ingleses e pelos influxos do português, do índio e do preto, deriva da varinha de condão de alguma fada magnânima, que desejava fazer um povo formidável no sul do continente" (Moraes, 1937). Moraes (1937) reconhece e lamenta: "Nós do extremo Norte só agora começamos a empolgar, de fato, nas letras, nas artes, nas ciências, na fortuna, e a buscar o lugar que nos compete e pertence, a fim de que em pouco tempo o Pará esteja entregue a seus filhos". Ele entende que "o espírito generoso de nossa gente tem indiferença pelos postos de destaque. Além disso, para agravar esse estado caótico e diminuir os feitos, o cronista primitivo dessas plagas foi reinol. Todos os grandes feitos aqui realizados são atribuídos aos reinóis e aos filhos de outros Estados. O nordestino realmente povoou a Amazônia, mas quem a desbravou, criando nas cabeceiras dos rios lindos sítios, estâncias magníficas de pomares e roças, *fomos nós* do Pará. O braço paraense retoma, com atraso, a prioridade de tudo, cioso que a cidade que florescerá amanhã sob o sol do Equador venha a ser o maior empório da civilização brasileira nessas bandas do Brasil" (Moraes, 1937).

Em *Alluvião* e *País das Pedras Verdes*, entre os diversos temas que abordou, chamou-me a atenção sua visão negativa do índio da Amazônia. Negativa e perigosa, pois pode legitimar o extermínio já feito e justificar sua continuidade. Segundo Moraes (1937), "há um grande ponto de interrogação sobre a raça que povoou a Amazônia: é ou não autóctone? A suspeita ganha adeptos. Os especialistas procuram a sua pátria nos mais perdidos recantos do planeta. Ele parece ter vindo de longe. Não há vestígios do índio primitivo e cada vez mais se acentua a convicção de que não é originário daqui. O trabalho do selvagem na pedra e na louça, pelo seu grau de adiantamento, denuncia a sua proveniência alienígena. De onde veio? Enigma. Os naturalistas os colocam vindos da Índia, da China, Grécia, Egito, Japão. Ele é indiferente à floresta maravilhosa. A beleza vegetal não o comove, a flora não figura entre os seus deuses. Sua arte é estranha ao ambiente do equador e, em suas reminiscências ancestrais, os bichos não são daqui. É um povo em fuga". Moraes, estranhamente, sugere que teriam vindo de um "reino de monstros": "Da sua linguagem e símbolos deduz-se terem vindo de um país de adivinhos, pitonisas, feiticeiras, do feroz das suas máscaras, assalta-nos a ideia de que vieram desse reino de vampiros, de *troll*, de gnomos, de anões, de duendes, que é o Pandemônio". Para ele, "o índio é estrangeiro, um povo invasor, oriundo do Pandemônio, terra de monstros. A sua ornamentação não é daqui. O fio decorativo que aplicou à louça marca a sua origem estrangeira, alheia à beleza ornamental das florestas e campinas. Aprendeu a arte do enfeite em uma terra estrangeira, repleta de monstros, gnomos e duendes, o painel amazônico lhe é desconhecido. Na sua ornamentação não há aves, quadrúpedes, cobras, um galho, uma flor. A paisagem da Amazônia não impressionou a menina do olho selvagem. É um insensível à orgia verde da selva. O drama que ele registra na angústia da caminhada perseguida, monstros de olhos esbugalhados, bocas rasgadas, narizes esburacados, orelhas desmedidas, denuncia-lhes a proveniência: é estrangeiro derrotado e em fuga" (Moraes, 1937). Segundo Moraes, há entre os índios da bacia amazônica muitos "índios pretos". Nos tempos da escravidão, tanto de Minas como de São Paulo, os cativos desertavam e vinham fundar seus mocambos perto das malocas. O resultado era um bom número de índios cafuzos. Guaporé foi uma cidade próspera e quase somente povoada pelo afro fugido à vara do feitor paulista. O nome dado a esses "índios pretos" é *tapanhuno*. Macunaíma era um índio *tapanhuno* (Moraes, 1937, 1930).

Para ele, "o índio em fuga foi obrigado a fazer alto nesse novo *habitat*. O índio invasor viu papagaios verdes e amarelos falando coisas que lhe eram estranhas". Moraes descreve uma quantidade enorme de pássaros e aves amazônicas, "que o recém-chegado desconhecia". O índio achou silenciosos os dias na floresta, em profundo contraste com as noites, escandalosamente ruidosas: gritos de bichos, urros de onças, silvos de cobras, assobios de macacos, cascos de jabuti se chocando. Apesar do ambiente cheio de novidade, o índio ficou inquieto, assustado, tal a majestade da natureza, mansa mas tenebrosa, doce mas ameaçadora. Valeu-se do sobrenatural para proteger-se, adaptou ao vale a legião de mitos estrangeiros: *iara*, protetora das águas; *caapora*, protetor dos animais; *curupira*, protetor dos vegetais; *matintapera*, para castigar os meninos travessos; *jurupary*, o demônio da boca torta. Este é o "Olimpo amazônico", com três divindades superiores: *Guaracy*, o sol, mãe da vida animal; *Jacy*, a lua, mãe da vida vegetal; *Rudá*, o amor, mãe da reprodução. Durante os séculos de jornada migratória, a preocupação indígena era esta: procurar a jazida verde na qual se talhasse o *muiraquitã*. O pedaço de *nephite*, o *muiraquitã*, era o símbolo de todos os bens terrenos que, depois, tornou-se, também para os brancos, símbolo de saúde, riqueza, poder, amor. Os índios a acharam e sua cultura se encheu de amuletos zoomórficos: jacarés, tartarugas, cobras, aves, rãs. O *muiraquitã* era a pedra verde que espalhava a riqueza, a felicidade, o prestígio. As icamiabas/amazonas do lago Espelho da Lua davam-no aos amantes em paga por noites de amor (Moraes, 1930).

Em *País das Pedras Verdes*, que Moraes, bajulador de homens poderosos, dedicou aos presidentes da República do Brasil e do estado do Amazonas, drs. Washington Luís e Dorval Porto, sugere que "a encantada e luminosa Amazônia deva ser considerada o 'País das Pedras Verdes': uma terra que espalha a riqueza, a felicidade, a saúde, o amor". Seu livro quer "convocar os moços a uma luta pela nossa gente e nossa terra. É preciso despertar as inteligências dormentes e envolvê-las em um torneio de reivindicações. O que se busca nesse livro é que ninguém do Sul do Brasil ou de outro ponto do globo a julgue erradamente por simples fantasias contadas por viajantes e letrados inescrupulosos" (Frederico Hartt apud Moraes, 1930). Moraes se indignava com esses "cientistas" que visavam vender livros contando histórias sensacionais sobre a Amazônia. Ele exorta "a juventude sobretudo a que nasceu no vale a repelir a patranha dos aventureiros, dos difamadores, a fechar a boca ao maldizente, replicando ponto por ponto, esse deve ser o programa. Temos de fazer disso um gesto de honra. O combate ao perverso que desvirtue o nosso clima, engendre defeitos à raça, menospreze a nossa plaga, calunie a sociedade, há que ser inflexível e sem pieguismo" (Moraes, 1930).

Para ele, a fim de se defender a Amazônia, "basta narrar os acontecimentos com honestidade, mostrar a vida Amazônica singelamente". Até Frederico Hartt, estrangeiro justo, não ficou menos revoltado e escreveu: "Ficou-me o empenho de corrigir algumas ideias exageradas sobre a majestade impenetrável, sufocante, indomável da selva amazônica, refutar a crença de que a vegetação é excessiva, que o homem é impotente para lutar contra ela. Tais histórias exageradas, ligadas à lenda de uma chusma de animais bravios, cobras e outros bichos venenosos que se supunham infestar o Brasil, ficam muito bem em livros populares. Servem para divertir e excitar a admiração dos meninos de escola, porém iludem o mundo e fazem muito mal ao Brasil" (Frederico Hartt apud Moraes, 1930). Segundo Moraes (1930), "Buckle, Gustave le Bon, Darwin, disseram coisas ferinas do brasileiro. De Orellana a Agassiz, a Amazônia foi vítima de anedota, do mexerico e do aleive". Para ele, "temos de reagir, estabelecer a verdade. Urge repelir o embusteiro, descer-lhe a máscara, levar à falência os seus livros saturados de blagues, falsos. É o que pretende esse livro" (Moraes, 1930). "A Amazônia deve ser apresentada ao Brasil e ao mundo como o 'País das Pedras Verdes', pelo fascínio e encanto que a rocha esmeraldina exerce no espírito selvagem, do caboclo e do branco. O verdadeiro nome da Amazônia devia ser 'País das Pedras Verdes': uma terra fascinante, símbolo de todos os bens terrenos" (Moraes, 1930).

Moraes convoca a juventude paraense a lutar pela Amazônia. Contudo, qual seria seu projeto de "desenvolvimento" para o "País das Pedras Verdes"? Neocabano ele não é, pois não tem uma visão popular e social-revolucionária do futuro amazônico. Moraes vê o Pará como o novo "São Paulo do Norte", sugere o desenvolvimento econômico na Amazônia em termos capitalistas, parece convocar os empresários do Sul e internacionais a investir na Amazônia. Parece não gostar dos índios ou temê-los, tende a vê-los como intrusos, invasores, como quem não reconhece seus direitos como primeiros habitantes. Ele os conhecia de perto, mas esse seu ponto de vista pode vir a legitimar a tomada de seus territórios e até o extermínio! Ele deseja que o Pará se torne rico e poderoso como São Paulo e líder da região amazônica e idolatra a natureza amazônica, mesmo em sua face aterrorizante. Ele convoca à defesa da hileia em pé, dos rios cada vez mais volumosos e dominados contra cheias, quer a Amazônia viçosa, verde e úmida como sempre foi. A defesa da Amazônia-natureza seria compatível com o projeto de uma Amazônia-capitalista? Seria possível sintetizar São Paulo e Pará em um novo modelo de sociedade capitalista-ambientalista? Se for possível, a maior contribuição da Amazônia à humanidade será a exigência e urgência de revisão dos valores do capitalismo. Se o capitalismo entrar na Amazônia, talvez ele se transforme, torne-se outra coisa do que sempre foi: depredador, destruidor, explorador, desmatador, desertificador. A Amazônia terá realizado o milagre da possibilidade de outro futuro com o capitalismo, o da conciliação entre sociedade e natureza, entre modernidade e valores ecológicos. Moraes, que aspirava ao desenvolvimento econômico e era ecologista, torna-se uma referência para esse novo e paradisíaco horizonte de expectativa do tempo "amazônida-igaraúna".

A obra *Na planície amazônica* (1926)

A planície amazônica: paisagens exuberantes e flagelos

A seguir, farei uma síntese comentada do livro *Na planície amazônica*, que escolhi para ser "amostra", um fragmento que revela o todo, do pensamento histórico de Raimundo Moraes sobre a Amazônia e o Brasil. Nesse livro, em que cada capítulo é dedicado a algum amigo, escritor ou político, Moraes descreve as paisagens, faz uma corografia, uma potamografia, uma geo-história da Amazônia, muito influenciado pelo tema e pelo estilo de Euclides da Cunha. Assim como Euclides, Moraes possui um vocabulário riquíssimo, utiliza palavras pouco usuais, raras, tornando seu texto ao mesmo tempo sedutor e de difícil acesso. Quanto ao tema, ele valoriza a natureza, prioriza a descrição minuciosa do meio geográfico do vale amazônico. Tem-se a impressão de que Moraes quer fazer pela Amazônia e pela sua população o mesmo que Euclides fez pelos sertanejos nordestinos: descreve a Amazônia para que os brasileiros do Sul e do Sudeste tomem conhecimento, parecendo pedir não apenas socorro, mas investimentos de São Paulo e do governo brasileiro, e, para alguns, não descartaria investimentos estrangeiros. Ele reclama que "os brasileiros do Sul ignoram as cenas terríveis do vasto palco amazônico, desconhecem a dor silenciosa dos seus irmãos do Norte, sem um gemido". O livro é dedicado "ao grande estadista Washington Luís, representante das forças vivas do país, o primeiro Presidente eleito com os aplausos unânimes do povo". Nos prefácios às várias edições, Moraes exalta São Paulo, orgulhando-se da aprovação de Washington Luís, que "elogiou o livro em suas viagens pelo Norte" e o tornou conhecido e lido no Sul e no Sudeste. Segundo ele, "Washington Luís desceu da terra dos Bandeirantes para visitar a raça que se funde no Equador, ficou encantado com a paisagem amazônica, com o reino encantado das águas". A visita do estadista ao Norte foi uma "confraternização entre o homem do planalto e o da planície". Moraes não se cansa de exaltar São Paulo: "Este livro é uma humilde oferenda intelectual da radiosa Amazônia ao majestoso Estado de São Paulo, cérebro do Brasil, berço das maiores conquistas nacionais, terra bendita onde se inscreveu a divisa augusta da liberdade".

O livro tem o formato de um dicionário da geografia, da botânica, da fauna, dos habitantes, da história amazônica. Segundo ele, o vale do Amazonas tem a forma de uma lira (antes era a de uma "garrafa"), como se um deus pagão e autóctone tentasse harmonizar essa natureza rude. O vale é como uma lira deitada e ligeiramente inclinada do poente ao nascente, tendo ao fundo a cordilheira dos Andes; ao sul, o planalto brasileiro; ao norte, as montanhas guianesas; na embocadura, os lençóis azuis do Atlântico. É uma arena colossal, que tem ao centro a "gigantesca árvore hidrográfica", enraizada no mar. A Amazônia é feita de tanta água que às vezes duvida-se se "são terras que se dissolvem e afundam ou águas que aparecem e fogem". As terras e os rios se misturam, árvores e água confundidas. Ali correm águas turvas, claras, pretas, verdes, azuis, pardas, em cada afluente. Cada afluente é uma estrada móvel, que tapa precipícios. A cordilheira dos Andes é solapada, derretida por forças hídricas e eólicas, que arrastam avalanches. A mobilidade contamina tudo: florestas, indivíduos, animais, habitações. A migração é permanente, os vegetais são vagabundos, os povos nômades, os peixes incertos, as casas instáveis, as pedras erráticas, as águas fugidias.

Tudo muda na Amazônia: a crosta terrestre se agita, as obras humanas não permanecem, imprimindo à região o estigma fabulístico do eterno judeu errante (Ahasvero). São inumeráveis as espécies animais: onça, sucuri, cascavel, anta, patos, jacus, mutuns, saracuras, jabutis, morcegos, tamanduás, araras, periquitos, tucanos, formigas. Os animais encontram o sal no solo, escavando o chão. A selva é hostil e, no meio dela, aparecem tristes choupanas, onde o homem vive isolado, cercado pelo verde.

A Amazônia é uma planície que evoca os pampas, não tem um monte. Mas é cercada de montanhas, como um anfiteatro aberto para o Atlântico. É um imenso anfiteatro que só pode ser visto por partes. Há regiões insalubres e saudáveis, regiões de pântanos, de águas impuras, pois pouco bafejadas pelos ventos, regiões beijadas pela brisa, cheias de flores, iluminadas, verdes. A água trabalha a terra, o perfil amazônico é instável, mutante. O rio faz e desfaz, retifica e encurva, barreia e aprofunda, estreita e alarga, arrasta cordilheiras, desfigura planícies. O rio caminha em zigue-zague, incerto, terras submergem e emergem. As cidades estão sempre ameaçadas. Manaus é banhada pelo rio Negro, mas pode vir a ser banhada pelo Amazonas, pois sua força é irresistível. As cerrações — a das chuvas, a das queimadas ou a da evaporação — deixam tudo impenetrável à vista, a navegação fica difícil. As geografias escolares não duram mais que 20 anos, pois a paisagem muda rapidamente. O Amazonas nasce no Peru, na região andina, e no Brasil alarga-se por 3 quilômetros, uma bacia imensa retalhada de rios, sete vezes maior do que a França. Moraes revela bem a imagem da Amazônia com a metáfora de "uma árvore frondosa de rios". É um labirinto aquático. Os navegantes estrangeiros, em busca do

Eldorado e de metais preciosos, ficavam deslumbrados, mas voltavam decepcionados: não achavam nada! Ou naufragavam ou perdiam-se e eram devorados pelos íncolas. A história da Amazônia é trágica, ensanguentada, cheia de lances cômicos, sinistros, épicos. A natureza amazônica é primitiva, silenciosa, triste, fechada, hostil, impenetrável. Vista do alto, a Amazônia se assemelha a uma gigantesca e assustadora cabeça de Medusa, com a cabeleira desgrenhada de serpentes. Pelos rios/serpentes, a atividade civilizada vai alargando sua influência, na marcha do explorador atrevido. Os rios levavam as caravanas de batedores do sertão, geólogos, astrônomos, botânicos, hidrógrafos, etnólogos, precedidos por piratas e missionários, por bandeirantes e generais, que vinham do oceano e da cordilheira.

Ao mesmo tempo que elogia o vale do Amazonas, que é um "paraíso verde", onde tudo é doce e fecundo, alegre e convidativo, Moraes mostra as adversidades, os flagelos aos seus moradores. Para ele, o primeiro flagelo são as bobagens que brasileiros e estrangeiros escrevem e falam sobre a Amazônia, denegrindo-a, desfigurando a paisagem, descrevendo uma fauna e uma flora que não existem. As melhores páginas são de Elisée Reclus e do barão Homem de Melo, mas os dois nunca foram lá. E mesmo clássicos como Buckle e Elisée Reclus não dizem a verdade. Buckle inventa árvores tenebrosas, montanhas inacessíveis, rios intransponíveis, animais formidáveis, "com o objetivo de humilhar e diminuir o homem que lá existe, que é visto como um pigmeu na inteligência e no físico. Escreve com um ar de pitonisa de Delfos que nos faz rir" (Moraes, 1926). Reclus estigmatizou o Amazonas, criou a lenda de que seu delta chega até a costa americana, onde desemboca. O delta emigraria Atlântico afora até a América do Norte! Mas o delta está bem ali, na enorme ilha de Marajó, onde o rio "pororoca" contra o mar. A singularidade do Amazonas é correr do poente ao nascente (outros rios vão sul-norte ou norte-sul). Para Moraes, aqueles que vivem no vale amazônico aprendem a definir a terra pela selva, praticam uma "geografia botânica", em que o solo é descrito pelos vegetais, cada arbusto, cada cipó revela o tipo de solo, sua conformação, sua idade. O homem amazônico é um adorador panteísta da floresta. O caboclo tapuio sabe do fundo em que navega, do peixe que procura, das cobras que o espreitam. Adverte-o a flora circundante, dispara a flecha de acordo com a fisionomia da água. Descobre o rastro do peixe-boi só pelo capim roído nas pastagens suspensas à tona. Ele é "um arguto Champolion da mata amazônica".

A Amazônia sofre os flagelos do frio e das enchentes. De março a agosto, a friagem, um vento gelado vem da Bolívia, do Peru, do Equador, da Venezuela. A população não tem roupas, estrutura, para enfrentar o frio; as casas são cobertas de palha, as paredes de barro são gretadas. Todos tiritam nas redes, fogueiras são acesas, as crianças pegam gripes, pneumonia. A fauna também sofre, todos se entocam, muitos morrem, congelados. A vida para subitamente, a navegação para. A friagem não resulta do degelo dos Andes, mas da inversão de correntes aéreas, que, para Buckle, "é uma inferioridade do Brasil que não tem ventilação forte vinda do leste, do Atlântico". Moraes se irrita com essa tentativa, segundo ele, de "humilhação" de Buckle, e responde, agressivo: "O Brasil é a nação líder da América do Sul!". A partir de outubro, a enchente entope o rio de terra e argila. As cheias elevam o nível em 1 metro, perto do estuário, em 10 a 15 metros, em Manaus, Iquitos, Porto Velho. Nas cabeceiras, a água eleva-se menos. Em 1926, ano em que o livro foi publicado, as cheias foram surpreendentes, diz o autor, foi uma catástrofe! No porto de Manaus, a escala gravada na muralha do cais registrou de 3 a 5 metros de cheia. As gaiolas não podiam descer ou subir, as mercadorias não chegavam, a cerração impedia a navegação. Tudo desaparece, casas, plantações, campos extensos, cemitérios. O rio vai arrastando tudo, barracos, terra, plantações, animais, casas e florestas. O rio vira uma serpente interminável, a Amazônia torna-se metamorfose. Todos os vivos precisam saber nadar para sobreviver, a natureza fica sinistra. O gado é engolido, se não são construídas "marombas", jiraus de achas grossas e resistentes sobre as quais a manada espera a estiagem. A inundação é total, com o degelo dos Andes em fevereiro. É um dilúvio, o gado desaparece se as marombas são atingidas. Os fazendeiros e agregados se mudam, porque a miséria, a fome, se instala. O caboclo aceita o sacrifício: "É a vontade de Deus!". Quando a enchente passa, vem a febre, muitos morrem. Mas, em três meses, tudo se recompõe: casas, currais, plantações. A abundância retorna.

Outro grande flagelo é a formiga. Em todo lugar, o maldito inseto devora, rói, morde e persegue. Saint Hilaire dizia "ou o brasileiro dá conta da formiga ou a formiga destruirá o Brasil" (Moraes, 1926). São centenas de espécies. A saúva é um tormento, desde o século XVI, uma formiga vermelha, inteligente, astuciosa, atrevida; suas picadas inflamam a pele. Os índios fugiam enlouquecidos, mas a consumiam na alimentação, em pó, com farinha de mandioca. Nas enchentes, sobem para as árvores ou flutuam unidas em bolas; se o remo as toca, elas tomam a embarcação. Ela desertifica as roças, comendo as sementes cultivadas. A *tucandeira* é maior do que a saúva e sua picada é muito dolorosa. Ela muda de animal em vegetal, transforma-se em cipó; depois de mortas, viram flores, porque ingerem uma semente venenosa, que nasce dela, tornando-se um vaso do vegetal. A *taxi* é menor do que a *saúva*, mas tem uma ferroada mais dolorosa. Ela vive nas árvores, sobre os ramos do taxizeiro. A *saca-saia* é diabólica, preta, é o pavor do índio, do seringueiro. Quando vem a enchente, essas formigas marcham aos milhões, ouve-se o ruído nas folhas, gravetos, seixos e pedras. Os bichos fogem. Se elas surpreendem uma casa, a medida defensiva é a imobilidade; as mulheres tiram a saia, donde vem seu nome, ficam nuas, impassíveis, esperando que a onda viva lhes passe sobre os corpos! O enxame devora, destrói tudo. O *potó* é um irmão da formiga, que destila uma secreção cáustica, terrível. Na Amazônia, a sobrevivência depende do mimetismo: borboleta vira folha, camaleão vira ramo, sapo vira bolota. Ao lado da fauna, as árvores também se enfrentam, a luta vegetal também é feroz. As plantas lutam entre elas por espaço, luz e ar. É uma batalha surda, da sombra para o sol. A Amazônia é cheia de epífitas, parasitas na forma de musgos, heras, lianas e arbustos. O *apuizeiro* é o representante mais singular desses ataques silenciosos. Ele é, inicialmente, apenas um ramo inócuo no tronco da árvore, mas torna-se um "vampiro verde", que não se limita a sugar a vítima; cobre-a, coze-a, amortalha-a, estrangula-a.

Enfim, nas corografias e potamografias que Raimundo Moraes fez do vale pode-se perceber o "belo horrível" de Moog, mas Moraes acha possível a contemplação panteísta dessa natureza selvagem, a admiração da força dos elementos naturais, que ali é virgem e plena. Se já há o flagelo de maus brasileiros e estrangeiros pernósticos que a denigrem, ele não será um mau amazonense, não irá denegri-la. Para ele, o "terror cósmico" que talvez o vale inspire não impede de vê-lo como um paraíso verde, com suas belas paisagens e surpreendente biodiversidade.

O homem e o imaginário amazônico

Moraes (1926) aborda a presença do homem amazônico, que, segundo ele, "suaviza o aspecto tristonho daquelas habitações, barracões, canoas circulando". Para mim, ele trata de forma insuficiente da população do vale. Ele reduz a população a três tipos de homens, dois tipos de seringueiros e o índio, estendendo-se muito pouco sobre os três. Nesse livro, ele não menciona os donos da borracha, os compradores da produção dos seringueiros, os caçadores de índios e invasores de suas terras; não aborda as relações de poder, as relações econômico-sociais, não faz nenhuma menção às relações políticas entre a Amazônia e os governos regionais e brasileiro, o que representa uma imensa lacuna em sua interpretação da Amazônia. Sobre o primeiro tipo de seringueiro, que define como "integrado e acomodado", relata que habita o estuário do Amazonas, próximo e na ilha de Marajó, que é um tipo fraco, roído de febres, tímido e simpático, ictiófago e canoeiro. Tem muitos filhos, ar resignado, humilde, sem ambições; vive sem conforto, morando em palhoças, em palafitas. Não deseja ser poderoso, tem a energia embotada, o caráter frouxo, trabalha em seringais esgotados, ganha pouco. É fatalista: "Deus não faltará". A mulher anda só de saia e ele só de calças; os filhos, de camisão. Veste roupa domingueira somente para dançar e ir às ladainhas no vizinho. Usa espingarda pica-pau e arco e flecha, conhece bem a floresta e a fauna, imita os animais, enxota cobra e espanta onça; conhece os ardis e sutilezas dos índios. Ou seja, é um homem perfeitamente integrado ao ambiente, que sabe o que fazer para sobreviver, e talvez sua descrição como "fraco, resignado", seja imprecisa. Moraes constrói esse tipo para contrapô-lo ao segundo tipo de seringueiro, que tem características opostas.

O segundo tipo de seringueiro é nascido no Nordeste, vive nas cabeceiras. É um tipo "aventureiro e ambicioso", que conhece o valor do dinheiro, deseja ficar rico rápido, voltar ao Nordeste, enfiar um anel de brilhante no dedo e ser patrão, "coronel". Ri alto, gargalha, tem o brio à flor da pele, explode e resolve tudo à faca. Trabalha em seringais virgens, produz muito e não é fatalista, sabe que tem de trabalhar muito. Vive só, rústico, come feijão, toca viola e gaita. Desconhece a floresta, a fauna, corta a seringueira à noite. Moraes exagera ao dizer que esse seringueiro é capaz de enfrentar e vencer onças à unha e à faca, saindo todo rasgado, mas levando a pata do animal como troféu! Para ele, o seringueiro do alto Amazonas amansa o deserto, sai de madrugada, rifle na mão, machado, lamparina de querosene; vai de tronco em tronco, corta, coloca tigelinhas, lancha às 9h, volta pegando as tigelas, chega à casa às 14h, almoça, dorme. De acordo com ele, esses dois diferentes seringueiros são os agentes anônimos da borracha. O segundo não é autóctone, comporta-se como um conquistador, não quer se estabelecer ou construir nada na região, e Moraes o considera um homem "forte, brioso, trabalhador". Na construção desses tipos, talvez seja possível encontrar os valores de Moraes e seu horizonte de expectativa para a Amazônia. Ele não aprecia nenhum dos dois — o primeiro é inerte, acomodado, fatalista; o segundo é predador, depredador, não ficará e não investirá as riquezas que produziu na Amazônia. Ele espera que venham homens menos acomodados e menos aventureiros, que extraiam riquezas da região e não apenas se integrem à paisagem, sem modificá-la, mantendo a natureza assustadora, a população sem atividades produtivas, miserável, epidêmica, à mercê das forças naturais. Moraes espera que venham para ficar e povoar, para "amansar o deserto", dominar a natureza e construir um novo mundo social. Pergunto eu: então, quem serão os paraenses-igaraúnas que conquistaram a Amazônia como verdadeiros bandeirantes, dos quais Moraes, em outras obras, tanto se orgulha? N'*A planície amazônica* eles não aparecem.

Os valores de Moraes aparecem mais fortemente em sua descrição do índio, que, para ele, embora caçado, é ainda o senhor da hinterlândia. Sua característica principal é o nomadismo, erra pela Amazônia, parecendo ser egresso de outros climas, da Ásia, do Himalaia, do Tibete, da Mongólia, da Manchúria. Alguns antropólogos acham as cabeças parecidas e supõem que, derrotados lá, tenham vindo da Sibéria oriental, pelo estreito de Bhering até o Alasca. Essa vida vagabunda é um traço da raça amarela; a alimentação frágil e a resistência do *fakir* revelam um povo vindo de outros climas, outros continentes. Seu êxodo milenar o modificou, alterando a linguagem, a cor, o hábito, o porte, a crença. Contudo, o índio amazônico seria o destroço de uma civilização antiga, teria involuído, degenerou? Ou seria autóctone? Para Moraes, os etnólogos são muito impressionistas, reina o caos científico. Os índios sustentaram lutas terríveis com os colonos, as entradas eram cruéis, eles eram arrastados aos povoados. A maior desgraça do selvagem amazônico é a falta de mulher nos núcleos civilizados. Os índios são atacados, escravizados, e suas mulheres e filhas tornam-se amantes dos "civilizados". As entradas, as "caças à fêmea", são cruéis. O índio, nu, é robusto, cheio de saúde, sem doenças, mas, se obtém roupas, utensílios, armas, abrigo, seu organismo adoece, devastado pelo impaludismo, pela bexiga, pela sífilis, pela tuberculose. Ele não conhece a medicina disso, a aproximação com o civilizado lhe é fatal.

A posição de Moraes sobre o índio não chega a ser favorável ao seu extermínio, não o considera animal nem o desqualifica como canibal, mas o rejeita, assim como rejeita o primeiro seringueiro, por serem ambos incapazes de trabalho planejado e contínuo, por não terem ambições, por não desejarem dominar a natureza e retirar dela o máximo de riqueza. O índio é boêmio e indisciplinado, avesso ao labor do civilizado, por causa da natureza abundante. Algumas tribos vivem sem casa, sem roça, sem criação, não trabalham, mantêm-se de peixe, tartarugas, ovos de gaivotas e camaleões. Sua moral acha que o comunismo deve ser a grande lei e leva tudo das barracas alheias, "esses bolchevistas"!, ironiza. Moraes parece considerar o índio um entrave ao que entende por desenvolvimento amazônico. Para ele, o índio, ainda hoje, é estranho ao meio, não se radicou no solo, é um fugitivo, o que sugere que a América conheceu uma época pré-indígena. E, se não é autóctone, é invasor, o que poderia autorizar seu extermínio, que já está em andamento na Amazônia. Contudo, Moraes (1926) parece sensibilizado com ação do marechal Rondon no Serviço de Proteção ao Índio, que procurou civilizar os "civilizados". Ele se alia a Rondon, que protege o índio, proíbe ataques, instala postos de assistência, pois "a sua bondade e inteligência começam a mudar a visão que se tem do índio".

Essas populações amazônicas têm uma cultura pouco racionalizada, vivem mergulhadas e submetidas por um imaginário, por lendas, que constituem uma teia, vinda de todos os quadrantes do globo: Grécia, Egito, Índia, Escandinávia, Portugal. Moraes faz um levantamento das lendas que encantam e assombram essa "primitiva e fatalista" população amazônica. A primeira lenda foi trazida pelos exploradores dos séculos XVI-XVII, marujos e soldados, frades e ladrões, que criaram um lirismo artístico para expressar seu materialismo de piratas. Só uma força os movia: a ambição, o desejo de fortuna imediata. Eles colocavam o Eldorado de Manôa, cidade ideal e fantástica, no baixo Amazonas, no lago Parima, de águas límpidas, perto de Belém. A lenda do Eldorado é a do reino encantado, com calçadas de ouro, safiras, rubis, descrito em várias utopias, especialmente, na *Utopia*, de Thomas Morus. Eles só queriam isso — metais e pedras preciosas —, tinham a ânsia de fortuna imediata. E todos que vão para a Amazônia vão com esse espírito, o de conquistar o Eldorado, encontrar a fortuna que possa ser carregada em um saco às costas. Os estrangeiros e os brasileiros de outras regiões que chegam são como aquele segundo tipo de seringueiro, não vêm para povoar, para construir um novo mundo, uma nova sociedade; chegam com espírito aventureiro, predador e destruidor, o mesmo que movia os conquistadores portugueses e espanhóis. O próprio índio parece entrar nessa categoria de "invasor estrangeiro", pois em milênios não construiu nada, não soube dominar a natureza, explorar as riquezas da floresta, e apenas se integrou, colhendo e apanhando o que estava ao alcance da mão.

Outras lendas assustam e atraem os visitantes e oprimem os que vivem lá, como a lenda das amazonas. Orellana foi o primeiro explorador a falar dessas mulheres guerreiras que deram o nome ao rio. Elas queimavam o seio direito, "amazonas" significa "sem seios", residiam no lago romântico Espelho da Lua, sem maridos, e enjeitavam os filhos homens. Todos escreveram sobre elas, ninguém as viu. Elas davam como presente de amor o *muirakitan*, uma pedra verde-claro com forma de jacaré, onça, tartaruga, cobra, veado, sapo. Mas a pedra — jade, feldspato —, assim como elas, não é encontrada na Amazônia. Contudo, segundo Moraes, existia o *muiraquitan ou muirakitan*, que os índios fabricavam com uma pedra verde que havia lá, e ele mesmo, Moraes, propôs, em outra obra, que a Amazônia fosse considerada o *País das Pedras Verdes*. Outra lenda, a do jabuti e do veado, é oriunda da África, contada pela mãe preta, que cuidava da criança branca. Quem corria mais rápido? O jabuti venceu a corrida, porque eram muitos. A lenda da Iara vem de Homero, é uma releitura das sereias, de Ulisses, fundador mitológico de Lisboa. É o grande medo do homem amazonense, metade mulher, metade peixe, cabelos compridos, busto cheio, cauda de escamas coloridas. Vive à margem de igarapés, encanta o tapuio e o mata, levando-o para o fundo, ao seu palácio. A lenda do boto, por sua vez, é o flagelo das donzelas, casadas e viúvas. Apaixonadas, esquecem a família e à meia-noite são arrastadas pela voz penetrante do monstro. É um peixe que se transforma em príncipe, com espada e chapéu de pluma, punhos de renda; dedilha o bandolim, sentado em um tronco de ribanceira. A moça "fica com ele toda a noite e, pela manhã, descobre que foi enganada ao ver a cauda do peixe". Em torno de canoas com mulheres, os botos aparecem, boiam, fungam, saltam, conquistadores. O olho seco do boto é um talismã do amor. Moraes sempre retorna a essas lendas, ingênuas, que mencionou em vários livros, o que pode ser expressão de seu imaginário profundamente paraense.

Outras lendas paraenses: a da mãe-d'água ou boiuna narra que uma cobra grande, mãe de todas as águas, vigia tudo. Os olhos da cobra paralisam, ela come a criação doméstica, assusta a todos. Tem a capacidade de virar um barco, uma galera encantada e fantasmagórica. Seus panos são feitos de panos fúnebres, camisas, lençóis, mortalhas, sambenitos. Os mastros são tíbias, fêmures, costelas, esqueletos fugidos da sepultura. Há caveiras de pescadores; se alguém persegue essa galera, ela vira uma grande ave e voa, deixando o cheiro de enxofre. Quem a vê, fica cego; quem a ouve, fica surdo; quem a segue, fica louco. Há também a lenda do uirapuru, já mencionada, um passarinho pequeno, feio de plumagem, mas que tem um canto mavioso, que atrai toda a fauna. Todos os animais param e o ouvem, como se fosse um novo São Francisco, todos se ajoelham, ficam mansos. Os uirapurus, trabalhados pela pajelança, atraem felicidade no comércio, jogo e amor. Os ingleses também inventaram a lenda da Atlântida na Amazônia. Para o inglês Ph. Fawcett, general do Exército inglês, foi em Mato Grosso que a Atlântida existiu, e saiu em busca dela, espada em punho. Outro, um tal Ludovicus, vienense, viu vestígios da Atlântida no Piauí. Ele viu lá a estátua da mulher de Loth e edifícios antigos. Moraes não acredita, pelo menos nessa lenda. Para ele, a ciência britânica é bela, tem Newton, Darwin, Huxley, mas se diverte lembrando que o próprio Charles Dickens foi um escarnecedor dos sábios ingleses. Em *As aventuras do sr. Pickwick* há uma caravana ficcional semelhante à do general Fawcett. Eles saíram de Londres, acharam uma soleira de granito recoberta de desenhos na casa de um operário. Compraram a relíquia e a levaram a Londres com grande alarido, para decifrá-la. E decifraram! Nos desenhos, passarinhos, zebras, jacarés, raposas, borboletas, viram o prenúncio de uma guerra sideral, o fim sinistro do mundo. Era um aviso profético de Elias. Mas o operário veio dizer-lhes que ele mesmo havia feito aqueles desenhos! E o general Fawcett veio buscar a Atlântida na floresta brasileira!

As lendas amazônicas, curiosamente, proporcionaram a aproximação, desejada por Moraes, da Amazônia com o estado de São Paulo, segundo ele o "estado-cérebro da nação", que poderia levar a região ao desenvolvimento econômico-social. A obra de Moraes, além da obra do alemão Koch Grünberg, repercutiu em Mário de Andrade, que em 1928 publicou *Macunaíma, o herói sem nenhum caráter*, que se tornou uma referência das discussões sobre a identidade nacional, em que o diálogo entre a Amazônia e São Paulo ocorre de forma intensa. Macunaíma é um caboclo tapuio amazônico, que, como Moraes, vive mergulhado intensamente no imaginário-real da região e desembarca em São Paulo, em busca do *muiraquitan* que lhe havia sido dado de presente por sua amada, uma amazona, mas que fora roubado e receptado por um contrabandista de pedras preciosas peruano, que morava em São Paulo. Nessa obra, percebe-se que, apesar da enorme diferença histórica, há muito em comum entre São Paulo e a Amazônia: a presença marcante do indígena, sua língua, os deuses, o imaginário, a cultura. Na narrativa de Andrade, Macunaíma enfrenta a boiuna, as formigas, a Iara; é ajudado pelo uirapuru na luta contra o regatão. Macunaíma nasceu no fundo do mato virgem, preto retinto, filho de índios tapanhunos, uma criança feia, e desde pequeno fazia coisas de sarapantar. Enamorou-se de Ci, mãe do mato, uma moça de peito destro seco, que fazia parte daquelas que moravam no lago Espelho da Lua. Casaram-se e ele se tornou o imperador do mato virgem. Tiveram um filho de cabeça chata, que "iria para São Paulo ganhar muito dinheiro". Mas a cobra preta chupou o único seio de Ci, o filho o chupou depois e morreu com o leite envenenado (Andrade, 1928).

Após a morte do filho, Ci deu um muiraquitã a Macunaíma e subiu ao céu por um cipó. Macunaíma tinha muita saudade de Ci e prendeu o muiraquitã no beiço. Em uma de suas lutas, perdeu o muiraquitã, que foi engolido por uma tartaruga, que foi caçada, e o muiraquitã foi vendido para o regatão peruano Venceslau Pietro Pietra, o gigante Paiamã, que vivia em São Paulo. Macunaíma foi para São Paulo com os irmãos Jiguê e Maanape para matar o gigante e recuperar o muiraquitã. Chegou à grande cidade esparramada à beira do Tietê e foi morar com os irmãos em uma pensão. Em São Paulo, a inteligência do imperador do mato virgem ficou perturbada: máquinas por todo lado! Não havia bicho, aqueles bichos todos eram máquinas: elevadores, chevrolés, fords, caminhões, bondes, relógios, revólveres, telefones. Tudo na cidade era só máquina! Quem mandava lá era a deusa máquina. Macunaíma procurou Venceslau Pietro Pietra, o gigante comedor de gente, que morava em uma bela mansão. Lutou com ele. O gigante venceu os primeiros combates, mas a cabeça mágica do herói transformava toda máquina em bicho. Ele tinha o poder de transformar as coisas naquilo que desejava. O herói amazonense, o imperador das icamiabas, chamadas em São Paulo de amazonas, repetia sempre esse dístico "pouca saúde e muita saúva os males do Brasil são", que depois será repetido também por outros autores. O herói admirava os paulistas, que viviam bem organizados e prosperavam na mais perfeita ordem. Eles atraíam aos seus hospitais todos os "leprosos" sul-americanos, mineiros e paraibanos. São Paulo era "a mais bela cidade terráquea" (Andrade, 1928).

Depois de dar uma surra no gigante em um terreiro de macumba, por intermédio de Exu, o herói, finalmente, o venceu atirando-o na panela de macarronada fervendo da caapora da sua mulher. Ele recuperou o muiraquitã e retornou ao mato. Deixou São Paulo levando o que mais o entusiasmara na civilização paulista: um revólver, um relógio e um casal de galinhas legorne. Fez do revólver e do relógio brincos, e carregava uma gaiola com as galinhas. No beiço furado, balangava o muiraquitã. Mas, ao retornar ao mato, Macunaíma ficou hético, entrou em decadência! A família se desfez, ele mesmo matou os irmãos Jiguê e Maanape, não achava mais graça ali. Estava sozinho! A lendária Iara o convidou para brincar com ela; era linda, mas ele sabia que tinha um buraco no cangote por onde respirava. Foi empurrado no lago pela Sol, teve de lutar muito com a Iara no fundo do lago, saiu quebrado, sangrando. Com ódio da Sol, pegou um ovo de galinha e jogou na sua cara, que ficou manchada de amarelo para sempre. As piranhas comeram o beiço dele com o muiraquitã. Ficou feito louco, envenenou todos os peixes, mas não achou o muiraquitã na barriga deles. Então, não achou mais graça na terra, esse mundo não tinha jeito, e foi pro céu. Ia viver com a "marvada" da Ci, pois "não veio ao mundo para ser pedra". Subiu no cipó com as galinhas, o revólver, o relógio, mas a lua não o aceitou, ninguém o queria lá. Então, ele se transformou na constelação Ursa Maior.

Ir a São Paulo não fez bem ao amazonense Macunaíma, o mundo dos tapanhunos perdeu o sentido, a força do imaginário que o mantinha vivo, acabou. O mundo amazônico virou uma solidão do deserto! Não tinha mais ninguém lá, nenhum conhecido, ninguém falava a língua da tribo, ninguém sabia do herói, ninguém o reconhecia como o imperador do mato virgem. A tribo se acabara; a família virara sombras; a maloca, ruína. Depois da viagem a São Paulo, Macunaíma experimentou um "desencantamento do seu mundo", o mundo amazônico perdeu a alma e desapareceu, ele não se reconhecia mais lá. Não era mais o imperador do mato virgem, um herói. Aliás, por que teria escolhido aqueles objetos paulistas — revólver, relógio — para pendurar nas orelhas? Esses objetos parecem sintetizar sua visão da "civilização paulista", que oferece duas opções: ou o relógio, que significa submissão, trabalho, disciplina, automatismo, continuidade, precisão, robotização, ou o revólver, que significa a revolta, a violência, o conflito, o crime, o suicídio. Quanto às galinhas legorne, por que ele as escolheu como símbolo e lembrança de São Paulo? Talvez pelos ovos brancos, pela beleza dos bichos, por serem bichos raros, nunca vistos na Amazônia? Felizmente, ele não levou nenhum crucifixo dourado pendurado no peito, não achou graça. Quem conta essa história é um papagaio que um dia fora do séquito de Macunaíma, quando era herói. Só o papagaio conhecia as frases e feitos do herói e, ao narrar sua história, queria preservar do esquecimento os casos e a fala desaparecida. Para mim, a moral dessa história é: será que essa aproximação da Amazônia com essa "civilização paulista", com suas máquinas, com seu espírito capitalista, com seu cérebro ocupado em fazer dinheiro, enfim, com seus relógios e revólveres, poderá fazer bem à sua exuberante ecologia e à sua população? É provável que, quando as máquinas paulistas chegarem, os seringueiros do estuário, os índios, os bichos, tenham de pegar o cipó e emigrar para o céu, que se encherá de constelações. As árvores não terão tempo, cairão imediatamente, mas os rios, para se esconder, poderão descer para o fundo da terra. Como recomenda Mário de Andrade, um paulista, Moraes devia pensar melhor, antes de fazer apelos tão eloquentes a Washington Luís. E "jacaré quer essa 'civilização'"? Nem o herói, nem os índios, nem os seringueiros, nem Rondon. E Moraes, a desejaria mesmo?

Os meios de comunicação e transporte amazônicos

Na Amazônia, à época de Moraes, todos circulavam de gaiola, canoa; ninguém viajava sem ser no banco das "montarias", esguias, ligeiras. Tudo ia embarcado: noivas, caçadores, procissões, comerciantes, trabalhadores, eleitores, defuntos. O rio era a rua. A gaiola funcionava como o bonde, o carro, a locomotiva, o cavalo, dos rios. Veio da ubá indígena ao navio regional, tinha uma elevada superestrutura, que lhe deu o nome. Essas embarcações eram de madeira e ferro, construídos na Inglaterra, na Holanda, na Dinamarca, nos EUA. Quando o preço da borracha era bom, elas se multiplicaram. Segundo Moraes, a vida a bordo era curiosa e imprevista. As gaiolas deixavam o porto transbordantes de passageiros, o interior do barco era hierarquizado. Na terceira classe, os nordestinos contratados para o corte da seringa ficavam na maior promiscuidade. Nas redes, 100/200 indivíduos, magros, hirsutos, sujos, crianças nuas, mulheres de saia e casaco e cachimbo empilhavam-se, de viola em punho. Às vezes, pegavam fogo em virtude de pontas de cigarros e fósforos ou fagulhas da chaminé que atingiam galões de álcool ou cachaça. Nas inundações, ficavam presos entre árvores e cipós, estragavam, e era preciso mergulhar até 10 metros para consertar, com o risco de ataque de piranhas e jacarés. As cheias os tornavam ingovernáveis, eram levados de bubuia pela correnteza. Navegavam carregados de borracha, castanha, animais silvestres. O transporte fluvial era absoluto, embora algumas estradas começassem a surgir para ligar o sertão. As gaiolas também levavam a gripe, a tuberculose, o sarampo, a varíola; as epidemias propagavam-se dizimando seringais e aldeias. Muitas doenças vieram de fora, moléstias desconhecidas — cólera, varíola, tracoma, cancro, beribéri, leishmaniose, chagas, bócios, sífilis, tuberculose, lepra. Manaus era uma cidade moderna, magnífica, saudável, aprazível, risonha, mas insalubre nos arredores, sem infraestrutura sanitária, o impaludismo dizimava. Teve início a construção de hospitais, os médicos iam para lá, usava-se o quinino, botas, mosquiteiros, a fossa sanitária já era mais comum. Moraes (1926) insiste: "A maioria das doenças veio de fora, nosso clima não é o responsável e é até superior a outros do planeta".

A pescaria era feita em embarcações como a "vigilenga", os pescadores eram experientes, trabalhavam apenas com os sentidos apurados, sem bússola, sem sextante, estendendo o *espinel*, uma longa linha com cabaças e mais de mil anzóis. Levantavam-se de improviso colônias de pescadores, em busca sobretudo do peixe-boi, a pesca mais preciosa e remuneradora. Os processos do pescador, nos anos 1920, a rede, a tarrafa, já eram destruidores. O pescador amazônico sabia tudo dos peixes: onde comiam, onde dormiam, onde badalavam, onde se reproduziam. O caboclo nativo, que Moraes chama de "tapuio", era insuperável no olhar, no tímpano, nas narinas. Moraes descreveu uma onça pescando!, que talvez fosse uma lenda da região. Ela batia a cauda na água simulando a queda de uma fruta, o peixe subia e ela lhe dava uma patada, atirando-o à terra. A pescaria era intensa perto das cachoeiras, porque os peixes subiam o rio e paravam nesses obstáculos. Eram 2 mil espécies de peixes, mas havia exagero na pescaria e algumas espécies estavam se extinguindo — a tainha, a tartaruga-do-mar, o próprio peixe-boi.

O comércio ambulante fazia-se ao longo dos rios. Os comerciantes eram os "regatões", que transportavam em suas galeotas toneladas de secos e molhados; eram espertalhões que abusavam da ingenuidade da população. Nas prateleiras encontravam-se artigos díspares: agulha, espingarda, fósforo, bala, cigarro, fogareiro, seda, baralho, barbante, pregos, pó de arroz, sabonete, leque, corda de viola, mosquiteiro, coroa de defunto, lenço, cobertor, chita, escova de dentes, carne-seca, sabão, café, açúcar, banha, sal, vinho, cachaça, álcool, arroz, querosene, feijão, farinha, azeite, vinagre. O regatão vendia ali, comia ali, pilotava ali, dormia ali. A galeota tinha nome: Primavera, Constantinopla, Brasileira, Monte Líbano, Vencedora, Sempre-Viva. O regatão vinha da Síria, da Turquia, varava o sertão por igarapés, corajoso, atrevido, apesar de humilde e obsequioso. Veio também o judeu, mais sovina, que arrancava o couro do cristão, despertando iras coletivas. Antes, o regatão era português que, às vezes, levava esposa e filhas dos lugares onde vendia. Ninguém fazia nada, com medo da metrópole. Veio o turco, chamando a todos de coronel e doutor, evitando os potentados e procurando os rústicos, analfabetos e simples. Falava mal a língua, puxava conversa, levava a todos no bico, recebia em bolas de borracha, pesadas na balança do regatão! Muitas seringas dos donos da borracha, sobre os quais, aliás, Moraes não disse uma palavra, eram desviadas nesse comércio. Os regatões corriam riscos, estavam rodeados de perigos e inimigos, eram alvejados da mata. Nada os fazia recuar e seguiam extorquindo borracha.

O domínio da navegação era absoluto, mas os políticos clamavam por vias férreas que ligassem o Brasil aos países vizinhos. A Bolívia, nas negociações sobre a venda do Acre, propôs uma ferrovia boliviano-brasileira, já que não tinha saída para o Pacífico, para que os produtos bolivianos pudessem sair pelo Atlântico. A estrada seria para escoamento de produtos e traço de união e amizade entre os dois povos. O barão do Rio Branco prometeu concretizar o sonho das duas nações amigas e o governo brasileiro tentou construir a ferrovia Madeira-Mamoré, com viadutos altos, feita para saltar a seção encachoeirada do rio Madeira. Há versões sensacionais sobre a construção: o custo foi tão alto que os trilhos podiam ser de ouro, houve muitas mortes, os dormentes podiam ser de cadáveres. Para Moraes, era exagero. É verdade que os selvagens mataram muitos, eram adversários da ferrovia, mas a malária também matou, o quinino era muito ingerido, cada um tinha seu vidro no bolso. As locomotivas eram a vapor. Podiam ser elétricas, mas preferiu-se o combustível de lenha, sujo e caro. Foi um empreendimento tão acidentado que, após cinco anos de trabalho, foram construídos apenas 8 quilômetros de ferrovia!

Moraes falou pouco das capitais da Amazônia, Manaus, Belém, que apareceram raramente em sua narrativa. As cidades que abordou foram duas, Porto Velho e Guarajá-Mirim, ligadas à ferrovia Madeira-Mamoré. Segundo ele, Porto Velho era uma das menores cidades da Amazônia, lembrando uma cidade dos filmes americanos de faroeste: casas de madeira, de zinco, de pedra e cal e choupanas. A água era canalizada. Dali saía uma estrada de ferro, a população era internacional, o café central era o eixo da vida da cidade. A promiscuidade ali era internacional, da Sibéria à Arábia, as prostitutas eram cearenses, turcas, colombianas, gaúchas, entravam e saíam sob os olhos dos seringueiros. Moravam ou passavam por ali advogados, médicos, engenheiros, juízes, promotores, capitalistas, jornalistas e até secretários de Estado e exilados políticos da Bolívia. O turco expandiu ali o comércio de quinquilharias. Porto Velho era uma cosmópolis, uma Torre de Babel, e, indiferente às dores da terra, como um apuizeiro, asfixiava a vida primitiva, as aldeias dos arredores. Quanto a Guarajá-Mirim, na fronteira com a Bolívia, era uma revelação e uma surpresa. O povoado já foi fundo de rio e surpreendia como Canudos: assim como ninguém imaginava que havia aquele fanático formigueiro de gente no sertão baiano, ninguém imaginava tanta gente nesse povoado perto da curva encachoeirada do Mamoré. O último trilho da Madeira-Mamoré morria em Guajará-Mirim. A cidade era dupla: de um lado do rio, brasileira; do outro, boliviana. A comunicação era constante entre o lado boliviano, onde viviam 400 habitantes, e o lado brasileiro, com 1.500 habitantes. A população dos dois lados era internacional: alemães, gregos, turcos, japoneses, espanhóis, portugueses, ingleses, franceses, americanos. Era uma Torre de Babel cosmopolita. Bebia-se chicha nos dois lados. A vila cresceu com o sucesso da borracha, mas havia muitos aleijados, vítimas de armadilhas nas florestas: coxos, capengas, pernetas. O seringal era pobre de mulheres, a caça à fêmea era desesperada, ridícula; velhotas eram disputadas à bala. Na fronteira, o comércio era intenso. O sonho de consumo de todos era a colcha boliviana de pele de lhama e alparca, cinzentas e amarelas, macias, delicadas, que os costureiros de Paris, Rio, Londres transformavam em *manteaux* soberbos, caríssimos. Havia tensões entre Brasil e Bolívia, havia mágoa na fronteira. A Bolívia reclamava território, mas, para Moraes, o barão do Rio Branco negociou muito bem com eles, após a repressão conjunta à rebelião comandada pelo "presidente dos seringueiros", Galvez, que proclamou a independência do Acre.

Amazônia, terra da promissão

Moraes concluiu seu elogio da Amazônia, para que o Sul-Sudeste se interessasse por ela, para que o governo brasileiro criasse políticas para sua integração à história brasileira, definindo a região como um "paraíso verde". Apesar de ter feito uma descrição um pouco assustadora da natureza e uma avaliação muito negativa dos tipos humanos, no final enalteceu a natureza e o homem amazônico: "A região não é tão assustadora e inabitável, como dizem cientistas estrangeiros e maus brasileiros que nunca estiveram lá, e o homem amazônico não é preguiçoso, não é indolente, não é inferior mental e fisicamente. Se é um pouco indolente não é por preguiça, mas por riqueza, colhe peixe, abate a caça, apanha frutas. Tem tudo perto de casa. No quintal, a galinha, o cágado, o pato, a garça, o mutum; no pomar, a banana, a laranja, a graviola, o abacate, a jaca, a sapotilha, a manga, o caju; nos campos, o veado, o mussum, a aperena; nas praias, a tartaruga, o tracajá, a gaivota, os ovos; nos lagos, o pirarucu, o peixe-boi, o tambaqui, a pescada, o surubim, o tucunaré; nas ravinas, maguaris, jaburus, piaçocas, guarás, saracuras; na selva, a anta, a paca, a queixada, o tatu, o macaco, o inhambu, o jabuti, o tucano, a arara, o papagaio, frutas silvestres, bacuri, cupuaçu, ingá, castanha, tucunam, açaí, jenipapo, maracujá, uxi, os óleos, resinas, raízes, tubérculos, amêndoas, medicinais, aromáticos. É um tesouro maior do que o de Salomão! Para que desejar bens alheios, brigar, intrigar? Os habitantes do Vale são como Adão e Eva antes do pecado, felizes, vivem no Paraíso Verde, fecundo, abundante, delicioso, caluniado por maus brasileiros, viajantes pernósticos e falsos naturalistas. E sobre tudo isso, sobre toda essa beleza e riqueza, o sol coriscante do Equador!".

Moraes lembra que a Amazônia é a região mais pesquisada por cientistas da flora, da fauna, do vento, da água, da terra. Lá estiveram Rondon, Humboldt, Martius, Spix, Adalberto da Prússia, Castelan, Gibbon, Couto de Magalhães, Barbosa

Rodrigues, Agassiz. Um deles disse que "o Vale Amazônico será o último refúgio dos homens". Há 30 anos, os ares eram inclementes, a mata era densa; hoje, a existência é mais branda em torno dos rios. Moraes antecipa as preocupações atuais dos analistas do meio ambiente: "O Vale está secando, de ano a ano se enxuga, os lagos e rios diminuem". Mas, ao contrário do que pensam os cientistas, essa tendência lhe parece positiva, porque a região está ficando menos assustadora, o solo firme vence as enchentes. O vale enxugando, a vida será mais propícia no futuro. A tendência é para a uniformidade do solo, a supressão dos pântanos, o equilíbrio do clima. Para ele, "a Amazônia já é um mundo desbravado, arroteado, saneado, purificado, pelo roçado, pela plantação, pelo fogo, pelos rebanhos, pelos transportes. Deverá ser povoado não por homens fatalistas, por índios nômades, nem por aventureiros destruidores e sem capital, mas por agricultores e pastores, habitantes permanentes, panteístas, capazes de investir e proteger a natureza, interessados em construir uma sociedade estável, próspera. A indústria extrativa será substituída pela indústria agrícola, tornando o seringueiro agricultor e pastor. Foi assim na Austrália, que começou com a exploração do ouro e tornou-se rica em manadas. O futuro da Amazônia deve ser a plantação de arroz, cana, milho, cacau, frutas, legumes, cana, cachaça, álcool, mandioca, batata doce, cará, feijão, tabaco, baunilha, cravo, óleos. As castanheiras oferecem milhões de amêndoas. Em vez de borracha, cereais e o gado".

Para Moraes, o "refúgio da humanidade" deixará de ser um tesouro encantado para ser tesouro real. O gado já prosperava, sobretudo o rebanho de búfalos em Marajó. Será preciso melhorar a produção, para aproximá-la do padrão dos gados americano, argentino, australiano, holandês. Será preciso construir uma fazenda moderna, melhorar o capim e eliminar o carrapato, melhorar as raças bovinas. Não mais zebus e caracus, mas *jerseys*, *angus*, *hereford*, as holandesas, que chegaram com Nassau. Os detratores do solo amazônico estavam errados: o solo é excelente. Em 1910, os *yankees* tentaram uma grande empresa na Guiana, mas, infelizmente, Moraes lamenta, o governo brasileiro cassou a concessão nas fronteiras com o Pará. Não fosse isso, o estado estaria próspero, exportando carnes e couros. Moraes tem a esperança de que outra tentativa desse tipo seja coroada de sucesso e que a Amazônia se torne tão rica como foi Pernambuco açucareiro, Minas Gerais do ouro e diamantes, São Paulo do café e da indústria. Será preciso torná-la a "terra da promissão", contra aqueles que a consideram o peso morto do Brasil. Contudo, pergunto eu, essa noção de "refúgio da humanidade", expressão de um cientista estrangeiro, quer dizer o quê? Ela será a "terra da promissão" de quem? O curto parágrafo em que lamenta a interrupção pelo governo brasileiro da iniciativa *yankee* de uma grande empresa agropastoril na fronteira com a Guiana deu a impressão de que Moraes deseja o desenvolvimento amazônico com investimentos de capitais de qualquer origem, não necessariamente paulistas ou de qualquer outra parte do Brasil. Seu comentário causou má impressão a muitos que o acusaram de ser um "entreguista" da Amazônia, o que gerou, em sua defesa, uma extensa nota de pé de página na edição da editora Conquista de *Na planície amazônica*.

Para mim, o que faltou em *Na planície amazônica* foi algum comentário ou alguma descrição das relações de poder, das relações econômico-sociais, do modo como os donos da borracha organizavam a produção e como exploravam a mão de obra dos seringueiros. Aliás, quem era o "seringueiro"? Eram os donos de seringais ou os trabalhadores que cortavam, colocavam e retiravam as tigelas e levavam o látex à venda? Como era dividida a produção da borracha entre brasileiros e estrangeiros, quem comprava e quem vendia, como era a exportação, se havia intermediários, como era o transporte, qual era o volume de borracha extraído, que produtos ela tinha gerado, quem se enriquecia. Moraes não tratou dessas questões cruciais. Ele mencionou os seringais e seringueiros próximos a Guarajá-Mirim, o pagamento aos regatões em bolas de borrachas desviadas dos donos, mas não desenvolveu e não problematizou a vida econômico-social amazônica, o que limitou muito o mérito do livro. É verdade que foi publicado em 1926, muito após o auge da borracha; a Amazônia vivia em profunda crise. Mas os tipos humanos que ele citou são ainda seringueiros, e Moraes não analisou o funcionamento do "sistema da borracha em crise", afastando-se de Euclides da Cunha, que o fez de forma contundente em 1909. Outro problema é o da derrubada da floresta para a formação de campos, para a ocupação da Amazônia pela indústria agropastoril. Essa seria a grande promessa da "terra da promissão"? A floresta no chão, a cultura extensiva de grãos e gado, esse seria o "refúgio da humanidade"? Moraes era otimista quanto ao horizonte de expectativa da Amazônia, mas ingênuo quanto a seus protagonistas, quanto à forma de ocupação do espaço, quanto aos investidores e investimentos, quanto aos caminhos possíveis de integração da Amazônia ao Brasil e à humanidade. Era um homem da terra, um nativista, um amazônida-igaraúna brasileiro; desejava o sucesso do Brasil na Amazônia, mas era ingênuo em relação aos interesses estrangeiros, não dominava o funcionamento da produção e do mercado da borracha, desvalorizava a população local, era ambíguo em relação ao índio, queria sua proteção e um tratamento mais duro, menosprezava-o; era já ecologista, mas queria ver a "civilização", o capitalismo, o Sul-Sudeste, São Paulo, conquistarem a floresta. Essa seria a melhor utopia para a Amazônia?

A visão mineira do Brasil: o "tempo inconfidente" e a obra histórico-antropológica de Darcy Ribeiro

Mineiridades: "tempo inconfidente", "tempo tradicional" e "tempo moderno"

Há os que dizem que "mineiridade" é uma noção problemática, controversa, sobre a qual tudo que se fala é "totalmente correto e totalmente falso", ou seja, é uma noção à beira do *nonsense*, que alimenta discursos impressionistas, vazios, enfim, bobagens. Para Frieiro (apud Araújo, 1974), "esse conceito deveria se referir aos valores, crenças, símbolos, comportamentos e atitudes dos mineiros, mas é uma representação abstrata e não uma realidade empírica. Não há o mineiro, logo não há a mineiridade". Para esse autor, o território mineiro é plural e heterogêneo; não há um "povo mineiro", mas "povos mineiros", e essa diversidade interna gera rivalidades, desafeições interestaduais. Outros autores são contraditórios. Para Nava (apud Araújo, 1974), por um lado, "Minas é uma entidade una e indivisível, indelével, eterna. Para acabar com Minas seria preciso esquartejar cada mineiro"; mas, por outro lado, sustenta que o "mineiro é somente o morador da zona metalúrgica". Ao contrário de Nava, Rosa (apud Araújo, 1974) vê a mineiridade na ruralidade sertaneja, não significa urbanidade, democracia, alta cultura, modernidade. Portanto, as posições dos intérpretes da mineiridade parecem diversas, contraditórias, opostas, excludentes. Mas, para mim, essa falação não é vã, mesmo imprecisa, pois representa um esforço importante de construção de uma autoimagem, um trabalho difícil e necessário de elaboração da identidade mineira, e, portanto, vou procurar nesse "tudo que se fala" algum núcleo duro, algum fundamento. Penso que talvez a noção de "mineiridade" seja muito restritiva, pois não há "o mineiro", mas mineiros. A história e as microrregiões dividem os mineiros. Por isso talvez "mineiridades" seja uma noção mais adequada (Souza, 2013; Dias, 1985).

Para os que consideram que há uma "mineiridade", uma cultura mineira homogênea, como Dias (1985) e Vasconcelos (1968), o mineiro é descrito "como calado, desconfiado, introvertido, austero, mas hospitaleiro, inteligente e bom", uma caracterização feita desde Antonil e viajantes. Segundo Arruda (1990), os viajantes descreviam os mineiros como "uns ingleses: altivos, nobres, delicados, obsequiosos, sensatos, formais no trato, asseio no trajar. As mulheres têm formas mais cheias, chegando mais tarde a serem gordas. Têm uma beleza frágil, delicada. Os mineiros são simples e sóbrios em seus gostos, sobranceiros, pacatos, supersticiosos, acreditam em feiticeiros e lobisomens". Tal cultura regional teria se formado no período da mineração; Minas é identificada com sua região central e montanhosa, onde se deu o processo de povoamento e exploração de recursos minerais. Há uma bibliografia importante que se refere à "mineiridade" como uma "entidade", uma "enteléquia social", um "espírito", uma "essência", uma "alma unificada". Para João Camilo de Oliveira Torres (2011), "a enteléquia social é um tipo, uma forma, um caráter, apesar das mudanças. A cultura permanece una e igual a si mesma, ainda quando passam os homens que a suportaram". Quem a vê assim tão "enteléquia", além da sociedade mineradora, utiliza também como referência a geografia montanhosa. Para Torres, "o mineiro é um montanhês e, por viver nessa geografia, tem um caráter determinado e comum". Segundo ele, o efeito do clima montanhoso, frio e úmido, escuro, torna o mineiro de "uma tristeza implacável, profundamente melancólico". O mineiro tornou-se um prisioneiro da montanha, é um homem separado do mundo por obstáculos quase insuperáveis. Os grandes poetas mineiros — Carlos Drummond de Andrade, Alphonsus de Guimarães — são melancólicos ou são poetas satíricos; o sarcasmo é uma forma de tristeza. Enfim, são muitos os autores que dão um valor imenso à montanha como definidora do caráter mineiro. Para Aníbal Machado (apud Araújo, 1974), o que define "o caráter e o comportamento social dos mineiros é a influência da montanha: imobilidade, solidez, a riqueza de suas entranhas. O mineiro tem reduzida capacidade de exteriorização, falta-lhe o senso da vida exterior. Reservado, prefere escutar, confia-desconfiando". Para Guimarães Rosa (apud Araújo, 1974), "Minas é montanha, espaço erguido, emergência, verticalidade, esforço estático. É uma região suspensa, envolta em neblinas, que se escala. Seus epítetos: alterosas, Estado montanhês, Estado mediterrâneo, centro, Suíça brasileira, coração do Brasil, capitania do ouro, heroica província, famosa província. Minas, a gente olha, se lembra, sente, pensa. Minas, a gente não sabe".

Sem desconsiderar a importância da geografia, do clima, do solo, da paisagem, que repercutem, de fato, de forma importante sobre os habitantes da região, minha perspectiva sobre a mineiridade enfatizará a pluralidade, tal como foi proposto por Carvalho (2005), para quem "não há uma voz de Minas. Há muitas vozes, algumas dissonantes: o Triângulo, o Centro, o Sul, o Norte, a Mata. Minas é polifônica". Carvalho se limita a três vozes: a voz do ouro, a voz da terra e a voz do ferro. Segundo ele, "a voz do ouro fala de liberdade, seus representantes são Felipe dos Santos, Tiradentes, Teófilo Otoni; a voz da terra fala de tradição, seus representantes são Silviano Brandão, Bias Fortes; a voz do ferro fala de progresso, seus representantes são Israel Pinheiro e Juscelino Kubitschek. A voz do ouro é do século XVIII, era a da mineração, urbana, rebelde, a Minas do sonho e da liberdade. A voz da terra é do século XIX, era a da agricultura e pecuária, rural, conservadora, ordeira, equilibrada, familista. A voz do ferro é da segunda metade do século XX, era a das grandes siderúrgicas, das cidades industriais. São mineiridades diferentes, mineiros com caracteres diferentes, definidos pela historicidade, pela cultura". Hoje, ele prossegue, "há vozes que timidamente emergem, que tornam Minas ainda mais polifônica, articulando novos valores: justiça, inclusão social, liberdade sexual e gênero, para Minas e todo o Brasil" (Carvalho, 2005). Apoiando-me em Carvalho e outros, vou explorar essas diversas vozes da mineiridade, que se explicam reciprocamente, para evitar noções como "enteléquia", "alma", "essência", "identidade una e indivisível" e apostar no tempo e na história. Chamarei a voz do ouro de "tempo inconfidente", a voz da terra de "tempo tradicional" e a voz do ferro de "tempo moderno".

A primeira voz mineira é a do "tempo tradicional", cujo princípio seria: *a vida é conservação, a mudança é a morte*. Segundo Carvalho (2005), "essa é a voz predominante de Minas, a da terra, e não a do ouro. Não é a voz da liberdade, é a da tradição, por mais que os mineiros não gostem. O que tinha o ouro de instável e móvel, a terra tem de estável e imóvel". Foi no século XIX que se fez a "construção da ordem" mineira. Assim como o Brasil, foi nesse período que a sociedade mineira se estruturou e se consolidou um "caráter mineiro". Era uma vida rural, previsível; os agricultores e pecuaristas mineiros produziam para o mercado interno, com um número limitado de escravos. Esse mineiro da terra, cercado pelas montanhas, isolado, é descrito como conservador, tradicional, retraído, simples/simplório, honesto, sovina, religioso, familiar. A "construção da ordem" imperial foi feita pelas lideranças do Partido Conservador fluminense, pela trindade saquarema, e mineira, por Bernardo Pereira de Vasconcelos e Honório Hermeto Carneiro Leão. Desde a mineração, Minas mantinha estreitos vínculos comerciais e políticos com o Rio de Janeiro. Após 1808, passou a abastecer a Corte de gado, porcos, galinhas, banha, queijos, manteiga levados por tropeiros. Nesse período constituiu-se uma identidade mineira estável, surgiu um tipo mineiro mais definido, que à época da mineração ainda não estava tão definido (Carvalho, 2005).

Alceu Amoroso Lima escreveu um livro famoso sobre esse "tempo tradicional", sobre essa voz da terra mineira, que ele considera a voz do centro geográfico e do coração do Brasil. Em *Voz de Minas*, Lima (1946) admite "muito de impressionismo" em sua interpretação; é Minas como ele a vê e por cuja concepção da vida tem simpatia. Por um lado, de fato, há esse "impressionismo", exageros subjetivistas, mas, por outro, há também muita sensibilidade e perspicácia. Os "exercícios impressionistas" de um homem culto costumam liberar ideias geniais. Lima vê Minas "como a "Suíça brasileira", pois a Suíça pode representar para a Europa o que Minas representa para o Brasil: equilíbrio moral, político, moderação, amor à liberdade e à democracia". Outras vezes, ele compara o mineiro ao inglês, sobretudo em relação ao seu humor irônico, autoderrisório. Segundo Lima, "o mineiro é também fleumático, tem autocontrole, sisudo, grave em tudo, comedido, mantém uma frieza exterior. Ele é sobretudo sóbrio, reservado e espirituoso, irônico, ri de si mesmo, um riso interior, contido, pois não é de dar gargalhadas. O mineiro é realista, sabe observar tudo, calado, perspicaz, não se espanta, sabe contar estórias, anedotas". Lima o compara fisicamente a d. Quixote: magro, gestos angulosos, esqueleto à flor da pele, frágil, desajeitado, retraído. Ele tem espírito de distinção:

não aceita ou rejeita coisas em bloco, é o homem da negociação, do entendimento. Tem defeitos? Para Lima (1946), quando exagera nas virtudes: "O excesso de modéstia o faz perder a confiança em si mesmo, o excesso de observação silenciosa o torna hipercrítico, recalcado, desconfiado, reservado, tímido, o amor à tradição o torna indolente, sedentário, rotineiro, conservador, buscando sempre a estabilidade e segurança". Lima traduz a mineiridade tradicional com alguma precisão: é "gravidade irônica". Faz algumas observações brilhantes, mas o grande problema de sua interpretação é que quer eternizar esse mineiro do "tempo tradicional", faz o elogio dessa voz mineira da terra, para evitar que outro tempo, o "tempo moderno", que lutava para vir à tona na segunda metade do século XX, viesse. Lima exalta essa valorização da tradição para que Minas eternizasse sua força conservadora. Para o mineiro, "a vida é conservação, a mudança é a morte". Lima atribui uma lamentável missão a Minas: manter o mundo tal qual é, eternamente. O livro de Lima foi escrito em 1946, época em que Juscelino Kubitschek ascendia em Belo Horizonte, e teve um forte sentido político, pois era um aliado da Igreja mineira, insatisfeita com o novo desenho da igreja de São Francisco, na Pampulha, desenhada por Niemeyer. Ao lado de bispos e padres, o católico Tristão de Ataíde quis que a identidade mineira construída em seu livro servisse para congelar os mineiros no século XIX; ele exortou o povo mineiro a resistir às "modernidades juscelinistas" (Lima, 1946).

A interpretação que a historiografia desse "tempo tradicional" faz da sociedade da mineração e da Inconfidência Mineira é ultraconservadora: foi um período de caos, desordem, violência, desrespeito à lei. A interpretação de Torres (2011) representa bem o olhar que esse mineiro agropecuarista tinha de seu passado. Para esse mineiro, a Coroa veio estabelecer a ordem. Esse mineiro sempre acreditou no poder do Estado, útil e necessário. Torres vai mais longe: "Não houve só opressão, os mineiros colaboraram e mantiveram boas relações com a burocracia real. Eram representantes do Rei, funcionários, Tiradentes era alferes. O Estado estava presente em todas as obras da vida, isso era bom. Era a consciência e ordem". Para Torres, a divisa dos inconfidentes não era revolucionária, mas reformista: "*Libertas quae sera tamen* não falava de uma liberdade em si, mas efetiva, quando for possível, dentro de uma situação concreta, realista, e não ideal e utópica". Júnia Furtado (1999) também parece representar, como Torres, esse ponto de vista ultraconservador sobre a mineração e a Inconfidência Mineira. Para ela, "por mais que o Estado e a Igreja se esforçassem para construir e impor a ordem, as "minas endemoninhadas" prefeririam a desordem, os vícios, o caos". Segundo a autora, "apesar do esforço do Estado português e da Igreja", o mundo colonial "parecia estar sempre fora do lugar", era uma terra para "quem não tinha vergonha na cara". Furtado (1999) parece lamentar o fracasso do Estado e da Igreja, que eram fracos!, e não conseguiram ser mais eficientes na repressão e no controle da "sociedade endemoninhada" mineira colonial. Carla Anastasia (1998) antecedeu Furtado nessa "visão tradicional" da sociedade do ouro. Para ela, "Minas era um mundo às avessas", a Coroa até tentou manter a ordem aumentando a repressão e o fisco, mas fracassou, porque os poderosos da região desafiavam o poder da burocracia real. Para Anastasia, "Faoro não tem razão: o Estado não centralizava e raros foram os funcionários leais ao Rei". O aparato burocrático se fragmentou, impedindo a ação unitária e disciplinada, tornando-se uma nova fonte de poder local, praticamente autônomo. Anastasia estudou a Revolta de Vila Rica, a Revolta de Pitangui, a Inconfidência Mineira, mas sua empatia é com o Estado e não com os "heróis"; ela lamenta a incapacidade do Estado de construir e impor a ordem pública. Torres, Furtado e Anastasia talvez apoiassem as autoridades dos autos da devassa.

Esse "tempo tradicional", construtor e defensor da ordem mineira e do Estado imperial, durante todo o século XIX predominou de forma absoluta. Após a República, o domínio da terra se acentuou, o Partido Republicano Mineiro (PRM) unificou as oligarquias do Estado, a política mineira consolidou sua imagem: governista, conservadora, cautelosa, estável. A elite mineira se apresentava como o fiel da balança, como o equilíbrio da Federação. A República mineira foi marcada pela mudança da capital, que reduziu o peso político da antiga elite da zona central e mineradora e aumentou o das elites do Sul e da Zona da Mata. O mosaico mineiro se reunia em Belo Horizonte. O estilo de fazer política das Minas da terra sobreviveu até hoje, embora mais como estereótipo do que como realidade. Segundo Carvalho (2005), virou advérbio: "mineiramente", que quer dizer, "positivamente, habilidade na negociação, conciliação, consenso e, negativamente, capacidade de desconversar, de ocultamento, de confabulação, de exercício da política pela política, luta pelo poder". Para Carvalho, o "tempo tradicional" mineiro era uma voz ibérica: tradição, hierarquia, religião, família, moderação, trabalho. O Estado é superior à vida privada, impõe a cooperação, é avesso ao conflito, trabalha visando ao consenso e à conciliação (Dulci, 1984).

A segunda "voz mineira" é a do "tempo inconfidente", cuja divisa é *Libertas quae sera tamen*. Para Dulci (1984), "a estrutura republicana implantada em 1891 modificou profundamente a do Império: o federalismo levou a uma descentralização radical. Os Estados começaram a existir efetivamente e a definir suas identidades. As elites políticas buscaram afirmar-se pela exaltação de suas singularidades". Contudo, após a Proclamação da República, o novo poder central precisava de referências no passado, de eventos e heróis que legitimassem sua conquista do poder. Penso que foi a União, o Brasil, e não o estado de Minas, que resgatou a Inconfidência Mineira e Tiradentes como sua origem, como seu evento e heróis fundadores. A República brasileira construiu uma "mitologia mineira" para se dar sentido e direção, e teve de convencer, primeiro, os próprios mineiros a confirmar a representação de si. O "tempo inconfidente" não foi coetâneo de si mesmo; foi construído bem posteriormente, como mito de fundação da República Federativa do Brasil, em 1889. A mitologia republicana descrevia a Inconfidência Mineira como um movimento republicano, democrático, sagrado, expressão da voz do povo. Essa mitologia oficial ganhou a adesão nacional e popular, pois o povo brasileiro passou a ser educado e estimulado a reconhecer nesse evento o paradigma no qual devia se inspirar para a prática da desobediência civil, do desafio ao poder, em busca de um Estado Republicano realmente representativo de seus interesses. O martírio de Tiradentes passou a expressar a capacidade de resistência do sentimento nacional diante da opressão estrangeira. Minas Gerais passou a representar a resistência à opressão, tornou-se o solo onde se enraizava o sonho republicano brasileiro. Tancredo Neves, tomando posse do governo de Minas, em 1984, lembrava que "o primeiro compromisso de Minas é com a liberdade. Tiradentes era um herói enlouquecido de esperança". Portanto, penso que o que passou a ser considerada a "essência ou enteléquia" do povo mineiro foi esse discurso republicano nacional, que, de certa forma, foi imposto aos próprios mineiros (Dulci, 1984; Reis, 2007).

Esse discurso nacional republicano sobre a história de Minas Gerais criou dificuldades para os próprios mineiros, marcados ainda profundamente pelo "tempo tradicional". Essa sacralização da Inconfidência Mineira e de Tiradentes não existia no Império e, para os mineiros do Império, "ser mineiro" não era ser como um inconfidente e como Tiradentes. O discurso nacional republicano sobre a importância de Minas Gerais para a história do Brasil gerou na região um "curto-circuito" esquizofrênico: "Como? Revolucionários, libertários, nós mineiros?". A partir de então, o discurso da mineiridade ficou ambíguo, fraturado, partido: mestres da conciliação e libertários, ordeiros e insubmissos, realistas e rebeldes, prudentes e audaciosos, ricos e sovinas, desconfiados, raposas e capiaus, trouxas, jacus. Agora, os mineiros deviam ensinar, e se orgulhar, que a história do Brasil republicano começara em Minas, que era um desdobramento da Inconfidência Mineira, que Minas era o berço da unidade nacional, que Tiradentes foi o arquiteto da nação e os mineiros eram seus descendentes. A partir de então, ficou estabelecido que o imaginário mais profundo da mineiridade seria a Inconfidência Mineira, "inventou-se" que esse evento era axial na temporalidade mineira, Tiradentes tornou-se o pai fundador da sociedade mineira. Agora, os mineiros se orgulhavam por terem reagido ao despotismo em nome da liberdade. A lenda dizia que, desde a origem, Minas inclinou-se ao autonomismo, insubmissa, autossuficiente. Outra identidade mineira foi "inventada", em que o presente se conectava ao passado da sociedade mineradora e à Inconfidência. Agora, a identidade mineira nasceu de uma derrota, mas foi uma "gloriosa derrota". Os mineiros agiram no passado como d. Quixote, corajosos, mas sem a força necessária para vencer. A personalidade mineira se representava, agora, como destemida, revolucionária, desde a origem. A República Federativa do Brasil tinha a missão de continuar o esforço emancipacionista iniciado pelos mineiros no século XVIII. Enfim, passou-se a desvalorizar tudo aquilo que o mineiro do "tempo tradicional" valorizava: ordem, obediência, estabilidade, continuidade (Reis, 2007).

A interpretação que a historiografia passou a fazer da sociedade mineradora não era mais tão negativa: "caótica", "um mundo às avessas", "desordem", "endemoninhada", que o Estado e a Igreja fracassaram em impor a ordem. Agora, a "desordem" era vista como um esboço do projeto republicano e democrático, que foi violentamente sufocado pelo Estado monárquico. Em torno do ouro, surgiu uma sociedade complexa, pluralista, com várias classes sociais, diferente do mundo do açúcar. Falou-se de "democracia mineira" — todos eram do povo, iguais, os costumes eram abertos, a sociedade do ouro era um mundo de liberdade. As origens da sociedade mineira eram elogiadas: não veio somente a ralé do reino. Vieram os desenraizados da economia agrícola, os que tinham problemas com a Justiça, com a Inquisição, bruxas, judeus, descontrolados sexuais, que eram gente de ideias, dinâmica, competente. Vieram membros de corporações de ofício medievais, que conheciam ofícios mecânicos. A aventura do ouro nivelara todos. A estratificação social era menor, o número de alforriados e mulatos cresceu. Nas cidades, surgiu uma classe média inexistente no Brasil rural — artesãos, construtores, marceneiros, escultores, pequenos comerciantes, intelectuais brancos e mulatos. Em Minas, havia nascido um novo homem no Brasil! Entretanto, essa sociedade rica e democrática era ameaçada pela intensa presença do fisco, o que deixava o clima político tenso. Agora, Faoro volta a ter razão: "O Estado impôs uma ordem autoritária e extorsiva. Os mineiros se agitaram por autonomia e liberdade em conjurações, insurreições, motins: Guerra dos Emboabas, Motim de Pitangui, quilombos, Inconfidência de Curvelo, Revolta de Felipe dos Santos, a Inconfidência Mineira".

Para Carvalho (2005), emergiu em Minas uma "voz americana", influenciada pelo exemplo das 13 colônias do Norte. As rebeliões contra o poder real foram inúmeras, revoltas que atestavam um espírito de liberdade e independência. Era uma "região amotinada", "endemoninhada", sim, mas porque foi ali que se formou a consciência republicana da nacionalidade. As revoltas se sucederam e o discurso republicano, longe de considerá-las "desordem", "infidelidade", "inconfidência", "um mundo às avessas", fazia seu elogio como uma promessa de independência e de ordem republicana. A Inconfidência Mineira foi uma ação de patriotas engajados em um movimento de libertação nacional. Tiradentes, vindo de baixo, enfrentou a opressão da ordem colonial, foi o líder capaz de captar a angústia do povo mineiro. Para o discurso republicano, "inconfidência", embora seja o nome negativo, pejorativo, dado pelos seus algozes nos autos da devassa, podia ser mantido porque era um elogio à capacidade de combate dos mineiros: eles enfrentaram a repressão do Estado e mereciam mesmo esse honroso nome: "inconfidentes", que passou a significar "republicanos" (Souza, 2009; Franco, 1968; Reis, 2007; Dias, 1985; Vasconcellos, 1968).

A terceira "voz de Minas" é o "tempo moderno", cuja divisa seria o *slogan* juscelinista "50 anos em 5". A Proclamação da República impôs fraturas na identidade mineira. O "tempo tradicional" se viu desafiado fortemente pelo "tempo inconfidente", e começou também a surgir, em torno da construção da nova capital, Belo Horizonte, um novo tempo, um "tempo moderno", que ficou embrionário durante a República Velha, começou a se fortalecer nos anos 1930 e se consolidou nos anos 1950-60, com as ações desenvolvimentistas de Juscelino Kubitschek. Na origem dessa "voz do ferro", segundo Angela de Castro Gomes, está a ação pioneira de João Pinheiro. Para Gomes (2005), em 1889 João Pinheiro tornou-se líder de um projeto político pioneiro e inovador para o país: o projeto desenvolvimentista. Seu filho, Israel Pinheiro, deu continuidade a seu programa modernizante, elaborou um plano de desenvolvimento para Minas cujos pontos fortes eram a agricultura e os transportes, participou da criação da cidade industrial de Betim. Israel Pinheiro, braço direito de JK, foi o primeiro prefeito de Brasília e governador de Minas, em 1966. No poder, Israel procurou realizar os sonhos do pai: progresso, modernização, desenvolvimento socioeconômico. Seu projeto republicano defendia o crescimento econômico e a igualdade social por meio de um capitalismo planejado, conduzido pelo Estado, em que todos poderiam ser cidadãos de uma nova pátria. Enfim, os Pinheiro propunham um projeto moderno, leigo, pragmático, profissionalizante e desenvolvimentista (Gomes, 2005; Bomeny, 1994).

Para Carvalho (2005), com João Pinheiro e JK os mineiros entraram na lógica de um "tempo moderno", acelerado, traduzido pela construção da Pampulha, de Brasília e pelo Plano de Metas, que pretendia radicalizar a mudança numa velocidade de "50 anos em 5". Era uma nova mineiridade que emergia, e também com vocação nacional, como tinham sido a do "tempo tradicional" e a do "tempo inconfidente". Esse "tempo moderno" mineiro também se inspirava no "modelo americano", era anti-iberista, antirrural, antifamília, antitradição, urbano, industrializante, individualista, inovador, visionário, utópico. Juscelino Kubitschek era a maior referência desse "tempo moderno" em Minas e no Brasil. João Pinheiro foi pioneiro, mas ainda era autoritário; a mudança deveria ser feita pelo alto, prussianamente. Era um defensor da legenda positivista da bandeira: "ordem e progresso". Foi ele quem disse que Minas "tem o senso grave da ordem"; o progresso só poderia vir a partir do Estado, de cima para baixo. Para Carvalho (2005), "se João Pinheiro articulou a voz da terra à voz do ferro, JK foi a ponte de retorno à liberdade da voz do ouro, no contexto novo da industrialização". Ainda segundo Carvalho, "JK nunca foi tentado pelo autoritarismo, foi a melhor síntese da mineiridade ao reunir a Minas do ouro e a do ferro, o desenvolvimento com liberdade e democracia". A dupla genial JK-Niemeyer incomodou as vozes agrárias; a modernidade entrava em Minas pelo urbano, pela racionalidade, pelo desenho do arquiteto Oscar Niemeyer. Por outro lado, posso incomodar JK-Niemeyer perguntando: o que tinha a Pampulha de "modernidade"? Escreveu-se tanto sobre a "modernidade anunciada pela Pampulha"! O que temos ali? É apenas um conjunto ecológico-arquitetônico que inclui um lago artificial, rodeado por prédios arquitetonicamente de fato originais, mas cujas funções não significavam nenhuma novidade: uma casa de baile, um cassino, uma igreja! Hoje, não se entende a celeuma causada pela construção da Pampulha entre os mineiros. Em que a Pampulha teria representado a chegada da "modernidade" a Minas? (Carvalho, 2005).

Enfim, o "tempo moderno" mineiro significou que a modernização do Brasil não era privilégio de São Paulo. Nos anos 1930, os mineiros pensaram e implementaram o projeto educacional do governo Vargas, um governo nacional gaúcho-mineiro. Helena Bomeny estudou a ação desses "modernistas mineiros", que denomina "guardiões da razão". Segundo Bomeny (1994), "esses intelectuais da Rua da Bahia dos anos 20 permaneceram como referência intelectual em Minas e no país pós-30. Nos anos pós-30, os intelectuais mineiros tiveram um papel crucial na definição de políticas culturais. Gustavo Capanema, Rodrigo Mello Franco de Andrade, Francisco Campos e Carlos Drummond de Andrade montaram o projeto educacional e cultural do governo Vargas, um projeto de longa duração, presente até hoje. Esse grupo mineiro-modernista era literário e tornou-se matriz de pensamento na área da educação". "Dizer que a mineiridade é tradicional é dizer pouco e equivocado" (Bomeny, 1994). A geração modernista que formulou o projeto nacional esteve comprometida com um sistema de educação moderno. A República que os desenvolvimentistas desejavam não devia se opor radicalmente às forças estrangeiras; devia procurar alianças e investimentos para o país. O "nacional-desenvolvimentismo" de JK era relativo; o objetivo era o enriquecimento da nação, mas isso não seria conquistado com a ruptura com as forças econômicas internacionais. O sentimento nacional era temperado por uma racionalidade realista, pragmática, técnico-tecnológica, econômico-financeira. A meta era o sucesso, o desenvolvimento econômico-social efetivo, e não lutas quixotescas, martírio ou "gloriosas derrotas" (Bomeny, 1994).

A historiografia desse "tempo moderno" fez uma reinterpretação do grande tema mineiro, a Inconfidência, e do seu, agora, "suposto líder", Tiradentes. Em seu livro *O manto de Penélope*, João Pinto Furtado demole a mitologia republicana do "tempo inconfidente". Furtado (2002) interroga: "Por que a Inconfidência Mineira deve continuar ligada à busca da República da representação política, liberdades individuais e cidadania?". Ele põe em questão o sentido atribuído ao evento/herói fundador da República, para concluir que "a República não precisa mais dessa mitologia". E, talvez um pouco ingenuamente, convoca a historiografia para dizer "a verdade" sobre esse passado mineiro, como se a historiografia alguma vez tivesse dito "a verdade"! E põe-se a desconstruir o santuário republicano. Para ele, "se o legado simbólico da Inconfidência é a promessa de um governo representativo de fato, não precisamos mais dele". João Pinto Furtado recupera a visão conservadora da sociedade mineradora do "tempo tradicional": "Não era um ambiente pacífico e ordeiro, todos queriam se enriquecer rapidamente, era um mundo às avessas". A Inconfidência Mineira foi um movimento antifiscal e separatista, "não era um projeto de unificação nacional". Embora tivesse inspiração americana, "há dúvidas sobre o seu caráter republicano e revolucionário, talvez quisesse restaurar o poder Real contra o arbítrio e a corrupção dos funcionários da Coroa" (Furtado, 2002). Tiradentes era o líder? Há dúvidas "quanto à sua capacidade de pensar e agir à frente de um grupo tão heterogêneo e tão mais culto. Tiradentes era mais próximo do Antigo Regime, não era de família pobre, tinha privilégios a defender, talvez quisesse denunciar ao Rei os desmandos dos seus prepostos em Minas e pedir reformas na relação Colônia-Metrópole" (Furtado, 2002). Se foi o único executado foi porque era o "elo mais fraco do grupo", o menos graúdo, o mais descartável. O grupo era heterogêneo, havia conflitos internos, apenas o fisco e as dívidas os reuniam. Não era um movimento coeso ideologicamente (Furtado, 2002).

O objetivo de Furtado com essa desconstrução do que chama de "estereótipos historiográficos" é a revisão do sentido do "momento inaugural da nação", sempre comemorado com muita pompa civil no dia 21 de abril. Como historiador, ele "quer a 'verdade', o historiador não pode se deixar aprisionar pela mitologia-ideologia da memória republicana". E põe-se a cometer "inconfidências sobre os inconfidentes", caindo num moralismo digno do "tempo tradicional": "Os 'heróis da República' eram prepotentes, ambiciosos, despreparados, rústicos. Tiradentes, além da 'cara feia e espantada' (Varnhagen), como alferes, era violento, tirânico, arbitrário, 'frequentava tabernas e prostitutas' (*sic*). Estavam longe do heroísmo que lhes atribuiu a historiografia conservadora" (Furtado, 2002). Como "historiador profissional", Furtado "quer ver os Inconfidentes com suas identidades e significados setecentistas". Ele conclui que a Inconfidência foi apenas "um movimento abortado e reprimido" e não há como decidir se foi revolucionário, reformista ou restaurador. Furtado se propôs a "reexaminar" a documentação do movimento, para propor outros focos de iluminação, trazer fragmentos, testemunhos, que foram esquecidos ou obscurecidos, "que poderão chocar ou decepcionar os nacionalistas e patriotas". Penso que Furtado fez um enorme esforço de pesquisa para chegar a conclusões a que qualquer pessoa mesquinha chegaria sem nenhuma pesquisa: se houve um "tempo inconfidente", não foi de heróis. O mundo da mineração, como disse Júnia Furtado (1999), era mesmo "para quem não tinha vergonha na cara", era uma sociedade de "inconfidentes", no sentido estrito: infiéis, desleais, traiçoeiros, delatores, falsos. E assim foram os nossos "heróis", os "inconfidentes", Tiradentes à frente (Furtado, 2002).

Como avaliar esse desmantelamento do "tempo inconfidente" republicano? Furtado (2002) não seria mais nacionalista e patriota? A República já se consolidou como uma ordem representativa e democrática e já podemos demitir seus heróis fundadores? Quais as consequências políticas dessa "desconstrução" do sonho nacionalista e patriótico? Não seria uma temeridade despedir Tiradentes e os inconfidentes? Minha hipótese é que essa reinterpretação do "santuário histórico--cívico nacional" é legitimada pela nova ordem mundial da globalização, em que o Estado-nação foi substituído pelo mercado na regulação das relações sociais. O "contrato social" já pode dispensar lideranças mitológicas, porque a República, agora, deve ser dirigida atendendo às exigências do mercado mundial. Nesse "tempo moderno", os conflitos entre as nações devem ser resolvidos racionalmente, tecnicamente, juridicamente, e a sobrevivência de mártires estimulando as guerras de libertação nacional deve ser suprimida. Portanto, João Pinto Furtado me parece ingênuo ao supor que sua "pesquisa historiográfica profissional" revelou a "verdade da Inconfidência". Seus resultados servem apenas aos interesses de uma época em que a "questão nacional" tornou-se secundária. Quanto aos adjetivos usados para desqualificar os heróis (prepotentes, ambiciosos, despreparados, rústicos), não era preciso muita "pesquisa documental, empírica". Qualquer empresário, qualquer negociante, sem nenhuma documentação, diria exatamente isso de qualquer candidato a "herói". Furtado parece ter uma concepção "javertiana" da política: onde vê um homem inflado por valores superiores, como um Jean Valjean, corre para desinflá-lo! Mas o que torna o estudo da história surpreendente e fascinante é isto: como é possível que homens tão frágeis, tão precários, tão chinfrins, tão prisioneiros da sua historicidade, do seu tempo-espaçozinho, tão dos setecentos ou dos novecentos, sejam capazes de gestos tão grandiosos de solidariedade e amor? Eis o sentido do herói, e há heróis!

Enfim, qual seria o papel de Minas no país? As mineiridades tradicional, inconfidente e moderna divergem quanto aos fins e aos meios, mas convergem quanto ao essencial: Minas foi e deverá continuar sendo o centro geográfico e o coração político do país, e precisa se reinterpretar para continuar a ocupar esse lugar. Segundo Dulci (1984), "Minas se representa como a encruzilhada que põe em comunicação o Nordeste, o Oeste, o Leste, o Sul, tem o papel de unificador inter-regional, de conciliador de interesses, de defensor do equilíbrio entre ordem e liberdade. É o Estado síntese do Brasil, o ponto de convergência e equilíbrio, que trabalha para impedir rupturas, para acomodar divergências". O papel que Minas se atribui na Federação é promover a unidade que teve a competência de fazer consigo mesma. Segundo Guimarães Rosa (apud Araújo, 1974), "Minas é uma pequena síntese, uma encruzilhada, de várias Minas. São tantas Minas e, contudo, uma". Apesar de sua fama de liberal, no Império, o Partido Conservador mineiro foi importante aliado da trindade saquarema na "construção da ordem" imperial. Mas a acusação que se pode fazer ao Regresso conservador, pode-se fazer também às oligarquias mineiras: Minas uniu-se ou reprimiu-se? A "unidade mineira" é real ou uma farsa? O mineiro, sitiado por montanhas, vivendo em pequenos vilarejos isolados, distantes uns dos outros, foi obrigado a tornar-se "claustrófilo". Com o horizonte fechado por montanhas e cercado por olhares próximos dos vizinhos, cáusticos, sarcásticos, irônicos, aprendeu a olhar para si mesmo, para reprimir-se, conter-se, impedir-se, e a olhar para o outro, para avaliar e atormentar. Os mineiros conversam uns com os outros, vigiando, observando, procurando trincas, fissuras (todos temos), para cuspir ali um caldo de palavras cáusticas. O mineiro "vive entre quatro paredes", uma situação sartriana em que "o inferno é o outro", porque já traz o inferno em si mesmo. O mineiro, desde a origem, aprendeu a vigiar, porque era vigiado; aprendeu a desconfiar, a se esconder, a desconversar, a se calar, a se isolar, a se encapotar. Segundo Rosa (apud Araújo, 1974), "a sua feição pensativa, a seriedade, a interiorização, [por um lado] é a montanha que induz, [por outro lado] é desconfiado e cauteloso, porque de Portugal vinham chusmas de policiais, agentes secretos, burocratas, tropas, fiscais, para devassar, arrecadar, interrogar, punir, achar sonegações, contrabandos, extravios do ouro e diamantes. Perigo permanente. Aquela gente vigiada cedo teve de aprender a esconder-se. Astúcia medrosa, resistência passiva. Homens de alma encapotada, posto que urbanos e polidos". Tenho a impressão de que o "processo civilizador" descrito por Norbert Elias chegou mais cedo a Minas, onde se fere e mata com a palavra, com o olhar, com a ironia, com a anedota ridicularizante. Aqui não há degolas e peixeiras, mas artimanhas, complôs, armações, conspirações, delações. Ainda segundo Rosa (apud Araújo, 1974): "O Mineiro é espectador, reflexivo, imaginoso, sabe que agitar-se não é agir. Ele espia, escuta, indaga, protela, sopita, tolera, escapole, tempera, cala a boca, matuta, engambela, se prepara. Mas, sendo a vez, sendo a hora, avança, peleja e faz".

Autran Dourado (1972), em *Ópera dos mortos*, narra a história de Rosalina, que vivia em um sobrado de muitas janelas, no largo do Carmo, que ela conhecia como a palma da mão, olhando por trás das cortinas ou pelas frestas das janelas. Nunca mais saiu de casa; vivia atrás das cortinas, entre relógios parados: o que marcava a hora da morte da mãe e o que marcava a hora da morte do pai. O povo dizia que ela era pancada, crianças jogavam pedras no sobrado, mas o povo, ela dizia: "Aquela gentinha, fala demais da conta, inventa". O tempo parado, a solidão. Ela chorava e se perguntava: "Como viver ali, naquela sala, naquela casa, naquela cidade hostil, quando havia uma vida diferente lá fora, no grande mundo de Deus?". A situação de Rosalina é comum em Minas. Há muitos mineiros, geralmente, com humanas trincas/fraturas, que vivem assim, cercados, sitiados, fechados em suas casas, olhando pelas frestas, temendo ser vistos pelas pessoas da cidade entre quatro montanhas. O ódio reprimido, o ressentimento, o pânico social, o sofrimento, na cidade pequena, fiscalizados por beatas ociosas e maledicentes, que entre uma hóstia e outra inventam, falam mal, difamam, conspiram, destroem a alma dos vizinhos, com sua entonação carola de bruxas, com seu bafo podre de hóstias sagradas. O boato se espalha como gás em campo de concentração. A vítima se sente envolvida por uma "névoa inconfidente", desleal, traiçoeira, por trás e em volta, e se vê exposta ao deboche, ao insulto, ao apedrejamento iminente. E se disser, como nas câmaras de tortura da Inquisição, "não sou", "não sei", "não fui eu", é pior! Como murmuraria Rosalina, do fundo da sua clausura, "que gentinha horrorosa!". Eu diria às Rosalinas e aos Rosalinos: saiam daí, fujam desse pé de montanha, escapem dessa prisão, procurem o legítimo "belo horizonte", plano e aberto, de uma linda praia nordestina. Depois, mudem-se para uma grande cidade, usufruam a delícia do anonimato urbano, instalem-se no "tempo moderno" e trabalhem criticamente para que chegue mais rápido. Esqueçam os tempos tradicional e inconfidente, criem uma nova identidade, um novo discurso sobre a mineiridade; adotem criticamente o "tempo moderno", urbano, impessoal, anônimo, aberto às diferenças, livre e democrático. Façam como Carlos Drummond de Andrade, que fugiu para o Rio, como Guimarães Rosa, que, diplomata, caiu no mundo, pegou outras veredas, como Darcy Ribeiro, que sumiu pra São Paulo e Rio de Janeiro, onde foram mais felizes.

A obra de Darcy Ribeiro é neoinconfidente?

Helena Bomeny, em seu livro *Darcy Ribeiro: sociologia de um indisciplinado*, questiona a "mineiridade" de Darcy Ribeiro, cuja personalidade, para ela, está distante do "modelo de mineiro" de prudência, reserva, da habilidade de negociação, da busca da conciliação, do equilíbrio, da ordem. Ribeiro é geralmente descrito, sobretudo por cariocas, pois passou grande parte da sua vida no Rio de Janeiro, com adjetivos usados para descrever a "carioquidade": "ousado, corajoso, confrontador, radical, não dissimulado, impaciente, urgente, esfuziante, hedonista, imaginativo, indisciplinado, apaixonado, vaidoso, entusiasmado" (Bomeny, 2001). No Rio, Ribeiro é admirado como um "espírito tempestuoso", um vendaval de ideias, um homem-voragem, que desafia abismos, que corre riscos. É como se os cariocas quisessem se apropriar do seu representante no governo estadual e no Senado, que muito fez pela arte, pela educação e pela cultura fluminenses. É como se dissessem

"Darcy é nosso rei" e um mineiro típico jamais poderia sê-lo, o que o deixaria ainda mais envaidecido, pois gostava de se sentir "em casa" no Rio de Janeiro. Mas talvez Darcy os tenha não enganado, mas "enfeitiçado" com sua *persona*, com sua arte de autoencenação. Ele afirma, em *Confissões* (1997) e em *Testemunho* (1989b), que atrás desse vendaval "escondo o meu sofrimento, o gosto mineiro de sofrer. Sou tímido, inseguro, modesto, solitário, melancólico". Embora tenha nascido nos Gerais, no sertão de Rosa, em Montes Claros, em 1922, e vivido, durante toda a infância e a adolescência, mergulhado no "tempo tradicional" mineiro, agropastoril, ao recusar-se a cuidar de fazendas e bois e preferir ir para Belo Horizonte e São Paulo, para tornar-se um importante intelectual engajado, Ribeiro assumiu outra temporalidade mineira, a do "tempo inconfidente", ao qual aderiu com uma radicalidade que beirava a ingenuidade e a insanidade. Ribeiro tornou-se um "revolucionário mineiro", sintetizando a coragem insciente de Tiradentes e a cultura árcade e poética de Tomás Antônio Gonzaga (Bomeny, 2001).

Para mim, Ribeiro é um "inconfidente redivivo" em suas ideias e ações e até em seu próprio "estilo confessional", como em seu livro *Confissões* e em seus romances, em que expôs sem medo e em detalhes os eventos que viveu, as situações em que sofreu, para tentar dar-se conta "de quem sou eu". Ele adorava cometer inconfidências sobre si mesmo, buscando a transparência, a autenticidade, a pureza de sua presença. Em *Confissões* (1997), recapitula sua vida, avaliando as experiências que teve, "pressionado pelo medo de morrer antes de dizer a que vim, para saber e sentir como é que cheguei a ser o que sou". Em 1939, Ribeiro foi para Belo Horizonte, para estudar medicina: "Era um tolo de 17 anos, um menino boboca do interior, achei Belo Horizonte enorme, bela, iluminada, foi amor à primeira vista". Morando em pensão, Ribeiro até começou o curso de medicina, mas interessou-se pelos cursos de filosofia da Fafi e de direito, seguiu os cursos de professores históricos de Minas, como Artur Versiani Veloso, Abgar Renault, Ayres da Matta Machado, Carlos Campos; foi colega e amigo de Hélio Pelegrino, Celso Brant, Francisco Iglésias, Amaro Xisto, "fazíamos *footing* na Praça da Liberdade" (Ribeiro, 1997). Foi se afastando do curso de medicina, preferiu a busca de ideias e de uma religião racional e motivadora, que Pelegrino lhe disse que já existia: era o positivismo. Ribeiro foi ao Rio de Janeiro, viu pela primeira vez o mar, visitou o templo positivista, bebeu o catecismo positivista, que achou mais racional e sábio do que o catolicismo. Mas leu *A origem da família, da propriedade e do Estado*, de Engels, que o entusiasmou; leu o marxismo em espanhol e preferiu entrar para o Partido Comunista.

Aos 21 anos, em 1943, chegou a São Paulo, onde, além de entrar para o curso de etnologia da Escola Livre de Sociologia e Política (ELSP), tornou-se "militante comunista em tempo integral" (Ribeiro, 1997). Ribeiro se orgulhava de pertencer "à primeira geração de cientistas sociais brasileiros com formação universitária, foi em São Paulo que a antropologia brasileira nasceu". Ali, ele leu os grandes autores brasileiros: Roquete Pinto, Artur Ramos, Gilberto Freyre, Manoel Bomfim, Capistrano de Abreu, Josué de Castro, lamentando que nenhum tenha feito discípulos; aliás, muitos ainda são desconhecidos pela universidade brasileira. Empolgou-se com os professores, estrangeiros na maioria: Pierce, Emile Willems, Herbert Baldus, Sérgio Buarque de Holanda, Roger Bastide. Disse que aprendeu muito com o alemão Baldus sobre os índios brasileiros. Ribeiro considerava a ELSP excelente, mas decepcionou-se também, porque lhe oferecia um futuro de "cientista social profissional", neutro, objetivista, distante dos problemas reais. Apesar da seriedade e excelência da ELSP, o resultado era semelhante ao que lhe ofereceram os professores mineiros: uma erudição descomprometida, vaga, uma sabedoria alienadora, despolitizadora, neutralizante. Ali tudo se ouvia e lia de professores e autores estrangeiros, sem que se chegasse à formulação de um pensamento próprio. Ribeiro (1997) concluiu que, em sua formação intelectual na juventude, o mais importante foi a militância comunista, porque "a formação de cientista o despolitizava, o tirava da revolução". Na ELSP era como em Minas: só se estudava para saber. Mas o PC também o dispensou, porque se tornara um agitador sem controle, resistente à rigidez do partido. Ribeiro é mesmo um "indisciplinado", o que o impediu de continuar seus projetos institucionais: abandonou a escola de medicina, a ELSP não o queria mais no mestrado, nem o próprio PCB quis mantê-lo em seus quadros! O que seria dele depois de se formar como "etnólogo", uma profissão nova, diferente, exótica, talvez, inútil no Brasil?

Nessa angústia pós-formatura em ciências humanas (o que vou fazer?), para mim, Ribeiro encontrou a melhor aplicação dos seus conhecimentos etnológicos e de seu ativismo político, embora meio intuitiva e casualmente: foi ser "etnólogo indigenista", "etnólogo de campo", foi trabalhar com ninguém menos que o marechal

Cândido Mariano da Silva Rondon. O problema indígena começava a emergir seriamente e a se tornar o tema predileto da antropologia. Ribeiro permaneceu entre os índios por 10 anos, de 1944 a 1954, recebeu prêmios por suas pesquisas e o reconhecimento internacional pela defesa da causa indígena. Foi essa escolha que o situou, posteriormente, entre os antropólogos mais importantes do mundo. Ele fez ali o que reclamava que as escolas que frequentou não lhe ofereciam: a leitura direta da realidade indígena, a ação concreta em defesa de um grupo social. Ele admirava os índios, que não reduzia a objetos de estudo, tinha empatia/simpatia por eles, "que não conheciam estratificação social, que faziam os seus objetos com enorme dedicação, uma cesta é uma obra pessoal, pintar o corpo é uma arte" (Ribeiro, 1997). Após a luta pela causa indígena, o nosso d. Quixote mineiro notabilizou-se pela luta pela causa da educação do povo brasileiro, pela alfabetização em massa e pela pesquisa universitária de excelência. Depois de Rondon, agora seu aliado era o baiano Anísio Teixeira, que o ensinou a duvidar e a pensar: "Anísio dizia que eu tinha a coragem dos inscientes" (Ribeiro, 1997). Com Teixeira, Ribeiro enfrentou a batalha pela escola pública, contra o ensino privado, sobretudo da elite intelectual católica, que se "sentia dona de nossas crianças e achava que o nosso programa americano era russo" (Ribeiro, 1997). Criaram a Lei de Diretrizes e Bases da Educação Nacional e, juntos, pensaram a Universidade Nacional de Brasília (UnB). Posteriormente, durante os governos de Brizola no Rio, nos anos 1980, Ribeiro criou os Centros Integrados de Educação Pública (Cieps), onde "a criança entra e toma café da manhã, almoça, janta, estuda, faz esporte, depois toma banho e volta para casa" (Ribeiro, 1997). Após a era Brizola, os Cieps foram esquecidos, abandonados, como herança de outro projeto político a ser combatido. Enfim, pior para as crianças do Rio e do Brasil, "o Haiti continuará sendo aqui!".

A partir de 1954, bastante tocado pelo suicídio de Vargas (ele também, em Belo Horizonte, atormentara-se muito com isso), decidiu engajar-se na continuidade de sua obra, filiando-se ao Partido Trabalhista Brasileiro (PTB), partido ligado aos sindicatos, que se propunha a fazer reformas sociais. Desde então, o espírito positivista de Ribeiro, que estava coberto pelo ativismo comunista, venceu. Desde a juventude ele se interessou pelo positivismo como uma "religião racional". Os gaúchos tinham uma forte cultura política positivista, que enfatizava a ação de líderes autoritários à frente do Estado, que fariam a mudança de cima para baixo, mas sempre a favor dos mais fracos. Ribeiro aliou-se aos líderes gaúchos positivistas, abandonou o projeto revolucionário do PCB, optou pelo projeto reformista do PTB, contra os latifundiários e as multinacionais. Integrou-se profundamente ao governo de João Goulart, um presidente gaúcho e positivista, que estava cercado de inimigos, inclusive dentro do próprio governo. Em 1963, a vida política se acelerou, a radicalização tomou conta das ruas. No exterior, a Guerra Fria era travada com um calor infernal, Cuba era o centro dessa guerra. Então, Minas, Guanabara e São Paulo se uniram contra o governo de Jango. Magalhães Pinto, Ademar de Barros e Carlos Lacerda, com o apoio do presidente norte-americano John Kennedy, apoiados pelo exército de Humberto Castello Branco, Olímpio Mourão Filho, Golbery do Couto e Silva, derrubaram o governo e "pediram a minha cabeça, do comunista Darcy Ribeiro" (Ribeiro, 1997). Jango não quis a guerra civil, preferiu deixar o poder, e todos foram para o exílio. Ribeiro foi para o Uruguai, Chile, Peru, Venezuela; disse que sofreu muito por ter de se afastar do Brasil, pois não sabia viver em outro ambiente natural-histórico: "Exílio é chato, duro, para brasileiro. Não somos muito cosmopolitas. É uma experiência sofrida, difícil, embora, para mim, tenha sido mais leve. Pude trabalhar na universidade, manter contato com a juventude. No exílio, a solução foi repensar o Brasil, tentar entender a nossa experiência" (Ribeiro, 1997).

O testemunho de Ribeiro sobre a crise de 1961-64 é precioso em *Confissões* (1997) e *Os brasileiros* (1979b), em que faz a defesa do governo João Goulart de forma apaixonada e convincente. Segundo ele, "o Jango que assumiu a presidência em 1961 era um político experimentado, preparado para o poder" (Ribeiro, 1997), que tinha como programa político, assim como ele, Ribeiro, a carta-testamento de Vargas: controlar o capital estrangeiro. E queria ir além: garantir o direito de sindicalização e greve dos trabalhadores rurais e a reforma agrária, e muitas outras reformas — do sistema fiscal, da educação, da administração pública, do sistema bancário, da previdência social, do sistema partidário. As classes dominantes lhe fizeram a oposição mais radical, temiam uma República sindical. E, de acordo com Ribeiro (1997), "tinham toda razão em temê-lo, porque, embora quisesse uma mudança pacífica, eram essas reformas trabalhistas e populares que pretendia fazer". Para Ribeiro, "Jango não era revolucionário, era lúcido, defendia a reforma agrária como mecanismo de aceleração do progresso econômico, com o aumento de produtores e consumidores. A reforma agrária poderia levar os camponeses a se interessar pela consolidação da ordem capitalista e a abandonar projetos revolucionários. Jango foi um defensor da propriedade ao tentar multiplicar o número de proprietários, a população queria a reforma agrária. No Nordeste, as Ligas Camponesas se agitaram com armas na mão: os proprietários precisavam aproveitar a terra, se não o fizessem seria oferecida a quem queria cultivá-la. Jango era pró-capitalista, só queria evitar a superexploração dos parceiros, multiplicar o número de pequenos proprietários, defender a propriedade produtiva. A reforma agrária era até consolidadora do sistema de fazendas, mas o governo foi derrubado por uma intervenção estrangeira e o povo rural frustrado".

Em 1968, no exílio, Ribeiro descobriu um câncer no pulmão e decidiu, corajosamente, voltar ao Brasil para operar-se. A ditadura permitiu sua entrada no país, confiando em sua morte iminente e mantendo-o sob vigilância permanente. Acho que Ribeiro pensou também que iria morrer e queria morrer no Brasil, e talvez tivesse a esperança de que sua morte alterasse o quadro político, como havia ocorrido com Vargas. Fez a operação e, convalescente e entristecido, teve de deixar o país. Felizmente, viveu ainda mais de 20 anos! Em 1976, Ribeiro voltou ao Brasil para se fixar definitivamente. Esteve em Minas, viu novelas com sua mãe, dona Fininha, foi a Ouro Preto, onde seu espírito inconfidente renasceu: "Estou sempre voltando a Minas para curtir a minha pátria mineira, procurando em vão descendentes de Felipe dos Santos, Tiradentes, Aleijadinho". Após 12 anos fora, estava sem emprego e viu que para muitos teria sido melhor ter continuado fora; "a ditadura nos anistiou, mas nossos colegas não. Nossos postos foram ocupados e ninguém precisava de nós". Em 1979, veio a anistia, Ribeiro quis voltar à Funai, mas não deixaram; "graças ao Ministro Eduardo Portela, fui reintegrado como professor de antropologia na UFRJ". No Instituto de Filosofia e Ciências Sociais (IFCS), ninguém sabia da sua obra, só que era "um político errado e subversivo". Depois, aproximou-se do herdeiro de Jango na liderança trabalhista, Leonel Brizola, que considerava "uma personalidade lúcida, extraordinária". Fundaram o Partido Democrático Trabalhista (PDT), que passou a dominar a política fluminense. Brizola foi eleito em 1982, Ribeiro foi vice-governador. Em 1990, Brizola foi reeleito governador e Ribeiro foi para o Senado Federal. Em 1994, Brizola foi candidato a presidente e Ribeiro era o vice. Durante os governos Brizola, "eu me esbaldei: fiz o sambódromo/escolódromo, a Biblioteca Estadual, o monumento a Zumbi dos Palmares, os Cieps, a

Universidade Estadual do Norte Fluminense (UENF)". Como senador, conseguiu a aprovação da LDB da educação nacional, apoiou os sem-terra, quis mudar a legenda da bandeira nacional, pois a expressão completa de Comte é: "Amor, Ordem e Progresso", expressão que revela o porquê de sua adesão ao positivismo e seu afastamento do comunismo: "A revolução ou a reordenação da sociedade só fazem sentido se for com 'amor', se for pelo bem dos brasileiros" (Ribeiro, 1997).

Entre 1964 e 1972, no exílio, publicou seus *Estudos de antropologia da civilização*, compostos pelos seguintes livros: *O processo civilizatório: etapas da evolução sociocultural* (1968), *As Américas e a civilização: processo de formação e causas do desenvolvimento cultural desigual dos povos americanos* (1970), *Os brasileiros — 1: teoria do Brasil* (1972), *O dilema da América Latina* (1971), *Os índios e a civilização: a integração das populações indígenas no Brasil moderno* (1970). Ribeiro orgulhava-se de ser o único latino-americano que produziu uma obra teórica, traduzida e debatida no mundo todo. Seu livro *O processo civilizatório: etapas da evolução sociocultural* sustenta e dá sentido a toda a sua análise do Brasil e da América Latina e talvez seja o livro que centraliza sua obra. O problema discutido no livro é "o processo de formação dos povos americanos, as causas do seu desenvolvimento desigual, as perspectivas de autossuperação que se abrem aos mais atrasados. Como classificar os povos indígenas que variavam desde bandos agrícolas até altas civilizações? Como reagiram à conquista? Como situar os africanos em relação a indígenas e europeus? Como classificar os europeus da conquista? Como classificar as sociedades americanas por seu grau de inserção na civilização agrário-mercantil industrial?". O objetivo maior do seu estudo "era buscar o caminho do desenvolvimento para os povos atrasados, o que deveriam fazer?". Ele propôs uma teoria da América Latina "evolucionista não etnocêntrica". Ousou fazer uma revisão crítica das teorias da evolução sociocultural e propor um novo esquema de desenvolvimento, mas se manteve entre os que analisavam a história em termos evolucionistas. Segundo ele, "quando usamos conceitos como escravismo, feudalismo, capitalismo, socialismo, revolução agrícola, mercantil, industrial, querendo ou não, operamos de forma evolutiva, mesmo os que negam a evolução". A diferença de sua classificação das sociedades é que não era eurocêntrica, nem cêntrica, nem linear das causas da desigualdade do desenvolvimento. Ele alargou a análise no tempo e no espaço para 10 milênios.

Na perspectiva de Ribeiro (1975), "a história dos últimos 10 milênios pode ser explicada em termos de 'revoluções tecnológicas'. A história universal é um processo acumulativo/progressivo, que vai das formas mais simples às mais complexas de controle da natureza. Há uma estreita relação entre o estado da tecnologia/controle da natureza, a ordenação social e o patrimônio simbólico, as ideias. Há consenso sobre o fator determinante dos conteúdos tecnológicos sobre os sociais e ideológicos". Para Ribeiro, "uma teoria da evolução geral é indispensável, pois oferece uma explicação da dinâmica dos fenômenos culturais e pode ser aplicada a situações concretas". Segundo ele, devem-se superar dois tipos de concepção da dinâmica sociocultural: o primeiro, que considera os povos dependentes como sobrevivências de etapas pretéritas da evolução humana; o segundo, que confere às sociedades mais desenvolvidas a condição de fim do processo evolutivo, o modelo ideal para onde marchariam os povos. A evolução em Ribeiro é uma "dialética de regresso-progresso. A história humana se faz mais de passos regressivos do que de passos evolutivos, é um movimento dialético de progresso e regressão, de 'atualizações históricas' e 'acelerações evolutivas'. A evolução não é uma sucessão de etapas fixas e necessárias, seja unilinear ou multilinear. Os povos subdesenvolvidos e desenvolvidos do mundo moderno não representam etapas distintas e defasadas da evolução humana, são componentes interativos e complementares do sistema de dominação, que tendem a perpetuar a sua posição. São desenvolvidos os que se integraram autonomamente à civilização industrial, são subdesenvolvidos os que nela foram engajados por incorporação histórica como 'proletariado externo'".

Segundo ele, "o processo evolutivo é homogeneizador e direcional. A evolução é um processo interno de transformação e autossuperação, mas a essa criatividade interna soma-se a difusão e a dominação externa. O desenvolvimento é regido por um princípio orientador assentado na tecnologia produtiva e militar. O que não exclui condicionantes sociais e ideológicas: solidariedade, conflitos de classe, lealdades culturais, religiosas, que podem limitar/acelerar o desenvolvimento tecnológico. Todo sistema tecnológico funciona dentro de um sistema social/ideológico e é condicionado por ele. O progresso civilizatório é culturalmente homogeneizador, mas é preciso ver as diferenciações das culturas singulares, uma criatividade adaptativa própria, respostas alternativas". No "esquema conceitual" de Ribeiro há dois tipos de sociedade: as estagnadas (regresso) e as que foram capazes de fazer revoluções tecnológicas (progresso). A estagnação cultural é imposta por diferentes processos históricos: (1) as sociedades que permaneceram idênticas sem alterações no seu modo de vida; (2) o impacto de uma sociedade de alto nível sobre as atrasadas, que sobrevivem pelo recuo, acoitadas em áreas inóspitas; (3) revoluções sociais malsucedidas (Haiti); (4) o movimento anti-histórico das classes dominantes que impedem inovações que ameacem sua hegemonia; (5) o esgotamento das potencialidades da formação social que acumula conflitos. Nas sociedades que avançaram por revolução tecnológica, por transformações prodigiosas no equipamento da ação humana sobre a natureza ou de ação bélica, o desenvolvimento tende a corresponder à emergência de novas formações socioculturais. Ribeiro (1975) identifica oito "revoluções tecnológicas" que alteraram a produção, o poderio militar, o sistema adaptativo, associativo e ideológico: agrícola, urbana, do regadio, metalúrgica, pastoril, mercantil, industrial, termonuclear. Esta última revolução encontra os povos da terra unificados num mesmo sistema de interação e acelera a evolução de povos atrasados.

A teoria evolucionista de Ribeiro inclui ainda os seguintes conceitos: "civilizações" são "cristalizações de processos civilizatórios singulares" — cada civilização, ao expandir-se a partir de centros metropolitanos, difunde-se sobre uma área organizada como seu território de dominação política, econômica e de influência cultural (egípcia, asteca, helênica); "etnias" são "unidades operativas do processo civilizatório, cada uma corresponde a uma coletividade humana, unificada pelo convívio de seus membros através de gerações e pela coparticipação de todos na mesma comunidade de língua e cultura (tupinambá, germânica, brasileira)"; "etnia nacional", quando essas etnias se organizam em Estados para dominar um território, formar um povo estruturado em nacionalidade, com seu território e governo próprios; "macroetnias", quando tais Estados entram em expansão sobre populações multiétnicas absorvendo-as mediante a transfiguração cultural — são complexos multiétnicos unificados pela dominação imperial com propensão a transfigurá-los e fundi-los em uma entidade inclusiva (romana, colonial hispânica, incaica); "difusão" é a "transferência de traços culturais de forma direta ou indireta, sem importar no estabelecimento de relações de subordinação entre a entidade doadora e a receptora"; "aculturação", no sentido corrente — "as culturas autônomas oferecem seus patrimônios culturais umas às outras em condições que tornam possível a livre seleção ou a adoção completa de traços culturais sem o estabelecimento de dependência (Ribeiro, 1975). Ele redefine essa "aculturação": é a "expansão e influência de altas tradições culturais sobre povos atrasados, a civilização de alto nível subjuga e domina, torna dependente, passível de assimilação. A aculturação cria sociedades traumatizadas e culturas espúrias". Há outros conceitos: *cultura autêntica, cultura espúria, autonomia cultural, defasagem cultural, traumatização, cristalização cultural, deculturação, assimilação, modernização reflexa*. Seus críticos o acusam de ainda usar e abusar do conceito de "raça", sem esclarecer seu sentido em seu livro teórico, invalidando na base sua teoria evolucionista (Ribeiro, 1975; Frank, 1997).

Em *As Américas e a civilização*, Ribeiro (1979c) aplica essa sua teoria evolucionista à América Latina, para fazer um diagnóstico e propor uma política de superação do atraso. Segundo ele, nos anos 1960-70 havia dois esquemas conceituais que inspiravam a maioria dos estudos sobre o desenvolvimento desigual das sociedades americanas: o da sociologia e da antropologia acadêmicas e o do marxismo dogmático. O primeiro se baseava na ideia de "descompassos num processo natural de transição entre formações arcaicas e modernas, pela passagem da economia de base agroartesanal à de base industrial. E na ideia adicional de que nesse trânsito se configuram áreas e setores progressistas e retrógrados em uma sociedade, cuja interação seria o fator dinâmico do processo. Esse modelo é denominado 'dualidade estrutural', 'modernização reflexa' e 'modo de transição do modo tradicional ao modo industrial'. As sociedades subdesenvolvidas são descritas como híbridas ou duais, com duas economias e duas estruturas sociais defasadas de séculos. O modelo opõe as 'sociedades rurais', de economias naturais, valores tradicionais, às 'sociedades modernas', urbanas, com espírito de empresa capitalista. O atraso latino-americano é atribuído à falta de atributos da sociedade norte-americana: valores, personalidade, estratos sociais, instituições sociopolíticas, falta de espírito empresarial e capitalista. A expectativa é de uma homogeneização dos povos americanos no futuro e os EUA e Canadá seriam os paradigmas da evolução sociocultural humana universal" (Ribeiro, 1979c). Para Ribeiro (1979c), esse esquema conceitual é uma "doutrinação das nações avançadas sobre as atrasadas, para induzi-las a uma atitude de resignação com a pobreza. É uma ideologia que perpetua o *status quo*. A solução que virá espontaneamente será a introdução de fatores psicológicos, culturais e econômicos capitalistas propícios às inovações tecnológicas e ao surgimento de empresários inovadores".

Ribeiro (1979c) denomina sua teoria "teoria crítica dialética", que visa fazer uma "análise dos processos de formação e desenvolvimento dos povos americanos, para compreender as disparidades de desenvolvimento". Para ele, as sociedades contemporâneas não são isoladas, mas componentes ricos e pobres de um sistema econômico mundial. Ribeiro quer demonstrar que as situações de atraso ou progresso são resultantes dos impactos de sucessivas "revoluções tecnológicas" que geraram defasagens entre sociedades e descompassos regionais. Ribeiro denuncia o marxismo dogmático, seu caráter de escola de exegetas de textos clássicos, incapaz de focalizar a realidade social em si mesma. Sua "antropologia dialética" é um "esforço para compreender a realidade sociocultural latino-americana como um 'complexo integrado': a tecnologia influencia a organização das relações humanas sociais e os valores, saberes e crenças que orientam a conduta pessoal. Cada etapa da evolução humana só é inteligível em termos desse complexo integrado. É um campo de forças integrador/tenso: inovações, oposições, redefinições, que geram a dinâmica social. Nessas totalidades interativas, qualquer fator pode ter um papel causal, mas 'a posição determinante é do fator tecnológico'. A tecnologia combina ou limita a organização social, cria ou destrói valores e crenças. A organização social é 'condicionadora': a forma latifundiária de propriedade condiciona a técnica da agricultura e modos de vida da sociedade subdesenvolvida. Os conteúdos ideológicos da cultura operam como 'fecundantes ou limitadores' da dinâmica social, podem retardar ou acelerar os processos renovadores segundo seu caráter espúrio ou autêntico. As revoluções tecnológicas são inovações prodigiosas na ação sobre a natureza e na utilização de novas energias que fazem a sociedade ascender a uma etapa mais alta no processo evolutivo". Ribeiro procura diferenciar sua "antropologia dialética" do marxismo, embora se aproxime em alguns aspectos. Sua antropologia dialética "se diferencia porque se assenta em uma concepção da causalidade social que reconhece o poder determinado das inovações tecnológicas, o poder condicionante das estruturas sociais e o estimulante ou limitador das ideologias". E se aproxima do marxismo "porque tem uma atitude de franca participação na vida social, é uma ciência comprometida com o destino humano, que indaga sobre os efeitos sociais de seus estudos e os coloca a serviço do progresso dos povos" (Ribeiro, 1979c).

O conceito central da teoria evolucionista de Ribeiro, portanto, é o de "revolução tecnológica"; é ele que diferencia as sociedades avançadas das subdesenvolvidas e estagnadas. As sociedades que foram capazes de fazer "revoluções tecnológicas" são autônomas, têm uma cultura autêntica e são civilizadoras e dominadoras. Toda revolução tecnológica é civilizadora quando é difundida entre povos atrasados, que sofrem, então, uma "transfiguração étnica", são remodelados pela "fusão de raças" (?), confluência de culturas. Para Ribeiro, os processos civilizatórios têm duas vias opostas: primeira, a "aceleração evolutiva", pela qual as sociedades que dominam autonomamente a nova tecnologia progridem socialmente, preservando seu perfil étnico-cultural, expandindo-se sobre outros povos na forma de macroetnias; segunda, "atualização histórica", em que as sociedades que sofrem o impacto de sociedades mais desenvolvidas tecnologicamente são subjugadas, perdem sua autonomia, veem traumatizada sua cultura e descaracterizado seu perfil étnico. A "atualização histórica" é a "dominação de povos estranhos com novas formas de produção, há a dizimação da população agredida e a deculturação dos contingentes avassalados. Depois, plasma-se uma cultura com elementos da dominadora e da subjugada, para viabilizar a dominação. Os povos que sofreram o processo de formação e transfiguração étnica, a 'atualização histórica', são aculturados. A língua e a cultura da sociedade nacional em expansão são impostas aos dominados, a cultura nova é uma 'cultura espúria' de uma sociedade dominada. Não se trata de interinfluenciação de sociedades autônomas, mas da dominação unilateral da sociedade em expansão. A sociedade que sofre uma 'atualização histórica' passa por um processo de 'deculturação', em que uma população dominada é obrigada a abandonar seu patrimônio cultural próprio e aprender novos modos de fazer, falar, interagir e pensar. É uma etapa prévia do processo de aculturação, em que a cultura original é retirada" (Ribeiro, 1975).

Os grupos diferentes de uma sociedade traumatizada precisam ser "assimilados", tornar-se membros indiferenciados da etnia nacional. Há graus de assimilação/identificação com a etnia nacional. As culturas mais integradas internamente e mais autônomas no comando do seu desenvolvimento são "culturas autênticas", "em oposição às 'culturas espúrias', 'traumatizadas', 'dominadas', 'dependentes' de decisões alheias, cujos membros estão sujeitos à alienação cultural, à introjeção da visão do dominador sobre o mundo". Quando há "aceleração evolutiva", há fortalecimento da autenticidade cultural; quando há "atualização histórica", "quebra-se a integração cultural caindo em 'alienação', por nutrir-se de ideias indigeridas, não correspondentes à sua própria experiência, mas aos esforços de justificação do domínio colonial. As sociedades tribais da América foram avassaladas pela via da atualização histórica, para se integrarem como áreas de exploração ao sistema econômico do âmbito mundial. Foi assim que índios e negros saltaram a uma etapa mais alta de evolução humana, engajados como 'proletários externos' das economias metropolitanas. Eles perderam a autonomia étnica e cultural. As sociedades atrasadas são condenadas à decomposição, à escravidão, sem condições de superarem essa subalternidade. Sofrem uma 'modernização reflexa', que os torna mais eficazes como economias complementares, mas os mantém defasados como sociedades contemporâneas não coetâneas". Contudo, Ribeiro é otimista: "Uma área colonial pode autoemancipar-se por 'aceleração evolutiva', que a capacite a desenvolver-se autonomamente, como os EUA. Isso não aconteceu na América Latina, presa ainda à atualização histórica, que limita a possibilidade de desenvolvimento autônomo". A tarefa que Ribeiro (1979c) atribuiu às forças revolucionárias latino-americanas foi esta: promover uma "aceleração evolutiva", para conquistarem a independência e recuperarem a autenticidade da sua cultura.

Esta é sua interpretação do subdesenvolvimento: "Não é dualismo nem uma transição do feudalismo ao capitalismo. Ele é o resultado de processos de atualização histórica só explicáveis pela dominação externa e pelo papel constritor das classes dominantes internas, que deformam o processo renovador transformando-o num trauma paralisador" (Ribeiro, 1979c). Entretanto, para ele, estava emergindo "uma tomada de consciência da pobreza e do atraso como enfermidades superáveis. O sistema social como problema era o que as forças reordenadoras percebiam, exigindo transformações na ordem social". Essa consciência crítica, essa "consciência possível", da qual ele se sentia uma expressão aguda, "emergia varrendo o mundo dos deserdados. Uma consciência inconformada, inquieta, fruto de um surto renovador da revolução termonuclear. A nova tecnologia forçava a renovação institucional e os valores e crenças. Eram esforços de desmascaramento da trama ideológica por uma consciência crítica que não se circunscrevia a círculos intelectuais, mas que atingia amplos setores populares. Havia aspiração de melhoria de vida, inconformidade e não mais resignação, havia propostas de reforma ou revolução". O elemento fundamental dessa consciência crítica, para Ribeiro, era "a concepção do subdesenvolvimento como produto do desenvolvimento dos outros povos, alcançado mediante a espoliação e feito do progresso tecnológico apropriado pelas minorias privilegiadas no interior da própria sociedade subdesenvolvida. Enquanto tal situação permanecer, só haverá modernização reflexa, parcial e deformada. A situação de atraso só poderá ser rompida revolucionariamente". A missão crucial dos cientistas sociais seria o estudo da natureza da revolução social, que deve levar a uma "aceleração evolutiva" (Ribeiro, 1979c).

Ribeiro era lúcido na identificação do dilema brasileiro das últimas décadas, que, aliás, ainda tem polarizado as eleições presidenciais mais recentes. Para ele, o dilema brasileiro pode ser identificado na diferença dos programas de governo de Getúlio Vargas e de Juscelino Kubitschek: a industrialização via Estado, nacionalista, *versus* a cosmopolita, livre-empresista. Vargas defendia para o Estado a reserva da produção de petróleo, siderurgia, energia elétrica, minérios, motores, veículos; JK defendia o oposto: abriu o mercado às grandes corporações multinacionais, assegurando privilégios. Um defendeu o povo da exploração estrangeira; o outro o ofereceu a ela. Para Ribeiro (1979c), "o resultado do Plano de Metas de JK foi desastroso: inflação, endividamento externo enorme e crescente. O desenvolvimento foi feito com empréstimos externos e emissão de moeda, os lucros das empresas estrangeiras eram transferidos para o exterior em dólares. As empresas nacionais foram dominadas por estrangeiros, o empresariado brasileiro foi dominado pela burguesia cosmopolita. O Brasil tinha um parque industrial estrangeiro implantado em seu território e foi drenado em suas riquezas. A burguesia autenticamente brasileira foi jugulada. Os empresários nacionais fizeram-se estrangeiros em seu próprio país: ofereceram o desenvolvimento econômico no sentido da dependência cada vez maior das potências mundiais. Pensavam em dólares, operavam seus recursos em circuito extranacional, eram cosmopolitas e não mais brasileiros".

Segundo ele, nosso dilema é claro: "Devemos favorecer ao privatismo, pôr o poder público a serviço de uma minoria ou promover uma política de reformas estruturais que atenuassem os efeitos da ordenação oligárquica e da exploração estrangeira? Jango optou pela nacionalista e foi derrubado, Vargas que iniciara esse caminho, foi levado ao suicídio. Jânio Quadros hesitou entre as duas, e teve de renunciar" (Ribeiro, 1979c). Ribeiro não retira uma vírgula do governo de Jango, que "queria a reforma agrária, o controle de capitais estrangeiros, o programa de emancipação da economia, programa que teria levado o Brasil ao desenvolvimento acelerado e autossustentável. Essa política criaria uma grande nação independente, próspera, na América Latina. Era uma saída madura e pacífica para os problemas do desenvolvimento nacional, não era uma revolução, mas uma política contra o subdesenvolvimento. Mas os americanos, em plena Guerra Fria, impediram esses sonhos, alegaram que Jango era comunista, mas o que temiam era a emancipação, a independência, o sucesso do Brasil reformado. As forças oligárquicas aliadas ao imperialismo derrubaram Jango. O Golpe Militar fez a opção pelo privatismo entreguista, uma lúgubre tarefa. Não fosse essa tragédia, o Brasil poderia vir a ser a nação mais livre e desenvolvida do Ocidente" (Ribeiro, 1979b).

Em sua perspectiva, "é nesse contexto do estágio de evolução da sociedade brasileira e das pressões externas e internas para mantê-la subdesenvolvida" que era preciso pensar a "universidade necessária" à América Latina. Para ele, a grande questão era: "Um país subdesenvolvido poderia ter uma universidade desenvolvida? Pode um país desenvolver-se sem alcançar o saber do seu tempo?" (1979b). Ribeiro considerava a reforma da universidade brasileira uma das chaves para a realização da "aceleração evolutiva" necessária para chegar à constituição de uma sociedade independente e uma cultura autêntica. Para ele, "a dominação externa nos ameaçava de um aprofundamento da 'atualização histórica', de continuarmos a avançar através de 'modernizações reflexas'. Em lugar de nos organizarmos como um povo para si mesmo, continuaremos estruturados como um povo para o outro. A nossa 'modernização reflexa' foi para nos tornarmos mais eficazes como economias complementares. Mas o Brasil não quer mais ser um povo para os outros, queremos ser nós mesmos. Isso significa que devemos promover renovações profundas em nossa estrutura, o que exigirá uma nova universidade com alto sentido de responsabilidade social e aberta a todos, que tenham condições de estudar. A entrada tem sido restrita, o critério é elitista. O Brasil precisa formar muitos médicos. É preciso uma universidade mais ampla, aumentar a quantidade de matriculados. O mundo está entrando em uma nova revolução tecnológica, uma civilização que será regida pela ciência de nível mais desenvolvido. Quem ficar para trás em nível técnico não terá chance nenhuma" (Ribeiro, 1979b). Hoje, os jovens perguntam aos professores: "Isso que você está me ensinando, que vantagem tem? Para quê? Como me ajuda no mundo em que vou viver?". E foi nessa direção que ele e Anísio Teixeira conceberam o projeto da UnB (Ribeiro, 1997).

Ribeiro tem um percurso intelectual e político impressionante; é difícil entender como podia se ocupar de tantas e grandiosas atividades ao mesmo tempo. Mais que "indisciplinado", diria que era "ilimitado". E não se cobria de falsa modéstia: "A tarefa que mais me agrada é falar/escrever sobre mim mesmo. Gosto de falar de mim mesmo. Gosto demais de mim e me acho admirável. Sempre tomo o que é meu: a admiração alheia. Tudo isso esconde a minha timidez e insegurança. Preciso tirar da tristeza o gosto mineiro de sofrer. Escondo o meu sofrimento através da vaidade mais desvairada" (Ribeiro, 1997). No entanto, fracassou também em muitos de seus projetos, mas não se abatia: transformava os fracassos em glórias. Até em suas "gloriosas derrotas", Ribeiro se alimentava do "tempo inconfidente", pois a Inconfidência Mineira foi também uma "gloriosa derrota". A historiografia mais recente sobre a Inconfidência desqualifica Tiradentes como um "falastrão, fanfarrão, que gritava a revolta nas ruas, comprometendo o segredo do movimento e a segurança dos seus companheiros" (Furtado, 2002). Ribeiro também gostava de praticar inconfidências sobre si mesmo e os mais próximos. Para escrever sobre o percurso de Darcy Ribeiro não precisei ir muito longe, passar horas em arquivos decifrando documentos secretos. Ele mesmo contou tudo, entregou-se, escreveu e publicou sua vida, da infância à beira-morte, em 1997, em todas as suas fases: Moc (Montes Claros), Belo Horizonte, São Paulo, Amazônia, Brasília, exílios, Rio de Janeiro. Ele fala de amigos, família, mulheres, alunos, colegas, autores, índios, desafetos, lideranças políticas, eventos traumáticos; sua vida está aberta em livros de centenas de páginas. Pode-se também desqualificá-lo como um "falastrão, um fanfarrão"? Ou será que suas "inconfidências" fazem parte da sua *persona*, uma forma astuciosa de manipulação da memória que ele quer que o futuro guarde dele? Geralmente, quando alguém resolve "confessar", conta pecados, falhas, traições, gestos dos quais se arrepende, pede perdão ou quer a reconciliação; enfim, é um gênero impregnado pela culpa cristã. As *Confissões* de Ribeiro, ao contrário, são um autoelogio, são como uma narrativa dos grandes feitos de um herói que, mesmo quando falhou, acertou! Não manifesta nenhuma inquietação com a queda do governo Jango, do qual fazia parte, que jogou o Brasil em um dramático estado de exceção, com pessoas aprisionadas, demitidas, torturadas, exiladas. Enfim, pode-se duvidar da sua sinceridade em suas "autoexposições públicas": seus livros confessionais são documentos ou monumentos? Será que eu também me deixei levar, enganar, enfeitiçar, encantar, por esse grande "bruxo mineiro"? Onde será que se esconde o autêntico Darcy Ribeiro?

A obra *O povo brasileiro: a formação e o sentido do Brasil* (1995)

Para construir sua teoria do Brasil, Ribeiro escreveu os *Estudos de antropologia da civilização*, compostos pelos cinco livros já mencionados, alguns brevemente comentados e, finalmente, por *O povo brasileiro: a formação e o sentido do Brasil* (1995), que sintetiza sua posição final e, por isso, o escolhemos para abordar seu pensamento histórico-antropológico sobre o Brasil. Vou abordá-lo como os pesquisadores de filosofia pesquisam seus autores: reconstruindo reflexivamente sua ideia, de forma curta e precisa, e avaliando seu lugar na história do pensamento histórico brasileiro. Ou como um *cover* musical quando regrava canções de sucesso: é uma bela canção, vou cantá-la também, do meu jeito, com meu arranjo, eis a minha "versão". Ribeiro afirma, nos prefácios de *O povo brasileiro*, que a escrita desse livro foi seu maior desafio, que o escreve desde os anos 1950. Escreve, abandona por outras atividades, reescreve. Mas, diante de um câncer no pulmão e da morte iminente, "fugiu do hospital!" para concluí-lo. O livro, então, parece ser muito importante para ele, como uma conclusão, uma síntese de todos os seus estudos, pesquisas, ensino, ação política e, sobretudo, como pensador da educação. Por um lado, o livro representa uma busca pessoal de lucidez intelectual, como um acerto de contas teórico final consigo mesmo; por outro, em plenos anos 1990!, "tem a ambição de ser um retrato de corpo inteiro do Brasil, rural, urbano, arcaico, moderno, visando criar uma lucidez social real, que agite as condições sociais-subjetivas para uma 'revolução social'" (Ribeiro, 1995). Não foi escrito para seus pares acadêmicos, com o objetivo de gerar apenas um debate histórico-antropológico científico e potencializar seu reconhecimento e prestígio intelectual, embora esse resultado tenha sido obtido. Ribeiro é mais ambicioso, dirige-se à sociedade brasileira, ao "povo brasileiro", que considera o sujeito da história brasileira, para oferecer-lhe a "consciência para si" que o leve a agir, a produzir uma "aceleração evolutiva"; que leve o Brasil a um patamar superior em termos tecnológicos, sociais, políticos e culturais, potencializando os próprios recursos. Inspirando-se talvez em Marx e Engels, Ribeiro idealiza o poder de transformação social de seu livro, que também tem o espírito de um "manifesto", um "manifesto popular", imagina que poderá tocar fundo os corações e mentes, girar a ignição do motor social e colocar o "povo brasileiro" em movimento em busca da emancipação real.

O livro aborda a questão que sempre o inquietou: "Por que o Brasil não deu certo?". Para ele, "falta uma teoria geral que nos explique"; as teorias que utilizamos para pensar o Brasil são oriundas de outros contextos, eurocêntricas demais e, portanto, equivocadas, "porque o nosso presente não é o passado deles, nem o nosso futuro será um futuro comum". Segundo Ribeiro, "há necessidade de uma teoria própria, brasileira, que nos situe na história humana, essa é a condição para o sucesso do Brasil. Sem essa teoria do processo civilizador do ponto de vista do Brasil e da América Latina, estaremos dominados e mal guiados por teorias evolutivas construídas para dirigirem outros povos, etnocêntricas, que nos colocam em uma posição marginal e nos condenam ao fracasso". Foi essa urgência que o levou a propor toda uma teoria da história, um assunto complexo, que os intelectuais brasileiros, de acordo com ele, "enfermos de inferioridade", não se acham com o direito de tratar. Segundo Ribeiro, sua/nossa tarefa era: (1) Fazer uma teoria das classes sociais empírica, adequada ao Brasil, porque aqui não há burguesias progressistas, aristocracias feudais, proletariados revolucionários. Era preciso identificar as lutas de classes específicas do mundo brasileiro, através, talvez, de uma apropriação/ transfiguração/atualização do marxismo. (2) Fazer uma teoria das formas de exercício do poder e da militância política, pois a politicologia existente é irrelevante. Aqui, nada significam liberais, conservadores, radicais, democracia, liberalismo, revolução social. São conceitos criados para outros contextos, e seria preciso criar novos conceitos para a compreensão dos protagonistas e a proposição de ações políticas próprias. (3) Fazer uma teoria da cultura que valorize e potencialize o saber popular, que, aqui, é profundo e crítico, e busca a reordenação social. Para ele, "a nossa cultura erudita é um transplante, um modismo europeu, o nosso saber erudito não é nosso, é um bovarismo espúrio. A cultura popular, sim, é nossa, criativa, resultado de uma mescla de tradições díspares".

Este é o sentido do seu livro: concluir essa teoria do Brasil, para realizar uma "explicação do Brasil", como um gesto dele na luta por um Brasil justo. Ele se declara "antropólogo, homem de fé e de partido, faz ciência e política movido por questões éticas e por um fundo patriotismo". Esse livro "quer participar do debate brasileiro, influenciar as pessoas, agitar o povo brasileiro, ajudar o Brasil a encontrar a si mesmo". Ribeiro sempre se representou como um "revolucionário" e escreveu a obra como um "gesto revolucionário", sua ambição sempre foi a de mudar, transformar a sociedade brasileira, em tudo o que fez. Ribeiro reconstruiu o itinerário do povo brasileiro, desde o início, reconstituiu seu processo de formação, buscando encontrar um "sentido", um significado e uma direção para a história do Brasil. Em sua interpretação do Brasil, o protagonista é o "povo brasileiro", e não o Estado ou as elites ou a burguesia ou os militares; um "povo brasileiro" múltiplo, regional, composto por "sertanejos", "caboclos", "caipiras", "crioulos", "matutos", "gaúchos". Contudo, ele receia que seu projeto de "história plural do Brasil" seja impossível, porque só temos o testemunho do invasor e de seus prepostos — Estado, elites, burguesia e militares. São o conquistador e seus representantes que têm contado a história do Brasil. Contam como se fosse uma façanha sua, uma glória sua as iniquidades que fizeram aos índios e negros; contam como se fosse um "grande feito" a tragédia que impuseram ao povo brasileiro. A documentação existente oferece a versão do dominador, mas Ribeiro vai lê-la criticamente para entender a trágica aventura da vida brasileira. Ele não menciona, porque busca uma autonomia teórica, mas me parece que quer realizar a tarefa que Walter Benjamin propôs ao historiador, uma escrita da história a contrapelo, que busque em todo monumento do poder e da cultura as manchas da barbárie. Ele se inspira também na interpretação radical de Manoel Bomfim. Para ambos, "o desafio do Brasil é encontrar a lucidez para orientar as suas energias politicamente, faltou e falta um claro projeto alternativo de ordenação social através de um reformismo democrático" (Ribeiro, 1995).

Ribeiro tem plena consciência das dificuldades e limitações do seu esforço teórico, não é um "explicador do Brasil" ingênuo, pois sabe que as "evoluções ou sequências históricas são únicas e irrepetíveis, e, portanto, inexplicáveis". Ele admite que poderá alcançar somente algumas generalizações válidas que iluminam apenas algumas passagens, mas considera indispensável procurar tais generalizações, "porque nenhum povo vive e se transforma sem uma teoria de si mesmo". O que chama a atenção nesse livro, que olha a história do Brasil do ponto de vista do povo, é a forma trágica, triste, melancólica, como descreveu o surgimento e o percurso do Brasil. Para ele, o Brasil surgiu da confluência, do entrechoque e do caldeamento do invasor português com índios e negros africanos, ambos escravos. Desse "encontro", ou melhor, "desses 'entrechoques', desse caldeamento feito a estupros, surgiu um 'povo novo', uma etnia nacional, diferenciada de suas matrizes formadoras, fortemente mestiçada, dinamizada por uma cultura sincrética e singular. É um povo diferente, mas atado à matriz portuguesa. É um 'povo novo' porque se vê assim, como uma gente nova, um novo gênero humano, marcado pela alegria e vontade de felicidade. O Brasil é um novo modelo de estruturação social, uma forma singular de organização socioeconômica"; mas, também, "é já velho, um novo-velho, porque é 'proletariado externo', um implante ultramarino da expansão europeia, que não existe por si mesmo, existe para gerar lucros na exportação de bens coloniais para o mercado mundial" (Ribeiro, 1995). Esse "povo novo-velho" é uma variante da versão lusitana da civilização europeia ocidental. É uma sociedade multiétnica, que poderia estar dividida em minorias em conflito, "mas, ao contrário, as minorias raciais, culturais e regionais não lutam pela autonomia frente à nação. A identidade brasileira é una e plural, todos são brasileiros, diferentes racial, cultural, ecológico-regional e economicamente, mas todos se sentem uma só gente".

Ribeiro é um trágico-otimista: o Brasil começou mal, prosseguiu mal, mas o povo brasileiro manteve-se unido desde a origem, o que abre um horizonte de expectativa favorável. Para ele, "a protocélula cultural neobrasileira constituiu-se no século XVI, uma larva de povo brasilíndio, mameluco, luso-tupi, que vivia na costa pernambucana, baiana, carioca, paulista. Os brancos entravam nas tribos através do 'cunhadismo', casavam-se com índias e, conforme a tradição, toda a tribo se punha ao seu serviço". Ribeiro considera a relação do branco com a índia a relação fundadora da identidade nacional brasileira, minimizando a mestiçagem com a negra, que, para ele, somente depois seria incorporada, o que pode ser contestado, pois os negros chegaram ao Brasil já no século XVI. Quando enumera as áreas socioculturais brasileiras, ele devia admitir que pelo menos a zona açucareira do litoral é luso-índio-negra, desde a origem. Posteriormente, os minérios do centro, a região paulista, os muares do Sul também incluíram o negro, mas, para ele, "são todos luso-tupis, como os currais do sertão, os extrativismos da Amazônia, desde a origem". Para Ribeiro, a história brasileira se passa em quadros locais, em eventos que o povo recorda e, a seu modo, explica, e esses núcleos começaram a se comunicar uns com os outros. "Somos um arquipélago, temos 5 faces, 5 ilhas rústicas, produtos do processo civilizatório desencadeado pela revolução mercantil que permitiu aos ibéricos expandir-se além-mar e criar a primeira economia mundial. O Brasil é fruto desse processo, que interrompeu a evolução indígena e a transfigurou. Houve uma 'atualização histórica', promovida pela macroetnia 'mercantil salvacionista portuguesa' em expansão". Em suas palavras, "é espantoso que esses núcleos tão diferentes tenham se aglutinado em uma só nação, porque, no período colonial, cada um deles teve uma relação direta com a Metrópole e o 'natural' seria que tivessem lutado pela Independência, separadamente, como ocorreu na América Hispânica. [Mas] a história é caprichosa, não ocorreu o 'natural', aconteceu o extraordinário, nós nos fizemos um povo nação, uma só entidade cívica e política". Ribeiro preferiu compor cenários regionais para reconstruir a história do Brasil, mas o que o interessa é a "unidade nacional" construída a partir das regiões e de baixo. Penso que Ribeiro pode ser visto como um antissaquarema radical, porque, para ele, a unidade não pode suprimir as diferenças. É a partir das diferenças que se constrói a unidade e de baixo para cima.

Ele narra a chegada do português no século XVI, "com o projeto de estruturar o planeta em um mundo só, regido pela Europa, centralizado no Papa, carreando para lá toda riqueza saqueável. A justificação ideológica da empresa mercantil era o 'salvacionismo', o 'sentido nobre' da conquista era expandir a cristandade por todo o mundo. O homem branco atribuía-se a tarefa de 'salvar a humanidade', Deus lhe dera essa missão, juntar todos os homens em uma só cristandade". O papa é o centro e o responsável pelos "descobrimentos" europeus; era o Vaticano que estimulava e regulava essas cruzadas contra hereges e pagãos. O papa impôs aos reis europeus o dever de invadir, conquistar, subjugar os inimigos de Cristo. A Igreja católica se considerava a dona do planeta, e o papa, pelo absurdo Tratado de Tordesilhas, o doara a Portugal e Espanha com plenos poderes sobre as terras e moradores, que tinham de se tornar católicos. Com a sagração papal, com a bênção da Igreja, os reis de Portugal e Espanha foram feitos donos incontestáveis do

Novo Mundo. Os invasores portugueses eram europeus e cristãos, eram prepostos do rei e do papa, e agiam diferentemente quando representavam um e outro. Ribeiro não disse isto, eu estou dizendo, supondo que foi isto que ele quis dizer: como representantes do rei, eram soldados cruéis, brutais, equipados com armas de fogo, gritavam "mãos ao alto" e deixavam os indígenas de joelhos, arrasados, pedindo explicações e ajuda aos deuses. Como representantes do papa, eram padres, usavam outra farda, chegavam depois do massacre, faziam-se doces, amáveis, chamavam os índios de "meu filho", cantavam "Corações ao alto", diziam que eram os portadores das explicações e da ajuda divina. Segundo Ribeiro, "os jesuítas caíram sobre os índios como um flagelo, dizendo-lhes que tudo era culpa deles, de seus pecados, Deus estava furioso".

Penso que, na perspectiva de Ribeiro, o soldado e o padre eram o mesmo europeu, com fardas e treinamentos diferentes, brandindo a carabina e o crucifixo, conquistando os índios com linguagens e posturas diferentes e complementares. O europeu é janicéfalo, tem uma cabeça de papa e uma cabeça de rei. Uma tem a expressão medonha do genocida; a outra, a expressão contrita, culpada, olhos cerrados, em prece silenciosa. Não são cabeças separadas, estão juntas e superpostas; o fundo do olhar do soldado é o padre, o fundo do olhar do padre é o militar. A arma de fogo de um é movida pela fé cega do outro. Fazem uma missão conjunta, embora as estratégias sejam diferentes; um é o genocida, o outro é o etnocida. Conforme Ribeiro, "o padre Anchieta louvou a coragem dos 'heróis lusitanos' que queimavam aldeias e passavam todos a fio de espada, pois mereciam, eram antropófagos, não eram cristãos!". Os índios não percebiam que se tratava de um homem só e confiaram muitas vezes no segundo, deixando-se convencer e conduzir. Estavam em pânico, deixaram-se enganar pela voz magnética, mansa, do jesuíta. "Foi nefasto o papel dos jesuítas, que deculturaram e transfiguraram as populações indígenas. O etnocídio que seguiu ao genocídio era dizimador, a catequese deixava os índios sem língua e sem identidade, sem palavras, sem valores, sem passado". Penso que, atrás do etnocídio das missas, sermões, catecismos, havia uma mensagem/ameaça velada: "Convertam-se, aceitem o poder do Papa, ajoelhem-se, porque senão terão um novo encontro com a primeira tropa, com os brutais homens do rei".

Segundo Ribeiro, "os portugueses encontraram, no litoral, índios de fala tupi, que estavam na fase agrícola, saindo do paleolítico, que os europeus já tinham superado há milhares de anos". Os índios derrubavam árvores com machados de pedra e coivara, para uma agricultura que lhes assegurava a fartura alimentar: mandioca, milho, batata-doce, cará, feijão, amendoim, tabaco, abóbora, urucum, algodão, cuias, cabaças, pimentas, abacaxi, mamão, erva-mate, guaraná, caju, pequi. Eram politicamente fragmentados; quando cresciam as tribos, dividiam-se em tribos menores e autônomas, que se afastavam e se tornavam diferenciadas e hostis. Por isso, não conseguiram enfrentar o invasor. As confederações indígenas foram raras, lutavam entre si e contra o invasor, escravizavam-se, eram antropófagos uns dos outros. Os índios viram a chegada do europeu da forma mais desfavorável a eles, como um acontecimento divino: foram enviados por Maíra, o sol. Os "recém-chegados eram feios, fétidos, infectos, mas os índios eram esperançosos. Embarcavam nos navios achando que seriam levados às terras de Maíra, mas eram levados como escravos à Metrópole". Os índios logo perceberam a tragédia que se abateu sobre eles: foram submetidos a terríveis provações, destruição de sua sociedade, negação de seus valores, desprezo, cativeiro. Deitavam em suas redes e se deixavam morrer, de tristeza, pois o futuro seria uma vida indigna. Ou fugiam para a selva, e eram caçados, ou levavam doenças de brancos. Mas, desesperados, ficavam divididos, a atração das ferramentas, dos adornos, o fascínio do povo estranho das praias os faziam retornar, muitos preferiram aderir: abandonaram a vida tribal, entraram para o exército branco para caçar sua própria gente, como guias, canoeiros, soldados.

Em 1500, prossegue Ribeiro, "a selvageria e a civilização se viram pela primeira vez, tinham concepções opostas do mundo, da vida, da morte, do amor". Os portugueses vinham em busca de ouro e glória, "eram gente prática, experimentada, sofrida, culpada, disposta a tudo. O pecado não os aterrorizava mais, acreditavam que os padres tinham o poder de absolvê-los". Os índios foram considerados vadios, inúteis, "quando apenas viviam como achavam que a vida devia ser vivida". Para os índios, os brancos pareciam aflitos, "por que se afanavam em tanto acumular, por que ajuntavam tanto pau vermelho?". O contraste era total, "os índios fruíam a sua existência em um mundo dadivoso, uma sociedade solidária, para eles era mais belo dar do que receber". Ribeiro os idealiza: "Não se espoliava ninguém e reconhecia-se o valor de um homem. As suas lutas eram pela glória de alcançar um novo nome, uma nova tatuagem, comer um grande guerreiro". Já os portugueses "viam a vida como uma tarefa, uma obrigação, trabalho e lucro, sentiam-se a flor da criação, nada do que os índios faziam merecia apreço". Ao contrário, o que o invasor trazia enlouquecia os índios — machados, facas, canivetes, espelhos, miçangas. Pagavam o que fosse pedido por eles, até com a liberdade. Eram fascinados por esses objetos novos, por sua utilidade em sua vida na selva e pela beleza e novidade das formas e dos materiais. Para Ribeiro, "a civilização se impôs como uma 'peste natural', o processo civilizatório levou à extinção de milhares de povos indígenas. Os brancos trouxeram doenças, cáries, bexiga, coqueluche, tuberculose, gripe, sarampo, fizeram guerras de extermínio, escravizaram, usaram sexualmente as índias. Eram duros senhores! Os índios defenderam até o limite o seu modo de viver, mas foram derrotados por um inimigo pouco numeroso, mas mais organizado, bem armado, com tecnologia superior".

Ribeiro compara as colonizações portuguesa e inglesa, para avaliar melhor o mundo que o português criou. Para ele, "ao norte, apareceu um povo gótico, altivo, frio, com famílias brancas e *apartheid*". Que os índios e negros fossem ser diferentes longe! O Norte continuou a civilização ocidental, branca e livre; "ao sul, surgiu um povo barroco, mestiço, assimilacionista. O primeiro é soberbo, indiferente; o segundo diz querer conviver, mas oprime corpos e almas". Em suas palavras, "a ação portuguesa aventureira e a natureza tropical caprichosa nos fizeram deseuropeus, desíndios, desafricanos, índios e negros ficaram sem corpos e almas, sem terras, mas, em compensação, vangloriavam-se os vencedores, eles conheceram a Verdade, o Bem, e ganharam a vida eterna". Ribeiro aplica seus conceitos evolucionistas: "O nosso processo civilizatório realizou uma 'atualização histórica', interrompendo a evolução das populações indígenas, impondo-lhes um 'nível superior', mas os índios perderam tudo, a autonomia étnica, e foram dominados e transfigurados. A Colônia incorporou a tecnologia europeia, os modelos associativos europeus, cidades, classes, escravos, polícia, empresas, os saberes europeus, língua portuguesa, igreja oficial, estilos artísticos". O autor parece contraditório: se, por um lado, freyrianamente considera melhor o resultado da ação portuguesa, enaltece a civilização brasileira ("nós somos a promessa de uma nova civilização, somos mais ricos de humanidade, assimilamos e abrasileiramos todos os imigrantes"), por outro lado, faorianamente denuncia a violência da ação portuguesa. Ribeiro é um trágico-otimista: a salvação será possível porque já está em germe no interior da tragédia.

Para Ribeiro, o povo brasileiro surgiu dos estupros portugueses sobre as índias, e "nós, os filhos mestiços, fomos vítimas de duas rejeições, a dos pais brancos e a do povo da mãe índia. O mameluco brasileiro é sem pai e sem mãe, não tem referências ancestrais. Se a protocélula da identidade brasileira é a luso-tupi, nós, brasileiros, não temos pais, somos órfãos de pai e mãe. As famílias indígenas e a sociedade portuguesa não nos reconhecem como seus descendentes, nos rejeitam e querem mal, uns, porque somos filhos apenas de mulheres, outros, porque não somos brancos, somos mestiços, um corpo doente, uma gente baixa e vil. Somos vistos pelos europeus como exóticos e bizarros, não nos consideram uma extensão do seu mundo branco. Diante dessa rejeição dos pais, esse povo novo, mestiço, moreno, precisa triplicar a sua vontade de existir por si mesmo entre os povos". Pela ótica de Ribeiro, esse "sentimento de superação", essa vontade de querer continuar vivendo mesmo sem passado, mesmo com a rejeição dos pais, é que deve mover o povo brasileiro. Ele precisa enfrentar e vencer a classe dirigente, também mestiça, que, "para fugir desse trágico passado, para ser reconhecida pelos pais brancos, prefere ser infiel ao seu povo, rejeitando-o, e continuar a destruição de gente, matas, bichos, para levar lucros aos brancos. A classe dirigente brasileira é 'capitã do mato', identifica-se com o pai branco, que a despreza, permaneceu armada, predisposta a manter o povo gemendo e produzindo, não o que queriam e precisavam, mas o que lhes mandavam produzir. Elas mantiveram o Brasil como 'proletariado externo', às margens da civilização que estava emergindo. A classe dominante nativa é preposta da dominação colonial, reunindo à força trabalhadores escravos, impedindo-os de se constituírem como um povo". Segundo ele, estas são nossas trágicas bases socioculturais: conquista militar, estupros, rejeição dos pais, orfandade, classes dirigentes constituídas de feitores, caçadores de índios e amansadores de negros, prepostos e aduladores dos brancos. Diante disso, pergunto eu: será possível o Brasil dar certo algum dia? Não seria ingênua essa tese de que a salvação vem do próprio caos?

Como um "inconfidente redivivo", Ribeiro valoriza e espera que a salvação venha dos conflitos e das revoltas populares, que foram numerosos e intensos. Para ele, felizmente, não somos tão cordiais, gentis e pacíficos assim. A história do Brasil é dilacerada por conflitos étnicos, sociais, econômicos, religiosos, raciais. Em sua perspectiva, "nunca são conflitos puros. A Cabanagem foi uma luta inter-racial, classista e interétnica, Palmares foi uma luta classista e racial, Canudos foi classista, racial e religiosa. Vivemos sempre em estado latente de guerra, resistindo e sofrendo o extermínio". O índio preferiu a morte à submissão, o negro fez outra negociação: aceitou sobreviver na escravidão. Na visão de Ribeiro, "a desigualdade social é tão grande que parece que o Brasil é habitado por povos distintos, a população parece reunir humanidades distintas. No alto, vigor físico, longevidade, beleza, inteligência, traço refinado; embaixo, fraqueza, enfermidade, envelhecimento precoce, feiura, rudeza, saber vulgar, ignorância, hábitos arcaicos. O Brasil ainda está longe de ser uma sociedade, é uma feitoria, o povo é força de trabalho e sem direitos. A classe dominante o trata com descaso, indiferença, violência, é militante da desigualdade, herdeira do escravismo". As classes subalternas resistem de duas formas: primeiro, violentamente, em revoltas, conjurações, rebeliões; depois, resistem apenas evitando o conflito, sobrevivem negociando pequenas vantagens com os senhores, servindo-os bem, para evitar açoites, conseguir uma alimentação melhor, roupas melhores e, quem sabe, gestos gentis, alguma consideração. Para Ribeiro, essa história terrível prosseguiu na República, que não alterou a ordem social colonial e imperial, que continua a de uma maioria de homens não livres e, portanto, "não é uma verdadeira República, pois não é habitada por cidadãos".

Ao contrário de Freyre, que elogiava a "democracia racial brasileira", Ribeiro entende que "o preconceito racial é tão forte que a rebeldia negra deveria ser mais agressiva, como foi no passado, com os quilombos. O Brasil gastou uns 12 milhões de negros na escravidão, que aprenderam o português com os gritos do capataz. Para o branco, o negro, o mulato, o branco mestiço pobre, é o que há de mais reles, representa preguiça, ignorância, criminalidade. O mestiço brasileiro é uma raça condenada e os negros e mulatos que conseguem ascender reproduzem essa lógica, tratam negros, índios e mestiços de forma mais branca do que os brancos". Esses feitores se representam como alvíssimos! O Estado mestiço dominado pelo espírito branco é só repressão e discriminação, mas a mestiçagem não é punida, é louvada. Não é uma democracia racial, mas não há *apartheid*. Mas, prossegue Ribeiro, talvez "fosse até melhor que houvesse *apartheid*, que traz algumas vantagens, o outro pode viver a sua vida e pode lutar por direitos, enquanto o assimilacionismo dissolve a negritude em gradações, quebrando a solidariedade, reduzindo a combatividade. O negro fica desarmado em suas lutas, o assimilacionismo conduz à 'conciliação social', levando-o a reprimir o seu ódio. Ele deve adotar as formas de conduta e etiqueta dos brancos, para ser bem-sucedido". Para Ribeiro, "a democracia racial só será possível em uma democracia social, só o movimento operário poderá liderar os brasileiros das diversas regiões na destruição dessa sociedade e na construção de uma sociedade realmente nova". Ribeiro é otimista em relação ao futuro do Brasil e só está escrevendo esse livro trágico para gritar sua esperança, para depositar sua confiança na capacidade de superação do povo brasileiro, em sua coragem para realizar uma transformação social profunda.

O arquipélago Brasil

Para Ribeiro (1995), e seu ponto de vista pode ser a conclusão deste livro, "deve-se falar do Brasil no plural, os Brasis, porque essa trágica formação do Brasil gerou cinco subculturas, somos feitos de vários contingentes humanos e nos tornamos o oposto do projeto português". Para ele, "o Brasil entrou na história mundial em um projeto alheio, mas se consolidou opondo-se a esse projeto oficial. O povo brasileiro não quer ser mais 'proletariado externo', um povo para os outros, deseja construir um destino próprio, com autonomia e autogoverno. Somos um povo plural, mas realizamos a grande façanha de nos manter, apesar de tudo, como um povo étnica, racial e culturalmente unificado, embora não tenhamos conseguido nos estruturar de forma solidária no plano socioeconômico e político". Ribeiro vê o Brasil como uma "unidade plural". O futuro da civilização brasileira conduzirá ao reforço da unidade étnica nacional pela maior homogeneização dos modos de fazer, interagir e pensar, mas, sobretudo, acentuando as cores locais. As violentas forças unificadoras saquaremas não conseguiram anular as diferenças regionais; as regiões são diferenciadas em suas relações com a natureza, nas relações econômico-sociais, nas visões particulares do mundo. A unidade vem de baixo: "Logo após a invasão, formou-se uma protocélula étnica brasileira, que nos fez um povo único, unido, reconhecível, que se multiplicou em vários núcleos culturais, as ilhas do 'arquipélago Brasil". Cada núcleo é marcado por condições locais, ecológicas e de produção, mas permanece a renovação da mesma matriz" (Ribeiro, 1995). A sociedade nacional possui variantes regionais, áreas culturais, o Brasil é uma homogeneidade múltipla, subculturas que interagem entre si de modo diverso do que fariam em relação a estrangeiros. Ribeiro descreve as características desses cinco Brasis, chamando-os pelos nomes pejorativos, dados pelos brancos, mas ressignificando-os positivamente.

1ª ilha: o "Brasil crioulo" do litoral nordestino

O engenho açucareiro é o núcleo da "área cultural crioula", foi a matriz do primeiro modo de ser dos brasileiros. Ali surgiu um novo estilo de vida, um colonialismo escravista, que não existiu em lugar nenhum. A cana-de-açúcar, de fácil produção, tornou-se um produto exótico e precioso de consumo popular e diário na Europa, deixou de ser uma "especiaria". A sociedade se edificava em torno da polaridade senhor/escravo. O senhor da terra reinol abrasileirou-se ao conviver com a gente da terra, constituiu-se um senhorio que não havia em lugar nenhum. Os escravos negros e índios se abrasileiraram também; tinham em comum com o senhor a língua e a visão de mundo, mas eram a força subversiva do sistema, que exigia um aparato repressivo. Os três e seus mestiços eram uma unidade na diversidade, mas coexistiam em conflito. A família patriarcal era o lar dos senhores, filhos e parentes; o senhor tinha uma autoridade absoluta, uma centralização total do poder. As senzalas eram choças sub-humanas. As características desse Brasil crioulo do litoral nordestino eram o latifúndio, a monocultura, a grande concentração de mão de obra negra escrava, o alto investimento, a destinação externa da produção, a importação de escravos, o empreendimento racional e planejado, uma administração comercial. Não havia lugar para a rebeldia, mas houve numerosas rebeliões contra o senhor de engenho e contra o negociante luso: 1817, 1824, 1831, 1848, 1960. Os nordestinos sempre lutaram pela República, sempre lutaram para se tornarem cidadãos do seu país.

2ª ilha: o "Brasil caboclo" da bacia amazônica

A floresta cobre a metade do território brasileiro, mas a população é menos de 10% da população nacional. Foi incorporada ao Brasil como herança portuguesa, pela formação cultural, pela migração de milhões de nordestinos para os seringais. A integração se fez pelos rios e estradas recém-abertas. Ali moram os caboclos, vivem dispersos na floresta, miseravelmente, dedicados a extrativismo vegetal, drogas, cacau, cravo, canela, urucum, baunilha, açafrão, salsaparrilha, quina, sementes, óleos, resinas, ouro e estanho. Um movimento demográfico poderoso derruba a floresta para transformá-la em pastagens e agronegócio, navios adentram o Amazonas, vindos do Atlântico. Os índios vivem na penúria e acuados pelo engenho da Amazônia, o seringal nativo, que ficou inviável depois, com as plantações no oriente britânico. O caboclo da Amazônia é um indígena sem a tribo, trabalhando para o mercado. É uma população destribalizada, deculturada, mestiça, obrigada a falar o tupi, que aprendeu com o branco! Os padres converteram a língua indígena, o tupi, em "língua de catequese e civilização", tornando a multiplicidade de índios em "índios genéricos", sem língua e cultura próprias. Os caboclos aculturados eram brutais com os próprios índios de quem eram oriundos; eram piores do que os europeus, o que levou a várias rebeliões sangrentas. A Cabanagem, no Pará, era anticolonialista, separatista, republicana, queria fundar a nação dos "caboclos", nem índios, nem negros, nem europeus, nem brasileiros. Mas já estavam contaminados de civilização, ficaram sem pólvora, sal, ferramentas e não tinham um projeto de poder. Na Balaiada, os negros do Maranhão, da produção de algodão, lutaram contra a ordem escravista. Vencidos, cabanos e balaios foram chacinados. Hoje, além dos enormes problemas locais, chegaram outros: faltam estradas, o mercúrio da mineração envenena as águas, o desmatamento, a degradação do meio ambiente e o grave problema da cobiça internacional. Hitler pensou na expansão germânica pela Amazônia, os americanos já propuseram a expropriação à ONU. Mas o problema maior é como tornar a Amazônia habitável e rendosa. O que queria Chico Mendes? Por que foi assassinado? Ribeiro não aborda essa questão.

3ª ilha: o "Brasil sertanejo" dos sertões

Os sertões incluem a área nordestina agreste e semiárida e o planalto central, com campos cerrados, uma vasta região entre a Amazônia e o oceano Atlântico. Ali se desenvolveu uma economia pastoril que fornecia carne, bois, couro, açúcar. Foi sempre uma economia pobre e decadente ligada ao mercado interno. O gado era criado solto, longe dos canaviais, circulando por extensões enormes. O gado é a mercadoria que conduz a si mesma; depois, veio o bode. Os vaqueiros eram pagos com reses, e quando já tinham o bastante iam para longe criar seu próprio gado. O regime de trabalho não era escravo, a mão de obra era indígena, o pagamento era em sal ou crias. O senhor era compadre e padrinho, mas tinha poder absoluto sobre bens, homens e mulheres que desejasse. Era um mundo de brancos pobres, índios e mamelucos, cujo sonho era se tornarem criadores. O fenótipo do vaqueiro nordestino/goiano era o brancoide indígena, as mulheres eram índias, tinham a cabeça chata, que é herança indígena. Era uma sociedade de hábitos carrancudos, rústicos, lacônicos, tendendo ao fanatismo messiânico, predisposta ao sacrifício e à violência. As pessoas viviam no isolamento, mas se reuniam em cooperações, mutirões, em festas religiosas, em casamentos, em festejos populares. É a região das terríveis secas, que levavam esse "criatório de gente" a migrar para a Amazônia e o Sul industrial/urbano. Os sertões foram um reservatório de mão de obra barata. O Estado apoiava, construía açudes, mas estes ficavam nas terras dos fazendeiros, que se beneficiavam sozinhos, gerando uma "indústria da seca". O garimpo também se desenvolveu no sertão; o sonho era o da pepita grande e os garimpeiros eram cercados por mascates, pois tendem ao gasto suntuoso.

É uma região de rebeliões violentas; o cangaço e o banditismo expressavam a revolta sertaneja. Um mundo de jagunços, capangas, vingadores, bandoleiros, gente temente a Deus e sanguinária. Seguiam beatos, milagreiros, esperando a vinda do salvador da pobreza, e eram ferozes. Saqueavam e matavam apenas para exibir sua fúria. O povo era conclamado a rezar, jejuar, flagelar-se, purificar-se. Multidões famélicas saíam em marcha na esperança dos milagres de Antônio Conselheiro, padre Cícero e beatos. As Ligas Camponesas, de Francisco Julião, nos anos 1950-60, lutaram por uma sociedade em que todos tivessem acesso à terra.

Foram todos chacinados. Hoje, ocorre a "verdadeira revolução", o sertão é dominado pelo agronegócio, trigo e soja, produzidos por fazendeiros sulinos, em que as máquinas substituíram o trabalho sertanejo.

4ª ilha: os "Brasis gaúcho, matuto e gringo" do Sul

A área sulina é culturalmente heterogênea, complexa, composta de estancieiros gaúchos, matutos e gringos. (1) O gaúcho brasileiro surgiu da penetração paulista e do seu cruzamento com o índio guarani. Especializou-se em gado, produzia cavalos, burros para transporte, com mão de obra indígena; o índio também se tornou "comedor de vaca". A cultura gaúcha é uniformizada por atividades pastoris, pela unidade da língua, pelos costumes e usos comuns: chimarrão, tabaco, poncho, rodeio, carros de boi, facas de carnear, esporas, freios, selas. Nas estâncias, vivem o proprietário e sua gauchada. O estancieiro é um caudilho entrincheirado em seu rancho, vaqueiro e guerreiro, trabalha atento aos ataques castelhanos, pois as fronteiras são indefinidas. A estância é um negócio racional, matadouros, frigoríficos, com mão de obra escrava negra e gaúchos mestiços, cada vez mais mal pagos e pobres. O gaúcho é homem do seu patrão, tem medo de ficar desprotegido, é uma sub-humanidade em roda de chimarrão. (2) Os matutos são descendentes dos açorianos que os portugueses enviaram para justificar a posse portuguesa. Eram atraídos com glebas, mantimentos, espingardas, munição, ferramentas, sementes, duas vacas e uma égua. Foi um fracasso a colonização açoriana. Isolados, despreparados, fizeram uma lavoura de subsistência. Eram brancos sem escravos, com tecnologia indígena; eram matutos caipiras, açorianos e paulistas. Vivem em ranchos humildes nas zonas rural e suburbana. Analfabetos, seguem os valores do rádio e da TV. (3) Os gringos são alemães, italianos, poloneses, japoneses, libaneses, imigrantes da segunda metade do XIX. São bilíngues, têm costumes estrangeiros, um nível educacional mais elevado. Vieram porque as elites olham a população brasileira com olhos europeus — "atrasada", "mestiça" — e querem substituir o povo brasileiro, branqueá-lo, eugenizá-lo. Eles têm uma pequena propriedade, são bem organizados, produzem vinho, mel, trigo, batatas, frutas, legumes, mandioca, praticam uma agricultura intensiva. Mas o gringo sem terra, sem emprego permanente, é também gaúcho-matuto.

Houve também rebeliões nessa área sulina: Contestado, em Santa Catarina (1910-14), foi um movimento monarquista, messiânico, antirrepublicano, antilatifundiário. Fanáticos justiceiros reivindicavam a reforma agrária, invadiam terras, liderados por "monges caminheiros," era um messianismo em busca do paraíso esperado. A "volta do monge" traria fartura e alegria, os velhos rejuvenesceriam e os feios embelezariam. Os Mucker, no Rio Grande do Sul (1872), era um movimento messiânico, liderado por uma profetisa.

5ª ilha: o "Brasil caipira" do Sudeste

Nos séculos XVI e XVII, os paulistas eram pobres, sem engenhos, sem escravos negros, sem mercadorias para a Europa. Os núcleos paulistas eram arraiais de casebres, de taipa, adobe e palha. A mão de obra era indígena para a caiçara, a caça, a pesca, a coleta de frutos, os utensílios domésticos — redes, gamelas, porongos, peneiras. Aventureiros, capturavam índios, vendiam, escravizavam, foram o terror das tribos livres e das missões. Eles ao mesmo tempo se confundiam e queriam se diferenciar dos indígenas; eram piratas, homens de guerra. Era uma sociedade mais pobre, mais igualitária, até os "homens bons" das câmaras eram mamelucos e pobres. Piratininga ou São Paulo era uma quase aldeia tribal, impunha sua dominação aos índios, era um povo novo e, ao mesmo tempo, um entreposto mercantil mundial. Era um Brasil exportador de escravos para o mercado interno. A esperança paulista era achar minas de ouro, prata e pedras preciosas no sertão, e acharam toneladas em Taubaté, Minas Gerais, Mato Grosso, Goiás. Multidões acorreram, cidades apareceram, os emboabas chegaram, e os paulistas foram parcialmente afastados, após a Guerra dos Emboabas.

Havia muito ouro e pouca comida. Após o ouro, veio o café; o Brasil voltou a se integrar ao mercado mundial. A fazenda era autárquica, escravista, os cafeicultores eram uma oligarquia poderosa, que não foi abalada pela Abolição e pela República; ao contrário, os proprietários ficaram mais poderosos. No final do século XIX, a mão de obra era imigrante, a mão de obra nacional foi desvalorizada. O cafeicultor não morava mais na fazenda, controlava a taxa de câmbio, fazia empréstimos externos, endividava-se. Em 1929, o Estado teve de comprar, estocar, queimar café. Para

Ribeiro (1995), a República dos fazendeiros fez mal ao Brasil, privatizou o Estado, discriminou negros, mestiços, caipiras. O Brasil se atrasou na Abolição, na educação, no direito do trabalho; os problemas sociais eram considerados uma questão de polícia. O café deixava para trás terras destruídas, erodidas, e cidades fantasmas, mas foi modernizador ao levar para o interior o sistema comercial internacional; criou ferrovias, rodovias, conquistou o oeste, levando capitais, população, riqueza. São Paulo viu-se coberto de gringos, que ao mesmo tempo europeizaram o caipira e se abrasileiraram. Depois, veio a indústria, com os imigrantes e a mão de obra nordestina, que os paulistas desprezam: "Esses baianos deviam ser deportados".

Ribeiro considera as rebeliões do núcleo caipira as mais importantes, as conjurações, inconfidências e rebeliões mineiras, do século XVIII, as manifestações populares cariocas contra a monarquia, na Regência e na República, nos séculos XIX e XX. Os movimentos operários paulistas, do século XX, para ele, devem ser a referência dos diversos povos brasileiros na construção de uma República popular. A grande transformação social, a reordenação social profunda, que tem esperança que virá, surgirá desse mundo caipira, que liderará os outros Brasis.

Esses cinco núcleos são rurais, mas, paradoxalmente, Ribeiro considera que o Brasil já nasceu como uma civilização urbana, pois cada núcleo tinha suas cidades, que centralizavam a administração oficial e o comércio. Nossas primeiras cidades foram Recife, Salvador, Rio de Janeiro, João Pessoa. No segundo século, São Luís, Cabo Frio, Belém, Olinda; no terceiro século, Mariana, Ouro Preto, Diamantina; no quinto século, a rede urbana cobria todo o território. Na colônia, as cidades eram centros administrativos e comerciais, reuniam as oligarquias rurais nas festas religiosas. A classe alta urbana era de funcionários, militares, sacerdotes, negociantes. No século XX, houve uma urbanização caótica, sem oportunidades de trabalho, sem infraestrutura e com populações imensas. Não se sabe como vivem! Os imigrantes entraram no final do século XIX-XX, muitos deles se estabeleceram nas cidades, sobretudo em São Paulo, e foram importantes como pioneiros da industrialização e líderes e organizadores do movimento operário. Eles mudaram bastante a face do país, mas nem tanto, porque também se abrasileiraram, integraram-se à nossa homogeneidade cultural, que transcende os conflitos sociais e raciais. As diferentes etnias não reivindicam isolamento nacional, o Brasil é resultado de tantas contribuições e é só uma etnia nacional, uma mesma cultura que a todos engloba e anima. Há um fanatismo patriótico no Brasil: um brasileiro vive com dificuldade fora do Brasil, fica triste e até comete suicídio (Ribeiro, 1995).

O sentido do Brasil: buscar a "cultura autêntica"
para superar a tragédia da origem

Enfim, quem somos nós, os brasileiros? Ribeiro deseja que o povo brasileiro alcance o máximo de lucidez para intervir eficazmente em sua história. É esse o propósito desse livro, ajudar a construir essa lucidez, que consiste no reconhecimento de que nosso processo histórico é atípico, não se enquadra em esquemas conceituais usados para outros contextos. Para ele, "o Brasil é uma nova configuração étnica só explicável em seus próprios termos, historicamente. É difícil defini-lo, mas precisamos encontrar soluções novas e próprias" (Ribeiro, 1995). Pela ótica de Ribeiro, o Brasil precisa ser visto como um "movimento de unificação e diferenciação", como uma construção de uma "unidade plural". Por um lado, "sofremos um processo de transfiguração étnica, não há mais indígenas, os negros foram integrados, o branco foi ficando moreno, por outro, mantivemos sempre a configuração luso-tupi. Nós conseguimos fundir as matrizes originais indígena, negra e portuguesa em uma entidade étnica nova, através da atualização e incorporação histórica. O Brasil vai se transfigurando em novos moldes, o padrão cultural ocidental torna-se peculiar aqui. As antigas áreas culturais vão ficando cada vez mais homogêneas, a comunicação de massas é uniformizadora, mas sem levar à perda das diferenças locais, que são valiosas. O Brasil é um povo-nação, que fala a mesma língua, enriquecida por sotaques regionais, com tradições comuns. Somos uma província da civilização ocidental melhor do que as outras, porque 'lavada' em sangue negro e índio. O futuro não será a nossa europeização, mas o abrasileiramento do mundo, nós o ensinaremos a viver mais alegre e feliz. A história do Brasil é essa alteridade original, que deu nascimento à primeira civilização de âmbito mundial articulando América, África, Europa" (Ribeiro, 1995).

Ribeiro reconstruiu a trágica história brasileira para concluir com um delirante otimismo! Ele retirou da experiência vivida trágica do povo brasileiro "a necessidade de superação, de seguir em frente, de avançar com coragem e alegria".

Se o povo brasileiro sobreviveu a tais terrores, não há mais nada a temer. Para ele, "a estratificação social separa e opõe os brasileiros, não há comunicação entre o povo e a elite, que o maltrata, explora e deflora. A elite tem obsessão com a ordem e faz revoluções preventivas, a ditadura é considerada necessária, para impedir o levantamento dos 'pobres escuros', o seu grande medo. Ao contrário do que diz a historiografia oficial, nunca faltou aqui violência desproporcional contra a mudança social. A sociedade aqui estruturada era contra os interesses da população, surgiu para atender aos interesses da minoria dominante, que defendia a sua própria prosperidade. As classes dominantes acham absurda a ousadia desses descendentes de escravos em pensar que esse país possa se tornar uma República dirigida pelo povo!". Para mim, Ribeiro parece contraditório em relação à unidade nacional, porque, por um lado, considera que "foi o resultado de um processo violento, que impediu toda identidade étnica discrepante, reprimiu toda vontade separatista, reforçou a repressão social e classista, escondeu as diferenças sociais e raciais", e, por outro, aceita essa unidade nacional como o "único mérito indiscutível das velhas classes dirigentes brasileiras"! Mas, se foi resultado de "um genocídio e etnocídio implacável", Ribeiro parece contraditório ao elogiar uma "unidade nacional" construída dessa forma; parece até perdoar as elites saqueremas, mas é porque quer vê-la pelo melhor lado: "Podemos partir daí para uma realidade superior, podemos nos apropriar do 'grande feito' das elites para produzirmos o nosso próprio grande feito, a proclamação de uma verdadeira República Popular, uma Nação-Estado, cujo poder emane do povo e governe para o povo". Além disso, a unidade não foi resultado apenas da violência policial-militar; ela se fez sobretudo de baixo para cima, desde a origem.

Ribeiro escarnece e provoca "as horrorosas elites brasileiras, gente grossa e bruta, pau-mandado dos europeus": surpresa!, "surgiu um povo novo, em si, que luta para tomar consciência de si, que irá vencê-las". A massa de mulatos, caboclos, crioulos, matutos, caipiras, migrantes e imigrantes, termos usados por essas elites para desqualificar os povos brasileiros, para revelar todo o seu desapreço e desprezo "branco", plasmou a etnia brasileira. Ribeiro utilizou esses mesmos termos, transfigurando-os, dando-lhes forma e conotação positiva, afetuosa, para desejar sucesso a esse povo-nação. Para ele, "o povo brasileiro não pode mais aceitar os adjetivos pejorativos com os quais a elite o definia para legitimar o seu poder. Não somos inferiores, desleixados, aventureiros, ociosos, indisciplinados, indolentes, incapazes de fundar uma sociedade democrática. As elites predatórias sempre impediram o povo brasileiro de ser o que é, sempre depreciaram o seu ser mestiço na carne e no espírito e, por isso, essa massa de mestiços vive sem consciência de si, na 'ninguendade', sem ser". Ele se exaltava, dirigindo-se ao povo: "Somos a maior nação neolatina, uma nova Roma, tardia e melhor, pois 'lavada' em sangue índio e negro. O povo brasileiro é um dos povos mais heterogêneos na formação, mas um dos mais homogêneos linguística e culturalmente, um dos mais integrados socialmente da terra. O sentido da história do Brasil é unificar-se em uma nação latino-americana tal como sonhou Bolívar tendo como antagonista a América anglo-saxônica. A população cresce e seremos capazes de fazer face aos blocos chinês, eslavo, árabe, neobritânico". Ribeiro se entusiasmava: "Nossa tarefa é bela: reinventar o gênero humano, que nunca existiu antes na nossa forma. O Brasil é a maior nação neolatina em população, criatividade artística e cultural, precisa dominar e criar tecnologias para realizar uma 'aceleração evolutiva' e se tornar uma potência econômica de progresso autossustentado". E exultava: "Somos uma nova civilização, mestiça, tropical, alegre, orgulhosa de si, generosa, a menos racista, multicultural, em um território luminoso. Somos homens melhores porque, mestiços, incorporamos mais humanidade, não representamos a separação, a distância social e racial, somos a humanidade reunida e vencedora".

Se quiséssemos desqualificar sua visão do Brasil, poderíamos compará-lo a Pollyanna, personagem do romance de Eleanor H. Porter, que sobrevivia às suas mazelas fazendo o "jogo do contente", raciocinando de tal forma que a pior tragédia, uma doença degenerativa, a orfandade, a perda de uma pessoa querida parecesse não só uma solução, mas um prêmio, como o melhor que poderia ter acontecido. Podemos compará-lo também a Cândido, o otimista personagem do romance de Voltaire, que via sempre nas imensas tragédias que vivia uma força oculta, favorável à vida, porque estava convencido de que "tudo vai pelo melhor no melhor dos mundos" e nada podia destruir essa sua convicção. Ribeiro tinha esse espírito "cândido", fazia sempre o "jogo do contente", porque nada podia perturbar sua decisão de viver intensamente ou, pelo menos, de ostentar que vivia intensamente. Se foi órfão e não teve filhos, não tem importância; aliás, que bom!, foi um prêmio, porque "não foi domesticado e não teve de domesticar ninguém". Em relação ao Brasil, para ele, tivemos uma formação trágica, sofremos uma terrível opressão, "homogeneizadora", "fomos sempre impedidos de ser, somos um povo não reconhecido pelos 'pais', nem fomos abandonados nem somos órfãos, estamos abaixo disso, nascemos da violência pura e simples, somos 'ninguém', 'lavados', isto é, ensanguentados em sangue índio e negro", mas Ribeiro não se deixa abater: "Somos homens e mulheres melhores e vamos ensinar o mundo a viver melhor!". Para mim, Ribeiro parece, mas não é Pollyanna ou Cândido, pois não valeria nada. Talvez Nietzsche esclareça melhor seu pensamento quando enfatizava a vida, com suas dores e alegrias. Para Nietzsche (2003), quando temos um passado pesado de dores, precisamos ser fortes, adquirir "força plástica", que é a capacidade de lembrar e esquecer no tempo certo, de criar uma segunda natureza, uma nova identidade, que nos eleve ao alto, ao instante presente-futuro.

Em *As Américas e a civilização*, Ribeiro (1979c) considerava que a história nos últimos séculos "é a história da expansão da Europa Ocidental, que se lança sobre todos os povos em ondas sucessivas de violência, cobiça e opressão. Para atender aos interesses europeus, o mundo todo foi revolvido e reordenado. Cada povo e indivíduo foi enquadrado no sistema europeu, nas ideias de riqueza, poder, justiça ou santidade nelas inspirado". Quais as perspectivas de desenvolvimento que se abriam aos povos da América Latina? Para ele, as potências estrangeiras interfeririam na política interna para garantir o atraso e seus privilégios. A "modernização reflexa" é dramática: os progressos aparentes das cidades modernizadas e o consumo de artigos importados convivem com as massas pauperizadas, e a perda de autonomia de seu desenvolvimento tende a perpetuar-se como uma vasta área periférica, como povos marginalizados da civilização do seu tempo. Como um "inconfidente redivivo", Ribeiro não gostava desse mundo e, na juventude, como Che Guevara, Allende, Fidel Castro, trabalhou intensamente pela queda do capitalismo, pela vitória do comunismo russo. Depois, chocado com o suicídio de Vargas, tornou-se um comtiano reformista, passou a lutar pelo que julgava possível realizar através do jogo político. Para Ribeiro (1979c), "o Brasil devia optar pela autonomia e singularidade e rejeitar o projeto de dependência e subcapitalismo da direita". Aliás, no exílio, ele compreendeu que esse caminho seria melhor não só para o Brasil, mas para toda a América Latina, que passou a conhecer melhor. Para ele, "a globalização destrói etnias, culturas, singularidades, o processo civilizador homogeneíza o Planeta, europeíza-o e suprime as diferenças e nuances culturais. O melhor projeto para a América Latina era ainda o de Bolívar: unir-se em uma grande nação para fazer face aos americanos do norte. O Brasil e a América Latina deviam escolher o seu próprio caminho e não se submeterem às imposições vindas de fora, deviam afastar a ameaça de 'atualização histórica' que nos levaria ao fim como sociedades e culturas autênticas e autônomas. Era preciso tomar o poder das classes dominantes, que controlavam o Estado, se consideravam superiores ao povo e reprimiam toda tentativa de mudança. Era preciso uma 'reordenação da sociedade', uma reforma profunda das velhas instituições" (Ribeiro, 1979c).

Para pensar e dirigir essa "reordenação da sociedade", uma nova universidade deveria ser construída. A UnB seria o modelo dessa nova universidade. Segundo Ribeiro (1979c), "não temos uma tradição universitária a defender e a preservar. Nossas universidades mais antigas são dos anos 1920/30 e serviam a filhos de fazendeiros que iam à escola para serem 'doutores', médicos, engenheiros, advogados. A produção não era tarefa de doutores, não exigia qualificação profissional. Quando técnicos eram exigidos em uma usina, fábrica, ferrovia, era preciso importá-los junto com o equipamento. Dependemos de saber e normas técnicas". A nova universidade deverá formar quadros técnicos, "porque só seremos autônomos quando a renovação das fábricas aqui instaladas se fizer pela nossa técnica, pelas nossas condições peculiares de produção e consumo. Esse é o caminho para a aceleração do ritmo de incremento da nossa produção de modo a reduzir ou anular a distância que nos separa dos países tecnologicamente desenvolvidos. O domínio da tecnologia tornou-se imperativo de autonomia nacional, se fracassarmos nesse desafio continuaremos subordinados. Por isso, para a formação de tecnólogos, a reforma do ensino era um imperativo. Seria melhor dizer instauração do que reforma, pois tão pouco há de universitário em nosso ensino superior. Era preciso uma universidade nova, planificada, estruturada em bases flexíveis. A UnB segue a estrutura da universidade atual dos países desenvolvidos, quer representar a chegada da universidade moderna ao Brasil" (Ribeiro, 1997, 1979a; DaMatta, 1979). Segundo ele, "a nova universidade terá múltiplas funções: assessorar os poderes públicos, integrar o país recebendo jovens de todas as regiões e da América Latina, ampliará as oportunidades de educação e pesquisa à juventude brasileira" (Reis, Cohn e Campos, 2007).

O professor de antropologia, o antropólogo reconhecido mundialmente censurava com acidez a vida acadêmica brasileira, particularmente a das ciências sociais, e ainda mais especificamente a comunidade dos antropólogos. Para ele, "a antropologia brasileira é vadia, a intelectualidade brasileira é mimética. A atitude dela é de pai de santo, recebe uma divindade estrangeira que fala pela sua boca. Os cientistas sociais abrem a boca para que falem Lévi-Strauss e Althusser, repercutindo o último grito de Paris, Nova York, Londres. É um saber alienado, que não se interessa pela realidade brasileira" (Ribeiro, 1997, 1979a; DaMatta, 1979). A antropologia brasileira dos anos 1960-70, de acordo com ele, aderiu ao estruturalismo; suas obras eram uma nota de pé de página na obra de Lévi-Strauss e Althusser. O antropólogo brasileiro não fazia nenhum esforço real para ajudar a construir a cultura brasileira autêntica, o que é muito grave, porque "a alienação é a negação do próprio ser, é a consciência que não corresponde à realidade. No Brasil, absorvemos a consciência do outro, em vez de ter a consciência de si. O Brasil acha que Deus é branco, de olhos azuis e louro, o que é lamentável. Esse Deus é dos europeus" (Ribeiro, 1997, 1979a; DaMatta, 1979). Para Ribeiro, "essa antropologia cética-relativista, que é a traição da própria antropologia, que declara que ingleses e xavantes não têm diferença nenhuma, nem superiores nem inferiores, são diferentes, esconde a dominação que o povo brasileiro padece, as alienações que sofre, é uma tentativa de anular a realidade. É uma antropologia reacionária que desconhece as contradições da sociedade. Os antropólogos brasileiros são empiristas, pesquisam problemas restritos, socialmente irrelevantes, incapazes de focalizar as questões cruciais das sociedades modernas. Só querem a segurança de rigor científico e isenção, preferem os microestudos, não gostam de teorias ousadas. São meros agentes da propagação de doutrinas políticas que só visam à perpetuação da ordem. Não abordam o colonialismo, o escravismo, o latifúndio, a exploração patronal como fatores causais do atraso. É uma antropologia colonialista que envergonha a antropologia crítica" (Ribeiro, 1997, 1979a; DaMatta, 1979). Houve um diálogo tenso entre Ribeiro e Roberto DaMatta sobre isso. Penso que os comentários de Ribeiro sobre o bovarismo dos intelectuais brasileiros são pertinentes, verdadeiros, mas a resposta de DaMatta nuançou essa verdade. Foi um bom debate (Ribeiro, 1997, 1979a; DaMatta, 1979).

Contra "esse estruturalismo reacionário que domina a antropologia brasileira", Ribeiro manteve a defesa de sua interpretação evolucionista, que expôs em seu livro *O processo civilizatório* (1975), do qual muito se orgulhava: "É o único livro teórico brasileiro traduzido para as línguas principais. Ele gera debates nos EUA e Alemanha. Fui o único teórico latino-americano a provocar uma discussão internacional. O único teórico brasileiro sou eu. Há quem nada publicou e se acha muito importante" (Ribeiro, 1997, 1979a; DaMatta, 1979). Para Ribeiro (1997, 1979a), "só a antropologia brasileira atrasada é antievolucionista, antiglobalizante. Uma antropologia que se nega a teorizar é uma contradição em si". Contudo, os antropólogos brasileiros têm o apoio do antropólogo teórico mais importante, talvez, do século XX, Claude Lévi-Strauss. Ribeiro contou que encontrou Lévi-Strauss em Paris, em 1972, que lhe tinha enviado um exemplar da sua "obra-prima", para saber o que achava e ficou sabendo que Lévi-Strauss não valorizava a teoria antropológica, nem a dele mesmo, que era uma "bobagem, que durará no máximo mais vinte anos". Para Lévi-Strauss, o mais importante era a etnografia, e Ribeiro teria contribuído mais se tivesse continuado a observar os índios. Ribeiro não concordou, porque isso significaria que os antropólogos do mundo dependente fariam a etnografia e os do mundo desenvolvido fariam a teoria antropológica, uma divisão do trabalho inaceitável. Aliás, o topetudo Ribeiro não considerava Lévi-Strauss digno de tapete vermelho, de tanta vênia e loas, pois era filósofo e veio aprender antropologia no Brasil, na Escola Livre de Sociologia e Política, e com os índios da Amazônia. Ele parecia reivindicar que os antropólogos brasileiros reconhecessem que o teórico da antropologia brasileira era só um, "o imperador do Brasil, Darcy Ribeiro, o único". Ele queria ter tido muitos discípulos, mas não teve. E se consolava: "Nem Gilberto Freyre, o maior, os teve" (Ribeiro, 1997, 1979a).

Nos anos 1990, o grande intelectual, e seu amigo, Fernando Henrique Cardoso era o presidente do país. O que pensava Ribeiro de seu governo? Teria ele condições de mudar esse jogo? Para Ribeiro, não, pois "a política econômica de Cardoso é a mesma do Delfim, Roberto Campos, da Ditadura. O pendor do grupo de Fernando Henrique é se entregar ao capital estrangeiro, venderam Volta Redonda, uma siderúrgica conquistada por Vargas durante a Guerra. As privatizações foram doações, porque os preços eram vis. Quem ganhou foram os banqueiros, o país não ganhou nada. Fernando Henrique não vê o etnocídio que ocorre no Brasil, a população morre de fome, miséria. Cardoso é um sociólogo inteligente, mas o intelectual brasileiro raramente foi fiel ao Brasil. A sua tendência é acomodar-se, o intelectual brasileiro não é flor que se cheire, não merece confiança. Eu nunca gostei de ser político, mas num país com o intestino à mostra como o Brasil, o intelectual tem obrigação de tomar posição. É um luxo para o Brasil ter um intelectual da categoria de Fernando Henrique na Presidência, mas também é um desperdício. Ele fez um pacto com a direita e está cercado por uma meninada perigosa, com a cabeça feita no estrangeiro, disposta a vender o esqueleto do Brasil" (Ribeiro, 1997, 1979a). Entretanto, mesmo assim, Ribeiro esperava que Cardoso conseguisse fazer reformas importantes. Para mim, a grande pergunta que Ribeiro poderia fazer a Cardoso seria esta: "O que significa 'dominação externa', 'submissão ao capital estrangeiro' para você? Isso existe?". Se Cardoso quisesse responder sinceramente, talvez compreendesse melhor sua interpretação do Brasil e seu próprio governo (Ribeiro, 1997).

Em minha opinião, o grande tema da obra de Ribeiro, o tema central, o que sustenta todas as suas pesquisas e reflexões sobre os brasileiros, os latino-americanos, os norte-americanos, os europeus, o Ocidente, os intelectuais, os índios, a revolução social, as reformas de base, Getúlio Vargas, João Goulart, Brizola, o próprio Darcy Ribeiro, é o da "cultura autêntica". Ribeiro parecia nutrir horror pela "cultura espúria", que, para ele, significava dependência, alienação, submissão, incapacidade de direção da própria história com autonomia e singularidade. Ribeiro não suportava ser "espúrio" e estava continuamente passando sua consciência em filtros, para obter a essência/perfume da sua presença. Parecia que buscava objetivar sua alma, estruturando-a como uma "exoalma", para viver e agir com segurança e autonomia. Ele tendia a "entrar em si mesmo", voltar-se para dentro, o que é visível em seu percurso geográfico: em vez de sair do Brasil e da América do Sul, ir para a Europa e os EUA, como todos faziam, ele adentrou o território brasileiro e sul-americano em busca da "autêntica" brasilidade e sul-americanidade. Como só encontrou "culturas espúrias", transfiguradas, dominadas, dependentes, passou a lutar fortemente pela reconquista da "autenticidade". Esse tema apareceu de forma mais intensa em seus romances, nos quais era mais intimista. Em *Maíra* (1989a), Isaías Mairum representa tudo o que ele lamentava que o índio tinha se tornado, o que o Brasil continuava sendo e o que mais temia se tornar: um homem sem alma própria, um país dominado por valores e técnicas de outro. Isaías era um índio mortalmente deculturado pela Igreja, que também não conseguiu aculturá-lo. Ele perdeu tudo, a cultura que tinha e a cultura que lhe ofereceram, que não acolheu. Seminarista, em Roma, perdeu a fé, não quis se ordenar padre. Queria voltar a ser o que era: índio mairum. Voltou à aldeia, querendo refazer os caminhos que o desfizeram. Ele queria voltar ao convívio de sua gente e lavar o óleo de civilização e cristandade que o impregnava. Isaías leu etnologia, psicologia, teologia, mas, no fundo, como um caroço, seu sentimento de mundo era mairum: "Esta era a minha raiz mais funda, a minha semente, a minha essência, o meu ser. Volto degenerado, esvaziado". Mas estava enganado: o povo mairum não o reconheceu, não o acolheu, não viu nele o tuxaua, o homem de guerra, com olhar firme e duro. Era frouxo e covarde como um velho. Nem tesão tinha mais, o Isaías. Um morto-vivo, só falava com o oxim, o curandeiro, porque com ele ninguém mais falava. Raramente alguém conversava com ele; era tratado cordialmente como uma visita que um dia iria embora. Ficava aquele pobre coitado andando daqui pra lá na sua ex-aldeia. Isaías era ambíguo/espúrio: nem índio nem cristão, nem era homem nem deixava de ser: "Ser dois é não ser nenhum, ninguém". E ficava pensando, se confundindo cada vez mais, murmurando sozinho ladainhas em latim. Suicidou-se.

Em *O Mulo* (1987), mais confissões! Em busca de uma sólida "exoalma" que sustentasse seu caminho, Ribeiro criou o personagem coronel Philogônio de Castro Maya, que também gostava de fazer "exame de consciência" e confessava os pecados ao sacerdote que iria lê-lo, herdar sua fazenda, rezar missas e perdoá-lo. Ele precisava de absolvição para enfrentar no outro mundo quem lhe pedisse contas. Os males do coronel eram semelhantes aos do autor: órfão de mãe, o pai nem conheceu. Era descendente de assassinos e ladrões. Não suportava se lembrar de vontades mais fortes que o fizeram dobrar, pôr o rabo entre as pernas e arrepiar caminho, pois se envergonhava de si. O coronel confessava que tinha um "modo mineiro de ser, que não inventei, assim somos, secos de gestos e palavras". Os moleques o chamavam de "Seu Mulo", porque, como o autor, não teve filhos: "Não é um apelido ruim demais: é bicho enxuto de carnes, pouco luxo no comer, duro no trabalho, bom". Sempre viveu só, mas não se queixava de solidão; mesmo rodeado de gente, vivia só, "meu pai sou eu, minha mãe também, até meu filho sou. O que há, sou eu só. Fui muitas gentes. Sou todos esses e eu só. Ao confessar, fico pensando nos eus que eu fui. Cada qual, apesar de diferente, era eu inteiro". Segundo Ribeiro,

O Mulo era "o retrato de nossa classe dominante rústica, em toda a sua bruteza de gastadores de gente no trabalho, em sua fome de terras e poder. O patronato rural entra em suas cabeças para fazê-los ver a si mesmos como a coisa mais reles". Ele dizia "guardar recordações indeléveis da brutalidade que presenciei em fazendas de minha gente mineira contra vaqueiros e lavradores, que não esboçavam a menor reação. Mostrei negros e caboclos de uma humildade dolorosa diante de patrões brutais". Com esse belo/triste romance, Ribeiro quis mostrar um Brasil profundo, sertanejo-amazônico, enfermo de desigualdade, herança hedionda da escravidão.

Em *Migo* (1998), que quer dizer "comigo", "amigo", ele inventou uma autobiografia em que imaginava o que teria sido dele se tivesse continuado em Minas: um professor aposentado, escritor, simpático, que tinha amigos que o visitavam, "que se detestam e me detestam e eu a eles, no melhor estilo mineiro: é um fuxico só". Todos viciados em Carlos Drummond de Andrade, e o livro traz em cada capítulo um verso de Drummond: "O tempo é a minha matéria, o tempo presente, os homens presentes"; "É feia, mas é flor, furou o asfalto, o tédio, o nojo, o ódio". Ribeiro dizia que se alimentava da poesia de Drummond, sua carne era "carlos-drummônica". Ele dizia que escreveu esse livro "como quem vomita o inconsciente a golfadas, pondo para fora o que há no fundo de mim". O protagonista, Ageu Rigueira, era um mineiro bom, que nasceu no interior e veio para Belo Horizonte havia 40 anos. Igual ao autor, Rigueira chegou aos 20 anos, atormentado, querendo se matar, perdeu a mocidade lendo romances, vendo filmes, ouvindo o professor Veloso filosofar. Nesse romance há frases, parágrafos, capítulos, idênticos aos de *Confissões*. Rigueira vivia com o filho adotivo, Zeca, e com sua mulher, Nora. Aposentado, ruminava a vida vivida, parado, mas o tempo corroendo: "Caí na família mineira, estou perdido. Como é que ilhados nesse mar de pedras, enterrados nessa morraria, podemos ter uma destinação mundial? Minas acabou antes de ser. Os intelectuais daqui sabem de tudo que não tem nenhuma importância".

Ageu Rigueira era como Ribeiro: vivia sonhando com a Minas do século XVIII, que viveu um milagre, "uma criatividade prodigiosa, bela, única. Boa arquitetura, pintura, literatura, música. Hoje, Aleijadinho morreria de fome. Aliás, existiu? Um morfético sem dedos não faria o que dizem que fez. Notícia falsa. Se eu tivesse poder, o que queria era restaurar e conservar essa Minas, tal e qual". Rigueira/Ribeiro lamentava a Minas de hoje: "Minha terra, minha gente, não é essa que está aí mediocrando. Meus coetâneos são a minha tristeza. Nós mineiros nos ufanamos de ser gente de atitude. Não somos não. Temos é serrarias que nos cercam por todo lado, tapando o horizonte, mantendo a escuridão. Minas será o último país do mundo a fazer uma revolução para mudar. Fará contrarrevoluções para permanecer tal qual. Somos gente sólida, confiável, resignada, conformada. Nem nós nos entendemos. Somos descendentes miúdos de audazes pioneiros, viramos capiaus geralistas. O tempo dirá se Minas se acabou sem glória ou se alça outra vez, altaneira. Tomara!". Feito um Isaías Mairum, Rigueira/Ribeiro continuava sua crise de "inconfidências": "Meu país, minha patrinha pra valer, é Minas. Só de vê-los, oh meu povo, a vocês e a mim também, me revolvem as tripas. Por que esse povo meu tão capaz de grandezas de antanho agora é tão chinfrim? Minas é minha nação, meu gene, minha etnia. Mineiro sou, apesar de mim. Isto é o que eu sou: mineiro". Ageu Rigueira confessava que gostaria de ter sido Darcy Ribeiro, que foi para o Rio e se deu bem. Ele deveria também ter saído de Minas. Em *Migo*, Ribeiro era cético quanto ao futuro dos mineiros, mas em *Maíra*, nos intervalos em que o autor aparece (*egum sum*), revelava ainda algum otimismo: "Minas ainda há, ó Carlos, enquanto eu houver. É um território da memória que vou recuperar, se o tempo der. Ali, eu vi barrocos projetos vociferantes. Entre eles, um me fala sem pausa: o da boca queimada pela palavra de Deus — Isaías". Ribeiro temia tornar-se um Isaías Mairum, queria tornar-se um Isaías profeta.

Enfim, a obra de Ribeiro representa o pensamento e o imaginário de uma época, os anos 1950-60. Apesar das divergências entre as correntes e entre autores, o sonho de todos era com a revolução social sob a inspiração da Rússia e de Cuba. Talvez seja um pensamento datado, superado, mas deve ser esquecido? As inúmeras reformas propostas pelo governo Jango foram feitas? Eram chamadas de "reformas de base", estruturais, para servirem à população brasileira herdeira da escravidão. Se não foram feitas, foi mantida a "hedionda herança". Ribeiro, que construiu, ou pelo menos imprimiu, sua exoalma, esteve envolvido até a raiz dos cabelos com o projeto revolucionário das esquerdas dos anos 1960: "Sou revolucionário, queria ser Che ou Allende. Eu gostaria de uma morte assim: fuzilado, enforcado, para não ser esquecido. Uma glória assim vale mais que décadas de sobrevida modesta. A ética é o que me move na ação política: lealdade ao bem e repulsa a toda perversão e corrupção. A indiferença, jamais. O povo quer reformas e não revoluções perfeitas. O meu programa político é de reformas, de reordenação social. Não foram erros da esquerda ou do governo que levaram ao golpe, foi uma intervenção militar estrangeira" (Ribeiro, 1997). Para mim, Ribeiro buscou intensamente recuperar a autenticidade mineira, que, para ele, era o "tempo inconfidente". Eu o vejo como um "inconfidente redivivo", um Tiradentes reencarnado!

Do meu ponto de vista, Ribeiro representaria o projeto inconfidente para o Brasil. Segundo ele, "somos um arquipélago de ilhas Brasil, mas fazemos 'um movimento de unificação sem perder a diferenciação' e Minas foi o nó que atou o Brasil, a ilha por onde passavam todos os povos das outras ilhas. No século XVIII, a região aurífera foi objeto da maior disputa que houve no Brasil: paulistas e baianos, o Rio de Janeiro foi o porto, o Rio Grande do Sul foi o provedor de mulas. Em Minas Gerais, os núcleos brasileiros se articularam em uma rede de intercâmbio comercial, dando base à unidade nacional de baixo para cima. A sociedade mineira é um tronco paulista, mas peculiar, porque reúne brasileiros de outras partes e europeus. Era uma vida urbana e mais ostentosa. A mineração integrou a sociedade colonial, assegurou a unidade nacional. Tinha uma vida urbana, uma vida social brilhante, majestosos edifícios públicos, igrejas belíssimas, sobrados, ruas pedradas, chafarizes de pedras esculpidas. A cultura barroca era um fausto urbano. Tudo isso fez de Minas o nó que atou o Brasil e fez dele uma coisa só: Minas, árvore culta, havemos de amanhecer!" (Ribeiro, 1995). Ribeiro prossegue: "Em Minas, floresceu a mais alta expressão da civilização brasileira: Aleijadinho, poetas, arquitetura, escultura, música erudita, livros, poemas. O povo mineiro tem amor à liberdade, aqui, agora, já. Em Minas apareceu um pensamento político revolucionário. A sedição veio da classe alta, a elite letrada propôs uma reordenação social, foi um movimento ousado, que propôs uma República de molde norte-americano, sem escravidão, com liberdade de comércio e industrialização. Por sonharem tão alto, Felipe dos Santos foi esquartejado, Tiradentes, que se inspirou na Constituição norte-americana, lutou pela liberdade e foi enforcado, esquartejado e exposto à população". Para ele, "Tiradentes não se acabou, prossegue em nós, mineiros, latejando. Há uma multidão de heróis mestiços, anônimos, os mineiros consolidaram o espírito de rebeldia. Minas tem maneiras de viver, comer, vestir, cantar, entristecer e até de suicidar, únicas no Brasil. É a mineiridade! A glória maior do povo brasileiro foi a expressão mineira mais alta" (Ribeiro, 1995).

Contudo, depois dessa "Minas áurea", para Ribeiro (1995) "Minas não houve mais. Surgiu uma Minas conservadora, reservada, desconfiada, taciturna, amarga.

Os bandeirantes mineiros estagnaram, pobres, arcaicos, rústicos, sovinas, rurais, beatos, carolas. As cidades e as prateleiras ficaram vazias, o mineiro tornou-se um mísero 'gaveteiro'". Dessa Minas, Ribeiro fugiu! Ele a descreveu literariamente no romance *O Mulo* como uma "gente bruta, estúpida". Montes Claros tornou-se um quadro na memória, mas não doía, ficou pra trás. Belo Horizonte significou o fracasso na carreira de médico, a grande decepção de sua mãe, significou a "cultura tacanha", estéril, que faria dele um "compêndio desencarnado", pesadelo que descreveu no romance *Migo*. Quando Ribeiro acreditava em Minas, idealizava e sonhava com a Minas do ouro, a barroca, a da Inconfidência Mineira. Ele se identificava com Aleijadinho, Tiradentes, Tomás Antônio Gonzaga. Naquele momento, Minas foi primeira, representou um sonho de liberdade urgente, republicano, democrático, de uma sociedade culta, criativa, rica e livre! Para ele, a praça Tiradentes, de Ouro Preto, seria ainda o centro histórico republicano do Brasil, "porque foi ali que surgiu um projeto de unificação e diferenciação regional, de homogeneização sem supressão da heterogeneidade, que ainda não se concretizou. O espírito mineiro é o de criar laços, conversar, negociar, articular, costurar, integrar, aquilo que Bolívar também quis fazer pela América Latina" (Ribeiro, 1995, 1998). Ribeiro quis dar continuidade a essa capacidade mineira de atar as regiões brasileiras ao Brasil; de costurar o Brasil à América Latina; de, na medida do possível, aproximar as elites do povo brasileiro; de, enfim, reunir na diferença, democraticamente, a sociedade brasileira. Ele tinha a mania de "salvar" o Brasil não como uma Pollyanna ou algum jesuíta, mas como filho de uma educadora popular, de uma senhora mineira, que se entregou à tarefa de "salvar", através da educação, a infância de Montes Claros. Como diria Caetano Veloso, "a sua voz era a sua mãe"! Para ele, a educação pública e gratuita em todos os níveis era o caminho da emancipação, pois funciona como uma "cultura de cérebros", que, semeados, cultivados, irrigados, geram ideias, projetos, geram a consciência para si, a lucidez necessária à "autossalvação" do povo brasileiro. A educação oferece a "verdadeira salvação", aquela que não vem do outro, da palavra de Deus, do jesuíta, do rei ou do coronel, mas que vem do próprio sujeito, que se torna capaz de se reconhecer e avaliar por si mesmo, "autenticamente", sua situação histórica e de encontrar e escolher as práticas mais eficazes para chegar à ordem social mais justa e democrática

Referências

Introdução. Da "história geral do Brasil" à "história plural do Brasil"

CARDOSO, Fernando Henrique. Livros que inventaram o Brasil. *Novos Estudos Cebrap*, São Paulo, v. 37, p. 21-35, nov. 1993.

COLLINGWOOD, R. G. *A ideia de história*. Lisboa: Presença, 1981.

HARTOG, François. *Regimes de historicidade*: presentismo e experiências do tempo. Belo Horizonte: Autêntica, 2013.

KOSELLECK, Reinhart. *Futuro passado*: contribuição à semântica dos tempos históricos. Rio de Janeiro: Contraponto; Ed. PUC-Rio, 2006.

LINHARES, Maria Yedda (Org.). *História geral do Brasil.* Rio de Janeiro: Campus, 1990.

MOOG, Clodomir Vianna. *Uma interpretação da literatura brasileira*. Rio de Janeiro: Casa do Estudante do Brasil, 1943.

RICOEUR, Paul. *Tempo e narrativa*. Campinas: Papirus, 1994. 3 v.

RICUPERO, Bernardo. *Sete lições sobre as interpretações do Brasil*. São Paulo: Alameda, 2007.

José Murilo de Carvalho. *A construção da ordem: a elite política imperial. Teatro de sombras: a política imperial*, 2012

Sobre "tempo saquarema" e José Murilo de Carvalho

BASILE, Marcelo Otávio. O Império brasileiro: panorama político. In: LINHARES, Maria Yedda (Org.). *História geral do Brasil*. Rio de Janeiro: Campus, 1990.

BOMFIM, Manoel. *O Brasil nação*: realidade da soberania brasileira. Rio de Janeiro: Topbooks, 1996.

CARVALHO, José Murilo de. *A construção da ordem*. Tese (doutorado) — Stanford University, Palo Alto, CA, 1974.

____. *Os bestializados*: o Rio de Janeiro e a República que não foi. 2. ed. Rio de Janeiro: Companhia das Letras, 1987.

____. *A formação das almas*. São Paulo: Companhia das Letras, 1990.

____. Esse debate é real. *Jornal do Brasil*, Rio de Janeiro, 1991.

____. *Pontos e bordados*: escritos de história e política. Belo Horizonte: Ed. UFMG, 1998a.

____. A força do estigma. *Folha de S.Paulo*, "Caderno Mais!", 1º nov. 1998b.

____. *Bernardo Pereira de Vasconcelos*. São Paulo: Ed. 34, 1999. Col. Formadores do Brasil.

____. *Paulino José Soares de Sousa, Visconde do Uruguai*. São Paulo: Ed. 34, 2002. Col. Formadores do Brasil.

____. *Forças Armadas e política no Brasil*. Rio de Janeiro: Zahar, 2006.

____. O radicalismo político no Segundo Reinado. In: SCHWARCZ, Lilia Moritz; BOTELHO, André. *Um enigma chamado Brasil*. São Paulo: Companhia das Letras, 2009.

____. *D. Pedro II*. São Paulo: Companhia das Letras, 2010.

____. *A construção da ordem*: a elite política imperial. *Teatro de sombras*: a política imperial. 7. ed. Rio de janeiro: Civilização Brasileira, 2012.

____. *A cidadania no Brasil*: o longo caminho. 17. ed. Rio de Janeiro: Civilização Brasileira, 2013 [2001].

CHALHOUB, Sidney. *Machado de Assis, historiador*. São Paulo: Companhia das Letras, 2003.

COSTA, Wilma Peres. A Independência na historiografia brasileira. In: JANCSÓ, István (Org.). *Independência*: história e historiografia. São Paulo: Hucitec, 2005.

COUTO, José Geraldo. José Murilo de Carvalho. In: ____; CORDEIRO, Leny (Coord.). *Quatro autores em busca do Brasil*: entrevistas com José Murilo de Carvalho, Jurandir Freire Costa, Renato Janine Ribeiro, Roberto DaMatta. Rio de Janeiro: Rocco, 2000.

DIAS, Maria Odila da Silva. A interiorização da metrópole (1808-1853). In: MOTA, Carlos Guilherme (Org.). *1822*: dimensões. São Paulo: Perspectiva, 1972. p. 160-184.

DOLHNIKOFF, Miriam. O arranjo institucional. In: ____. *O pacto imperial*: origens do federalismo no Brasil. Rio de Janeiro: Globo, 2005.

FERNANDES, Rui A. Nascimento. Como os fluminenses lidaram com a memória imperial na década de 1920. In: GONÇALVES, Marcia de Almeida et al. (Org.). *O valor da história, hoje*. Rio de Janeiro: Ed. FGV, 2012.

FERREIRA, Gabriela Nunes. *Centralização e descentralização no Império*: o debate entre Tavares Bastos e visconde de Uruguai. São Paulo: Ed. 34, 1999.

____. Visconde do Uruguai: teoria e prática do Estado brasileiro. In: SCHWARCZ, Lilia Moritz; BOTELHO, André. *Um enigma chamado Brasil*. São Paulo: Companhia das Letras, 2009.

____. A relação entre leis e costumes no pensamento político e social brasileiro. In: FERREIRA, Gabriela Nunes; BOTELHO, André. *Revisão do pensamento conservador*: ideias e política no Brasil. São Paulo: Hucitec, 2010.

GOMES, Angela de Castro. *Essa gente do Rio*: os intelectuais cariocas e o modernismo. Rio de Janeiro: Ed. FGV, 1999.

GUIMARÃES, Lúcia Maria Paschoal; PRADO, Maria Emília (Org.). *O liberalismo no Brasil Imperial*: origens, conceitos e prática. Rio de Janeiro: Revan, 2001.

LYNCH, Christian Edward Cyril. Quando o regresso é progresso: a formação do pensamento conservador saquarema e de seu modelo político (1834-1851). In: FERREIRA, Gabriela Nunes; BOTELHO, André. *Revisão do pensamento conservador*: ideias e política no Brasil. São Paulo: Hucitec, 2010.

MALERBA, Jurandir. Esboço crítico da recente historiografia sobre a Independência do Brasil (1980-2002). *A Independência brasileira*: novas dimensões. Rio de Janeiro: Ed. FGV, 2006.

MARTINS, Maria Fernanda Vieira. A velha arte de governar: o Conselho de Estado no Brasil imperial. *Topoi*, IFCS-UFRJ, v. 7, n. 12, p. 178-221, jan./jun. 2006.

MATTOS, Ilmar Rohloff de. *Tempo saquarema*: a formação do Estado imperial. Rio de Janeiro: Access, 1994.

____. O lavrador e o construtor: o visconde do Uruguai e a construção do Estado imperial. In: PRADO, Maria Emilia (Org.). *O Estado como vocação*: ideias e práticas políticas no Brasil oitocentista. Rio de Janeiro: Access, 1999.

____. Construtores e herdeiros: a trama dos interesses na construção da unidade política. *Almanack Braziliense*, n. 1, p. 9-26, maio 2005.

MCFARLANE, Anthony. Independências americanas na era das revoluções: conexões, contextos, comparações. In: MALERBA, Jurandir (Org.). *A Independência brasileira*: novas dimensões. Rio de Janeiro: Ed. FGV, 2006.

MONTEIRO, Hamilton de Mattos. Da Independência à vitória da ordem. In: LINHARES, Maria Yedda (Org.). *História geral do Brasil*. Rio de Janeiro: Campus, 1990.

MORAES, José Geraldo Vinci; REGO, José Márcio. Entrevista com José Murilo de Carvalho. In: ____; ____. *Conversas com historiadores brasileiros*. São Paulo: Ed. 34, 2002.

NEVES, Lúcia Maria Bastos P. Intelectuais brasileiros nos oitocentos: a constituição de uma "família" sob a proteção do poder imperial (1821-1838). In: PRADO, Maria Emilia (Org.). *O Estado como vocação*: ideias e práticas políticas no Brasil oitocentista. Rio de Janeiro: Access, 1999.

OLIVEIRA, Cecilia Helena de Sales. Heranças recriadas: especificidades da construção do Império no Brasil. *Almanack Braziliense*, n. 1, p. 44-52, 2005.

PRADO, Maria Emilia. Ordem liberal, escravidão e patriarcalismo: as ambiguidades do Império do Brasil. In: GUIMARÃES, Lucia Maria Pachoal et al. (Org.). *O liberalismo no Brasil imperial*. Rio de Janeiro: Revan, 2001.

RAMOS, Guerreiro. *Administração e estratégia do desenvolvimento*. Rio de Janeiro: Ed. FGV, 1966.

REIS, José Carlos. *As identidades do Brasil 2, de Calmon a Bomfim*: a favor do Brasil: direita ou esquerda? Rio de Janeiro: Ed. FGV, 2006.

____. *As identidades do Brasil 1, de Varnhagen a FHC*. 9. ed. ampl. Rio de Janeiro: Ed. FGV, 2007.

____. Pode-se falar de uma identidade nacional brasileira? In: ____. *Teoria & história*: tempo histórico, história do pensamento histórico ocidental e pensamento brasileiro. Rio de Janeiro: Ed. FGV, 2012.

RIBEIRO, Maria Eurydice de Barros. *Os símbolos do poder*: cerimônias e imagens do Estado monárquico no Brasil. Brasília: Ed. UnB, 1995.

RICUPERO, Bernardo. *Sete lições sobre as interpretações do Brasil.* São Paulo: Alameda, 2007.

____. O conservadorismo difícil. In: FERREIRA, Gabriela Nunes; BOTELHO, André. *Revisão do pensamento conservador:* ideias e política no Brasil. São Paulo: Hucitec, 2010.

RODRIGUES, Luís Severiano Soares. Diz-me com quem andas. *Instituto Brasil Imperial.* 30 nov. 2012. Disponível em: <www.brasilimperial.org.br/layout/layout2.php?cdConteudo=201&codigo=10>. Acesso em: 13 jun. 2016.

SILVA, Vera Alice Cardoso. Monarquia e Primeira República: a natureza do pacto de dominação segundo interpretações correntes na historiografia. *Varia História,* Belo Horizonte, v. 10, p. 132-150, 1990.

SILVA, Wlamir. Desafiando o Leviatã: sociedade e elites políticas em interpretações do Estado imperial brasileiro. *Vertentes,* São João del-Rey, n. 11, p. 15-22, jan./jun. 1998.

SOUZA, Iara Lis Carvalho. A adesão das câmaras e a figura do imperador. *Revista Brasileira de História,* v. 18, n. 36, p. 367-394, 1998.

URICOECHEA, Fernando. *O minotauro imperial:* a burocratização do Estado patrimonial brasileiro no século XIX. Rio de Janeiro: Difel, 1978.

URUGUAI, visconde do. *Ensaio sobre o direito administrativo.* Rio de Janeiro: Departamento de Imprensa Nacional, 1960 [1862].

VARNHAGEN, Francisco Adolfo. *História geral do Brasil.* São Paulo: Melhoramentos, 1962 [1853-57].

Fernando Henrique Cardoso. *Empresário industrial e desenvolvimento econômico no Brasil,* **1964**

Sobre tempo bandeirante e Fernando Henrique Cardoso

ABUD, Katia Maria. Progresso e trabalho: da vila bandeirista à Chicago brasileira. *Revista USP,* n. 63, p. 94-101, set./nov. 2004.

AMARAL, Roberto. A construção conservadora. In: ____ (Coord.). *FHC:* os paulistas no poder. Niterói: Jorge Editorial, 1995.

BAER, Werner; AMANN, Edmund. A ilusão da estabilidade: a economia brasileira no governo FHC. In: D'INCAO, Maria Ângela; MARTINS, Hermínio (Org.). *Democracia, crise e reforma*: estudos sobre a era Fernando Henrique Cardoso. São Paulo: Paz e Terra, 2010.

BARBOZA FILHO, Rubem. FHC: Os paulistas no poder. In: AMARAL, Roberto (Coord.). *FHC*: os paulistas no poder. Niterói: Jorge Editorial, 1995.

BENJAMIN, Walter. *O capitalismo como religião*. São Paulo: Boitempo, 2013.

BONAVIDES, Paulo. A globalização do neoliberalismo. In: AMARAL, Roberto (Coord.). *FHC*: os paulistas no poder. Niterói: Jorge Editorial, 1995.

BRESSER-PEREIRA, Luiz Carlos. Empresários, suas origens, e as interpretações do Brasil. *Revista Brasileira de Ciências Sociais*, v. 9, n. 25, jun. 1994.

____. Os primeiros passos da reforma gerencial do Estado de 1995. In: D'INCAO, Maria Ângela; MARTINS, Hermínio (Org.). *Democracia, crise e reforma*: estudos sobre a era Fernando Henrique Cardoso. São Paulo: Paz e Terra, 2010.

____; DINIZ, Eli. Empresariado industrial, democracia e poder político. *Novos Estudos Cebrap*, São Paulo, n. 84, p. 83-99, jul. 2009.

CARDOSO, Fernando Henrique. *Empresário industrial e desenvolvimento econômico no Brasil*. São Paulo: Difusão Europeia do Livro, 1964.

____. *O modelo político brasileiro e outros ensaios*. São Paulo: Difusão Europeia do Livro, 1972.

____. *Autoritarismo e democratização*. Rio de Janeiro: Paz e Terra, 1975.

____. *Capitalismo e escravidão no Brasil meridional*. Rio de Janeiro: Paz e Terra, 1977.

____; FALETTO, Enzo. *Dependência & desenvolvimento na América Latina*. Rio de Janeiro: Zahar, 1970.

CASTRO, Claudio de Moura. A educação nos anos de FHC. In: D'INCAO, Maria Ângela; MARTINS, Hermínio (Org.). *Democracia, crise e reforma*: estudos sobre a era Fernando Henrique Cardoso. São Paulo: Paz e Terra, 2010.

CERVO, Luiz Amado. Relações internacionais do Brasil: um balanço da era Cardoso. *Revista Brasileira de Política Internacional*, v. 45, n. 1, p. 5-35, 2002.

COSTA, Paulo Roberto Neves. Como os empresários pensam a política e a democracia: Brasil, anos 1990. *Opinião Pública*, Campinas, v. XI, n. 2, p. 422-449, out. 2005.

COSTA, Tarcísio. Os anos noventa: o ocaso do político e a sacralização do mercado. In: MOTA, Carlos Guilherme (Org.). *Viagem incompleta*: a experiência brasileira (1500-2000). São Paulo: Senac, 2000.

COSTA, Wilma Peres. Afonso d'Escragnolle Taunay: história geral das bandeiras paulistas. In: MOTA, Lourenço Dantas. *Introdução ao Brasil*: um banquete no trópico. São Paulo: Senac, 2002. v. 2.

DAMATTA, Roberto. O real como revolução brasileira: um ensaio sobre as intimidades da hierarquia com o dragão da inflação. In: D'INCAO, Maria Ângela; MARTINS, Hermínio (Org.). *Democracia, crise e reforma*: estudos sobre a era Fernando Henrique Cardoso. São Paulo: Paz e Terra, 2010.

ELLIS JR., Alfredo; AZEVEDO, Fernando de. *Populações paulistas*. São Paulo: Companhia Editora Nacional, 1934. Biblioteca Pedagógica Brasileira, Série 5a, Brasiliana 27.

FERNANDES, Millôr. *Crítica da razão impura ou O primado da ignorância*: sobre *Brejal dos Guajas*, de José Sarney, e *Dependência e desenvolvimento na América Latina*, de Fernando Henrique Cardoso. Porto Alegre: L&PM, 2002.

FERREIRA, Antônio Celso; LUCA, Tânia Regina de; IOKOI, Zilda Grícoli. *Encontros com a história*: percursos históricos e historiográficos de São Paulo. São Paulo: Ed. Unesp, 1999.

GARCIA JR., Afrânio. A dependência da política: Fernando Henrique Cardoso e a sociologia no Brasil. *Tempo Social*, São Paulo, v. 16, n. 1, jun. 2004.

GOERTZEL, Ted. Lembrem-se de tudo que escrevi: o impacto de Fernando Henrique Cardoso nas ciências sociais. In: D'INCAO, Maria Ângela; MARTINS, Hermínio (Org.). *Democracia, crise e reforma*: estudos sobre a era Fernando Henrique Cardoso. São Paulo: Paz e Terra, 2010.

HOLANDA, Sérgio Buarque de. *Raízes do Brasil*. Rio de Janeiro: José Olympio, 1936.

LAFER, Celso. O intelectual como político. In: D'INCAO, Maria Ângela; MARTINS, Hermínio (Org.). *Democracia, crise e reforma*: estudos sobre a era Fernando Henrique Cardoso. São Paulo: Paz e Terra, 2010.

LEHMAN, David. Fernando Henrique Cardoso: da dependência à democracia. *Novos Estudos Cebrap*, São Paulo, n. 14, p. 31-36, 1986.

LEONI, Brigitte Hersant. *Fernando Henrique Cardoso*: o Brasil do possível. Rio de Janeiro: Nova Fronteira, 1997.

MACHADO, José de Alcântara. *Vida e morte do bandeirante*. São Paulo: Imprensa Oficial, 2006. Col. Paulística, v. XIII [1929].

MICHILES, Carlos. *Ciência e política sob a perspectiva do realismo utópico*: análise habermasiana do discurso argumentativo de Fernando Henrique Cardoso. Brasília: Ed. UnB, 2003.

MONTEIRO, John Manuel. Tupis, tapuias e a história de São Paulo. *Novos Estudos Cebrap*, São Paulo, n. 34, p. 125-135, nov. 1992.

MOOG, Clodomir Vianna. *Uma interpretação da literatura brasileira*. Rio de Janeiro: Casa do Estudante do Brasil, 1943.

____. *Bandeirantes e pioneiros*. 12. ed. Rio de Janeiro: Civilização Brasileira, 1978.

OLIVEIRA, Lúcia Lippi. Bandeirantes e pioneiros. *Novos Estudos Cebrap*, São Paulo, n. 37, p. 214-224, nov. 1993.

PAIVA, Carlos Águedo Nagel. Fernando Henrique Cardoso: o independentista. *Ensaios FEE*, Porto Alegre, v. 29, n. 1, p. 157-178, jun. 2008.

____; SILVA, Claudiomir Borges da. *Teorias da dependência na América Latina*: convergências e divergências entre Fernando Henrique Cardoso e Florestan Fernandes. Disponível em: <www.trabalhosfeitos.com/ensaios/Teoria-Da-Dependencia-Em-Florestan-Fernandes/50497097.html>. Acesso em: 26 jul. 2016.

PEIXOTO, Antonio Carlos. Liberais ou conservadores? In: PRADO, Maria Emilia (Org.). *O Estado como vocação*: ideias e práticas políticas no Brasil oitocentista. Rio de Janeiro: Access, 1999.

REIS, José Carlos. Anos 1960/70: Fernando Henrique Cardoso. In: ____. *As identidades do Brasil 1, de Varnhagen a FHC*. 15. reimp. Rio de Janeiro: Ed. FGV, 2012.

RODRIGUES, Leôncio Martins. Fernando Henrique Cardoso: a ciência e a política como vocação. In: SCHWARCZ, Lilia Moritz; BOTELHO, André. *Um enigma chamado Brasil*. São Paulo: Companhia das Letras, 2009.

SALLUM JR., Brasilio. A condição periférica: o Brasil nos quadros do capitalismo mundial. In: MOTA, Carlos Guilherme (Org.). *Viagem incompleta*: a experiência brasileira (1500-2000). São Paulo: Senac, 2000.

SEVERO, Gerson Egas. História, memória e interpretação do Brasil no discurso presidencial de FHC. In: ____. *Clio convocada*: história, memória e interpretação do Brasil. Erechim: Edifapes, 2008.

SORJ, Bernardo; FAUSTO, Sérgio. Entrevista com Fernando Henrique Cardoso. In: D'INCAO, Maria Ângela; MARTINS, Hermínio (Org.). *Democracia, crise e reforma*: estudos sobre a era Fernando Henrique Cardoso. São Paulo: Paz e Terra, 2010.

SOUZA, Laura de Mello e. Introdução a *Vida e morte do bandeirante*. In: SANTIAGO, Silviano. *Intérpretes do Brasil*. Rio de Janeiro: Nova Aguilar, 2002a. v. 3.

_____. Alcântara Machado: Vida e morte do bandeirante. In: MOTA, Lourenço Dantas. *Introdução ao Brasil*: um banquete no trópico. São Paulo: Senac, 2002b. v. 2.

SOUZA, Ricardo Luiz. *Identidades regionais*: São Paulo, Minas Gerais, Rio Grande do Sul, Bahia. Londrina: Eduel, 2013.

TOLEDO, Roberto Pompeu. *O presidente segundo o sociólogo*: entrevista de Fernando Henrique Cardoso. São Paulo: Companhia das Letras, 1998.

TOURAINE, Alain. Prefácio. In: LEONI, Brigitte Hersant. *Fernando Henrique Cardoso*: o Brasil do possível. Rio de Janeiro: Nova Fronteira, 1997.

TREVISAN, Maria José. *50 anos em 5*: a Fiesp e o desenvolvimento. Petrópolis: Vozes, 1986.

WEFFORT, Francisco. O intelectual das identidades complexas. In: BRASIL. Presidência da República. *A utopia viável*: trajetória intelectual de F. H. Cardoso. Brasília: Presidência da República, 1995.

_____. *Nota sobre a teoria da dependência*: teoria de classe ou ideologia nacional? Disponível em: <www.cebrap.org.br/v2/files/upload/biblioteca_virtual/nota_sobre_a_teoria_da_dependencia.pdf>. Acesso em: 13 jun. 2016.

Raymundo Faoro. Os donos do poder: formação do patronato político brasileiro. 4. ed. Porto Alegre: Globo, 2008 [1975]

Sobre "tempo farroupilha" e Raymundo Faoro

ALENCAR, José de. *O gaúcho*. 3. ed. São Paulo: Ática, 1998.

ALONSO, Ângela. A redescoberta do Brasil: a formação social brasileira em *Raízes do Brasil* e *Os donos de poder*. *Invenção do Brasil*: revista do Museu Aberto do Descobrimento, Salvador, p. 69-75, 1997.

AXT, Gunter. *Revisitando "Os donos do poder" de Raymundo Faoro*: uma abordagem historiográfica. Disponível em: <www.tjrs.jus.br/export/poder_judiciario/historia/memorial_do_poder_judiciario/memorial_judiciario_gaucho/doc/revisitando_donosdopoder_gunter-axt.doc>. Acesso em: 13 jun. 2016.

AZEVEDO, Maria Aparecida Abreu. Raymundo Faoro: quando o mais é menos. *Perspectivas*, São Paulo, v. 29, 2006.

BARRETO, Kátia Mendonça. Um projeto civilizador: revisitando Faoro. *Lua Nova*, São Paulo, n. 36, p. 181-196, 1995.

BASTOS, Márcio Thomas. O advogado da liberdade. In: GUIMARÃES, Juarez. *Raymundo Faoro e o Brasil*. São Paulo: Perseu Abramo, 2009.

BENEVIDES, Maria Victoria. Depoimentos. *Carta Capital*, ano 9, n. 241, 21 maio 2003.

BOURDIEU, Pierre. *O poder simbólico*. São Paulo: Bertrand, 1999.

BOSI, Alfredo. A arqueologia do Estado-providência In: ____. *Dialética da colonização*. São Paulo: Companhia das Letras, 1992.

____. Raymundo Faoro, leitor de Machado de Assis. *Estudos Avançados*, v. 18, n. 51, p. 355-375, 2004.

CAMPANTE, Rubens Goyatá. O patrimonialismo em Faoro e Weber e a sociologia brasileira. *Dados*, Rio de Janeiro, v. 46, n. 1, p. 153-193, 2003.

____. Raymundo Faoro: Brasil, política e liberdade. In: GUIMARÃES, Juarez. *Raymundo Faoro e o Brasil*. São Paulo: Perseu Abramo, 2009.

CARDOSO, Fernando Henrique. *Capitalismo e escravidão no Brasil meridional*. Rio de Janeiro: Paz e Terra, 1977.

____. Um crítico do Estado: Raymundo Faoro. In: ____. *Pensadores que inventaram o Brasil*. São Paulo: Companhia das Letras, 2013.

CARTA, Mino. Caríssimo Raymundo. In: GUIMARÃES, Juarez (Org.). *Raymundo Faoro e o Brasil*. São Paulo: Perseu Abramo, 2009.

CARVALHO, José Murilo de. Mandonismo, coronelismo, clientelismo: uma discussão conceitual. *Dados*, Rio de Janeiro, v. 40, n. 2, p. 229-250, 1997.

COHN, Gabriel (Org.). Introdução. In: ____. *Weber*. São Paulo: Ática, 1991. Col. Grandes Cientistas Sociais.

____. Prefácio: persistente enigma. In: FAORO, Raymundo. *Os donos do poder*: formação do patronato político brasileiro. 4. ed. Porto Alegre: Globo, 2008.

COMPARATO, Fabio Konder. Raymundo Faoro historiador. *Estudos Avançados*, v. 17, n. 48, p. 330-336, maio/ago. 2003.

DIAS, Mauricio. O retratista do poder. *IstoÉ Senhor*, n. 1.003, p. 116-122, 7 dez. 1988.

FAORO, Raymundo *Os donos do poder*: formação do patronato político brasileiro. 2. ed. São Paulo: Globo, 1975.

____. As inesperadas coincidências. *IstoÉ Senhor*, n. 1.126, p. 25, 24 abr. 1991a.

____. Um ensaio de governo. *IstoÉ Senhor*, n. 1.144, p. 3, 28 ago. 1991b.

____. *Existe um pensamento político brasileiro?* São Paulo: Ática, 1994.

____. *Os donos do poder*: formação do patronato político brasileiro. 4. ed. Prefácio Gabriel Cohn. São Paulo: Globo, 2008.

____. O Estado não será o inimigo da liberdade; Carta de Curitiba. In: GUIMARÃES, Juarez. *Raymundo Faoro e o Brasil*. São Paulo: Perseu Abramo, 2009.

GUIMARÃES, Juarez. Raymundo Faoro, pensador da liberdade. In: ____. *Raymundo Faoro e o Brasil*. São Paulo: Perseu Abramo, 2009.

IGLÉSIAS, Francisco. Revisão de Raymundo Faoro. In: GUIMARÃES, Juarez. *Raymundo Faoro e o Brasil*. São Paulo: Perseu Abramo, 2009.

JASMIN, Marcelo. A viagem redonda de Raymundo Faoro em *Os donos do poder*. In: ROCHA, João Cezar de Castro (Org.). *Nenhum Brasil existe*: pequena enciclopédia. Rio de Janeiro: Topbooks, 2003.

LEENHART, Jacques. Narrativa e história em *O tempo e o vento* de Érico Veríssimo. In: AGUIAR, Flávio; CHIAPINI, Ligia (Org.). *Civilização e exclusão*: visões do Brasil em Érico Veríssimo, Euclides da Cunha, Claude Lévi-Strauss e Darcy Ribeiro. São Paulo: Boitempo, 2001.

LESSA, Renato. O longínquo pesadelo brasileiro. In: GUIMARÃES, Juarez. *Raymundo Faoro e o Brasil*. São Paulo: Perseu Abramo, 2009.

LOPES NETO, João Simões. *Contos gauchescos e lendas do Sul*. Rio de Janeiro: Nova Fronteira, 2013.

LOVE, Joseph. *O regionalismo gaúcho*. São Paulo: Perspectiva, 1975.

MENDONÇA, Katia. Faoro e o encontro entre ética e política. *Lua Nova*, São Paulo, n. 48, p. 93-108, dez. 1999.

MOOG, Vianna. *Uma interpretação da literatura brasileira*. Rio de Janeiro: Casa do Estudante do Brasil, 1943.

____. *Bandeirantes e pioneiros*. 12. ed. Rio de Janeiro: Civilização Brasileira, 1978.

____. *Um rio imita o Reno*. 11. ed. Rio de Janeiro: José Olympio, 2012.

MOTA, Carlos Guilherme. Intérpretes do Brasil: Antônio Cândido e Raymundo Faoro. In: AXT, Gunter; SCHÜLLER, Fernando (Org.). *Intérpretes do Brasil*: ensaios de cultura e identidade. São Paulo: Artes e Ofícios, 2004.

PESAVENTO, Sandra Jatahy. *A Revolução Farroupilha*. São Paulo: Brasiliense, 1985. Tudo é História, 101.

_____. A narrativa pendular: as fronteiras simbólicas da história e da literatura. In: AGUIAR, Flávio; CHIAPINI, Ligia (Org.). *Civilização e exclusão*: visões do Brasil em Érico Verissimo, Euclides da Cunha, Claude Lévi-Strauss e Darcy Ribeiro. São Paulo: Boitempo, 2001.

PINTO, Regina Céli. *Positivismo*: um projeto político alternativo (RS 1889-1930). Porto Alegre: LP&M, 1986.

RESENDE, Maria José. A interpretação de Raymundo Faoro acerca dos procedimentos não democráticos do governo Collor: uma análise da transição política brasileira nos anos 1991 e 1992. *Ibero-Americana*, v. VI, n. 23, p. 35-54, 2006a.

_____. As reflexões de Raymundo Faoro sobre a transição política brasileira nos anos 1989-90. *Política & Sociedade*, v. 5, n. 9, p. 91-122, out. 2006b.

RICUPERO, Bernardo. *Sete lições sobre as interpretações do Brasil*. São Paulo: Alameda, 2011.

_____; FERREIRA, Gabriela Nunes. Raymundo Faoro e as interpretações do Brasil. *Perspectiva*, São Paulo, n. 28, p. 37-55, 2005.

SANTOS JR., Jair. Entrevista com Raymundo Faoro: uma viagem ao universo intelectual do autor. In: GUIMARÃES, Juarez. *Raymundo Faoro e o Brasil*. São Paulo: Perseu Abramo, 2009.

SCHWARTZMAN, Simon. *Bases do autoritarismo brasileiro*. Rio de Janeiro: Campus, 1988.

_____. Atualidade de Raymundo Faoro. *Dados*, Rio de Janeiro, v. 46, n. 2, p. 207-213, 2003.

SCLIAR, Moacyr. *O Rio Grande farroupilha*. São Paulo: Ática, 1993. Col. O Cotidiano da História.

SEVCENKO, Nicolau. O profeta cala-se: adeus, mestre. *Carta Capital*, n. 241, p. 27, 21 maio 2003.

SOUZA, Jessé de. *A modernização seletiva*: uma reinterpretação do dilema brasileiro. Brasília: Ed. UnB, 2000.

_____. Para além de Raymundo Faoro? In: GUIMARÃES, Juarez. *Raymundo Faoro e o Brasil*. São Paulo: Perseu Abramo, 2009.

SOUZA, Laura Mello e. Os donos do poder. In: MOTA, Lourenço Dantas (Org.). *Introdução ao Brasil*: um banquete no trópico. São Paulo: Senac, 1999.

SOUZA, Ricardo Luiz. *Identidades regionais*: São Paulo, Minas Gerais, Rio Grande do Sul, Bahia. Londrina: Eduel, 2013.

SPALDING, Walter. *A epopeia farroupilha*. Rio de Janeiro: Biblioteca do Exército, 1963.

TELLES, Lygia Fagundes. Depoimentos. *Carta Capital*, ano 9, n. 241, 21 maio 2003.

TRINDADE, Hélgio. La "Dictadure Républicaine" au Rio Grande do Sul: positivisme et pratiques politiques au Brésil. *Cahiers du Brésil Contemporain*, Paris, n. 12, dez. 1990.

URICOECHEA, Fernando. *O Minotauro imperial*: a burocratização do Estado patrimonial brasileiro no século XIX. Rio de Janeiro: Difel, 1978.

VERÍSSIMO, Érico. *O tempo e o vento*. Rio de Janeiro: Globo, 1987a. v. 2: O retrato.

____. *O tempo e o vento*. Rio de Janeiro: Globo, 1987b. v. 3: O arquipélago.

____. *O tempo e o vento*. São Paulo: Companhia das Letras, 2005. v. 1: O continente.

VIANNA, Luiz Werneck. Weber e a interpretação do Brasil. *Novos Estudos Cebrap*, n. 53, p. 33-196, mar. 1999.

____. Raymundo Faoro e a difícil busca do moderno no país da modernização. In: SCHWARCZ, Lilia Moritz; BOTELHO, André. *Um enigma chamado Brasil*. São Paulo: Companhia das Letras, 2009.

WEBER, Max. Os três tipos puros de dominação legítima. In: COHN, Gabriel (Org.). *Weber*. São Paulo: Ática, 1991. Col. Grandes Cientistas Sociais.

____. O conceito de ordem legítima/tipos de ordem legítima/justificação da ordem legítima. In: ____. *Metodologia das ciências sociais*. São Paulo: Cortez, 1992.

Evaldo Cabral de Mello. *Rubro veio: o imaginário da Restauração pernambucana*. São Paulo: Alameda, 2008 [1986]

Sobre "tempo confederador" e Evaldo Cabral de Mello

ALBUQUERQUE JR., Durval Muniz. *A invenção do Nordeste*. 2. ed. São Paulo: Cortez, 2001.

ALENCASTRO, Luiz Felipe de. Desagravo de Pernambuco e glória do Brasil: a obra de Evaldo Cabral de Mello. In: SCHWARCZ, Lilian (Org.). *Leituras críticas sobre Evaldo Cabral de Mello*. Belo Horizonte: Ed. UFMG; São Paulo: Perseu Abramo, 2008.

BERNARDES, Denis Antonio de Mendonça. *O patriotismo constitucional*: Pernambuco, 1820-1822. São Paulo: Hucitec; Recife: Ed. UFPE, 2006.

CASTORIADIS, Cornelius. *A instituição imaginária da sociedade*. Rio de Janeiro: Paz e Terra, 2000.

FURTADO, Junia Ferreira. O cristão e o converso ou uma parábola genealógica no sertão de Pernambuco. In: SCHWARCZ, Lilian (Org.). *Leituras críticas sobre Evaldo Cabral de Mello*. Belo Horizonte: Ed. UFMG; São Paulo: Perseu Abramo, 2008.

IGLÉSIAS, Francisco. Revisão de Raymundo Faoro. In: GUIMARÃES, Juarez. *Raymundo Faoro e o Brasil*. São Paulo: Perseu Abramo, 2009.

LEITE, Glacyra Lazzari. *A Confederação do Equador*. São Paulo: Ática, 1996. Col. Guerras e Revoluções Brasileiras.

LEVINE, Robert. *A velha usina*: Pernambuco na Federação Brasileira (1889-1937). Rio de Janeiro: Paz e Terra, 1980.

MELLO, Evaldo Cabral de. *O nome e o sangue*. São Paulo: Companhia das Letras, 1989.

____. Posfácio. In: HOLANDA, Sérgio Buarque. *Raízes do Brasil*. São Paulo: Companhia das Letras, 1995.

____. Uma nova Lusitânia. In: MOTA, Carlos Guilherme (Org.). *Viagem incompleta*: formação — histórias. São Paulo: Senac, 2000.

____. *A ferida de Narciso*: ensaio de história regional. São Paulo: Senac, 2001a.

____. Tristeza do Império. In: ____. *A ferida de Narciso*: ensaio de história regional. São Paulo: Senac, 2001b.

____. *Um imenso Portugal*. São Paulo: Ed. 34, 2002.

____. Prefácio. In: OAKESHOTT, Michael. *Sobre a história e outros ensaios*. Rio de Janeiro: Topbooks, 2003.

____. *A outra Independência*: o federalismo pernambucano de 1817 a 1824. São Paulo: Ed. 34, 2004.

____. *Rubro veio*: o imaginário da Restauração pernambucana. 3. ed. rev. São Paulo: Alameda, 2008 [1986].

____. Orelha. In: REIS, José Carlos. *História*: a ciência dos homens no tempo. Londrina: Eduel, 2009.

____. Prefácio. In: GUSMÃO, Luis de. *O fetichismo do conceito*. Rio de Janeiro: Topbooks, 2012.

MORAES, José Geraldo Vinci; REGO, José Márcio. Entrevista com Evaldo Cabral de Mello. In: ____; ____. *Conversas com historiadores brasileiros*. São Paulo: Ed. 34, 2002.

PUNTONI, Pedro. Entrevista com Evaldo Cabral de Mello. *Novos Estudos Cebrap*, São Paulo, n. 37, p. 121-132, nov. 1993.

_____. A história na sua casa: causalidade histórica e narratividade na obra de Evaldo Cabral de Mello. In: SCHWARCZ, Lilian (Org.). *Leituras críticas sobre Evaldo Cabral de Mello*. Belo Horizonte: Ed. UFMG; São Paulo: Perseu Abramo, 2008.

REGO, José Lins do. *Pedra Bonita*. 6. ed. Rio de Janeiro: José Olympio, 1956 [1938].

_____. *Fogo morto*. 69. ed. Rio de Janeiro: José Olympio, 2010 [1943].

SCHWARCZ, Lilian. Das maneiras de calçar o sapato do morto. In: _____ (Org.). *Leituras críticas sobre Evaldo Cabral de Mello*. Belo Horizonte: Ed. UFMG; São Paulo: Perseu Abramo, 2008a.

_____. O avesso do avesso ou a história vista pelo outro lado. In: _____ (Org.). *Leituras críticas sobre Evaldo Cabral de Mello*. Belo Horizonte: Ed. UFMG; São Paulo: Perseu Abramo, 2008b.

_____ (Org.). *Leituras críticas sobre Evaldo Cabral de Mello*. Belo Horizonte: Ed. UFMG; São Paulo: Perseu Abramo, 2008c.

SCHWARTZ, Stuart. Sexteto pernambucano: Evaldo Cabral e a formação da consciência colonial e regional no nordeste. In: SCHWARCZ, Lilian (Org.). *Leituras críticas sobre Evaldo Cabral de Mello*. Belo Horizonte: Ed. UFMG; São Paulo: Perseu Abramo, 2008.

STARLING, Heloisa Murguel; SCHWARCZ, Lilian. O acaso não existe. Entrevista com Evaldo Cabral de Mello (Comentários). In: SCHWARCZ, Lilian (Org.). *Leituras críticas sobre Evaldo Cabral de Mello*. Belo Horizonte: Ed. UFMG; São Paulo: Perseu Abramo, 2008.

SUASSUNA, Ariano. *A Pedra do Reino*. 6. ed. Rio de Janeiro: José Olympio, 2005.

Raimundo Joaquim de Moraes. *Na planície amazônica.* **5. ed. São Paulo: Companhia Editora Nacional, 1939 [1926]. Brasiliana, 63**

Sobre "tempo nativista amazônico" e Raimundo Moraes

ANDRADE, Mário de. *Macunaíma, o herói sem nenhum caráter*. São Paulo: Saraiva, 2012 [1928].

ARRUDA, Marcos. Daniel Ludwig e a exploração da Amazônia. *Encontros com a Civilização Brasileira*, Rio de Janeiro, n. 11, p. 35-56, 1979.

BECKER, Bertha K. *Amazônia*: geopolítica na virada do III milênio. Rio de Janeiro: Garamond, 2007.

CARDOSO, Fernando Henrique; MÜLLER, Geraldo. *Amazônia*: expansão do capitalismo. 2. ed. São Paulo: Brasiliense, 1978.

CHIAVENATTO, Júlio José. *Cabanagem*: o povo no poder. São Paulo: Brasiliense, 1984.

CUNHA, Euclides da. *À margem da história*. São Paulo: Martin Claret, 2006 [1909].

GOMES, Ana Helena. Ai de ti, Amazônia! *Encontros com a Civilização Brasileira*, Rio de Janeiro, n. 14, p. 173-184, 1979.

HEMMING, John. *Árvores de rios*: a história da Amazônia. São Paulo: Senac, 2011.

KOHLHEPP, Gerd. *Amazônia*. São Paulo: Fundação Konrad Adenauer, 2001.

KUCINSKI, Bernardo. A Amazônia e a geopolítica no Brasil. *Encontros com a Civilização Brasileira*, Rio de Janeiro, n. 11, p. 12-20, 1979.

LAREDO, Salomão. *Raymundo Moraes na planície do esquecimento*. Dissertação (mestrado) — Centro de Letras e Artes, UFPA, Belém, 2007. Disponível em: <http://repositorio.ufpa.br/jspui/bitstream/2011/1723/1/Dissertacao_RaymundoMoraes-Planicie.pdf>. Acesso em: 13 jun. 2016.

LIMA, Araujo; AZEVEDO, Fernando de; LIMA, Alceu Amoroso. *Amazônia*: a terra e o homem. 3. ed. São Paulo: Companhia Editora Nacional, 1945.

MARTELLI, Amalia. *Amazônia*: nova dimensão do Brasil. Petrópolis: Vozes, 1969.

MEGGERS, Betty. *Amazônia*: a ilusão de um paraíso. Rio de Janeiro: Civilização Brasileira, 1977.

MOOG, Vianna. *Uma interpretação da literatura brasileira*. Rio de Janeiro: Casa do Estudante do Brasil, 1943.

MORAES, Raimundo Joaquim de. *País das Pedras Verdes*. Rio de Janeiro: Civilização Brasileira, 1930.

____. *Alluvião*. Rio de Janeiro: Civilização Brasileira, 1937.

____. *Os igaraúnas*: romance amazônico, costumes paraenses. Rio de Janeiro: Civilização Brasileira, 1938.

____. *Na planície amazônica*. 5. ed. São Paulo: Companhia Editora Nacional, 1939 [1926]. Col. Brasiliana, 63.

PACHECO, Alexandre. A narrativa heroico-nacionalista de Arthur Reis na representação da defesa da Amazônia pelos portugueses e luso-brasileiros em *A Amazônia e a cobiça internacional* — anos 1960. *História da Historiografia*, n. 10, p. 94-110, 2012.

PINTO, Lúcio Flávio. FHC e a Amazônia: o último sertão. In: D'INCAO, Maria Ângela; MARTINS, Hermínio (Org.). *Democracia, crise e reforma*: estudos sobre a era Fernando Henrique Cardoso. São Paulo: Paz e Terra, 2010.

PIZA, Daniel et al. *Amazônia de Euclides*: viagem de volta a um paraíso perdido. São Paulo: Leya, 2010.

PIZARRO, Ana. *Amazônia*: as vozes do rio — imaginário e modernização. Belo Horizonte: Ed. UFMG, 2012.

REIS, Arthur Cezar Ferreira. *A Amazônia e a cobiça internacional*. São Paulo: Companhia Editora Nacional, 1960.

SILVA, Renato Ignacio da. *A Amazônia*: paraíso e inferno. 2. ed. Rio de Janeiro: Biblioteca do Exército; São Paulo: Quatro Artes, 1971.

TOCANTINS, Leandro. Introdução: um escritor nativista. In: MORAES, Raimundo. *Na planície amazônica*. 7. ed. Belo Horizonte: Itatiaia, 1987.

VERISSIMO, José. *Cenas da vida amazônica*. São Paulo: Martins Fontes, 2011.

Darcy Ribeiro. *O povo brasileiro: a formação e o sentido do Brasil*.
2. ed., 14. reimp. São Paulo: Companhia das Letras, 1995

Sobre "tempo inconfidente" e Darcy Ribeiro

ANASTASIA, Carla. *Vassalos rebeldes*: violência coletiva nas Minas na primeira metade do século XVIII. Belo Horizonte: C/Arte, 1998.

ARAÚJO, Laís Corrêa. Mineirice-mineiridade-mineiriana. *Suplemento Literário*, Belo Horizonte, v. 9, n. 405, p. 5, jun. 1974.

ARRUDA, Maria A. do Nascimento. *Mitologia da mineiridade*: o imaginário mineiro na vida política e cultural do Brasil. São Paulo: Brasiliense, 1990.

BATALLA, Guillermo Bonfil. Darcy Ribeiro. *Encontros com a Civilização Brasileira*, Rio de Janeiro, n. 10, p. 237-244, 1979.

BERTOLI FILHO, Claudio. Literatura e antropologia em Couto de Magalhães e Darcy Ribeiro. In: AGUIAR, Flávio; CHIAPPINI, Ligia (Org.). *Civilização e exclusão*: Érico Veríssimo, Euclides da Cunha, Claude Lévi-Strauss, Darcy Ribeiro. São Paulo: Boitempo, 2001.

BOMENY, Helena. *Guardiões da razão*: modernistas mineiros. Rio de Janeiro: Ed. UFRJ; São Paulo: Tempo Brasileiro, 1994.

____. *Darcy Ribeiro*: sociologia de um indisciplinado. Belo Horizonte: Ed. UFMG, 2001.

____. Aposta no futuro: o Brasil de Darcy Ribeiro. In: SCHWARCZ, Lilia Moritz; BOTELHO, André. *Um enigma chamado Brasil*. São Paulo: Companhia das Letras, 2009.

BOSCHI, Caio César. *Os leigos e o poder*. São Paulo: Ática, 1986.

BOSI, Alfredo. Fortuna crítica: morte, onde está tua vitória? In: RIBEIRO, Darcy. *Maíra*. 21. ed. Rio de Janeiro: Record, 2007.

CÂNDIDO, Antônio. Fortuna crítica: mundos cruzados. In: RIBEIRO, Darcy. *Maíra*. 21. ed. Rio de Janeiro: Record, 2007.

CARVALHO, Edgard de Assis. Darcy Ribeiro e a antropologia no Brasil. In: MORAES, Reginaldo; ANTUNES, Ricardo; FERRANTE, Vera (Org.). *Inteligência brasileira*. São Paulo: Brasiliense, 1986. p. 169-178.

CARVALHO, José Murilo de. Ouro, terra, ferro: as vozes de Minas. In: GOMES, Angela de Castro (Org.). *Minas e os fundamentos do Brasil moderno*. Belo Horizonte: Ed. UFMG, 2005.

CHACON, Vamireh. A genealogia do nacional-desenvolvimentismo brasileiro: João Pinheiro, Vargas, JK e Israel Pinheiro. In: GOMES, Angela de Castro (Org.). *Minas e os fundamentos do Brasil moderno*. Belo Horizonte: Ed. UFMG, 2005.

DAMATTA, Roberto. A antropologia em questão. *Encontros com a Civilização Brasileira*, Rio de Janeiro, n. 15, p. 81-96, 1979.

DIAS, Fernando Correia. Mineiridade: construção e significado atual. *Ciência & Trópico*, Recife, v. 13, n. 1, p. 73-89. jan./jul. 1985.

DOURADO, Autran. *Ópera dos mortos*. Rio de Janeiro: Civilização Brasileira, 1972.

_____. *Os sinos da agonia*. Rio de Janeiro: Rocco, 1999.

DULCI, Otávio Soares. As elites mineiras e a conciliação: a mineiridade como ideologia. *Ciências Sociais Hoje*, São Paulo, p. 7-31, 1984.

FRANCO, Afonso Arinos de Mello. Prefácio. In: VASCONCELLOS, Sylvio de. *Mineiridade*: ensaio de caracterização. Belo Horizonte: Imprensa Oficial, 1968.

FRANK, Erwin H. *Darcy Ribeiro, a ciência e o "Povo brasileiro"*: uma avaliação crítica. Belém: UFPA, 1997. Núcleo de Altos Estudos Amazônicos, paper n. 72.

FURTADO, João Pinto. *O manto de Penélope*. São Paulo: Companhia das Letras, 2002.

FURTADO, Junia Ferreira. As Minas endemoninhadas. In: _____. *Homens de negócios*: a interiorização da metrópole e do comércio nas Minas setecentistas. São Paulo: Hucitec, 1999.

GOMES, Angela de Castro. Memória, política e tradição familiar. In: _____. *Minas e os fundamentos do Brasil moderno*. Belo Horizonte: Ed. UFMG, 2005.

GOMES, Mércio Pereira. *Darcy Ribeiro*. São Paulo: Ícone, 2000.

HOUAISS, Antônio. Fortuna crítica: *Maíra*. In: RIBEIRO, Darcy. *Maíra*. 21. ed. Rio de Janeiro: Record, 2007.

LIMA, Alceu Amoroso. *Voz de Minas*: ensaio de sociologia regional. 2. ed. Rio de Janeiro: Agir, 1946.

MEDEIROS, Bruno Franco; ARAÚJO, Valdei Lopes. A história de Minas como história do Brasil. *Revista do Arquivo Público Mineiro*, Belo Horizonte, v. 43, p. 22-37, 2007.

NIETZSCHE, Friedrich. *Segunda consideração intempestiva*: da utilidade e desvantagem da história para a vida. Rio de Janeiro: Relume Dumará, 2003 [1884].

PAULA, João Antônio de. *Raízes da modernidade em Minas Gerais*. Belo Horizonte: Autêntica, 2000.

REIS, Liana Maria. Mineiridade: identidade regional e ideologia. *Cadernos de História*, Belo Horizonte, v. 9, n. 11, p. 89-97, 1. sem. 2007.

REIS, Rodrigo; COHN, Sérgio; CAMPOS, Simone (Org.). *Darcy Ribeiro*. Rio de Janeiro: Azougue, 2007. Col. Encontros.

RIBEIRO, Adélia M. A antropologia dialética de Darcy Ribeiro em "O povo brasileiro". *Sinais*: revista eletrônica, Vitória, v. 1, n. 6, p. 52-72, dez. 2009.

RIBEIRO, Darcy. *Teoria do Brasil*. Rio de Janeiro: Paz e Terra, 1972.

_____. *O processo civilizatório*. 3. ed. Rio de Janeiro: Civilização Brasileira, 1975 [1968].

_____. *Ensaios insólitos*. Porto Alegre: L&PM, 1979a.

_____. Os brasileiros. In: _____. *As Américas e a civilização*. 3. ed. Petrópolis: Vozes, 1979b.

_____. *As Américas e a civilização (estudos de antropologia da civilização)*. 3. ed. Petrópolis: Vozes, 1979c.

_____. *Utopia selvagem*: saudades da inocência perdida. Rio de Janeiro: Nova Fronteira, 1982.

_____. *O Mulo*. 2. ed. Rio de Janeiro: Record, 1987.

_____. *Maíra*. 10. ed. Rio de Janeiro: Record, 1989a [1976].

_____. *Testemunho*. Brasília: Ed. UnB; Rio de Janeiro: Apicuri, 1989b.

_____. *O povo brasileiro*: a formação e o sentido do Brasil. 2. ed., 14. reimp. São Paulo: Companhia das Letras, 1995.

_____. *Diários índios*: os urubus-kaapors. São Paulo: Companhia das Letras, 1996.

_____. *Confissões*. São Paulo: Companhia das Letras, 1997.

____. *Migo*. Rio de Janeiro: Guanabara, 1998 [1988].

SOUZA, Ricardo Luiz de. *Nativismos, conflitos e pactos na América portuguesa*. São Paulo: LCTE, 2009.

____. *Identidades regionais*: São Paulo, Minas Gerais, Rio Grande do Sul, Bahia. Londrina: Eduel, 2013.

SPIELMANN, Helen. Fortuna crítica: o antropólogo como escritor. In: RIBEIRO, Darcy. *Maíra*. 21. ed. Rio de Janeiro: Record, 2007.

TORRES, João Camilo de Oliveira. *O homem e a montanha*. Belo Horizonte: Autêntica, 2011 [1944].

VASCONCELLOS, Sylvio de. *Mineiridade*: ensaio de caracterização. Belo Horizonte: Imprensa Oficial, 1968.

VASCONCELOS, Sandra Guardini T. Cacos de espelho: uma leitura de *Maíra*, de Darcy Ribeiro. In: AGUIAR, Flávio; CHIAPPINI, Ligia (Org.). *Civilização e exclusão*: Érico Veríssimo, Euclides da Cunha, Claude Lévi-Strauss, Darcy Ribeiro. São Paulo: Boitempo, 2001.